경영학
이론과 실제

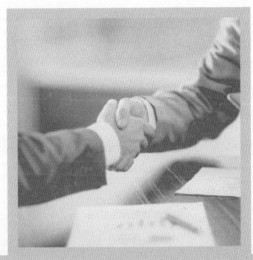

머 리 말

조안 마그레타(Joan Magretta)는 「What Management Is?」라는 저서에서 "경영은 일을 해내는 조직을 구성하고 이를 통해 성과를 높이려는 노력"이라고 표현하였다. 어떠한 조직이든 자원을 최소화하면서 경영성과를 높이거나, 아니면 자원의 활용을 극대화하여 최대한의 경영성과를 높이려고 노력한다. 즉, 일을 하는데 있어서 어떻게 하면 좀 더 효율적으로, 그리고 효과적으로 성과를 거둘 것인가 고민하게 되는데, 이러한 고민에 대한 최적의 답을 찾는 과정이 경영이다.

이처럼 경영은 어떤 일을 가장 합리적으로 해결하기 위한 답을 제시해주기 때문에 모든 조직, 모든 구성원들에게 필요하다. 즉, 기업, 관공서, 병원, 학교, 군대, 사회단체, 비영리기관을 비롯하여 우리 주변의 음식점이나 문구점, 동네의 슈퍼마켓, 가게에 이르기까지 모든 조직은 그 형태나 규모에 관계없이 가장 합리적인 방법으로 그 조직을 운영해 나가기를 원하므로 경영은 모든 조직구성원들에게 필요한 학문이라고 할 수 있다.

경영학을 흔히 실천응용 학문이라고 한다. 이는 경영학이 단순히 상아탑이나 서재에 묵혀두는 학문이 아니라 삶의 현장에서 실천하고 활용할 수 있는 학문이란 뜻이다. 경영학의 매력은 단순한 지식 습득만이 아니라 이러한 지식을 기업 현장이나 조직 활동에 응용할 수 있다는 데 있다. 이에 본서에는 단순히 경영이론을 소개하는 데 그치지 않고, 이러한 경영이론들이 기업 현장이나 다양한 조직에 어떻게 적용되고 활용되는지 다양한 사례를 통해 생생하게 제시하고자 하였다.

본서는 경영학 전공자뿐만 아니라 경영학을 전공하지 않은 사람들도 쉽게 경영이론을 접하고, 이러한 이론들을 실제 실무에 적용할 수 있도록 이론과 실무를 동시에 다루었다. 그러므로 본서는 경영의 기본 틀을 이해하고 한 걸음 더 나아가 기업을 비롯한 다양한 조직을 관리 및 운영하기 위한 실무적 지식을 습득하는 데 도움을 줄 것이다.

경영학을 이해하기 위해서는 기업이나 경영자, 기업 환경 등에 대한 기본적인 지식뿐만 아니라, 경영이 이루어지는 과정적 측면, 그리고 경영활동의 대상이라고 할 수 있는 전략, 인사조직, 마케팅, 재무, 생산 등에 대해 학습하여야 한다.

이에 본서에서는 전체 16장을 4개의 파트로 나누어, 1부는 경영학의 이해, 2부는 기업과 환경, 3부는 경영활동의 실제, 4부는 경영학각론 등으로 구분하였다.

제1부는 '경영학의 이해'로서 경영, 경영자, 그리고 경영학에 대해 이해할 수 있도록 경영학의 이해(1장), 기업과 경영자(2장), 경영학의 발전과정(3장)으로 구성하였다.

제2부는 '기업과 환경'을 다루고 있으며, 경영 조직 중에서 가장 대표적이라고 할 수 있는 기업, 그리고 기업환경, 창업, 사회적 책임 등에 대해 다루었다. 구체적으로는 기업의 개념과 형태(4장), 기업의 창업과 발전(5장), 기업환경과 사회적 책임(6장)으로 구성하였다.

제3부는 '경영활동의 실제'로서 조직에서 경영활동이 이루어지는 과정적 측면을 다루었다. 구체적으로 경영계획과 의사결정(7장), 조직화(8장), 지휘(9장), 통제(10장) 등으로 구성하였다.

제4부는 '경영학 각론'에 해당되는 내용으로서 경영활동의 대상을 다루었다. 구체적으로는 경영전략(11장), 인적자원관리(12장), 마케팅관리(13장), 재무회계관리(14장), 생산운영관리(15장), 경영정보관리(16장)로 구성하였다.

끝으로 본서를 출간할 수 있도록 기회를 주신 한올출판사 임순재 사장님과 직원 여러분들께 감사드리고, 다양한 문헌을 통해 집필 과정에 도움이 주신 모든 선배학자들에게도 심심한 감사의 마음을 전한다.

2015. 1.

윤 남 수

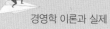

Part 1 경영학의 이해

CONTENTS

Part 2 기업과 **환경**

Chapter 04 **기업**의 **개념**과 **형태**_56

Chapter 05 기업의 창업과 발전_80

CONTENTS

 경영활동의 **실제**

Chapter 08 조직화_146

CONTENTS

Part 4 경영학 각론

Chapter 11 경영전략_204

Chapter 12 인적자원관리_220

CONTENTS

Chapter 13 마케팅관리_238

CONTENTS

Part **1**

경영학의
이해

Chapter **01**

경영의 이해

Chapter **02**

기업과 경영자

Chapter 03

경영학의 발전 과정

Chapter 01

경영의 이해

01 경영이란 무엇인가?

경영이란 용어는 우리 주위에서 흔히 들을 수 있는 말이다. 경영을 잘 못해서 회사가 어렵다거나, 회사의 경영 성과가 좋아서 보너스를 받았다거나, 혹은 경영마인드가 필요하다는 등 경영과 관련된 용어는 일상생활에서도 흔히 쓰이고 있다. 그러나 막상 "경영이 무엇이냐"라고 묻는다면 명확하게 대답하지 못하는 것 또한 사실이다.

경영은 영어로 'business management' 또는 그냥 'management'라고 표현한다. 경영의 의미를 명확히 이해하기 위해서 여러 학자들이 내린 정의를 살펴보면, 폴레트(M. F. Fouett)는 "경영은 사람을 통하여 일을 성취하는 기술"이라고 정의하였으며, 드러커(Peter F. Drucker)는 "경영은 조직의 방향을 제시하고 리더십을 통하여 조직의 제 자원을 어떻게 활용할 것인지를 정하는 것"이라고 정의하였다. 또한, 페이욜(Henri Fayol)은 "경영은 계획하고, 조직하고, 지시하고, 조정하고, 통제하는 작업"이라고 정의하고 있다. 최근에 조안 마그레타(Joan Magretta)는 「What Management Is」란 저서에서 "경영이란 가지고 있는 자원으로 최대의 성과를 올리는 일과 그 방법론이다."라고 경영의 개념을 정리하였다. 즉, 경영이란 고객을 위한 '가치'를 만들어 내고, 돈을 벌 수 있는 '모델(model)과 프로세스(process)'를 연구하고, 남들과 차별화된 성과로 연결시키기 위한 전략을 짜고, 이를 실행시키기 위한 조직을 만드는 것이다. 또한, 이런 계획들을 성과로 옮기기 위한 제반 인프라(infra) 및 관리체계를 구축하는 것이다.

이처럼 경영의 개념에 대해 다양한 견해가 제시되고 있지만, 종합적으로 정리하면, "경영이란 기업의 목표를 달성하기 위하여 인적·물적자원을 효율적으로 배분하고 운용하는 순환과정이다."라고 정의할 수 있다.

경영의 개념은 좁게는 영리를 목적으로 하는 조직인 기업경영을 의미하지만, 넓은 의미로는 기업 이외에 국가, 지방자치단체, 군대, 학교, 병원, NGO 등 다양한 형태의 조직경영에도 적용되는 의미로 해석할 수 있다. 즉, 경영이란 영리조직뿐만 아니라 비영리조직을 포함한 모든 조직을 운영하는 기본원리라고 해석할 수 있다.

 사례연구

management의 기원

'management'는 현대 비즈니스 세계에선 '경영'이라는 단어로 쓰이는데, 원래는 "고삐를 손에 잡고 말을 다룬다."는 뜻이었다. 중세기 유럽에선 전쟁이 나면 평민은 보병, 귀족은 기마병으로 소집됐다. 귀족은 전쟁에 대비해 말을 자유자재로 다룰 수 있는 기술을 연마해 두어야 했다. 고삐를 손에 쥐면 자기보다 몸집이 큰 말을 자유자재로 다스릴 수 있었기 때문에 라틴어 '손'을 뜻하는 'mano'에서 '말을 다룬다.'는 'manage'가 나왔다. 자신을 꼭 붙들어 타인에게 풀어진 모습을 보이지 않는다는 'manner'와 같은 어원이다.

유럽 귀족들은 말을 '전우'로 여기고 평민들보다 훨씬 후하게 대했다. 군마는 장교 계급을 부여했고, 유럽의 성은 마구간을 하인들의 숙소보다 훨씬 쾌적하고 화려하게 지었다. 말을 훈련시키고, 재우고, 치료하고, 관리하는 마구간은 '말에게 고삐를 씌우는 곳'이라고 해서 불어로 'menagerie'라고 했다.

한 집안의 가장도 귀족 집안에서 마구간 관리하듯 식솔이나 가족을 교육하고, 먹이고, 재우고, 치료해서 일을 시켜야 한다는 의미에서 manage는 "가장으로서 가정을 돌보다."라는 의미로 발전했다.

자본주의가 정착되면서 기업의 사장도 귀족 가문에서 말을 돌본 것처럼 직원들을 한편으로는 보살피고, 한편으론 고삐를 잡아 통제한다는 뜻에서 management가 '경영'이라는 뜻으로 발전했다.

[출처: 조선일보, "management의 기원", weekly biz, 2013. 7. 27.]

02 경영활동 과정

경영은 주어진 목적을 달성하기 위해 각 경제주체가 인적·물적자원을 효율적으로 배분하고 운영하는 연속적인 과정이라고 볼 수 있다. 경영활동은 'plan(계획) ➡ do(실행) ➡ see(통제)'라고 간략하게 표현할 수 있는데, 이러한 순환과정이 곧 경영이라고 할 수 있다〈그림 1-1〉.

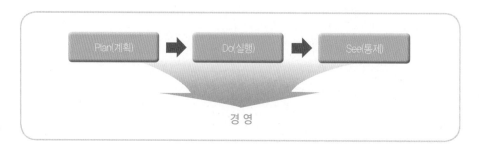

그림 :: 1-1
경영활동이란?

경영활동 과정(process)을 좀 더 구체적으로 살펴보면 계획을 세우고(planning), 계획을 추진할 조직을 구성(organizing)하며, 목표에 따라 계획이 잘 이루어지도록 조직구성원들을 지휘(directing)하고, 서로 협조가 잘 되도록 조정과 연결(coordinating)을 하며, 계획에 따라 실행이 잘 이루어졌는가를 평가 및 통제(controlling)하는 과정으로 이루어진다〈그림 1-2〉.

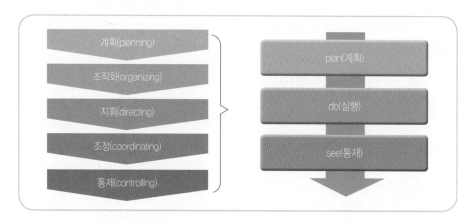

그림 :: 1-2
경영활동 프로세스
(process)

이러한 경영활동은 피드백(feedback)을 통해 순환적으로 이루어질 뿐만 아니라 시간의 흐름에 따라 조직목표 달성 측면에서 지속적인 개선이 이루어져야 한다. 각각의 경영활동들을 구체적으로 살펴보면 다음과 같다.

🌐 **계획**(planning)　기업의 경영목표를 세우고 이를 달성하기 위한 가장 합리적인 방안을 찾는 활동이다. 즉, 조직이 나아갈 방향과 수행하여야 할 과업들의 우선순위를 결정하고, 조직이 설정한 목표에 어떻게 도달할 것인가를 명확히 정하는 활동이라고 할 수 있다. 계획과정을 통해 세부적인 목표가 설정되고 그 목표 달성을 위한 절차가 수립된다.

🌐 **조직화**(organizing)　계획을 통하여 수립된 목표를 성공적으로 달성하기 위하여 조직을 구성하고, 조직의 여러 자원, 부서 또는 직무를 배열하는 활동이다. 계획(planning)이 조직의 목적을 설정하고 그것을 어떻게 달성할 것인가에 관한 것이라면 조직화(organizing)는 그 목적을 달성하기 위해 조직구조를 어떻게 설정할 것인가와 관련된다.

🌐 **지휘**(directing)　기업의 목표를 달성하기 위하여 요구되는 업무를 잘 수행하도록 조직구성원들의 동기를 유발하고 영향력을 행사하는 활동이다. 지휘를 통해 구성원들을 설득하려는 시도를 하게 되고, 적절한 동기부여 설정을 통해 조직구성원들이 최선을 다하도록 유도한다.

🌐 **조정**(coordinating)　업무의 다양한 부분들을 서로 유기적으로 관련시켜 업무가 효율적으로 수행되도록 하는 활동이다.

🌐 **통제**(controlling)　조직구성원들이 맡은 업무를 제대로 수행하고 있는지 또는 조직이 바람직한 방향으로 나아가고 있는지 확인하고 문제가 있을 경우 수정하는 활동이다.

03 경영의 구성요소

　경영은 자원을 효율적으로 잘 배분하고 운용하는 과정이라고 할 수 있는데, 여기서 경영의 대상을 경영자원 혹은 경영의 구성요소라고 한다. 과거에는 생산의 3요소라 하여 토지, 노동(사람), 자본이 주요 경영자원으로 간주되었는데, 현대에 들어와서 경쟁이 치열해지고 지식정보사회로 변화하면서 다양한 정보와 이를 활용하기 위한 전략이 중요시 되었다. 이에 새로운 경영자원, 즉 정보나 전략이 경영의 구성요소로 포함되게 되었다. 정리하자면, 현대 경영의 구성요소는 사람, 자본, 정보, 전략 네 가지로 요약할 수 있다. 각각에 대해 살펴본다.

🌐 **사람**(human resources) "인사(人事)가 만사(萬事)"라는 말이 있듯이 모든 일은 사람에 의해 이루어지고 기업의 성공 여부는 사람에 의해 좌우된다. 삼성그룹의 창업주 호암 이병철 회장은 "기업은 사람이다."라고 했는데, 여기서 사람이란 곧 인적자원을 의미한다. 현대 기업경영에 있어서는 유능한 인재를 얼마나 확보하고 키워서 얼마만큼 효과적으로 사용하느냐에 기업의 성패가 달려있다고 해도 과언이 아니다. 따라서 사람, 즉 인적자원은 경영을 구성하는 매우 중요한 요소이다.

🌐 **자본**(capital) 자금 즉, 돈을 의미한다. 기업을 경영하기 위해서는 공장, 기계설비, 원자재, 사무실, 조직구성원 등이 필요하고, 이를 확보하기 위해서는 자본이 투입되어야 한다. 이러한 자본은 자체적으로 마련할 수도 있지만 주식이나 채권을 발행하여 투자자로부터 제공받기도 한다. 자본은 인체의 피에 해당된다고 볼 수 있다. 즉, 피가 원활하게 잘 돌아야 건강하듯이 기업경영에 있어서도 자금이 원활하게 잘 순환되어야 경영활동이 순탄해지고 원하는 목적을 달성할 수 있다.

🌐 **정보**(information) 미래학자 앨빈 토플러는 21세기 부의 창출 근원은 정보 및 지식과 이들의 교환을 통한 활동이며, 기존의 생산요소인 토지, 노동, 자본의 가치는 점차 감소할 것이라고 하였다. 산업사회에서 정보화 사회로 진입한 지금 정보의 중요성은 새삼 말할 필요도 없을 것이다. 기업의 경쟁력은 정보력에 의해 좌우되며 다른 기업보다 앞서가기 위해서는 다른 기업보다 새로운 정보를 더 많이 확보해야 한다. 또한, 이러한 정보는 신속·정확하게 입수해야 할 뿐만 아니라 전략적으로 사용할 수 있어야 치열한 경쟁환경에서 경쟁우위를 유지할 수 있다.

🌐 **전략**(strategy) 기업이 추구하는 목표를 효율적으로 달성하기 위해 향후 수행하여야 할 방향을 설정하는 것으로서, 기업이 어떤 방향으로 나아가야 하는지, 그리고 그것을 실현시키기 위한 구체적인 방법은 무엇인지를 결정하는 것이다. 기업에 있어서의 전략은 자동차의 헤드라이트 같은 역할을 한다. 즉, 전략이 없이 기업을 경영하는 것은 마치 어두운 밤에 헤드라이트 없이 자동차를 운전하는 것 만큼이나 위험하다. 전략은 그 기업이 나가야 할 방향을 미리 지시해주는 역할을 하기 때문에 아무리 우수한 인적자원과 자본을 갖추고 있다고 하더라도 이를 효과적으로 운용할 수 있는 전략이 없다면 기업이 원하는 경영목표를 달성할 수 없다.

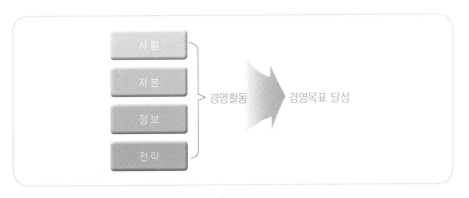

그림 :: 1-3
현대 경영의 구성요소

 사례연구 **경영은 현재와 미래의 끊임없는 대화**

　미래에 대한 예측을 적극적으로 활용하는 조직은 성공한다. 1970년의 오일쇼크를 미리 예견했던 로열더치셸은 중동전쟁 후 엄청난 성장을 이룰 수 있었다. 1973년 제4차 중동전쟁 발발로 촉발된 석유 가격 급상승을 사전에 예측함으로써 큰 손실을 줄일 수 있었다. 전쟁이 종료될 시점에는 업계 하위에서 세계2위의 자리로 올라섰다.

　이외에도 구소련의 붕괴를 예측함으로써 경쟁사에 앞서 러시아의 자원 개발권을 획득할 수 있었다. 당시 '소련 붕괴 시나리오'를 제시했던 피터 슈워츠(Peter Schwartz)는 이후에도 다국적 기업의 관점에서 미래 비즈니스 환경을 활발하게 전망하고 있다.

　GE는 1968년부터 독자적인 미래 연구 부문을 설립하여 마케팅과 연구 개발에 활용하고 있다. 새롭게 대두되는 시장의 변화를 민감하게 포착하여 상품 개발과 시장 전략에 미치게 될 영향을 분석한다. 이 결과는 신제품 개발에만 반영되는 것이 아니라 소수 민족이나 여성 고용 등 사회적인 정책 수립에도 적용이 된다. 전기 이외에 의료, 방송, 금융 등 다양한 업종에 성공적으로 진출할 수 있었던 것도 주위 환경에 대한 분석과 적극적인 사전 대응에서 기인했다는 평가를 받고 있다.

　지금 우리는 급격한 변화의 시대에 살고 있다. 지난 20여 년간 인터넷으로 상징되는 정보화 혁명은 우리의 삶을 송두리째 바꾸어 놓고 있다. 변혁의 시대에는 기회와 위협요인이 공존한다. 이에 대비하는 조직은 위험은 피하면서 기회를 차지할 수 있다. 우리나라는 IT강국으로서 현재의 변화를 주도하는 입장에 있지만 그것이 미래의 성공을 보장하지는 않는다. 미래는 예측과 준비에 의해 무한한 가능성이자 희망의 원천으로 변할 수 있다.

　에드워드 카(Edward H.Carr)는 "역사는 과거와 현재의 끊임없는 대화"라고 했지만 변화에 대한 준비는 현재와 미래의 끊임없는 대화를 통해서 이뤄진다고 말할 수 있다. 현재 속에는 과거가 녹아 있고, 미래는 현재를 반영하는 것이기 때문이다. 바로 그러한 노력이 이 시점을 살아가는 경영자들이 해야 할 일이다. 미래의 성공은 리더의 통찰력 있는 의사결정이 만들어 내는 것이다.

[출처 : LG주간경제(2005. 11. 16.) 및 동아 비즈니스 리뷰 143호(2013. 12. 19.) 정리]

04 경영마인드

I. 경영마인드란?

오늘날에는 모든 조직의 구성원들은 경영마인드가 있어야 한다고 말한다. 예를 들면, 영리를 목적으로 하는 기업뿐만 아니라 국가, 지방자치단체, 공공기관에서부터 슈퍼마켓, 가정, 개인에 이르기까지 모든 조직과 개인에게 경영마인드가 필요하다고 할 정도로 경영마인드의 중요성이 강조되고 있다. 그렇다면 경영마인드란 무엇인가?

경영마인드(business mind)란 기업의 목표를 달성하기 위하여 효과성과 효율성을 가진 여러 가지 아이디어나 지혜를 적용하는 것을 뜻한다. 즉, 간략히 말하자면 효과성과 효율성을 추구하는 마인드가 경영마인드다.

효과성(effectiveness)이란 기업이 미리 설정해 놓은 목표를 어느 정도 달성하였느냐 하는 것으로서 유효성과 같은 의미이다. 보통 목표에 가장 근접하게 또는 그 이상으로 달성할수록 효과성이 높다고 한다.

효율성(efficiency)은 투입(input)에 대한 산출(output)의 비율을 말한다. 어떤 제품을 만드는데 노동력, 원재료, 시간 등의 투입물에 비해 더 많은 산출물을 생산하는 경우 효율성이 증가되었다고 한다. 효율성을 높이는 방법은 크게 두 가지로 생각해 볼 수 있는데, 첫 번째는 산출량을 줄이지 않고 원가절감을 통해 투입량을 줄이는 방법이다. 그리고 두 번째는 주어지는 투입량을 최대한 잘 활용해서 산출량을 증가시키는 방법이다. 즉, 투입량을 활용하여 최대한의 산출량을 확보하였을 때 효율성이 극대화되었다고 한다.

결국 경영마인드란 어떻게 하면 보다 더 효과적으로 목표를 달성할 수 있을까, 그리고 어떻게 하면 보다 더 효율적으로 업무를 완수할 수 있을까 하는 문제에 대한 해답을 찾고자 하는 노력이라고 볼 수 있다.

2. 경영마인드의 핵심 3요소

기업이 경쟁력을 갖추기 위해서 경영자가 가져야 할 경영마인드는 다음 세

가지를 들 수 있다. 첫째, 고객을 최우선으로 생각하는 고객중심 마인드, 둘째, 치열한 경쟁 속에서 경쟁우위를 확보하기 위한 경쟁우위 마인드, 셋째, 기업의 가치를 극대화하기 위한 가치극대화 마인드 등이다.

이들 세 가지 경영마인드는 어느 하나만으로 효과를 얻을 수 있는 것이 아니라 서로 종합적으로 연계되어 기업 현장에서 혁신적으로 경영활동이 이루어져야 그 성과를 거둘 수 있다. 각각에 대해 살펴본다.

(1) 고객중심 마인드

고객중심 마인드는 경영자가 조직을 경영하는데 누가 고객인지를 생각하고 그 고객을 가장 먼저 생각하는 것이다. 흔히 "고객은 언제나 옳다.", 혹은 "고객은 왕이다."라는 표현을 쓰는데 이는 고객을 항상 최우선으로 생각하고 고객만족에 최선을 다해야 한다는 의미이다. 따라서 경영자의 입장에서는 고객을 정확히 파악하고, 고객들에게 어떻게 만족을 가져다줄 것인가를 늘 고민해야 할 것이다.

여기서 고객의 의미는 단순히 최종소비자만을 의미하지는 않는다. 즉, 고객은 기업에 투자를 하고 있는 주주나 기업을 위해 열심히 일하는 종업원의 개념까지 포함한 포괄적 개념으로 이해해야 한다. 왜냐하면 고객만족은 내부고객이라고 할 수 있는 종업원이나 기업의 이해관계자인 주주의 만족이 이루어지지 않고서는 결코 얻어질 수 없기 때문이다.

(2) 경쟁우위 마인드

경쟁우위 마인드는 경쟁사와 비교하여 어떻게 하면 상대적으로 더 큰 만족을 고객에게 제공할 것인가에 대한 것으로서, 경영자는 더 나은 고객가치를 제공하기 위해 고민해야 한다.

경쟁우위란 기업이 보다 경제적인 생산요소를 투입하여 효율적인 생산관리에 의해 경쟁자보다 유리한 조건으로 제품이나 서비스를 생산해 낼 수 있는 기업에 체화된 제반 인적 · 물적 우위요소를 말한다. 이러한 경쟁우위의 원천으로는 가치활동(value activities)과 핵심역량(core competencies)을 들 수 있다.

가치활동은 창조적인 경영활동을 의미하며, 핵심역량은 기업내부의 조직구성원들이 보유하고 있는 총체적인 기술 · 지식 · 문화 등 기업의 핵심을 이루는 능력을 말한다. 즉, 경쟁우위를 유지하기 위해서는 특정한 기업경영 활동을 통해 특정한 경영자원이 경쟁사보다 우수해야 하는 것이다.

한편, 경쟁우위는 타 기업이 가지고 있지 않은 희소자원을 가지고 있어야 하며, 그 자원이 산업에서 중요하게 작용되는 것이어야만 그 효과를 얻을 수 있다.

(3) 가치극대화 마인드

기업의 가치를 극대화하기 위해서는 두 가지 방법이 있다. 즉, 하나는 주식시장에서 주가를 높여 기업의 가치를 극대화 하는 방법이며, 다른 하나는 브랜드나 특허권 등 무형자산의 가치를 높여 기업가치를 극대화 하는 방법이다.

주가를 높이기 위해서는 기업의 수익성이 향상되어야 하는데, 단순히 비용절감이나 단기적 이익창출도 중요하겠지만, 경영자의 입장에서는 장기적인 이익창출로 주가를 끌어 올릴 수 있는 다양한 아이디어나 창의적 발상이 필요하다.

또한, 고객의 심리를 정확히 반영한 브랜드를 개발하거나 특허 또는 아이디어 등 다양한 무형자산을 적극적으로 개발하여 기업의 가치를 극대화시키도록 노력하는 것 또한 경영자의 중요한 역할이라고 할 수 있다.

> 사례연구

기술·디자인·경영마인드 잘 갖춘 회사, 퓨어시스

청년실업이 사회문제로 대두된 지 오래다. 그 반동으로 '창업'에 눈을 돌리는 젊은이들이 늘어나고 있는 실정이지만, 열 중 넷은 설립 1년 만에 소리소문 없이 사라지는 게 현실이다. ㈜퓨어시스는 척박한 땅에서 자신만의 분야를 '개척'하고 있는 회사가 있다. (주)퓨어시스의 이 대표는 한 번의 실패를 경험한 바 있어 다시 실패하지 않기 위해 한결같이 내일을 준비한다. 옛말에 "한 번 실수는 병가상사(兵家常事)"라 했다. 또 "나는 결코 실패해 본 적이 없다. 그저 작동되지 않은 수많은 방법을 발견했을 뿐이다"라고 말했던 발명왕 토마스 에디슨처럼 성공을 위해 달려가는 그의 이야기를 들어본다.

● 실패는 끝이 아닌 성공으로 가는 과정

대학졸업 후 이 대표는 이동통신 회사에 취직했다. 당시만 하더라도 외국 브랜드는 물론 국내 브랜드까지 다양했던 시기였단다. 부의 상징이었던 '차량용 전화기(카폰)'로 시작된 이동통신 업계의 역사 속 많은 기업들은 '엎치락뒤치락'을 반복했고 새로운 기술이 개발되는 속도가 빠르다보니 기업의 부침도 그만큼 심했다.

이동통신 업계가 아날로그에서 디지털로 전환되는 시기에 결국 대기업들이 확고한 자리를 차지하게 됐다. 결국 이 대표가 근무하던 기업은 새로운 활로를 모색해야 했다. 그 결과 회사에서 인정받고 있던 그에게 '신사업 개발'이라는 중책이 맡겨졌고 새로운 아이템을 찾아 나섰다. 그래서 선택한 아이템이 '네비게이션'이었단다. 지금은 널리 사용되고 있지만 그때만 하더라도 획기적인 상품이었다. 누구도 성공을 믿어 의심치 않았을 때, 너도 나도 줄줄이 나가떨어지게 만든 'IMF'한파가 기습했다.

"그 때 한 번 실패를 해본 것이 지금 회사 운영에 많은 도움이 됩니다. 아이템이 아무리 좋아도 실패할 수 있다는 걸 깨닫게 해줬으니까요. 이 때의 실패는 글로벌 경기 등을 예측하지 못했기 때문입니다. '실패는 성공의 어머니'라는 말이 있듯 실패로 전체적인 경기흐름을 볼 수 있게 됐고, 흐름에 맞춰서 아이템을 선택해야 한다는 교훈을 얻었습니다. 덕분에 다시 도전할 수 있었죠."

● 새 둥지를 틀다

"지금의 제품은 단 한 가지의 기술로 만들어지지 않습니다. 하나의 제품이 탄생되기 위해서는 여러 기술이 융합돼야만 가능합니다. 기술을 얼마나 잘 융합할지, 어떻게 융합해 큰 시너지를 만들지가 성공의 열쇠입니다. 그래서 이곳을 선택했습니다."

지난 2009년 창업한 퓨어시스는 카이스트에 자리 잡고 있다. 이 대표가 카이스트에 새 둥지를 튼 가장 크고 분명한 이유는 이곳이 기술 집약의 보고이기 때문이다. 해외 시장 진출을 위한 네임밸류 마케팅에서도 누릴 게 많다.

"작은 내수시장에서 경쟁하기보다 글로벌 시장에 진출해야 살아남을 수 있다고 생각했습니다. 이미 대기업이 자리를 차지하고 있는 업계에서 살아남기 위해 그들과 다른 점을 찾아야 했습니다. 그래서 '공기살균기'라는 분야를 개척했고 작은 틈바구니에서 힘겹게 존재감을 드러내느니 보다 큰 해외시장을 공략해야 했습니다."

퓨어시스는 대덕 연구개발 특구 토탈 디자인지원 사업 대상자로 선정되는 행운까지 얻었다. 그로 인해 글로벌 디자인회사와 손을 잡을 수 있었고 그 결과 해외 구매자들에게 어필할 수 있는 '세련된 디자인'이라는 쓸만한 무기를 장착했다.

"해외시장에 나가보니 의외로 디자인 측면을 높이 평가했습니다. 굿 디자인, 그린 디자인 등 여러 가지 디자인상을 획득한 우리로서는 호재였죠. 디자인이 없었다면 100원 받을 제품을 디자인에 힘입어 150원 이상의 가격으로 팔 수 있다는 사실을 깨닫게 됐습니다."

● 데스밸리(Death Valley)를 넘는 중

데스밸리는 초기 창업 기업이 연구개발(R&D)에 성공한 후 자금 부족 등으로 인해 사업화에 실패하는 기간을 뜻한다. 경험이 많지 않은 창업 기업으로서는 극복하기 힘든 시기다. 이 대표는 지금 데스밸리를 넘어가고 있는 중이라고 이야기한다. 하지만 안을 들여다보면 중소기업의 어려움이 읽힌다. 우리나라 창업 지원 정책은 초기 창업 자본 지원 등에 초점이 맞춰져 있다. 그래서 창업 기업의 생존율은 1년까지 62.5%, 3년 41.2%, 5년 30.2%로 떨어진다.

중소기업에게 자금난, 인력난은 너나없다. 다만 운 정도가 더해진 정도의 차이라고 할까. 이를 이미 경험했던 이 대표는 기술개발만이 이를 타개할 수 있는 방법이라고 본능적으로 판단했다. 그는 창업 후 5년 동안 기술개발에 매진했다. 기술개발을 통해 많은 특허와 인증을 받을 수 있었고 이를 발판삼아 험난한 고개를 넘고 있다.

"창업 지원 프로그램은 창업 준비부터 사업화, 시장 진입, 성장, 성숙 단계를 아우르는 전주기적인 시스템을 갖추는 게 가장 중요합니다. 창업 기업이 자리를 잡기 위해서는 매출이 필요한 건 당연한 일입니다. 매출을 올리기 위해서는 제품을 팔아야 하고 팔기 위해서는 만들어야 합니다. 창업을 하고 몇 해 동안은 창업지원 자금을 통해 유지가 가능하지만 정작 더 큰 돈이 들어가야 할 때는 지원이 부족합니다."

● 혁신의 아이콘을 꿈꾸다

"기술만 갖고 사업을 시작해 망한 케이스를 꽤나 많이 봐 왔습니다. 이는 경영 마인드가 부족하기 때문이라고 생각합니다. 근시안적 시선으로 바라보지 말고 전체적인 비즈니스 과정을 뚫어봐야 합니다. 시장이 요구하는 기술을 미리 준비해야 하는 건 당연한 일입니다."

'공기살균기'라는 새로운 분야를 개척한 이 대표의 최종 목표는 '공기청정기계의 애플'이란다. 공기살균기 개념이 처음 생긴 시점은 지난 2004~2005년 경. 공기살균기 초기 모델들은 오존을 이용했단다. 그래서 이 대표는 인체에 해도 주지 않고 공기를 깨끗하게 할 수 있는 제품을 만들자는 각오로 기술개발에 몰두했다. 그래서 안전하고 착한 공기정화살균모듈 촉매 시스템을 개발했다. 어떤 공간에서도 살균·정화·탈취가 가능하고 오존까지도 없앴다.

"현재 공기살균기 분야에서는 독보적인 위치에 있습니다. 여기까지 오기위해 생존만을 생각한 채 달려왔습니다. 그래서 늘 가슴 한구석에 미안함이 남아 있습니다. 매출이 정상궤도에 올라간다면 이 미안함을 좀 털어낼 수 있지 않을까 싶습니다. 그러기 위해 안주하지 않고 끊임없이 노력할 것입니다."

[출처: 금강일보, "기술·디자인·경영마인드 잘 갖춘 3박자, 신화를 쓰다", 2014. 7. 28.]

Part 1

··· 참 고 문 헌

1. 권원오, 「성공으로 가는 창업과 경영」, 신광문화사, 2007.

2. 금강일보, "기술 · 디자인 · 경영마인드 잘 갖춘 3박자 , 신화를 쓰다", 2014. 7. 28

3. 김병윤 · 김길평 · 김영국 · 임종일, 「현대 경영학원론」, 명경사, 2002.

4. 동아비즈니스리뷰, "경영은 현재와 미래의 끊임없는 대화", 143호, 2013. 12. 19.

5. 윤종훈 · 송인암 · 박계홍 · 정지복, 「경영학원론」, 학현사, 2007.

6. 조선일보, "management의 기원", weekly biz, 2013. 7. 27

7. 조안 마그레타 저, 권영설 · 김홍열 역, 「경영이란 무엇인가」, 김영사, 2005.

8. 지호준, 「알기쉽게 배우는 21세기 경영학」, 법문사, 2005.

9. LG주간경제, "미래를 읽어야 경영이 산다", CEO Report, 2005. 11. 6.

10. Joan Magretta, 「What Management Is」, Free Press, 2002.

Chapter 02

기업과 경영자

01 기업가와 경영자

　기업가(entrepreneur)와 경영자(manager)는 같은 의미로 생각할 수도 있지만 실제로는 매우 다른 개념이다. 기업가는 기업의 궁극적인 목표와 가치를 창조하고 리더십을 발휘해서 기업의 체계화와 전반적인 시스템을 구축하며 그에 따른 모든 위험을 감수하는 사람을 의미하는 반면, 경영자는 궁극적인 목표를 달성하기 위해 장기적인 비전을 가지고 기업을 운영하고 관리하는 것이 핵심 역할이다.

　기업가와 경영자의 차이에 대해 벤처기업을 창업하고 경영해 본 경험이 있는 '안철수연구소'의 창업자 안철수는 "기업가와 경영자는 사실 다른 개념입니다. 경영자에게 가장 중요한 역할은 현상유지입니다. 보수를 받는 대가로 조직의 성과를 관리하는 것이 기본적인 임무죠. 하지만 기업가는 불확실성이나 위험을 감수하고 도전해 새로운 가치를 만들어내는 사람을 말합니다."라고 기업가와 경영자의 차이점을 강조하였다. 이처럼 기업가와 경영자는 보는 시각과 역할 그리고 위험을 받아들이는 정도에 따라 차이가 난다.

　기업가와 경영자는 여러 가지 측면에서 비교할 수 있는데, 기업가는 환경과의 상호작용을 중시하고 사전대응적이다. 환경변화에의 대응은 비연속적이며 전략적인 역할을 중요시한다. 또한, 성장과 혁신이 주 관심사이고 경영 성과의 척도를 효과성에 두는 경향이 있다. 반면, 경영자는 조직과의 상호작용을 중요시하며 사후반응적이다. 환경변화에 대한 반응은 연속적이며 전략보다는 관리를 중요시한다. 또한, 안정성과 수익성에 목표의 초점을 두고 경영성과에 있어서 효율성을 우선시한다. 기업가와 경영자의 차이를 비교해보면 〈표 2-1〉과 같다.

표 2-1 :: 기업가와 경영자의 비교

구 분	기업가	경영자
적응의 대상	환경에의 적응	조직에의 적응
적응방식	사전대응적	사후반응적
환경변화에 대응	비연속적	연속적
역 할	전략을 중시	관리를 중시
결정대상	목 적	수 단
성과의 척도	효과성	효율성
목표의 초점	성장, 혁신	안정, 수익
결정영역	신사업에의 진입, 기존 사업의 철수, 대규모 기술혁신	생산성 향상, 생산기술 개선, 원가절감
위험부담	개인적	조직적
필요분야	성장산업, 쇠퇴산업	성숙산업, 안정산업
사업환경	불안정	안 정

➤사례연구➤ **윤윤수 휠라 회장 겸 아쿠쉬네트 회장의 기업가정신**

"일심히 일하다 인생을 마쳤다는 소리를 들을 수 있다면 가장 행복할 것 같습니다. 일하는 것 외에는 할 줄 아는 게 별로 없습니다."

지난 1973년 해운공사에서 샐러리맨으로 시작해 글로벌 기업의 경영인이 된 윤윤수 회장에게 일은 삶의 이유이자 행복의 원천이다. 그는 "내 나이가 68세인데 앞으로 10년 정도 더 일할 수 있을 것."이라며 "마음 같으면 한참 더 하고 싶은데 인생은 짧은 것."이라고 말했다.

화승에서 수출담당 임원을 역임했던 그는 미국 휠라 사업자에게 신발을 수출한 것이 인연이 돼 1991년 이탈리아의 휠라 본사와 합작해 휠라코리아를 설립했다. 그리고 공격적인 마케팅을 주도해 매년 30% 이상의 성장세를 보이며 국내 시장에 안착시켰다. 당시 160만달러에 달하는 그의 연봉은 세간에 화제가 됐다. 2005년에는 직원들과 함께 휠라코리아를 인수해 본격적으로 오너의 길로 들어선 데 이어 2007년에는 휠라 글로벌 브랜드 사업권을 전격 인수해 재계의 주목을 받았었다.

가장 어려운 때는 2007년 글로벌 휠라를 인수한 다음이었다. 미국에서 매년 적자가 수천만 달러씩 쌓이고 있었기 때문이다. 그는 "부도가 나는 것 아닌가 하는 생각에 잠을 이루지 못한 나날이었다. 매일같이 돈 깨지는 소리에 (인수를) 잘한 건지, 아닌지 판단이 서지를 않았다." 고 회상했다. 그 고비를 넘기고 구조재편을 통해 회사를 제 궤도에 올려놓은 지금 한결 여유를 찾게 됐다고 그는 말했다.

윤 회장은 정도경영과 투명경영을 철학으로 삼고 있다. 기본에 충실하고 뿌리가 튼튼한 것보다 더 중요한 성공비결은 없다. 직원들에게도 충분한 보상을 해야 한다는 지론을 갖고 있다. 또 충분히 벌어서 국가와 직원, 그리고 사회와 나누기 때문에 정정당당한 부에 대해 보다 적극적으로 인정해줘야 한다는 신념을 갖고 있다.

"경기 화성의 시골에서 농부의 자식으로 태어나 열심히 일해서 성공을 거둔 나같은 사람이 이 사회에 더욱 많아져야 하는 것 아니냐"며 "위험을 무릅쓰고 과감히 도전하는 사람들에게 인센티브를 줘야 경제적으로나 사회적으로 발전할 수 있다."고 강조했다.

[출처: 서울경제, 2012. 2. 12.]

02 경영자의 이해

경영자(manager)란 조직에서 장기간에 걸쳐서 경영의 주요 기능을 실행하는 책임을 지는 사람을 말한다. 따라서 조직의 규모나 형태와 관계없이 조직을 이끌고 그 결과에 책임을 지는 사람은 모두 경영자라고 할 수 있다. 즉, 대기업 회장이나 사장, 중소기업 사장, 영업부장, 공장장도 경영자이고, 대학총장, 노동조합장, 슈퍼마켓이나 치킨집의 주인도 경영자의 범주에 포함된다.

그러나 구체적으로 경영자라고 하면 기업의 목표를 달성하기 위해 생산, 마케팅, 인사, 재무 등과 관련된 활동을 계획·조직화·지휘·조정·통제 과정을 통해 기업을 경영하는 경영주체를 의미한다.

경영자는 두 가지 차원으로 구분할 수 있는데, 하나는 상하개념이고 또 하나는 수평개념이다. 상하개념의 경영자는 일선경영자, 중간경영자, 최고경영자 등 계층에 따른 구분이며, 수평개념의 경영자는 운영을 강조하는 차원으로서 생산담당 경영자, 재무담당 경영자, 인사담당 경영자 등 업무에 따라 구분된다.

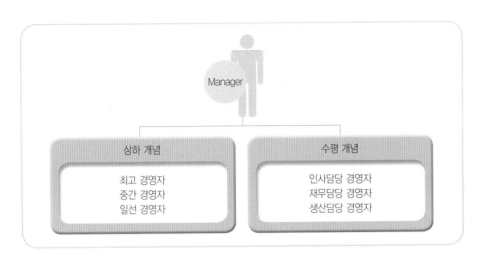

상하 개념	수평 개념
최고 경영자 중간 경영자 일선 경영자	인사담당 경영자 재무담당 경영자 생산담당 경영자

그림 :: 2-1
경영자의 두 가지 차원

경영자를 상하개념 즉, 계층별 구분인 일선경영자, 중간경영자, 최고경영자로 나누어 각각의 개념과 역할을 살펴보면 다음과 같다.

🌐 **일선경영자**(first-line manager) 작업자의 활동을 감독하고 조정하는 경영자로서 기업 내에서 가장 낮은 단계의 경영자를 의미한다. 일선경영자는 자신이 담당하는 작업을 직접 실행하는 작업자만을 감독하고 다른 경영자의 활동에는 관여하지 않는다. 제조공장의 생산감독자, 기술감독자, 관리부서의 사무감독자 등이 일선경영자에 해당된다.

🌐 **중간경영자**(middle-manager) 일선경영자를 지휘하며 필요한 경우에는 작업자를 직접 지휘하는 역할을 한다. 중간경영자는 최고경영자가 설정한 기업의 방침과 계획을 실행에 옮기며, 최고경영자와 일선경영자 또는 작업자의 중간에서 상호간의 이견을 조정하고 원활한 의사소통을 돕는 역할을 수행한다. 일반적으로 부장, 차장, 과장, 공장장 등의 직급에 해당하는 경영자가 중간경영자이다.

🌐 **최고경영자**(top manager) 계층상 최상층에 해당하는 경영자로서 기업에서 최고의 결정권을 가진 의사결정권자이다. 최고경영자는 한 기업에 보통 1인이 있지만, 복수의 경영자를 두는 기업도 있으며, 회장직을 겸하는 경우도 있다. 일반적으로 최고경영자는 기업의 활동방침을 설정하거나 기업 외부의 환경과 상호작용하는 업무를 주로 맡는다. 최고경영자를 지칭하는 명칭은 기업별로 각각 다르나 CEO(Chief Executive Officer)라는 명칭이 보편적으로 쓰인다. 우리나라에서는 회장, 대표이사, 사장, 부회장, 부사장, 이사 등의 중역이 이에 해

당된다. 한편, 최근에는 경영환경이 복잡해지면서 최고경영자 간의 '경영분업'이 이루어지고 있는데 CEO가 재무, 생산, 마케팅, 지식, 기술, e-비즈니스 등 부문별로 담당 임원에게 전결권을 위임하는 '부문별 최고경영자 체제'가 도입되고 있다. 부문별 경영자의 명칭은 기업에 따라 다소 다를 수도 있으나 일반적으로 다음과 같은 명칭과 역할분담이 이루어지고 있다.

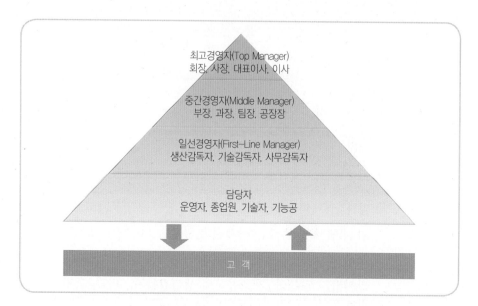

그림 :: 2-2
경영자의 계층별 구분

🔍 CEO (Chief Executive Officer) **최고경영자**　기업의 최고 의사결정권자

🔍 CFO (Chief Financial Officer) **최고재무경영자**　재무부문 전체를 담당하는 총괄책임자

🔍 COO (Chief Operating Officer) **최고운영경영자**　기업 내부의 사업을 담당하는 총괄하는 책임자

🔍 CIO (Chief Information Officer) **최고정보관리경영자**　조직의 정보기술 및 정보시스템을 총괄 관리하는 책임자

🔍 CTO (Chief Technology Officer) **최고기술경영자**　회사의 기술개발 전체를 총괄하는 책임자

🔍 CMO (Chief Marketing Officer) **최고마케팅경영자**　회사의 마케팅 부문 전체를 담당하는 총괄책임자

🔍 CCO (Chief Communication Officer) **최고홍보경영자**　기업의 홍보담당 총괄책임자

🔍 CCO (Chief Customer Officer) **고객총괄경영자**　기업의 고객관리 총괄책임자

소유경영자와 전문경영자

경영자는 자본의 출자형태에 따라 소유경영자와 전문경영자로 구분된다. 소유경영자(owner manager)는 출자뿐만 아니라 기업을 경영하는 기능도 함께 수행함으로써 실질적으로 기업을 완전히 소유·지배하는 최고경영자를 의미한다. 이러한 소유경영자는 생산기술이나 방법 등이 복잡하지 않고 기업의 규모가 크지 않은 중소기업, 중견기업의 경우 또는 기업의 역사가 오래되지 않은 신규 기업의 일반적인 형태이다. 그러나 기업의 역사가 짧은 우리나라의 경우 그 규모에 관계없이 기업 내에서 경영자와 소유주의 구분이 명확히 나타나지 않는 경우가 많다.

산업사회의 발달과 더불어 경영환경이 불확실해지고 기업이 대규모화, 복잡화됨에 따라 기업을 합리적으로 경영할 수 있는 과학적이고 전문적인 경영지식과 능력을 갖춘 경영자가 필요하게 되었는데, 이들이 곧 전문경영자(professional manager)이다. 전문경영자는 소유경영자가 수행하던 기능 중 출자를 제외한 모든 기능을 담당하고 수행한다. 소유와 경영의 분리에 따르면 전문경영자는 소유자와 종업원의 중간적 위치와 성격을 갖는다.

한편, 우리나라 중소기업의 경우 소유경영자는 가족기업을 창업하여 성장시켜 온 창업가적 성격을 갖는다. 가족기업(family business)이란 가족이 기업의 관리자로서 기업의 정책, 자본, 수익, 운영 등을 통제하는 기업을 의미한다. 우리나라의 중소기업뿐만 아니라 대기업의 일부도 가족기업에 해당되는 경우가 있다.

소유경영자와 전문경영자는 여러 가지 면에서 장·단점이 있다. 소유경영자는 주인의식을 갖고 혼신의 힘으로 회사경영에 투신하고 권한이 막강하므로 과감한 경영혁신을 주도할 수 있으며, 빠른 환경변화에 즉각적인 대처가 가능하다. 그러나 개인적인 이해관계 때문에 회사가 이용당하기도 하고 족벌체제로 가면 소유자의 무능한 인척들이 중요 위치에 앉아서 합리적 경영 활동을 방해할 수도 있으며, 수익과 권력의 독점으로 다른 조직구성원들의 사기와 창의력 증진에 방해가 되기로 한다.

전문경영자는 많은 경험과 전문지식으로 회사를 운영함으로써 경영합리화에 이바지할 뿐만 아니라 직원들로부터 신임을 얻을 수 있으며 민주적 리더십으로 조직구성원들의 창의력 개발을 촉진한다. 반면, 주주의 위탁에 의해서 경영자가 되므로 주주총회에서 매번 재신임을 받아야 되는 부담으로 인해 기업의 상황만 고려해서 경영에 전념해야 함에도 불구하고 대주주의 눈치를 보는 한계점이 있다. 소유경영자와 전문경영자의 장·단점을 비교하면 다음 〈표 2-2〉와 같다.

표 2-2 :: 소유경영자와 전문경영자의 장·단점

	소유경영자	전문경영자
장 점	• 강력한 리더십 • 과감한 경영혁신 • 환경변화에 따른 적용	• 민주적 리더십 • 경영의 전문화 • 회사의 안정적 성장
단 점	• 가족경영, 족벌경영의 위험 • 개인이해와 회사이해의 혼동 • 능력부족 위험 • 부와 권력의 독점	• 임기의 제한, 개인의 안정 추구 • 주주 이해관계의 경시 • 장기적 전망 부족 • 단기적 이익에 집착

사례연구 ‘가족기업’에서 ‘위대한 기업’으로

자본주의 등장 초기에 모든 기업은 가내수공업 형태로 일을 했다. 자연히 가족 구성원들이 일손을 나눠 맡는 구조를 띨 수밖에 없었다. 사실 자본주의 이전 시대도 마찬가지다. 농사일을 하든 상업에 종사하든 가장 든든한 사업 조력자는 바로 가족이었다.

가족은 사회를 구성하는 가장 기초적인 단위이자 세계 기업 역사의 뿌리를 이루기도 한다. 세계 각국의 장수기업 중에는 ‘가족기업(family business)’ 형태인 경우가 상당수다. 오늘날에도 수많은 기업들이 창업 초기 가족기업 단계를 거쳐 더 큰 기업으로 성장해나가고 있다.

세계 시장을 주름잡는 글로벌 기업 중에도 가족기업들이 적지 않다. 세계 최대 유통업체 월마트나 곡물 메이저 카길이 대표적인 예다. 루이비통, 에르메스, 샤넬 등 명품브랜드의 대다수도 가족기업으로 분류된다. 세계 자동차업계 빅5에 포함되는 도요타, 포드, 폴크스바겐도 가족기업이다. 한국 경제를 대표하는 삼성, 현대차, LG, SK 등 대기업집단도 창업자 가문이 소유·경영하는 가족기업에 해당된다.

가족기업은 간혹 독단적 경영, 부의 대물림, 경영권 분쟁 등 부정적인 측면이 부각되는 것도 사실이다. 가족 구성원이 기업 지배구조를 좌우하기 때문이다. 하지만 긍정적인 부분도 적지 않다. 창업자 일가의 기업가정신, 장기전략에 입각한 경영, 신속한 의사결정과 과감한 투자 등이 그런 예다.

[출처: 이코노미조선, "가족기업에서 위대한 기업으로", 제102호, 2013. 4.]

04 경영자의 역할

기업환경이 급변함에 따라 현대의 경영자들에게 요구되는 역할도 다양해지고 있다. 이처럼 경영자들의 역할 변화를 초래한 요인으로는 치열해진 경쟁구조, 국내뿐만 아니라 글로벌 규모로 사업을 구상해야 하는 국내외 환경변화, 근로자들의 가치관 변화 등을 들 수 있다.

다양한 경영자의 역할을 헨리 민츠버그(Henry Mintzberg) 교수는 다음 세 가지로 요약하였다.

❶ **대인관계 역할**   경영자는 자신이 맡고 있는 기업의 내부 사람들뿐만 아니라 외부 사람들과도 자주 만나 기업 조직이 원활하게 운영될 수 있도록 노력해야 한다. 경영자가 담당해야 할 중요한 대인관계 역할에는 다음 세 가지가 있다. 첫째, 경영자는 회사를 대표하는 여러 가지 행사를 수행한다. 즉, 여러 대외적인 업무에 있어서 조직의 대표자로서의 역할을 맡게 된다. 둘째, 경영자는 조직의 리더로서 경영목표를 달성하기 위해 종업원들에게 동기를 부여하고 격려하며, 조직내 갈등을 해소하는 역할을 담당한다. 셋째, 경영자는 상사와 부하, 기업과 고객, 사업부와 사업부 등의 관계에서 연결고리 역할을 한다.

❷ **정보전달 역할**   경영자가 올바른 의사결정을 하기 위해서는 정보가 필요하며, 기업 내 조직에서도 경영자로부터 수신되는 정보에 의존해야 하는 경우가 많다. 그러므로 경영자는 필요한 정보를 탐색해야 할 뿐만 아니라 수집된 정보를 선별, 분석, 정리하여 언제라도 내부 조직구성원에게 제공할 수 있어야 한다. 경영자가 정보와 관련하여 맡아야 할 역할을 정리하면 다음 세 가지로 요약할 수 있다.

첫째, 경영자는 외부환경과 관련된 정보를 지속적으로 수집하고 이를 관찰한다. 정보가 많을수록 경영자는 의사결정을 신속, 정확하게 할 수 있고 이를 통해 기업의 성과를 높일 수 있다. 둘째, 경영자는 수집된 정보를 조직 구성원들에게 충실하게 전달하는 전달자의 역할을 수행해야 한다. 셋째, 경영자는 기업 외부인들로부터 투자를 유치하고 기업을 홍보하기 위해 기업 내부의 객관적인 사실을 대변하는 대변인 역할을 수행한다.

❸ **의사결정 역할**　기업조직에서는 실행에 앞서 의사결정이 먼저 이루어지는데 보통 수집된 많은 정보를 바탕으로 결정이 이루어진다. 경영자에게는 새로운 사업을 하기로 계획을 세우거나 사업을 보다 더 효율적으로 하기 위해 방법을 바꾸거나 새로운 전략을 도입하는 등 의사결정자로서의 역할이 요구된다. 또한, 예측하지 않은 문제가 발생하거나 예외적인 문제가 발생하였을 경우에도 일반 직원은 경험과 정보 부족, 그리고 재량권이 없기 때문에 적시적기에 대처할 수 없다. 따라서 경영자가 정보와 권한을 갖고 이러한 문제점에 대처하고 해결하는 의사결정자로서의 역할을 하게 된다. 경영자가 의사결정권자로서 하여야 할 역할을 정리하면 다음과 같다.

첫째, 경영자는 새로운 아이디어를 내놓고 이를 종업원들과 공유하기 위해 자원 활용과 기술개발에 대한 의사결정을 과감하게 내려야 한다. 또한, 경우에 따라서는 자신이 직접 새로운 사업을 시작하지는 않더라도 조직 내에서 혁신적인 방법을 모색할 필요가 있다. 이런 의미에서 경영자는 창업자로서의 역할이 요구된다.

둘째, 경영자는 노사관계, 계약관계 등에 관한 문제를 다룬다. 따라서 조직 내 갈등을 극복하는 문제해결사로서의 능력을 갖추고 조직의 활성화에도 늘 관심을 기울여야 한다.

셋째, 자원분배 역할을 담당한다. 주어진 자원을 최대한 효율적으로 활용하여 경영목표를 달성하기 위해 인사, 재무, 생산, 마케팅 등 기업 각 기능부문의 역할 배분에 신중해야 한다.

넷째, 경영자는 협상에 많은 시간과 노력을 들이게 된다. 특히 외부와의 협상에서 경영자는 회사에 유리한 결과를 이끌어내도록 최선을 다해야 한다.

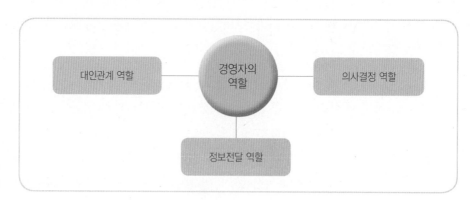

그림 :: 2-3
경영자의 역할

 경영자에게 요구되는 능력

기업을 성공적으로 잘 이끌어가기 위해서는 경영자만의 독특한 능력이 요구된다. 로버트 카츠(R. L. Katz)는 경영자가 갖추어야 할 능력으로서 현장실무능력(전문적 자질 : technical skill), 대인관계능력(인간관계 자질 : human skill), 상황판단능력(개념적 자질 : conceptual skill) 등 세 가지 능력을 강조하였다.

현장실무능력(전문적 자질 : technical skill)　특정 분야에서의 과정, 기술, 지식을 활용하는 능력으로서 업무능력, 기술능력이라고도 할 수 있다. 경영자가 업무 담당자에게 지시하고 관리 및 감독하기 위해서는 실무기술이나 자기가 맡고 있는 전문분야의 업무에 능통해야 한다. 이는 전문적 지식을 토대로 하급자를 이끌고 나가야 하는 일선경영자에게 가장 중요하게 요구되는 경영능력이라고 할 수 있다.

대인관계능력(인간관계 자질 : human skill)　개인적 또는 집단적으로 다른 사람을 이해하고 동기부여하고 함께 일을 하는 능력이다. 이러한 대인관계능력은 모든 계층의 경영자에게 골고루 필요하다. 즉, 경영자라면 사장이나 부장이나 일선의 생산 감독자에 관계없이 조직구성원들과의 원만한 관계를 유지하면서 그들의 사기를 북돋아 주고 서로 조정하며 협조를 이끌어내는 대인관계 능력이 필수적으로 요구된다.

상황판단능력(개념적 자질 : conceptual skill)　조직 내 모든 이해관계자의 관심과 행위를 통합하고 조정하는 능력을 의미한다. 상황판단능력은 전체적인 관점에서 조직을 보면서 하나의 부서가 어떻게 다른 부서에 의존하는지를 이해하고, 어떤 부서의 변화가 전체에 어떤 영향을 미치는지를 평가하는 능력이다. 이러한 능력은 조직 전체를 파악하고 조정해야 하는 최고경영자에게 더욱 필요하다.

이러한 능력은 경영자가 어느 계층에서 어느 역할을 담당하느냐에 따라 각각 다른 비중이 요구된다. 일반적으로 직급이 올라갈수록 '일상적인 업무'가 아닌 업무를 하게 된다. 즉, 새로운 사업에 대한 구상을 한다거나 기업 전체에 영향을 미치는 포괄적이고 장기적인 의사결정을 한다거나 하는 등 일반 업무에서 벗어 난 '예외적 업무'를 하게 된다. 아래 〈그림 2-4〉에서 알 수 있듯이 최고경영층은 예외적인 업무, 그리고 일선관리층은 일상적인 업무의 비중이 많게 된다.

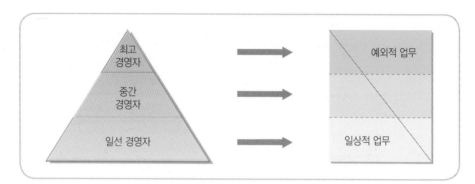

그림 :: 2-4
경영자의 계층별
요구되는 업무

또한, 업무의 성격에 따라 각 계층의 경영자에게 요구되는 능력도 달라질 수 밖에 없다. 로버트 카츠(R. L. Katz)는 경영자 층을 그 수준에 따라 상 중 하로 나누 어 각 직급에 필요한 역량의 비율을 다음 〈그림 2-5〉와 같이 정리했다. 그림에 서 알 수 있듯이 각 계층의 경영자에게 하나의 능력만이 요구되지 않고 세 가지 의 능력 모두가 필요하지만 계층에 따라서 세 능력 가운데 더 중요한 능력과 덜 중요한 능력이 있다. 이는 일선 경영자라고 해서 실무기술만 있어서는 안 되며, 최고경영자 역시도 기술에 대한 지식은 반드시 있어야 함을 의미한다.

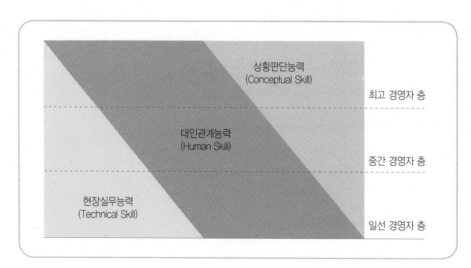

그림 :: 2-5
경영자의 계층별 필요한
역량의 비중

사례연구 **건국 이후 가장 뛰어난 기업인은 누구인가?**

'건국 이후 세대를 초월해 가장 뛰어난 기업인 3명을 꼽아 달라'는 질문에 서울대 경영대학 박원우 교수를 비롯해 총 60명의 경영학과 교수들은 고(故) 정주영 전 현대그룹 명예회장을 가장 뛰어난 기업인으로 꼽았다. 정 명예회장의 뒤를 이어 고 이병철 삼성그룹 회장이 건국 이후 가장 뛰어난 기업인 2위로 뽑았다. 정주영과 이병철 두 기업인은 각각 전체 응답자의 95%와 81%로부터 지목을 받는 등 압도적인 지지로 건국 이후 가장 뛰어난 기업인 1, 2위로 뽑혔다.

이에 대해 김상수 경희대 경영학과 명예교수는 "정주영 현대그룹 명예회장은 '도전과 개척의 기업가 정신'이란 측면에서 타의 추종을 불허하고, 이병철 회장은 인재의 중요성과 경영관리의 중요성을 우리 기업에 일깨웠다는 점에서 건국 이후 가장 뛰어난 기업인으로 꼽을 수 있다."고 지적했다.

정 명예회장과 이 회장의 뒤를 이어 가장 뛰어난 기업인으로는 박태준 포스코 명예회장이 3위, 고 최종현 전 SK그룹 회장이 4위를 차지했으며, 구인회 LG그룹 창업주가 5위를 기록했다.

[출처: 이코노믹 리뷰, 2008. 8. 21.]

 06 글로벌시대 최고경영자의 조건

치열한 경쟁의 시대인 21세기 디지털·글로벌 시대에 기업을 효율적으로 경영하기 위해서는 시대에 맞는 새로운 경영자로서의 자질이 요구된다. 21세기에 요구되는 최고경영자의 조건을 살펴보면 다음과 같다.

🌐 **비전의 제시** 최고경영자가 맡고 있는 중요한 역할 중에 하나는 기업이 향후 나가야 할 비전을 명확하게 제시하는 것이다. 치열한 경쟁 환경 속에서 기업이 성장·발전해가기 위해서는 새로운 환경에 적응하고 한 걸음 더 나아가 환경의 기회를 적절히 활용할 수 있어야 한다. 또한, 위기를 오히려 새로운 사업 기회로 바꾸는 능력이 있어야 한다. 이러한 힘은 최고경영자의 확고한 비전으로부터 나온다고 볼 수 있는데, 이러한 비전을 제시하기 위해서는 최고경영자 스스로가 변화에 민감하고 새로운 정보를 수집하

거나 기회를 선점하는 추진력이 뒷받침되어야 한다.

🔍 **미래를 보는 예측력**　갈수록 불확실성이 높아지는 현대 경영환경에서 경영자가 지녀야 할 최고의 덕목은 예측력이다. 다가올 미래를 예측한다는 것은 경영자에게도 어려운 과제이겠지만, 이러한 어려움에도 불구하고 미래예측력이 중요한 이유는 미래를 한 발 앞서 예측하여 준비하고 적응하지 못하는 기업은 생존해 나가기 어렵기 때문이다. 이러한 예측력을 키우기 위해서 경영자는 큰 눈으로 비전을 보고, 입체적으로 사고해야 한다. 또한, 직관으로 의사결정을 내리고 행동에 옮길 수 있는 용기도 필요하다.

🔍 **사회적 역량**　21세기 디지털 시대에는 기존 CEO들이 가지고 있던 인맥에 더해 디지털시대를 선도하는 다양한 새로운 인맥을 형성하여 사회적 역량을 강화해야 한다. 아무리 훌륭한 경영자라 할지라도 혼자서 모든 것을 할 수는 없다. 또한, 새로운 디지털 기술이 급속히 발전되고 그 범위도 글로벌화되고 있는 사회에서 경영자 혼자서는 사회적 역량을 모두 가질 수 없다. 따라서 각 분야별 다양한 인맥을 통해 새로운 지식을 구하고, 조직 내외의 사람들과의 다양한 공식 · 비공식 네트워크를 최대한 활용할 수 있도록 사회적 역량을 발휘해야 한다.

🔍 **글로벌 다양성의 인정**　디지털 기술의 발달로 CEO들은 보다 많은 시장을 발견할 수 있게 되었다. 이러한 시장에서 성공하기 위해서는 국제사회에 대한 이해, 국제사업 관행, 개별문화 간의 차이, 다양한 언어 등에 대한 지식을 습득하여야 하며, 이를 적절히 활용할 줄 알아야 한다.

🔍 **사회적 책임의 실천**　노블레스 오블리주(noblesse oblige)의 실천이라고 할 수 있는 사회적 책임을 다하는 경영자의 자세는 최근처럼 기업의 사회적 책임(CSR: Corporate Social Responsibility)의 강조되는 시기에 매우 중요한 의미를 갖는다. 여기서 노블레스 오블리주란 명예(noblesse)만큼 의무(oblige)도 다해야 한다는 것으로 지도층에게 요구되는 솔선수범과 높은 수준의 도덕적 의무를 말한다. 이와 관련하여 피터 드러커(Peter F. Drucker)는 "경영자의 정직한 품성과 도덕성이야말로 존경받는 경영자의 근간이다. 바른 길을 걷는 경영자의 자세는 그를 따르는 모든 부하 직원들의 본보기가 될 뿐만 아니라 장기적으로 창조적 기업의 발판이 된다."라고 하였다.

사례연구 → 머크社의 사회적 책임 실천

세계적 제약 기업 머크社의 전 CEO 로이 바젤로스는 사회적 책임을 실천한 경영자의 모범적인 본보기이다. 1990년 '강변실명증(화선사사충이란 기생충에 의해 실명에 이르게 하는 질병으로 주로 강변에서 감염)'의 공포가 아프리카 대륙을 뒤덮었을 때, 그는 그 치료약을 개발하겠다고 이사회에 알렸다. 그러나 이사회는 약을 개발 판매해도 이익이 나지 않을 것이라는 이유로 치료약 개발에 대해 크게 반발하였다. 하지만 그는 기업의 사회적 책임의 중요성을 일찌감치 감지하고 이를 강력히 추진하게 된다.

치료약이 아프리카에 무료 보급되자 회사의 이미지는 더욱 좋아졌고 과학자들은 인류사회에 기여하는 머크社를 입사하고 싶어하는 회사로 지목하게 되었다.

결과적으로 제약기업의 사회적 책임이 미래에는 한층 더 중요해질 것이라는 사실을 간파한 CEO의 혜안이 세계 최고의 제약기업을 탄생시키는 발판이 된 것이다.

[출처: LG주간경제, "명품 CEO의 조건", 2007. 6. 27.]

⋯ 참고문헌

1. 吉森 賢, 「企業家精神 衰退の 研究」, 日本東洋經濟新聞社, 1990.

2. 삼성경제연구소, "디지털시대, 새로운 CEO의 조건", CEO Information(제239호), 2000. 3. 29.

3. 서울경제, "윤윤수 휠라 회장 겸 아쿠쉬네트 회장의 기업가정신", 2012. 2. 12.

4. 윤종훈·송인암·박계홍·정지복, 「경영학원론」, 학현사, 2007.

5. 이코노미조선, "연중기획, 안철수 카이스트 교수", 통권 65호, 2010. 3.

6. 존 코터, 「리더십 변하지 않는 리더십의 원리와 기본」, 21세기북스, 2009.

7. 지용희·이윤보·한정화, 「중소기업론」, 경문사, 2001.

8. 지호준, 「21세기 경영학」, 법문사, 2005.

9. Katz, Robert L. (1974), "Skills of an effective administrator", Harvard Business Review, Vol.52, No.5.

10. LG주간경제, "명품 CEO의 조건", 2007. 6. 27.

Chapter 03

경영학의 발전 과정

01 경영학의 이해

I. 경영학의 정의

경영학이란 사회구성의 단위인 조직체의 목표(goal)를 효과적, 효율적으로 달성하기 위한 제반 활동에 대한 원리와 법칙을 연구하는 학문이다. 경영학은 경영활동을 연구대상으로 하며 이를 체계적 이론으로 발전시킨 학문이다. 그러나 사회가 발전함에 따라 경영활동의 내용도 변화하게 되었는데 이에따라 경영학의 개념도 변화 및 발전되어 왔다.

경영학에 대한 학자들의 정의를 살펴보면, 힉스(H. G. Hicks)와 굴렛(R. C. Gullet)은 경영학은 경영 조직체의 경영활동을 합리적으로 수행하기 위한 제 법칙을 연구하는 학문이라고 하였으며, 쿤츠(H. Koontz)와 웨이리치(H. Weihrich)는 기업조직의 목표를 효율적으로 달성하기 위하여 환경을 조성하고 유지하기 위한 구성원들의 노력을 계획, 조직화, 지휘, 통제하는 일련의 관리과정에 대해 연구하는 학문이라고 정의하고 있다.

또한, 드러커(P. Drucker)는 조직의 방향을 제시하고 리더십을 통하여 조직의 제반 자원을 어떻게 활용할 것인가를 결정하는 과정이라고 하였으며, 사이몬(H. A. Simon)은 조직을 형성하고 운영하는 것이며 의사결정과정이라고 하였다.

이처럼 다양한 학자들의 정의를 정리하자면, "경영학이란 기업의 목표를 달성하기 위하여 자본, 자원(물적/인적), 정보, 지식 등을 이용하여 계획, 조직화, 지휘, 조정, 통제하는 활동을 체계적으로 연구하는 학문"이라고 할 수 있다.

2. 경영학의 대상

경영학을 광의로 해석하면 조직의 목표를 달성하기 위하여 자원을 효과적(effectively)이고 효율적(efficiently)으로 관리하고 조정하는 과정을 연구하는 것으로 경영의 대상을 모든 조직에 확대한 것이며, 협의로 해석하면 자본, 자원(물적/ 인적), 정보, 지식 등을 유효 적절하게 운용하여 이윤을 창출하는 것을 주 목적으로 하는 것에 대한 연구를 하는 것으로 경영학의 대상을 기업이라는 조직체에 한정하게 된다.

그러나 최근 경영학의 연구대상은 비영리 조직체도 포함하는 우리 사회 모든 유형의 조직을 대상으로 하고 있다. 즉, 비영리 조직체에도 경쟁의 개념이 도입되고 효율성과 효과성의 경영원리가 적용되고 있기 때문이다. 따라서 경영학의 개념을 광의로 해석하는 것이 최근의 추세에 부합한다고 볼 수 있다.

경영연구 대상으로서의 조직체는 크게 영리 조직체와 비영리 조직체로 구분할 수 있으며, 영리 조직체는 다시 공익 조직체와 이윤극대화 조직체로 나뉘어진다.

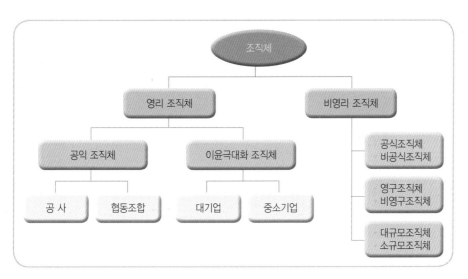

그림 :: 3-1

경영학 연구 대상을 기준으로 한 조직체의 구분

3. 경영학의 학문적 특성

조직체 속에서 발생하는 다양한 현상을 다루는 경영학은 사회과학의 한 분야로서 당연히 지식을 위한 지식체계를 중시하는 이론과학(theoretical science)의 특성을 갖는다. 즉, 경영학은 현재 나타나고 있는 경영현상에 대하여 이론적 연구방법을 통하여 하나의 원칙을 정립해 나가는 특성을 갖고 있다. 따라서 있는 그대로의 경영현상을 사실적으로 분석함으로써 거기에서 경영원리를 논리적으로 세워가는 방법을 사용하게 된다.

한편, 조직체는 급변하는 여건에 따라서 그 영향을 받지 않을 수 없으며, 경영이론은 조직체에서 실제적으로 활용될 수 있어야 한다는 측면에서 경영학은 실천응용과학(pratical applied science)의 특성을 갖는다. 이런 측면에서 경영학은 사례연구(case study)라는 독특한 연구방법론을 채택한다. 사례연구란 개별 조직체의 실제적인 경영활동 사례를 통하여 조직체 경영의 일반원칙을 도출하는 연구방법이다.

따라서 경영학이란 학문은 이론과학과 실천응용과학의 성격을 동시에 가지고 있는 이중적 특성을 갖고 있다. 또한, 이론과학과 실천응용과학으로서의 경영학은 상호보완의 관계를 갖고 있다. 즉, 이론으로서 정립된 내용들이 조직체에 실제로 실천될 수 있으며, 반대로 조직체에서 발견된 사실들이 이론화되어 학문적 토대가 될 수 있다.

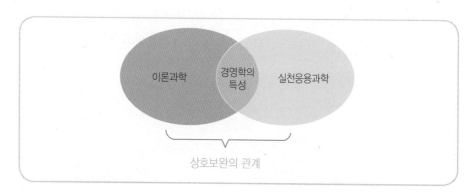

그림 :: 3-2
경영학의 특성

4. 경영학의 형성 과정

사람들이 조직을 만들고 목표를 세워 이를 달성하기 위한 노력인 이른바 경영관리의 개념은 BC5000년경 고대 중동의 수메르인에서 그 기원을 찾을 수 있다. 그들은 대규모 공사와 상행위에 대한 기록을 남겼는데, 이는 이후의 이집트 피라미드 건립과 로마제국의 토목공사에 대한 기록과 더불어 관리개념의 시초로 여겨진다. 그러나 고전적 의미의 경영관리는 14세기 이탈리아의 베니스를 중심으로 활발히 이루어졌던 상거래에 대한 기록과 18세기 산업혁명 당시 영국의 경제학자인 아담 스미스(Adam Smith)의 대량생산과 분업에 관한 개념, 그리고 1900년을 전후한 미국 테일러(Frederic W. Taylor)의 '과학적 경영'과 포드(Henry Ford)의 대량생산의 실현으로 이어지면서 그 이론적 바탕을 이루게 되었다.

이른바 현대적 의미의 경영이론은 시대별로 다음과 같이 다섯 단계를 거쳐 발전해 왔다.

🔍 **고전적 경영이론**　조직체 내 종업원의 능률을 증진시키기 위한 작업방식에 대한 과학적 연구를 강조하는 이론인 과학적 관리론, 합리적 태도에 의한 조직 운영을 강조하는 관료적 경영론, 기업 전체를 효율적으로 관리하는 데 초점을 둔 경영관리론으로 구분된다.

🔍 **행동론적 경영이론**　인간의 심리적 측면과 행동측면을 강조하는 이론으로서 대표적으로 메이요의 호손실험과 맥그리거의 X-Y이론을 들 수 있다.

🔍 **시스템적 경영이론**　경영활동을 투입과 변환과정, 산출 간의 상호작용으로 보는 경영이론이다.

🔍 **상황적합적 경영이론**　경영환경이 급변하고 있으므로 보편적 원리보다는 상황에 따라 다른 의사결정을 내려야 한다는 이론이다.

🔍 **자원중심적 경영이론**　기업이 활용할 수 있는 물적자원뿐만 아니라 정보,

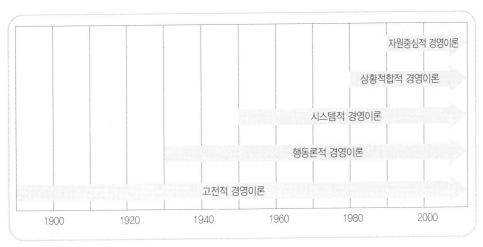

그림 :: 3-3
경영이론의 발전 과정

지식 등의 자원을 전사적 차원에서 효율적으로 관리하고 활용하는 데 초점을 두는 경영이론이다.

02 고전적 경영이론

고전적 경영이론 1890년 이후 작업과 조직을 더욱 효율적으로 관리하는 방법에 대한 연구를 강조하면서 발전하였다. 고전적 경영이론은 작업자 개인의 직무에 초점을 둔 과학적관리론과 합리적인 태도에 의한 조직체 운영을 강조하는 관료적경영론, 기업 전체를 관리하는 데 초점을 둔 경영관리론으로 구분된다. 이들 이론은 몇 가지 특성을 공유하는데 조직의 구조적 또는 기계적인 관점을 대표하고 있다. 외부 환경과의 관계보다는 조직 내부의 합리적 또는 능률적 관리에 초점을 두고 조직을 기계적으로 취급했기 때문에 조직 내의 인간을 기계의 부속품처럼 간주하거나 환경의 변화를 도외시 한다는 비판을 받게 된다.

I. 과학적 관리론(scientific management)

조직체 내 종업원의 능률을 증진시키기 위한 작업방식에 초점을 두고 과학적 연구를 강조하는 이론으로서 대표적인 고전적 경영이론이라고 할 수 있다. 과학적 관리론은 미국의 테일러(Frederic W. Taylor)가 창안한 이론인데, 그에 따르면 관리에 대한 과학적 조사, 연구 , 실험 등을 통해 업무의 능률을 극대화시킬 수 있다고 주장한다. 이러한 신념에 따라 작업장에서 수집한 자료를 객관적으로 분석하여 과업 또는 작업을 조직화할 수 있는 최선의 방법을 찾고자 하였다.

'과학적 경영의 아버지'로 알려진 테일러가 활동하던 19세기 후반은 산업혁명이 급속하게 진행되던 시기로서 대규모 공장이 생기고, 철도, 도로, 통신 등 산업사회를 위한 많은 간접시설들이 건설되었다. 그러나 당시 종업원들은 대부분 교육수준이 낮고 경영자들도 경영에 대한 별다른 지식이 없이 단지 상식과 경험에 의존해서 기업을 경영하였다. 이러한 상황에서 테일러는 자신의 경험을 통해 작업장 곳곳에 비효율적인 요소가 산재해 있다는 것을 발견하였다. 그는 종업원들이 다음과 같은 세 가지 이유 때문에 작업을 게을리 한다고 생각했다.

첫째, 종업원들은 그들의 생산성 증가로 인해 자기 자신이나 동료가 직장을 잃게 될 수도 있다는 두려움이 있다.

둘째, 경영자에 의해 설정된 불완전한 임금체계가 종업원들로 하여금 작업속도를 느리게 한다.

셋째, 작업의 일반적인 방법과 규칙이 매우 비효율적이어서 작업이 게을러진다.

테일러는 이러한 문제점을 바로잡기 위해서는 과학적인 관리원칙이 있어야 한다고 주장하였는데, 이것이 바로 근대 경영이론의 효시를 이룬 '과학적 관리론'이다. 과학적 관리론의 내용은 크게 다음 네 가지로 정리할 수 있다.

그림 :: 3-4
테일러의 과학적 관리론

🔍 **과학적 작업과정 연구**　종업원들 개개인의 생산성을 최대로 발휘할 수 있도록 작업에 대한 일련의 행위를 면밀히 분석한 후 그에 맞는 작업원칙 및 관리방법을 개발한다.

🔍 **종업원의 과학적 선발**　종업원을 채용한 이후에는 생산성을 극대화시키기 위한 작업훈련에는 한계가 있으므로 종업원을 선발할 때부터 각 작업에 요구되는 수준의 능력을 가진 종업원을 과학적으로 선별하여 선발한다.

🔍 **성과급 제도**　선발된 종업원을 훈련시켜 작업에 투입하되, 작업성과와 관련하여 적절한 인센티브 제도를 도입한다.

🔍 **직능별 감사제도**　작업의 내용이나 성격이 바뀌면 그 작업을 관리, 감독하는 사람도 바뀌어야만 종업원들이 해야 할 자신의 작업에 집중할 수 있다. 따라서 작업계획, 작업지시, 작업평가 등과 같이 각 기능별로 나누어 감독함으로써 보다 높은 생산성을 올릴 수 있다.

한편, 과학적 관리의 또 다른 주창자는 길브레스(F. B. Gilbreth) 부부이다. 이들은 경험이 많은 종업원으로부터 전해 내려오는 많은 비능률적인 요인들을 발견하고, 그러한 상황을 개선시키기 위해 동작연구(motion study)를 사용할 것을 제안하였다. 이 방법은 작업자의 동작을 17개의 기본동작으로 개발한 것으로서 이들을 적절히 조합함으로써 효율적인 작업방법을 설계할 수 있다고 한다.

과학적 관리에 기여한 또 다른 인물은 간트(Henry Gantt)인데, 그는 작업시간 단축을 위한 시간연구(time sudy)의 일환으로 작업공정을 합리화하는 간트 차트(Gantt chart)를 만들어 작업경영을 과학화하였다. 간트 차트(Gantt chart)는 시간으로 구분한 도표에 계획을 써넣고 그 계획에 따른 시간의 실적을 시간에 따라 기입한 것으로서 일정한 시점에서의 계획과 실적을 한눈에 파악할 수 있도록 설계된 도표로서 오늘날에서도 계획수립, 일정수립, 통제 등에 널리 사용되고 있다.

2. 포드 시스템(Ford system)

1903년 설립된 포드자동사 회사에서 헨리 포드(H. Ford)에 의해 실시된 생산 합리화 방식을 통한 대량생산관리 시스템으로서 테일러 시스템(과학적 관리론)과 더불어 과학적 관리운동을 확립한 대표적인 생산관리 시스템이다. 이 시스템은 부품의 표준화, 제품의 단순화, 작업의 전문화 등으로 생산의 표준화를 이루고, 컨베이어 시스템에 의한 이동조립방식을 채택하여 작업의 동시 관리를 꾀함으로써 원가절감을 통한 대량생산을 가능하게 하는 계기를 마련했다고 하여 대량생산시스템(mass production system)이라고도 하며, 디트로이트 공장에서 완성되었다고 하여 디트로이트 오토메이션(Detroit automation)이라고도 부른다.

그림 :: 3-5
포드의 대량생산시스템

포드 시스템은 기술적인 측면에서는 생산의 표준화, 부품의 규격화, 공장의 특수화와 특수한 운반기를 사용하여 유동식 작업체제로 발전시킴으로써 이동조립법을 실시하고, 인간공학적 측면에서는 단순히 기계에만 의존하는 관리방식에서 탈피하여 인간관계의 분석이나 노사 간의 의사소통 및 정보에 의한 협조를 강조한 데에 그 이념의 특징이 있다. 즉, 이동조립법은 '일에 사람을 가져가는' 대신 '사람에게로 일을 가져가는' 포드의 착상을 실현시킨 생산시스템인데, 작업공정의 순서대로 배치된 작업자 앞을 재료가 컨테이너에 의해 규칙적으로 통과하며, 각 작업자는 고정된 장소에서 일정한 리듬을 타고 작업을 하는 시스템이다. 이러한 생산방식은 기존의 생산효율을 크게 향상시킬 수 있었는데 그 이유를 살펴보면 다음 세 가지로 요약할 수 있다.

- 생산의 흐름이 직선적이며 중단이 없기 때문에 생산시간을 단축할 수 있다.
- 공정 간의 운반 거리를 단축하여 재료나 재공품의 재고를 삭감할 수 있다.
- 작업능률은 컨베이어에 의해서 시간적으로 규제되기 때문에 감독의 폭을 확대할 수 있다.
- 각 공정간의 시간적 조정이 자동적으로 이루어지므로 공정이나 작업의 시간적 조정의 효율을 현저하게 높일 수 있다.

포드 시스템은 테일러 시스템(과학적 관리론)과 자주 비교되는데 각각의 내용을 비교해 보면 다음과 같다.

표 3-1 :: 포드 시스템과 테일러 시스템의 비교

구 분	포드 시스템	테일러 시스템
주창자	포드(H. Ford)	테일러(F. W. Taylor)
일반통칭	동시관리	과업관리
중점사항	계속 생산의 능률적 향상 및 관리, 합리화(Taylorism 보완)	개별생산, 공장관리 기술의 합리화
경영이념	고임금 저가격의 원리 • 영리주의 부인 • 봉사주의 제창 • 경영의 자주성 강조 • 경영의 공동체화	직능적(기능적) 고임금, 저노무비의 원리 • 최고과업 결정 • 표준화된 제 조건 • 성공에 대한 우대 • 실패는 노동자의 손실
방 법	3S* 적용, 이동조립법(컨베이어 시스템), 일급제 급여, 대량 소비시장의 존재	시간 및 동작연구, 직능직 조직, 차별적 성과급제, 지도표제도와 계획부제도의 채용
표 준	생산(제품)의 표준화	작업의 표준화

* 3S: Standardization(표준화), Simplification(단순화), Specialization(전문화).

3. 관료적 경영론(bureaucratic management)

소유주나 경영자가 독단적이고 일시적인 기분에 의해 기업을 운영하기보다는 합리적인 태도에 의해 조직체를 운영해 나갈 것을 강조하는 경영이론이다. 관료적 경영론은 웨버(Max Weber)의 연구에 바탕을 둔 것으로서 기본적으로 조직이 제대로 운영되려면 조직관리자의 원칙없는 독단은 없어져야 하며, 그 대신 합리적인 원칙에 근거한 관리가 확립되어야 한다는 이론으로서 관료적 경영을 통해 조직의 효율성뿐만 아니라 자원의 경제적 활동, 종업원 및 고객에 대한 공평한 대우 등도 실현할 수 있다고 한다. 웨버가 주장한 이상적인 관료조직의 원칙은 〈표 3-2〉와 같다.

표 3-2 :: 웨버의 관료조직 원칙

전문화	• 직무는 명확하게 정의되고 전문화되어야 함.
공정성	• 규정과 절차는 누구에게나 공정하게 적용되어야 함.
권한체계의 정비	• 조직의 권한체계는 명확해야 함.
능력에 따른 승진	• 승진 또는 선발의 기준은 능력과 성과에 따라야 함.
공식적인 규정과 절차	• 규정과 절차는 문서화되어야 함.

4. 경영관리론

테일러(Frederic W. Taylor)의 과학적 관리론이 개별 종업원의 직무에 초점을 두었다면, 패욜(Henry Fayol)은 기업 전체를 효율적으로 운영하는 원칙을 찾아냄으로써 현대 경영관리 이론의 발전에 결정적인 역할을 하였다. 테일러가 '과학적 관리의 아버지'라고 한다면, 패욜은 '경영관리의 아버지'라고 불리울 만큼 고전적 경영학의 발전에 크게 기여하였다.

패욜은 기업 전체를 관리하는 데 초점을 두어 기업활동을 크게 기술, 영업, 재무, 보전, 회계, 관리의 5가지로 구분하였으며, 이 중 관리활동의 범주에 계획, 조직, 지휘, 조정, 통제라는 5가지 주요 기능을 적용하였다〈그림 3-6〉. 또한, 기업 경영의 방법이 학습될 수 있다고 보고, 보다 효율적인 관리를 위한 14개의 경영관리 원칙들을 〈표 3-3〉과 같이 체계화하였다. 이러한 원칙들은 기업을 비롯한 정부, 비영리기관, 군대, 종교기관 등에도 적용될 수 있다고 하였으며, 실제로 패욜이 제시한 이러한 원칙들은 오늘날에도 기업을 비롯한 여러 조직에서 널리 활용되고 있다.

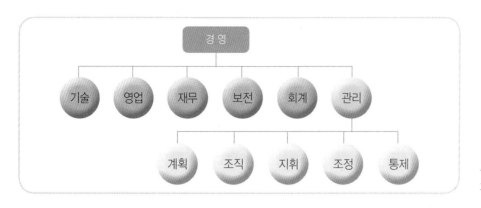

그림 :: 3-6
패욜의 기업활동 분류

표 3-3 :: 패욜의 경영관리 14개 원칙

작업의 분할	작업의 분할은 작업의 전문화 및 효율성을 높일 수 있음.
권 한	권한은 통제의 원천이며, 지위로부터 나옴.
규 율	규율은 조직구성 및 운영의 기본임.
명령의 일원화	조직구성원은 오직 한 명의 상사로부터 명령을 받아야 함.
보 상	보상은 공정해야 함.
지휘의 일원화	어떤 활동이든지 단일의 계획 하에 한 명의 책임자가 담당해야 함.
질 서	조직 내의 자원은 적절히 배치되어야 함.
경영자의 역할	경영자는 조직 내에서 주도적인 역할을 하여야 함.
공정성	조직구성원들에게 공정성을 잃어서는 안 됨.
안정성	조직구성원들의 이직률이 높아서는 안 됨.
단결성	조직구성원들의 단결을 통한 팀워크를 중시해야 함.
조직이익의 우선	개인이익보다 조직의 이익을 우선함.
집중화	특정목표의 달성을 위한 집중력을 보여야 함.
의사소통	명령의 하달경로가 명확해야 함.

03 행동론적 경영이론

　고전적 경영이론은 종업원들을 생산의 도구로 간주하고, 생산 차원에서 더욱 능률적으로 활용하기 위한 경영수단을 찾는 데에만 관심을 갖는다는 비판을 받아왔다. 이에 대한 반성으로 조직체 내에서 인간의 행동에 영향을 미치는 다양한 요인들을 이해하려는 이론이 등장하였는데 이것이 행동론적 경영이론이다.

행동론적 경영이론은 호손실험의 인간관계론, 맥그리거의 X-Y이론, 매슬로우의 욕구단계이론 등이 대표적이다.

1. 호손실험의 인간관계론

호손실험(Hawthorne studies)은 1924년에서 1932년 사이에 웨스턴일렉트릭 사의 호손(Hawthorne) 공장에서 메이요(Elton Mayo)와 그의 동료에 의해서 수행된 연구로서, 이 연구를 통해 행동학적 경영이론을 본격적으로 이끌어내는 결과를 가져왔다.

1차 실험에서는 조명상태, 소음, 습도와 같은 작업장 환경, 2차 실험에서는 임금인상이나 휴식시간 등 작업관련 요인들이, 3차 실험에서는 작업자의 태도나 감정이, 4차 실험에서는 사회적으로 인정받고 싶은 욕구가 생산성에 어떠한 영향을 미치는지 알아보았다.

호손실험 결과 작업능률을 향상시키는 것은 조명밝기와 같은 물질적 작업환경이나 임금, 초과수당 등과 같은 경제적인 노동조건에 의해서만이 아니라 종업원의 태도나 감정 등의 인간관계에 의해서도 크게 좌우된다는 것이 밝혀졌다. 또한, 기업의 종업원들 간에 이루어진 조그마한 모임인 비공식적조직이 생산성 향상에 중요한 역할을 하고 있음이 밝혀졌다.

종업원의 소속감과 안정감 · 참여의식이 생산성을 결정하고 인간관계로 형성된 사내 비공식조직이 경영성과를 좌우한다는 메이요의 연구결과는 당시 큰 파장을 일으켰다. 테일러식 과학적 관리와 포드식 대량생산, 기계화와 자동화가 경영의 핵심으로 자리잡았던 시대였기 때문이다.

이러한 호손실험의 결과는 경영이론에 중대한 영향을 미쳤다. 즉, 과학적 관리에서 인간적 요인을 소홀히 다루었다는 점에 의문을 제기하면서 인간중심 경영을 지향하는 '인간관계론(human relation management)'의 출발점이 되었다.

2. 맥그리거의 X-Y이론

MIT대학의 산업경영학 교수인 맥그리거(D. M. McGregor)는 모든 인간행동에 관한 두 가지 상반된 가정을 하고 이를 토대로 경영을 해야 한다고 주장하였다. 그는 1960년 '기업의 인간적 측면(The Human Side of Enterprise)'이라는 저서에서 인간의 본성에 대한 두 가지 구별되는 견해는 제시하였다. 기본적으로 인간의 본성에 대한 부정적 관점인 X이론과 긍정적 관점인 Y이론이 그것이다.

X이론이란 인간은 작업을 통해서 본질적인 만족을 느낄 수 없고 가능한 한 작업을 피하려고 하며 야망이나 독창성이 거의 없다고 보는 이론이다. X이론에 따르면 기업목표를 달성하기 위해서는 강제로 명령을 내리거나 처벌하는 등의 적극적인 지도가 필요하다고 한다.

반면, Y이론은 사람을 긍정적으로 파악하여 사람은 일을 즐기고 조건 여하에 따라서 자기만족의 근원이 된다고 보는 이론이다. Y이론에 따르면 사람은 일을 할 때 작업조건에 따라 고통스럽게 느낄 수도 있지만 기쁨을 가져올 수도 있으므로 강제적인 분위기보다는 협력적인 분위기 조성이 필요하다고 본다〈표 3-4〉.

표 3-4 :: X-Y이론의 가정

X이론	Y이론
• 사람은 본래 일하기를 싫어하기 때문에 가급적 일하지 않고 지내려고 한다. • 사람은 강제되거나 통제, 지휘, 처벌 등으로 위협하지 않으면 조직목표 달성을 위해 충분히 노력하지 않는다. • 사람은 지휘받기를 좋아하며, 책임을 회피하거나, 야심을 갖지 않으며, 안전을 추구한다.	• 일에 대한 육체적·정신적 노력은 사람의 본성이며 놀이나 휴식과 같이 자연스러운 것이다. • 사람은 자신이 참가한 조직목표를 달성하기 위하여 스스로 명령하고 자기통제를 해 나간다. • 사람이 가장 중요시하는 보상은 경제적 보상만이 아니라 자아실현 욕구를 충족하는 것이다. • 사람은 적절한 조건하에서 책임을 질 뿐만 아니라 책임을 스스로 희구한다. • 대부분의 사람은 고도의 상상력을 구사하거나 연구하고 창조력을 발휘하는 능력을 가지고 있다.

맥그리거의 X-Y이론에 따르면 경영자가 종업원을 통하여 조직의 목표를 달성하기 위해서는 우선 종업원의 본성에 대한 파악이 이루어져야 한다. 즉, 종업원들이 X이론적인 사람인가 Y이론적인 사람인가를 먼저 파악해야 한다는 것이다.

종업원들이 X이론적인 사람들이라면, 이들을 통해 조직의 목표를 달성하기 위해 강제, 명령, 처벌 및 위협의 방법을 이용해야 한다. 이들의 동기는 대체로 저차원 수준의 욕구, 즉 생리적 욕구와 안전의 욕구 수준에 머무르고 있다고 가정되기 때문에 이들에게는 이러한 저차원의 욕구를 충족시키는 방법을 이용하여 동기부여를 시키는 것이 효과적이다.

한편, 종업원들이 Y이론적 사람이라면 이들에게는 조직목표를 달성하는데 경영자가 지원자적인 역할을 수행하는 것이 효과적이다. 이들은 일일이 명령과 통제를 받지 않더라도 자기지향과 자기통제를 행하기 때문이다. Y이론에 따르면, 인간의 동기는 대체로 저차원 수준의 욕구를 만족하고 있기 때문에 고차원 욕구를 충족시켜야 동기부여가 된다. 따라서 경영자는 종업원들의 고차원 욕구를 충족시키는 방법을 모색해 보아야 한다.

3. 매슬로우의 욕구단계이론

미국의 심리학자 매슬로우(Abraham Maslow)에 따르면 인간의 행동은 어느 시점에서의 충족되지 못한 욕구를 채우기 위한 것으로 설명될 수 있으며, 이 욕구는 생리적 욕구, 안전의 욕구, 소속감과 사랑의 욕구, 존경의 욕구, 자아실현의 욕구 등 다섯 단계로 구성되어 있다고 한다. 그는 단계적으로 구성된 욕구들은 공통적으로 바로 아래 단계의 욕구가 충족되어야만 나타나게 된다고 보았는데, 이를테면 갈증이나 배고픔과 같은 생리적 욕구가 충족되고 나면 바로 위 단계인 안전의 욕구가 나타나게 된다는 것이다. 가장 높은 단계인 자아실현 욕구는 존경욕구가 충족되면 발현되는데, 이 자아실현 욕구는 충족되면 될수록 더욱 강해진다고 보았다.

매슬로우의 5단계 욕구를 살펴보면 〈그림 3-7〉과 같다. 한편, 매슬로우의 욕구단계이론은 종업원의 만족을 통해 생산성을 향상시키려는 경영자에게는 새로운 방법으로 여겨졌으나 실제로 종업원들의 행위를 설명하기에는 충분하지 못하다는 지적을 받기도 하였다.

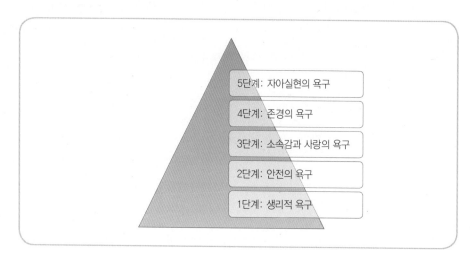

그림 :: 3-7
매슬로우의 욕구 5단계

04 시스템적 경영이론

시스템적 경영이론(system management theory)은 제반 경영활동을 부분적으로 이해하고 분석하기보다는 경영활동 자체를 전체적인 시스템으로 보고 상호간의 관계를 파악한다는 데 그 특징이 있다.

예를 들면, 우리 신체의 건강상태를 체크할 때 심장이나 위장 등과 같이 신체일부 기관의 건강상태를 체크해보고 이들 기관의 건강상태가 양호하다고 해서 이를 근거로 우리 신체가 전체적으로 양호하다고 판단할 수 없다. 신체의 건강은 신체 각 부분을 단편적으로 볼 것이 아니라 이들 각 부분들의 상호관련성 속에서 몸 전체의 상태로서 파악되어야 하는 것이다. 마찬가지 개념으로 시스템적 경영이론은 경영 각 부문의 문제를 각각 다루기보다는 경영 각 부문의 상호의존성을 고려하면서 기업이라는 조직 전체의 목표극대화를 생각하는 접근 방식이다.

시스템은 상호 연결되어 있고 상호의존적인 많은 부분들로 구성되는 조직체로서 투입과 변환과정, 산출 간의 상호작용으로 이루어진다. 따라서 경영활동을 하나의 시스템으로 본다면 원자재, 인적자원, 자본, 기술, 정보 등이 투입되고 종업원들의 작업활동이나 경영자의 경영활동, 그리고 기술 등을 통해 투입물이 변환과정을 거치게 되면 제품이나 서비스, 재무적 성과, 고객만족, 사회적 책임 등의 산출물이 발생한다고 볼 수 있다〈그림 3-8〉. 이 이론에 따르면 모든 기업은 공동의 목표를 달성하기 위해 각기 다른 일을 하는 부문들로 구성되

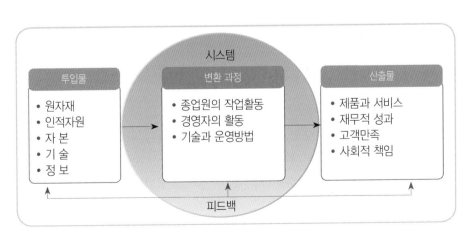

그림 :: 3-8
시스템적 경영의 기본형태

어 있으며 각 부문들의 변화는 나머지 부문들에게 영향을 미치게 된다. 즉, 조직의 한 부문에서 취해진 결정과 행동은 다른 부문에 영향을 미치게 되고 그 반대의 경우도 마찬가지라는 것이다. 예를 들면, 구매부서가 적절한 양과 질의 투입물을 확보하지 못하면, 생산부서가 아무리 효율적이라고 하더라도 생산 활동이 효과적으로 이루어질 수 없을 것이다.

시스템적 경영이론에서 개방시스템(open system) 개념과 피드백(feed-back) 개념이 생겨났는데, 개방시스템이란 기업이란 조직체가 외부환경과 끊임없이 관계를 맺고 상호 작용한다는 개념이며, 피드백은 시스템의 최종산출물이 외부환경에 영향을 미쳐 다시 시스템의 투입요소로서 되돌아온다는 개념이다.

시스템적 경영이론에 따르면 경영자는 기업 자체를 상호작용하는 부문들의 집합체로 보고 부문들의 문제해결을 전체적인 관점에서 해결하려는 사고를 가져야 한다.

미국 경제전문지 '포춘'이 1955년 세계 500대 기업 명단을 처음 선정한 후 한 번도 빠지지 않은 기업은?

정답은 미국 듀폰(Dupont)이다.

듀폰은 70여년 전 나일론 스타킹과 칫솔을 세계 최초로 만들어 판 기업이다. 그런데 듀폰은 이제 화학섬유 회사가 아니라 농업과 바이오연료·신재생에너지 등을 주력으로 하는 종합과학 기업이다. 듀폰은 그룹 차원의 총 연구개발(R&D)비 가운데 절반을 농업·영양 분야에 투입했다. 그만큼 핵심 성장산업으로 삼고 있는 것이다.

태양광·전기차 등 그린에너지 분야를 대대적으로 키우는 것도 신선한 충격이다. 듀폰은 이미 태양전지에 쓰이는 EVA, 백시트 등 10여 개 소재에서 독보적 지위를 확보, 관련 매출이 지속적으로 늘어나고 있다. 최근 출시한 리튬이온 배터리에 쓰이는 고성능 분리막인 '에너게인'은 배터리 수명을 50% 정도 연장시킬 수 있는 소재로 전기차 등에 수요가 급증할 전망이다.

흥미로운 것은 1802년 출범한 올드(old) 기업인 듀폰이 갈수록 변신의 페달을 세게 밟고 있다는 점이다. 그룹의 상징과 같던 섬유사업을 2004년 팔아치운 듀폰은 금융위기를 겪고 나서부터는 농업·바이오연료 등에 초점을 맞춘 '그린 스마트' 기업으로 거듭나기 위해 두 번째 '내부 혁명'에 나섰다.

그 밑바탕에는 세계 인구가 매일 15만 명씩 늘어 2050년에는 70억 명이 된다는 면밀하고 과학적인 시장예측이 깔려 있다. 듀폰이 208년째 장수(長壽)하는 비결을 묻자 엘렌 쿨먼 회장의 답은 이랬다. "잘나가는 사업도 적절한 시기에 점검해 새로운 성장 사업군을 찾는 출구전략 덕분입니다. 이때 가장 중요한 판단 기준은 시장(市場)의 흐름과 수요입니다."

[출처: 조선일보, 2010. 9. 29.]

05 상황적합적 경영이론

테일러(Taylor)나 패욜(Fayol), 그리고 웨버(Weber) 같은 초기 경영이론가들은 보편적으로 적용 가능하다고 가정한 경영원리들을 제시하였다. 그러나 그 이후의 여러 연구결과 그들의 원리에 대한 예외가 있다는 사실을 발견했다. 경영은 모든 상황에 적용되는 단순한 원리에 근거해서 이루어질 수 없다는 것이다. 따라서 경영자는 상이하고 변화되는 상황에 따라 각기 다른 접근법과 기법을 사용할 것이 요구된다. 이에 따라 새롭게 등장한 경영이론이 상황적합적 경영이론이다.

상황적합적 경영이론(contingency management theory)은 어떤 경우든 적용 가능한 보편타당한 원칙(universal principle)을 제시하기보다는 상황의 특수성을 감안하고 그 상황에 적합한 해결책을 제시해야 한다는 이론이다. 상황적합적 경영이론이 대두된 계기는 1980년대 이후의 급속한 경영환경 변화에서 비롯되었다. 즉, 경영환경이 급속히 변화하면서 과거에 적용되었던 경영원리가 그대로 적용할 수 없는 상황이 발생하자 해당 상황에 비추어 볼 때 가장 적합한 원리를 찾아야 한다는 주장이 제기된 것이다.

상황적합적 경영이론은 환경적응적 경영이론이라고도 하는데, 모든 상황에 적용되는 보편적 원리(universal principle)를 찾기보다는 상황의 특색에 의존하여 취해야 할 상황적 원리(contingency principle)를 찾는 데 초점을 두고 있다. 예를 들면, 어떤 기업에서 생산성을 향상해야 한다는 경영목표가 주어졌다면, 과학적 관리론에 따를 경우 작업 단순화를 위한 새로운 방안을 제시할 것이고, 행동론적 경영이론에 따르면 종업원의 동기부여를 통한 방안을 제안할 것이다. 그러나 상황적합적 경영이론에 따르면 "어떤 방법이 이 순간, 이 작업장에서 가장 적합할 것인가?"를 생각할 것이다. 만일 종업원이 주로 미숙련공이고, 교육훈련이나 자원의 측면에서 제한이 있다면 그는 고전적 경영이론의 견해를 취할 것이고, 만약 종업원이 숙련공이라면 그는 행동론적 경영이론의 견해가 유효하다는 결론을 내릴 것이다.

상황적합적 경영이론에서 경영의사 결정의 주된 요인은 경제, 사회, 정치, 문화, 기술변화와 같은 외부환경과 보유기술, 인적자원, 물적자원, 정보 등과 같은 내부환경인데, 이러한 환경 변화에 따라서 어떤 경영기법이 조직목표 달성에 가장 적합한가를 결정하는 것이 핵심이다. 경영방법은 상황에 따라 달라져야 하는데, 일반적으로 가장 많이 사용되는 상황변수는 다음과 같다.

- 조직규모 조직규모가 확대될수록 조정의 문제도 커진다. 예를 들면, 5,000명 종업원 규모의 조직구조 형태는 500명 규모에는 비효율적이 될 가능성이 높다.

- 기술의 유형 조직은 목적을 달성하기 위해 기술을 활용하는데, 일상적인 기술은 주문식 또는 비일상적인 기술에서 요구되는 것과는 다른 조직구조, 리더십 스타일, 통제시스템을 요구한다.

- 환경의 불확실성 환경의 변화에 의한 불확실성의 정도는 경영과정에 상당한 영향을 미친다. 즉, 안정적이고 예측 가능한 환경에 적합한 경영과정은 급변하고 예측이 불확실한 환경 하에서는 적절하지 않을 수 있다.

- 개인적 차이 개개인은 성장과 독립에 대한 욕구, 불확실성의 수용 정도, 미래에 대한 기대 등에 있어서 차이를 보인다. 이러한 개인적 차이는 경영자가 동기부여 기법, 리더십 스타일, 직무설계 방법 등을 선택할 때 다르게 적용될 수 있다.

상황적합적 경영이론의 관점에서 최근 새롭게 등장한 경영이론이 '글로벌경영'과 '전략경영'인데, 이들에 대해 간략히 살펴본다〈그림 3-9〉.

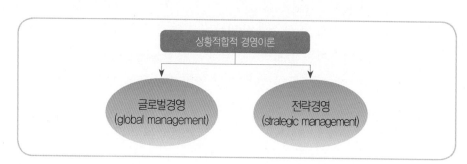

그림 :: 3-9
상황적합적
경영이론의 예

I. 글로벌경영

　　IT기술, 교통수단, 인터넷을 비롯한 다양한 통신기기의 대중화 등으로 글로벌화, 정보화가 급속히 추진되면서 전 세계 시장이 하나의 시장으로 변모하고 있다. 따라서 국내시장을 대상으로 한 경영원리는 점점 무의미해지고 있다. 이처럼 기존의 좁은 의미의 시장 개념이 아닌 글로벌화된 시장에 적용되는 경영원리를 찾으려는 것이 글로벌경영(global management)이다. 글로벌경영은 기업이 국제적으로 시장을 확대해 나감에 따라 개별 국가시장에 대해 각기 다른 접근방식을 선택하기보다는 전 세계 시장을 하나로 보고 통합된 단일한 방식으로 접근해야 한다고 주장한다.

　　글로벌경영이 관심을 끌게 된 계기는 1980년대 일본 제품이 미국을 비롯한 전 세계에서 뛰어난 경쟁력을 갖게 된 배경을 연구하면서부터이다. 연구를 통해 미국의 경영학자들은 일본의 독특한 경영방식에서 많은 시사점을 얻었는데, 이러한 시사점을 바탕으로 미국식 경영방식과 일본기업의 경영방식을 접목한 'Z이론'이라는 새로운 경영개념을 만들어내었다. Z이론을 미국 기업에 적용시켜 본 결과 실제로 많은 기업들에게서 긍정적 효과가 나타났는데, 특히 종업원의 의사결정과정 참여, 공동책임의 부여를 통한 협조분위기 조성, 비공식적 통제개념 등이 유용한 것으로 알려졌다〈그림 3-10〉.

미국식 경영	Z이론	일본식 경영
• 단기고용 • 개인적 의사결정 • 개인적 책임 • 신속한 평가와 승진 • 공식적 통제 • 전문화된 경력경로 • 세분화된 관심	• 장기고용 • 합의적 의사결정 • 개인적 책임 • 느린 평가와 승진 • 비공식적 통제 • 공식적 측정 • 적절히 전문화된 승진경로 • 가족을 포함한 전체적인 관심	• 종신고용 • 합의적 의사결정 • 집단적 책임 • 느린 평가와 승진 • 비공식적 통제 • 비전문화된 경력경로 • 전체적인 관심

그림 :: 3-10
Z이론의 개념

Z이론이란?

미국의 윌리엄 오우치(William Ouchi) 교수가 제창한 경영이론으로서 일본의 조직(J타입)은 조직고용, 느린 인사고과와 승진, 비전문적인 승진코스, 비명시적 관리기구, 집단에 의한 의사결정, 집단책임, 전면적인 인간관계를 특색으로 하고 있다.

이에 반해 전통적인 미국의 조직(A타입)은 단기고용, 빠른 인사고과와 승진, 전문화된 승진코스, 명시적 관리기구, 개인에 의한 의사결정, 개인책임, 부분적인 인간관계를 특색으로 한다.

미국에서 성공하고 있는 기업에는 이 2가지 타입의 우월한 특질을 조화시킨 타입(Z타입)이 많다고 하는데, 이 특색을 Z이론이라 한다.

Z이론은 상호신뢰와 협력을 주축으로 한 집단적 경영(collective enterprise)이다. 이를 위해서는 장기계획, 노사간의 협력적 인간관계의 형성이 필요하며, 보다 구체적으로는 장기고용, 근면중시의 인사고과, 느린 승진제도, 정기이동, 비전문적 경력, 집단적 의사결정, 명시적 관리시스템, 개인책임 등을 채용해야 한다고 주장한다.

[출처: 「NEW 경제용어사전」, 미래와 경영, 2006. 4. 7.]

2. 전략경영

기업을 둘러싸고 있는 경영환경이 점점 복잡해지고 변화가 심해짐에 따라 기업 내부의 효율적인 경영관리에 의존해서는 더 이상 생존하기 힘든 상황이 되고 있다. 전략경영은 기업이 복잡화되고 급변하는 환경 속에서 어떻게 하면 장기적으로 생존하고 성장할 수 있는가 하는 문제를 다루고 있다.

전략경영(strategic management)은 제한된 자원을 효율적으로 배분하여 기업의 경쟁우위를 창출하고 유지시켜 줄 수 있는 중요한 의사결정이다. 즉, 기업이 장기적인 목표를 설정하고 이를 실현하기 위해 여러 가지 정책들을 수립하며, 이를 위한 자원을 배분하는 경영활동이라고 할 수 있다.

전략경영은 정해진 방향 속에서 효율적인 업무수행에만 초점을 두는 업무수준의 관리와는 근본적으로 다르다고 볼 수 있는데, 업무관리와는 달리 기업조직을 특정 부분이 아니라 기업 전체적 관점에서 파악한다. 또한, 주된 관심이 일상적으로 반복되는 의사결정이 아니라 환경과의 관계설정과 관련된 전략적 의사결정에 있다.

글로벌 경쟁이 치열한 상황에서 기업이 경쟁기업과 비교하여 경쟁우위를 획득하는 것은 기업의 생존에 매우 중요하다. 현대 기업들은 이러한 전략경영을 통해서 변화하는 환경에 효과적으로 대응할 수 있는 의사결정시스템을 갖추게 된다.

06 자원중심적 경영이론

상황적합적 경영이론이 기업이 처한 환경에서 그 기업에 가장 적합한 경영방법이 무엇인지를 찾는데 초점을 둔다면, 자원중심적 경영이론은 기업에서 활용가능한 핵심자원이 무엇인지를 찾아서 그 자원을 어떻게 활용하는 것이 가장 효과적인가에 초점을 둔다. 즉, 자원중심적 경영이론(resource-based management theory)은 기업이 활용할 수 있는 핵심적 자원이 무엇인지를 찾아서 이러한 핵심자원을 전사적 차원에서 효율적으로 관리하고 활용하여 해당 산업에서 경쟁적 우위를 확보하고자 하는 경영이론이다. 이 이론은 1960년대에 태동하여 1990년대에 들어와서야 그 연구가 본격화 되었는데, 여기서 핵심자원이란 희소성, 모방 불가능성, 대체 불가능성 등의 특성을 보유한 조직 내 유·무형의 경영자원으로서 인적자원, 기술, 특허, 지식, 정보, 콘텐츠, 업무 프로세스, 영업 노하우, 조직문화 등을 포함한다.

21세기 정보사회, 지식사회에 적극적·능동적으로 대처하기 위해서는 끊임없는 기술개발과 함께 기업이 보유하거나 도입할 수 있는 모든 자원을 효과적으로 활용하는 능력이 필요하다. 이러한 핵심자원을 확보하고 활용하기 위해서 필요한 것이 정보경영과 지식경영이다〈그림 3-11〉.

| 자원중심적 경영이론 | 정보경영 (information management) | • 경영자가 기업 경쟁력을 강화하기 위해 정보자원과 정보기술을 효과적으로 활용하여 경영활동을 수행하는 것 |
| | 지식경영 (knowledge management) | • 기업이나 종업원 개개인이 가지고 있는 지식을 체계적으로 발굴하여 기업 내부의 보편적인 지식으로 발전시켜 기업 전체의 경쟁력을 향상시키고자 하는 것 |

그림 :: 3-11
자원중심적 경영이론

🌐 **정보경영**(information management)　치열한 경쟁환경 하에서 경영자가 기업 경쟁력을 강화하기 위해 정보자원과 정보기술을 효과적으로 활용하여 경영활동을 수행하는 것을 의미한다. 있는 그대로의 원시데이터가 경영자의 목적에 맞게 가공처리된 것을 정보라고 할 수 있는데, 이러한 정보자원을 체계

적으로 처리하는 정보기술을 활용하여 효율적인 경영의사결정을 내림으로써 기업의 경쟁력을 강화하는 것이 정보경영의 핵심이라고 할 수 있다. 기업경영에서 대표적으로 활용되는 정보기술로는 컴퓨터를 이용하여 표준화된 전자문서를 교환하는 전자문서교환(EDI: Electronic Data Interchange), 제품 설계에서부터 생산, 판매, 관리에 이르기까지 제품 라이프사이클 상의 전 과정을 통합시키는 CALS(Continuous Acquisition and Life-cycle Support), 각종 자원을 전사적인 차원에서 종합적으로 연결해서 활용하는 전사적 자원관리(ERP: Enterprise Resource Planning) 등을 들 수 있다.

🔎 **지식경영(knowledge management)**   조직구성원 개개인의 지식이나 정보, 노하우를 체계적으로 발굴하여 조직 내 보편적인 지식으로 공유함으로써 조직 전체의 경쟁력을 향상시키는 경영방식이다. 즉, 지식경영은 조직 내 지식의 활발한 창출과 공유를 제도화시키는 것을 목적으로 한다. 지식경영이 성공적으로 이루어지기 위해서는 기업 내부의 지식뿐만 아니라 외부로부터의 지식도 축적되고 활용되어져야 한다. 또한, 이러한 지식은 끊임없이 변화하고 새로이 생긴다는 속성이 있으므로 기업은 보유할 수 있는 지식을 끊임없이 혁신하고 새롭게 창조해 나가야 경쟁에서 뒤지지 않고 앞서나갈 수 있다.

최근에는 기업 내 전 부문의 지식을 조사, 수집, 재구성, 공유하는 총체적인 지식관리시스템(KMS: Knowledge Management System)의 도입으로 생산성 향상, 업무혁신 촉진, 경쟁우위 확보를 도모하고 있다.

➤ 사례연구 ◄   **현대 경영학의 아버지: 피터 드러커**

역사학자 에릭 홉스바움은 20세기는 제1차 세계대전이 발발한 1914년부터 시작해 소련이 해체된 1991년까지라고 한 적이 있다. 이 구분을 따르면 제1차 세계대전 이전인 1909년에 태어난 피터 드러커(1909~2005)는 19세기에 출생해 20세기를 치열하게 살다가 21세기 초에 사망한 사람이다.

고위 공무원 부친과 의사 어머니 아래에서 전인적 교육을 받은 드러커는 어릴때 부모님을 따라 살롱에 출입했다. 양친과 교분이 있던 프로이트, 폰 미제스, 슘페터, 토마스 만 등 많은 지식인들을 만났고, 15세 때 '파나마 운하가 세계경제에 미치는 영향'이라는 글을 살롱에서 발표했다. 드러커는 젊었을 때 법학, 역사, 경제학, 사회학 등을 두루 섭렵했고, 음악은 피아노와 첼로를 오케스트라와 연주할 정도였으며, 일본화에 대해서 평론집을 저술하고 강의를 했을 정도로 미술에도 높은 식견을 갖고 있었다. 드러커의 르네상스적 지식은 19세기 전통 덕분이라고 해도 과언이 아니다. 그것을 바탕으로 드러커는 사회를 남과는 다른 방식으로 봤고, 남이 보지 못하는 것을 미리 파악했다.

드러커가 경영학자가 된 것은 순전히 인간에 대한 관심 때문이었다. 드러커가 현대경영학의 아버지로 존경받는 것은 그가 경영학의 체계를 세웠다는 공로 때문만은 아니다. 그가 인간의 물질적 삶의 수준을 높이고, 기업과 인간을 보는 눈을 바꾸도록 했기 때문이다. 생산과 분배, 생산요소, 지식사회, 변화, 지식근로자, 인간의 수명증가 그리고 미래에 대한 선견력은 일선 경영자들이 기업을 경영하고 자기관리를 하는 데 큰 통찰력을 제공한다.

드러커의 1차적 관심은 부의 생산이지, 분배가 아니었다. 부를 분배한다는 것은 사회정의라는 측면에서는 타당할지는 모르지만, 경제적으로 언제나 어리석은 처사라는 것이 드러커의 판단이다. "계급투쟁을 극복할 수 있게 한 결정적인 계기는 무엇보다도 프레더릭 테일러의 '과학적 관리'였다.", "착취에 대한 비난을 해결하는 방법은 착취자를 제거하는 데 있는 것이 아니라, 경제를 성장시키고, 노동생산성을 높여야 하는 것이다.", "오늘날 세계가 긴급하게 해결해야 할 문제는 보다 많은 생산을 하는 것이다. 분배만으로는, 그것이 국내의 빈곤문제이든 혹은 전 세계에 걸친 빈곤문제이든 간에, 문제를 해결할 수 없다."

기업가정신 중시

드러커는 보다 많은 생산을 하려면 기업가정신이 필요하다고 강조했다. "무엇보다 필요한 것은 기업가정신이다. 기업가정신이란 새로운 것 그리고 기존의 것과 다른 것을 창출하는 능력이다.", "우리가 필요로 하는 사회는 혁신과 기업가정신이 정상적으로 확고하게, 그리고 지속적으로 유지되는 기업가사회다. "프레더릭 테일러가 활동하던 시대는 산업사회였고, 산업사회의 계급갈등을 해소하려고 노력했지만, 드러커는 지식사회의 지식근로자와 육체근로자 사이의 문제를 해결하려고 노력했다.

지식사회의 다른 의미는 생산요소가 변했다는 점이다. "결정적인 생산요소는 이제 더 이상 자본도 토지도 노동도 아니다. 그것은 지식이다. 자본가들과 프롤레타리아들 대신에 자본주의 이후 사회의 계급들은 지식근로자들과 서비스근로자들이다." 드러커는 지식사회는 지식이 빠르게 변하고 있는 사실을 파악하고 경고했다. "연속성의 시대에는 어제의 것이 내일도 그대로 유지될 것으로 기대할 수 있다. 따라서 어제의 것을 강화하는 것은 내일의 것을 강화하는 것과 마찬가지다. 변화의 시대에는, 그리고 경제의 선두주자로서 신산업이 등장하고 기술이 급변하는 시대에 어제의 것을 강화하는 것은 내일의 것을 약화시키게 마련이다.", "패러다임은 자연세계, 즉 '자연법칙'에는 아무런 영향을 끼치지 못한다. 그러나 사회적 우주에는 '자연법칙'과 같은 것은 없다. 따라서 사회적 패러다임은 끊임없이 변한다.", "새로운 산업들은 예외 없이 '지식근로자'를 많이 고용하는, 지식 콘텐츠가 고도로 포함된 제품과 서비스를 생산하는 '지식산업'이다." 드러커는 21세기 지식근로자의 모습을 제시하고, 지식사회의 지식근로자들은 개개인 모두 경영자라는 점을 인식시키고 있다.

드러커는 인간의 수명이 길어지는 현상에 대해서 분석하고, 자기관리와 평생학습의 중요성을 지적한다. "오늘날 모든 대규모 조직에서는 노동력의 중심은 지식근로자에게로, 즉 근육의 완력이나 손재주로 일을 하는 육체노동자로부터 귀와 귀 사이에 있는 지식을 사용하여 일을 하는 지식근로자에게로 이동했다.", "지식근로자들은 이동성이 높다. 그들은 언제라도 떠날 수 있다.", "21세기, 상사와 부하 사이의 관계는 전통적인 상급자 대 하급자 사이의 관계라기보다는 오케스트라의 지휘자와 연주자 사이의 관계와 흡사하다.", "현대 조직의 모든 지식근로자는 각자가 하나의 '경영자'다.

만약 그가 자신의 지위 또는 지식을 이용해 조직이 성과를 올리고 결과를 산출할 수 있도록 실질적으로 조직역량을 강화할 책임을 진다면 말이다.", "지식근로자가 실패하는 가장 일반적인 원인은 새로운 지위가 요구하는 바에 따라 스스로 변신하는 능력의 부족 또는 의지의 결여다."

자기관리 · 평생학습 필수

드러커는 기업에 대한 오해를 불식시키려고 노력했다. "기업은 이익을 올릴 수 있다는 바로 그 이유 때문에, 손실의 위험도 감수하지 않으면 안 된다.", "'사적 기업'의 존재 이유에 대한 가장 강력한 근거는 이익추구 기능이 아니다. 그것은 바로 손실감수 기능이다." 드러커는 경영자의 모습과 역할에 대해서도 탁월한 관찰력을 보이고 있다. "최고경영자 본연의 과업이란 어제의 위기를 해결하는 것이 아니라 남다른 내일을 만드는 것이다.", "목표를 달성하는 방법에 대해 '비결'이라고 할 만한 것 하나를 소개하면, 그것은 '집중'하는 것이다. 목표를 달성하는 사람들은 중요한 것부터 먼저하고 그리고 한 번에 한 가지 일만 수행한다.", "어떤 사람의 목표달성 능력과 그의 지능, 그의 상상력, 또는 그의 지식수준 사이에는 그다지 상관관계가 없는 듯하다. 머리는 좋은 사람이 놀랄 만큼 터무니없는 짓을 하는 경우는 얼마든지 있다."

드러커는 인간은 약점 투성이이므로 성과를 내기 위해서는 강점에 초점을 맞춰야 한다고 강조한다. "세상에 '나무랄 데라고는 전혀 없는 사람' 같은 것은 없다. 어떤 분야에서 나무랄데가 없는가? 하는 것이 알고 싶은 내용이다.", "목표를 달성하는 경영자는 부하를 고를 때 결코 '그 사람이 나하고 잘 지낼 수 있을까?'라고 질문해서는 안 된다. 질문은 '그는 어떤 공헌을 하는가?'라는 것이어야 한다.", "병원에서 시체가 썩지 않도록 보존하는 것보다 더 영웅적인 노력을 필요로 하는 것도 없지만, 그보다 더 무익한 일도 없다. 병원은 사람을 살리는 곳이지 시체를 보관하는 곳이 아니다."

결국 미래는 우리의 선택이고 우리의 노력이라는 것이 드러커의 교훈이다. "미래에 성공할 가능성이 있는 유일한 정책은 미래를 만들려고 노력하는 것이다.", "변화를 무시하려고 노력하고, 그리고 내일은 어제와 같을 것으로, 또는 단지 조금 다를 것으로 짐작한다면 그것은 허황된 것이다.", "변화와 연속은 서로 반대가 아니라 두 개의 바퀴다."

[출처 : 매경이코노미, 2005. 11. 30.]

참고문헌

1. 김병윤, 김길평, 김영국, 임종일, 「현대경영학원론」, 명경사, 2002.

2. 김세범, 김흥길, 박래수, 정기한, 정찬용, 「경영학원론」, 문영사, 2007.

3. 매경이코노미, "현대 경영학의 아버지: 피터 드러커", 2005. 11. 30.

4. 「NEW 경제용어사전」, 미래와 경영연구소, 2006. 4. 7.

5. 삼성경제연구소, "한국 고성과기업의 특징: 적극적 투자를 통한 내부역량 강화", CEO Information, 제672호, 2008. 9. 17.

6. 「pmg 지식엔진연구소」, 시사상식사전, 박문각, 2013.

7. 이장우, 「경영전략론」, 법문사, 1999.

8. 임창희, 「경영학원론」, 학현사, 2006.

9. 조선일보, "농업회사가 된 듀폰", 2010. 9. 29.

10. 지호준, 「알기쉽게 배우는 21세기 경영학」, 2005.

11. 허정수, 「현대 경영학의 이해」, 도서출판 대경, 2002.

12. Barney, Jay B., Firm Resources and Sustained Competitive Advantage, Journal of Management, 17(1), 99-120. 1991.

13. Bartol, K. M. & D. Martin, Management, 2nd ed., McGraw-Hill Company, 1994, p. 55.

14. Girman, Lawrence J., and McDanial, Carl, 「The Future of Business: The Essentials」, Thomson, 2005.

15. Robbins, Stephen P. & M. Coulter, Management, 8th ed. 2005.

기업과 환경

Chapter 06

기업환경과 사회적 책임

Chapter 04

기업의 개념과 형태

01 기업과 경영활동

I. 기업의 의의

기업(enterprise)은 소비자가 원하는 제품이나 서비스를 제공함으로써 이익을 창출하는 조직체를 의미한다. 여기서 제품(goods)은 TV, 냉장고, 컴퓨터, 스마트폰 등과 같은 유형의 재화를 말하고, 서비스는 학교, 병원, 법원, 호텔, 변호사 사무실 등이 제공하는 서비스와 같이 만지거나 저장할 수 없는 무형의 재화를 말한다.

기업의 주된 활동은 '제품이나 서비스를 생산하여 판매하는 것'이고, 기업이 추구하는 주된 목표는 '이윤의 극대화'에 있다. 이러한 이윤추구를 통해 기업은 영속적 존재(going concern)로 남으려고 한다. 기업은 이러한 목표를 달성하기 위해 여러 가지 활동을 하게 되는데 기업이 담당하고 있는 주요한 역할을 정리해보면 다음과 같다.

(1) 생산기능

기업은 소비자가 필요로 하는 제품이나 서비스를 공급하는 생산기능을 수행한다. 또한, 기업은 이러한 기능을 통해 소비자들을 만족시키는 한편, 이익을 창출할 수 있도록 가능한 한 경제적·합리적으로 활동을 수행한다.

(2) 이윤의 극대화

기업은 이윤 극대화를 달성하기 위해 노동·자본·원재료 등 투입물의 최소화를 추구하고 제품이나 서비스 등 산출물의 최대화를 추구한다. 그리고 이를 통해 제한된 자원을 다른 어떤 조직보다도 효율적으로 이용한다.

(3) 소비자의 욕구 충족

기업은 소비자가 필요로 하는 제품과 서비스를 생산 및 판매함으로써 소비자의 다양한 욕구를 충족시킨다.

(4) 소득과 고용의 창출

기업은 이윤이 배분되는 과정에서 구성원들에게 소득과 고용기회를 제공하며, 이러한 소득 및 고용을 통해 안정적인 생활 기반을 제공한다.

(5) 사회적 책임 실천

기업은 다양한 이해관계자 집단의 이해를 조정하고, 사회의 요구에 부응하여 사회문제에 적극적·능동적으로 대응하며, 사회적 책임을 실천함으로써 사회적 욕구충족 기능을 수행한다.

(6) 국가발전에 기여

기업은 신기술의 개발, 신제품의 생산, 서비스의 개선, 새로운 시장의 개척 등을 통해 경제성장과 국가발전에 기여한다. 또한, 새로운 기업이 지속적으로 창업됨으로써 국가의 새로운 성장 동력으로서의 역할을 한다.

2. 기업과 경영의 관계

경제활동의 3주체는 가계, 기업, 정부이다. 이 중에서 기업은 경영활동이 가장 두드러진 경제주체로서 현대 자본주의 국가 체제의 근간을 이루고 있다. 기업은 인간의 욕구를 충족시켜주는 제품이나 서비스를 생산하고 판매하여 이윤을 추구하는 경제주체로서 가계 및 정부와의 상호작용을 통해 긴밀히 연결되어 있다.

가계는 주로 소비 활동을 하는 경제 주체로서 재화의 생산에 필요한 생산 요소를 제공하여 생산 활동에 참여하고 그 대가로 받는 소득으로서 자신의 필요와 욕구를 충족시키는 소비 활동을 하며, 기업은 가계가 제공한 생산 요소를 이용하여 재화, 용역을 생산하고 가계에 임금 등의 형태로 소득을 제공한다. 정부는 가계와 기업의 경제 활동을 돕고, 질서를 유지하며 경제 사회를 보호하는데, 오늘날에는 정부의 경제적 역할이 점차 커지고 있다.

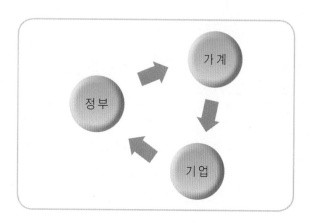

그림 :: 4-1
가계-기업-정부의 관계

02 기업의 형태

일반적으로 회사라고 지칭하는 경제적 행위 주체로서의 기업이 설립목적을 달성하기 위하여 취하고 있는 기업의 종류나 법적 양식을 기업형태라고 한다. 기업형태로는 법률적으로 정해놓은 법률형태와 경제적인 제도로서 인식되는 기업의 실질적인 형태인 경제형태의 두 가지로 나뉜다.

또한, 기업조직은 출자, 경영, 지배의 특성에 따라서 여러 형태로 구분될 수 있다.

먼저, 출자에 따라서 개인기업과 공동기업으로 나뉘는데, 개인기업은 개인한 사람이 출자, 경영, 소유 및 지배를 하는 기업을 의미한다. 또한, 사기업 중

개인기업과는 달리 출자자가 2인 이상인 경우를 공동기업이라고 하는데, 공동기업은 출자자의 수가 소수인가 다수인가에 따라 다시 소수공동기업과 다수공동기업으로 나뉘어진다. 소수공동기업은 법제도에 따라 인적인 성격을 갖는 인적 공동기업으로 합명회사, 합자회사, 유한회사, 민법상의 조합 및 익명조합으로 구분된다. 다수공동기업은 기업의 소유와 지배 면에서 경영에 직접적으로 관계를 하지 않는 다수로부터 거액의 자본을 조달하고, 전문경영자가 이를 관리 운영하는 기업을 말한다. 따라서 다수공동기업에서는 출자자 상호간의 인적 결합관계가 거의 존재할 수 없고, 출자자들은 기업의 지배에 관심을 가지는 것이 아니라 그 성과의 분배에 관심을 둔다. 이러한 기업을 물적 공동기업 또는 자본적 공동기업이라고도 하는데, 주식회사와 협동조합이 이에 해당된다.

한편, 기업 경영자의 책임소재에 따라서 무한책임을 지는 합명회사, 유한책임을 지는 유한회사, 주식회사 그리고 혼합형태의 합자회사, 익명조합으로 구분되며, 지배의 특성에 따라서 사기업과 공기업, 공사공동기업으로 구분된다.

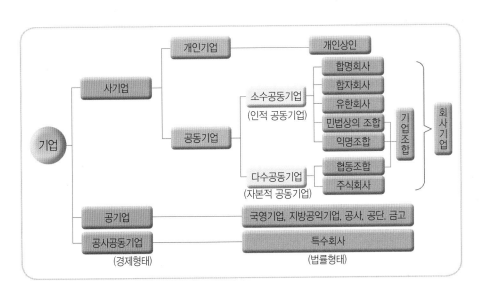

그림 :: 4-2
기업 형태의 분류

개인기업

개인기업(private enterprise)이란 개인 한 사람이 출자, 경영, 소유 및 지배를 하는 기업을 말한다. 따라서 경영자의 모든 위험과 손실을 출자자인 개인 한 사람이 지

게 되며, 이윤이 발생하면 혼자서 향유할 수 있어 개인기업을 단독기업(single enter-prise)이라고도 한다. 개인기업의 장·단점은 다음과 같다.

1. 개인기업의 장점

❶ 기업의 설립 및 폐쇄가 용이하다.
❷ 경영활동에 있어서 신속한 의사결정이 가능하다.
❸ 위험부담과 이윤취득을 혼자서 하기 때문에 기업경영에 전념하게 된다.
❹ 법률상의 제약과 규제가 가장 적다.
❺ 기업의 비밀유지가 가능하다.
❻ 세제면에서 법인세가 없고 이윤에 대한 개인소득세만 납부하기 때문에 세제상의 혜택을 누릴 수 있다.

2. 개인기업의 단점

❶ 자본조달이 개인 한 사람에 의해 이루어지기 때문에 한계가 있다.
❷ 부채에 대하여 소유자가 무한책임을 진다.
❸ 기업의 규모가 커지면 관리능력에 한계가 발생한다.
❹ 기업의 운명이 경영자인 기업가의 한 사람에 의해 좌우된다.

04 합명회사

합명회사(general or ordinary partnership)란 2인 이상의 출자자가 공동으로 출자하고, 출자자가 회사의 채무에 연대무한책임을 지는 회사를 말한다. 따라서 합명회사의 사원은 기업에 절대적인 책임을 지기 때문에 무한책임사원이라고도 한다. 인적기업의 대표적인 기업형태로 일반적으로 혈연관계에 있거나 이와 유사한 관계에 있는 사람들로 이루어지는 것이 보통이다.

합명회사는 회사의 운영에 대한 의사결정과 사원의 지분양도에 있어서 전 사

원의 동의가 필요하다. 그러나 개인기업의 특성을 지니고 있기 때문에 자본조
달의 한계로 소규모기업에 적당한 기업형태라도 할 수 있다.

05 합자회사

합자회사(limited partnership)란 출자와 업무집행을 담당하는 무한책임사원과 출자만
을 하는 유한책임사원으로 구성되는 회사의 형태를 말한다. 책임과 권한의 크
기는 무한책임사원이 더 크다.

합자회사에서 유한책임사원은 책임이 한정되고, 일상업무는 수행하지 않고
출자 지분에 대한 배당만 받는다. 한편, 무한책임사원의 지분은 무한책임사원
전체의 동의가 있어야 양도가 가능하나 주식과 같이 유통성이 없어 제한된 규
모의 기업에 적당한 형태이다.

06 유한회사

유한회사(private company)란 사원이 출자액을 한도로 기업채무를 변제한다는 유한
책임을 지는 사원(회사채무에 관하여 회사채권자에 대해 직접으로는 책임을 지지 않고, 단순히 회사에 대하여 출자의무
를 지는 데 불과한 사원) 만으로 구성되는 회사를 말한다.

유한회사는 물적 회사에 인적 회사의 요소를 가미한 중간형태의 회사이다.
다시 말하면 사원 전원의 책임이 간접·유한인 점, 분화된 기관을 가지고 있는
점 등 많은 점에서 주식회사와 비슷하나 그 복잡·엄격한 규정이 완화되고 지
분의 양도가 자유롭지 못한 점 등 인적 회사와 비슷한 폐쇄적·비공개적 성격
을 가지고 있는 점에서는 주식회사와 상이하다.

유한회사가 주식회사와 다른 점을 들어보면 다음과 같다.

❶ 설립절차가 간단하고 발기설립에 해당하는 방법만이 인정된다.
❷ 설립 또는 자본증자시에 사원의 공모를 인정하지 않는다.

❸ 출자에 대한 사원의 연대책임을 인정하고 있다.

❹ 지분의 양도가 자유롭지 못하고 또한 지분의 유가증권화가 인정되지 않는다.

❺ 기관의 구성이 간소화되어 있다.

❻ 사원총회의 권한이 크며 그 절차 및 결의방법이 간소화되어 있다.

❼ 계산서류의 비공개성 등 공시주의가 완화되어 있다.

유한회사는 복잡한 법적절차를 피하기 위한 주식회사의 축소형이라고 할 수 있으며, 비교적 소수의 사원과 소수의 자본으로 운영되기 때문에 중소 규모의 기업에 적당한 형태이다. 특히, 2012년 4월 상법이 개정되면서 유한회사 설립과 운용이 더욱 수월해졌다. 기존 상법에서는 유한회사의 사원이 50인을 초과할 수 없었는데 개정상법에서는 제한이 없어져 사원 1인 이상이면 유한회사 설립이 가능하다. 또한, 자본금이 1,000만원 이상이어야 하던 것이 폐지되어 100원의 자본금만 있어도 회사를 설립할 수 있다.

사원은 회사 채권자에 대해서는 출자한도 내에서만 법적인 책임을 진다. 사원의 지분 양도는 정관에 다른 정함이 없으면 주식처럼 자유롭다. 유한회사에서는 이사를 한 명만 두어도 되고, 이사가 회사를 대표하며, 업무 집행도 가능한 이사가 여러 명이면 대표이사를 둬야 하지만 정관에 대표이사를 두지 않기로 정할 수도 있다. 이사회 제도가 없고 사외이사도 필요하지 않으며 감사 역시 두지 않아도 된다.

또한, 기업의 지배 구조가 간단하다 보니 경영이 자유롭다. 무엇보다도 주식회사가 아니므로 '주식회사의 외부감사에 관한 법률'의 적용을 받지 않아 외부감사 대상이 아니고 재무제표를 공시 혹은 공고의 의무도 없고 결산법인의 감사 보고서 및 사업 보고서 제출 의무도 없다. 따라서 외부감사 비용을 줄일 수 있고 외부에 정보가 노출될 가능성이 적어 외부 시선에 신경을 덜 써도 된다.

유한회사의 단점은 공모에 의한 투자 유치가 금지돼 있고 지분을 유가증권화할 수도 없다. 따라서 굳이 외부 자본을 유치할 필요가 없는 회사의 경우 주식회사를 설립할 이유가 없다. 이러한 내용을 고려해 볼 때 유한회사는 중소기업에 적당한 기업형태이다.

국내 외국계 기업의 유한회사 선호

'여성들의 로망'인 샤넬(CHANEL) 백은 일반 공책보다 작은 것이 550만~700만원을 호가한다. 사이즈가 더 크고, 디자인이 더 독특할 경우 경차 한 대 값(기아 모닝 약 1000만원)보다 더 비싸다. 그래도 국내에서 이런 백이 연간 과연 몇 개나 팔리는지, 매출과 수익은 어느 정도인지 도통 알 수가 없다. 샤넬 국내법인이 영업실적을 일절 공개하지 않기 때문이다. 그저 "샤넬 핸드백이 수년 전부터 '좀 한다' 하는 집안의 혼수로, 상류층 여성들의 필수 아이템으로 꼽히면서 요즘 엄청난 매출을 거두고 있다."는 '소문'만 나돌 뿐 정확한 실적은 철저히 베일에 싸여 있다. 샤넬 국내법인은 '유한회사'여서 영업실적을 알릴 의무가 전혀 없기 때문이다. 아무리 막대한 수익을 올려도 정보를 공개할 책임이 없기에 특급 명품 브랜드 중에는 유한회사를 선호하는 곳이 여럿이다.

유한회사는 소수의 주주가 유한책임을 지기에 공개적으로 투자자를 모집하지 않는다. 따라서 불특정 다수에 대한 '공시의무'가 없다. 재무제표를 공개할 필요도 없고, 회계감사 또한 의무사항이 아니다.

현재 국내에 진출한 외국 기업 가운데 유한회사 형태를 띠는 곳은 의외로 많다. 애플·마이크로소프트·구글·야후 등 정보기술(IT) 분야 글로벌 기업의 국내법인이 여기에 속한다. 샤넬은 한국에 진출할 당시 주식회사였으나, 곧 유한회사로 방향을 선회했다. 보통 유한회사였다가 주식회사로 전환하는 경우는 많아도, 반대의 경우는 드물어서 매우 이례적인 케이스다.

유통업계 관계자는 "외국계 유한회사의 경우 국내에서 오랜 기간 영업을 하더라도 사무실 건물이며 매장 건물은 물론 사무기기, 용품, 장비를 죄다 빌려 쓰곤 한다."고 전했다. 특급 명품 브랜드의 경우 워낙 자본력이 탄탄하기에 국내에서 추가적으로 자본을 조달할 필요성이 적은 것도 유한회사를 고집하는 이유 중의 하나다.

전문가들은 국내에 진출한 외국 명품기업들이 유한회사를 선호하는 가장 큰 이유는 '정보 비공개'가 가능하기 때문일 것이라고 분석한다. 영업실적과 경영정보를 공개하지 않아도 되는 이점을 십분 살리기 위해 여러 갑갑한 제약에도 불구하고 유한회사를 계속 고집한다는 것이다.

[출처: 헤럴드경제, 2011. 8. 9.]

07 익명조합과 민법상의 조합

법률상으로 조합은 두 가지 종류가 있는데 하나는 상법에 의한 조합이고, 다른 하나는 민법에 의한 조합이다. 상법의 규정에 의해 설립되는 조합을 익명조

합이라고 하고, 민법의 규정에 의해 설립되는 조합을 민법상 조합이라 한다.

익명조합은 영업을 담당하는 무한책임의 현명 조합원과 출자와 이익 배당에
만 참여하고 자기 이름을 나타내지 않는 유한책임의 익명 조합원으로 구성된
다. 익명조합은 이러한 현명 조합원의 영업활동과 익명 조합원의 자본을 결합
한 상법상 공동기업의 형태이다. 익명 조합원은 기업을 위해 출자하고 현명 조
합원은 영업활동을 통하여 이익 분배를 약속하게 되므로 일정의 양자 간의 보
조적 상행위라 할 수 있다.

민법상의 조합은 2인 이상이 공동으로 출자하여 공동으로 사업을 경영할 것
을 약정함으로써 그 효력이 발생하는 기업형태이다. 민법상의 조합이 설립되는
경우는 다음과 같다.

❶ 한 번의 거래 또는 몇 번의 거래로서 사업이 끝나는 프로젝트 사업을 공동
   으로 경영하는 경우
❷ 공·사채와 주식 등 유가증권을 공동으로 인수하기 위해 증권인수단(syndicate)
   을 결성할 경우
❸ 사업 창설시의 과도적 형태 또는 단기적인 잠재적 기업형태가 필요한
   경우

이 조합은 원칙적으로 조합원 전원이 업무집행을 담당하고 무한책임을 진다
는 점에서 합명회사와 비슷하나 법인이 아니고 사업주체가 조합원 각자이며 출
자된 자산이 조합원 공동소유라는 점에서 다르다.

08 주식회사

I. 주식회사의 개념

주식회사(limited corporation, stock company)는 합명회사와 합자회사가 가지고 있는 경영
상의 한계를 극복하기 위해 만들어진 회사형태이다. 이 회사형태는 기업경영에
직접 참가하지 않는 일반 주주들로부터 자본금을 대규모로 동원할 수 있어 대
규모 사업을 전개하는 데 유리하다.

주식회사는 가장 일반적인 회사의 형태로서 소유와 경영이 분리되는 현상이 가장 뚜렷하다. 즉, 주식회사는 주주의 변동이 회사의 존재 및 경영에 미치는 영향이 가장 적은 회사형태로서 항구적인 사업을 경영하기 위하여 흔히 이용된다.

주식회사를 설립할 경우 정관의 공증 및 자본금의 은행예치 등의 절차가 필요하여 다른 형태의 회사에 비하여 다소 까다로운 절차가 수반되지만 주식과 사채를 발행하여 불특정 다수인으로부터 자본을 조달할 수 있어 자금조달시 유리하다.

주식회사는 주주의 지분이 주식으로 세분화되어 있고 정관상에 특별한 규정이 없는 한 그 양도가 자유로워 주주는 언제든지 주식의 양도로서 투자한 자본을 용이하게 회수할 수 있다. 주주는 유한책임을 지기 때문에 회사가 해산하는 경우 종국에 가서 주식을 포기함으로써 더 이상의 책임을 지지 않으므로 오늘날 주식은 합리적인 투자대상이 되고 있다.

2. 주식회사의 특징

주식회사는 대규모의 자본조달이 가능한 자본적 공동기업이다. 주식회사의 제도적 특징을 살펴보면 유한책임제, 자본의 증권화, 소유와 경영의 분리 등을 들 수 있다.

(1) 유한책임제

유한책임제란 주주가 회사에 대하여 인수한 주식의 가액을 한도로 출자의무를 부담하고 그 밖에 아무런 의무도 부담하지 않는다는 것을 의미하며, 이것을 '주주 유한책임의 원칙'이라고 한다. 주주 유한책임의 원칙에 따라 주주의 재산과 회사의 재산이 구별되며, 회사의 자본위험에 대해서 주주는 그 개인재산으로 이를 부담할 필요가 없어진다.

또한, 출자의 목적물은 금전 그 밖의 재산이고, 신용 또는 노무의 출자는 인정되지 않는다. 주주는 주주총회의 결의에는 참가하지만, 업무집행에 당연히 참여하는 것은 아니다.

법적 실체로서의 주식회사는 주주가 바뀌더라도 자체의 재산확보를 확실히 하고 회사 채권자를 보호하기 위하여 '자본확정의 원칙', '자본유지의 원칙', '자본불변의 원칙' 등 '자본에 관한 3원칙'을 법으로 강요하고 있다. 주식회사의 자본은 전부 주식으로 분할하여야 하며, 주식은 자본의 구성분자인 금액을 의미한다. 각 주주는 자기가 가지고 있는 주식금액의 자본액에 대한 비율로 회사사업에 참여하고 회사재산에 대한 몫을 가지고 있으므로 주주의 회사에 대한 권리와 의무는 주식을 단위로 하여 정하여진다. 또한 각 주식의 금액은 균일하여야 하며, 이로 인하여 각 주식은 평등한 대우를 받는다.

 사례연구 **주식회사의 자본에 관한 3원칙**

1) 자본확정의 원칙

회사설립시 자본은 정관상 확정되여야 하고, 그 자본에 해당하는 주식의 인수가 확정되어야 한다는 것이다. 이는 자본의 규모를 확정, 공시함으로써 회사와 거래하는 자들에게 회사의 사업과 신용의 규모에 대한 예측가능성을 부여하기 위한 것이다.

2) 자본유지의 원칙

회사는 자본액에 상당하는 순재산을 실질적으로 유지하여야 한다는 원칙을 말한다. 이것은 회사의 존속을 보장하고 회사채권자 및 주주를 보호하기 위한 것이다.

3) 자본불변의 원칙

자본유지의 기준이 되는 자본금액을 법정절차 없이 함부로 감소시키지 못하는 원칙을 말한다. 상법상 신주의 발행은 원칙적으로 이사회의 권한사항으로 되어 있으므로, 자본의 증액에 관한 한 이 원칙의 적용이 없다. 그러나 자본의 감소를 위하여는 주주총회의 특별결의를 거쳐야 하고, 채권자보호절차를 밟아야 하는 등 엄격한 법정절차를 갖추도록 하고 있다.

[출처: 이원구, 「시사경제 따라잡기」, 무한, 1997]

(2) 자본의 증권화

경영자는 기업의 자본이 영구자본으로 남기를 원하고 투자자는 투자자본이 고정화되기를 싫어한다. 이러한 양자간의 상충관계를 해소하기 위하여 고안된 것이 자본의 증권화제도이다.

주식회사의 자본금은 주식이라고 하는 유가증권(securities)을 분할 발행하여 주주에게 매각함으로써 조달될 수 있다. 이러한 주식을 매입하는 주주는 출자자로서의 권한인 주주권을 갖게 된다.

이러한 제도로 인하여 주식시장을 통해 주식의 매매양도가 가능하고(유통증권화),

출자자는 임의로 주식의 매입을 통해 투자를 행할 수 있고(주주자격취득), 주식의 매각을 통해 출자 지분을 회수할 수도 있다(주주자격 포기). 이러한 특성으로 인하여 주식회사는 대규모의 자본조달이 용이하고 자본의 규모를 확대시킬 수 있다.

(3) 소유와 경영의 분리

오늘날의 주식회사에서 출자자인 주주의 종류에는 출자의 목적을 사업에 관여하는 데 두는 사업주주, 이익배당의 취득과 주식시세의 변화로 인한 이익획득에 두는 투자주주, 주식시세의 변화로 인한 이익획득에만 두는 투기주주가 있다. 그러나 대기업 형태의 주식회사에서 주주의 대부분은 투자주주와 투기주주가 대부분을 이루고 있다. 이들은 경영에 참가하기를 원치 않기 때문에 소유와 경영이 분리되고 있다. 즉 회사의 소유기능은 주주가 맡고 경영적 기능은 중역인인 전문경영자가 맡게 되는 소유와 경영의 분리가 이루어지며 이를 중역제도 또는 대리경영제도라고 한다.

따라서 주식회사의 경영참가자도 소유경영자에서 고용경영자로 다시 전문경영자의 형태로 바뀌고 있다. 이와 같이 자본주의가 자본가 사회에서 경영자사회로 바뀌어 가는 현상을 번햄(J. Burnham)은 경영자혁명론(managerial revolution)으로 설명하였다.

 ➤사례연구➤
경영자 혁명론(managerial revolution)

미국의 철학자 번햄(J. Burnham)이 제창한 경제이론으로서 소유와 경영권이 분리되어 있는 기업에서는 자본가 대신 경영자가 기업을 지배한다는 이론이다. 경영자 혁명은 경영자지배 관점과 국유기업의 확대와 강화에 근거를 두고 있다. 번햄은 "현대 자본주의 사회에서는 자본가를 대신하여 경영자라는 새로운 지배계급이 탄생, 그들이 권력을 잡은 경영자 사회로의 혁명적인 이행이 이루어지고 있는 중"이라고 하였다.

[출처: pmg지식엔진연구소, 「시사상식사전」, 박문각, 2013.]

3. 주식회사의 장단점

주식회사는 매우 이상적인 기업의 형태이나 다음과 같은 장점과 단점을 갖고 있다.

(1) 주식회사의 장점

❶ 발기인 1인 이상의 출자로 회사가 설립되므로 자본조달이 용이하고 대자
본 형성이 쉽다. 따라서 기업성장도 용이하다. 설립 후에도 일반대중으로
부터 소액자금을 집대성할 수 있다.

❷ 주주의 재산과 회사의 재산이 명백히 구분되므로 회사 도산시에도 출자금
액 범위 내에서 법적 책임을 진다(유한책임제).

❸ 주식의 양도가 가능하여 추가 주식매입 및 매각에 의해 출자액을 증감시
킬 수 있다.

❹ 전문경영인에 의한 기업경영이 가능하므로 소유와 경영의 분리가 가능하다.

❺ 증권거래소 상장 등 기업의 대중화 및 거대화가 가능하다.

❻ 법인에 대한 공신력이 높아 매출, 직원채용 등 영업상 유리한 점이 많다.

❼ 소유권의 이전이 용이하다.

❽ 조직의 수명이 장기적이다.

(2) 주식회사의 단점

❶ 정관작성, 발기인 구성, 창립총회, 법인설립신고 등 설립절차가 복잡하고
비용이 많이 든다.

❷ 기업이윤이 주주의 출자지분에 따라 배당되므로 대표자의 이윤이 줄어든다.

❸ 경영의사 결정체계가 주주총회 - 이사회 - 대표이사로 복잡하여 신속한 의
사결정이 어렵다.

❹ 주주 상호간의 이해관계 대립시 마찰의 소지가 있고 경영공백이 우려된다.

❺ 대표이사의 무한책임 경영이 여타 주주에 큰 피해를 줄 수 있다.

❻ 세금의 종류가 많다.

❼ 정부의 규제가 많고 기업활동 결과에 관한 보고 의무가 있다.

❽ 기업경영에 관한 비밀유지가 어렵다.

❾ 기업활동의 확대는 정관의 변경에 의해서만 가능하다.

4. 주식회사의 설립절차

주식회사의 설립에는 일반 회사와는 달리 법적 절차가 복잡하다. 주식회사

를 설립하기 위해서는 정관의 작성, 자본의 확정 및 이행, 임원의 선임, 그리고 설립등기 등의 절차를 밟아야 한다.

그림 :: 4-3
주식회사의 설립절차

(1) 정관의 작성

정관은 회사의 목적과 조직 및 활동에 관한 근본규칙을 정하고 이것을 기재한 서면을 말한다. 정관은 상법상 1인 이상의 발기인이 작성하여 공증인의 공증을 받음으로써 효력을 얻는다. 정관에는 절대적 기재 사항과 상대적 기재사항이 있다.

절대적 기재사항이란 사업의 목적, 상호, 발행할 주식의 총수, 주식의 액면가, 회사설립시 발행하는 주식의 총수, 본·지점의 소재지, 회사의 공고방법, 발기인의 주소 및 성명, 작성 연, 월, 일을 말하며 이들 사항 중 어느 하나만 빠져도 정관 자체가 무효가 된다.

상대적 기재사항은 필요한 경우에만 기재하며 정관에 이를 기재하지 않는 한 회사나 주주를 구속하지 않는 사항을 말한다. 일반적으로 상대적 기재사항에는 발기인이 받을 특별이익과 받을 자의 성명, 현물 출자자의 성명, 재산의 종류, 가격과 이에 따른 주식의 종류와 수, 회사가 부담할 설립비용과 발기인이 받을 보수액, 회사설립 후 양수할 것을 약정한 재산의 종류, 수량, 가격, 양도인의 성명이 기재된다.

이외에도 임의 기재사항으로 회사의 영업 연도의 규정, 이익의 처분, 주권의 종류, 예금불입이 있다.

(2) 자본의 확정 및 이행

정관을 작성한 다음에는 자본의 확정, 즉 출자의무를 확정하여 자본을 고정화시켜야 한다. 자본의 확정은 발기설립과 모집설립으로 나눌 수 있다.

발기설립이란 발기인이 회사설립시 발행하는 주식을 모두 인수하는 방법을 말한다. 발기인은 인수 주식의 주금을 납입한 후에 이사와 감사를 선임하고 법원에 검사인의 선임을 신청하여 설립경과를 검사받은 후에 설립등기를 완료하면 회사가 설립된다. 발기설립은 발기인 이외에는 주주를 모집하지 않으므로 설립절차가 간단하다. 반면, 출자자의 수가 한정되어 대규모 자본을 유치하기가 어렵다.

모집설립이란 발기인이 일부의 주식만 인수하고 인수하지 않는 나머지 주식은 주주를 모집하여 인수하게 하는 방법을 말한다. 회사설립은 발기인들이 설립취지서, 사업계획서를 작성한 다음 모집공고를 내어 주주를 모집한다. 주주로부터 주금의 납입이 완료된 후 창립총회를 열어 이사와 감사를 선임하고 등기를 마침으로써 효력이 발생한다. 이 방법은 그 수속절차가 발기설립에 비하여 복잡하나 일반적으로 자본을 많이 모을 수 있다는 장점이 있다.

(3) 임원의 선임

발기인에 의한 출자의 이행이 실행되면 발기인은 의결권의 과반수로 이사와 감사를 선임해야 한다. 이 때 의결권은 1주당 1표이다. 이어 이사는 검사인을 선임하여 설립에 관한 제반사항을 조사하고 발기인은 지체없이 창립총회를 소집해야 하며, 창립총회에서는 이사와 감사를 선임한다.

(4) 설립등기

이상의 모든 절차가 완료되면 이사의 공동신청에 의하여 설립등기를 마쳐야 한다. 이 때 발기설립의 경우에는 발기인들이 현물출자에 대한 검사인의 조사가 끝난 날로부터 등기를 한다. 모집설립의 경우에는 창립총회가 끝난 날로부터 2주 내에 회사가 지방법원에 설립등기를 마쳐야 한다.

5. 주식회사의 기관

주식회사의 기관에는 최고의사결정기관인 주주총회, 경영담당기관인 이사회, 주주의 권익을 보호하는 감사가 있다.

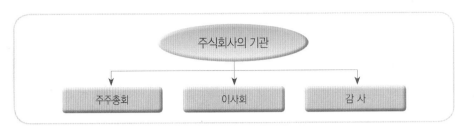

(1) 주주총회

주주총회(general meeting of stockholders)는 회사의 기본 조직과 경영에 관한 중요 사항에 관하여 주주들이 의사를 표시하여 결정하는 최고 의사결정 기관이다. 주주총회의 권한은 상법 또는 정관에 정해진 다음과 같은 사항에 한정된다.

- 🔍 정관의 변경, 자본의 증감, 영업의 양도, 양수 및 합병
- 🔍 이사, 감사, 검사인, 청산인의 임명에 관한 사항
- 🔍 주식배당, 신주인수권, 계산서류의 승인 등에 관한 사항

주주총회는 정기총회와 임시총회로 구분된다. 정기총회는 매결산기에 정기적으로 소집되어 계산서의 승인이나 이익 또는 이자의 배당에 관한 것이 결의된다. 임시총회는 필요에 따라 소집된다.

(2) 이사회

이사회(board of directors)는 회사의 경영에 관한 일체의 권한을 위양받은 수탁층(trusteeship zone)으로서의 상설기관이다. 이사회는 주로 회사의 업무집행에 관한 의사결정을 한다. 상법에 규정된 이사회의 결정사항을 살펴보면 첫째, 신주의 발행. 둘째, 사채의 모집. 셋째, 지배인의 선임 및 해임. 넷째, 이사와 회사간의 거래에 대한 승인. 다섯째, 이사의 직무의 집행을 감독하는 권한 등이 있다.

이사는 주주총회에서 선임되고, 최소 3인 이상이어야 하며, 임기는 3년이다. 또한 이사 중에서 대외적으로 회사를 대표하고 대내적으로는 업무집행을 하는 대표이사를 선임해야 한다. 그러나 자본금의 총액이 10억원 미만인 소규모회사는 이사를 1~2명 선임하는 것도 가능하다. 이 경우, 이사회는 주주총회가 대신하거나 그 규정 적용이 배제된다.

특히, 최근에는 이사회구성원 대부분이 내부경영자들로 구성되어 있어 자신

들의 경영활동을 자신들이 평가해야 하는 모순을 해결하기 위하여 사외이사제도를 채택하는 기업이 증가하고 있다. 사외이사제도는 이사회의 투명성과 기업의 사회성을 제고하기 위한 이사제도이다.

 사례연구

사외이사제도

기업 경영의 투명성을 높이기 위하여 대주주의 영향을 받지 않는 외부 전문가들을 이사회에 참여시키는 제도로서, 대주주의 영향을 받지 않는 대학교수, 변호사, 공인회계사, 언론인, 퇴직 관료나 기업인 등 일정 요건의 외부 전문가들을 이사회(주주총회소집과 대표이사의 선임권을 행사하며 장단기 사업계획수립을 비롯해 국내외 주요투자, 채용, 임원인사에 관여하는 등 회사의 경영전반에 걸쳐 중요사항을 의결하는 기구)에 참여시키는 제도이다. 1997년의 외환위기를 계기로 기업경영의 투명성을 높이고자 도입하였으며, 경영감시를 통하여 대주주를 견제하는 동시에 공정한 경쟁과 기업 이미지 쇄신은 물론 전문가를 경영에 참여시킴으로써 기업경영에 전문지식을 활용하려는 데 목적이 있다.

사외이사라는 직책은 증권거래법(현, 자본시장과 금융투자업에 관한 법률) 상장규정에 들어 있는 개념으로, 증권거래소에 상장을 하고 싶은 회사라면 반드시 충족시켜야 하는 조건이다. 일반적으로 사외이사는 '이사'라고 부르는 등기이사(혹은 사내이사)와 법적 의무와 책임에 있어 동등한 지위를 갖는다.

미국 등 선진국의 경우 상장기업 이사의 절반 정도가 재무·법무 전문가, 소액주주 대표, 전직 대기업경영자와 같은 비상근 사외이사로 구성되어 기업의 중요 투자 등 경영에 관한 결정과 감사 활동을 하여 기업권력의 집중과 남용을 방지하고 있다. 우리나라에서는 1996년 현대그룹이 국내에서 처음으로 사외이사제를 도입하였다.

우리나라 상법에서는 상장회사의 경우 이사 총수의 1/4 이상(최소 1인 이상)을 사외이사로 선임하도록 의무화하고 있다. 이때 자산총액이 1000억 원 미만인 코스닥시장에 상장된 벤처기업, 회생절차 또는 파산선고 받은 상장회사, 유가증권시장 또는 코스닥시장에 신규로 상장한 상장회사, 기업구조조정부동산투자회사, 해산 결의한 상장회사는 제외한다. 그리고 자산총계가 2조 원 이상인 상장회사의 경우 3인 이상, 전체 이사의 과반수를 사외이사로 선임하도록 하고 있다. 또한 '자본시장과 금융투자업에 관한 법률'에서는 자산총계가 2조 원 미만인 경우를 제외한 금융투자업자는 사외이사를 3인 이상, 이사 총수의 2분의 1 이상 두도록 규정하고 있다. 이때 최대주주 및 최대주주의 특수관계인, 최대 주주 및 그 배우자와 직계존비속, 계열사 임직원과 그 가족, 퇴직 2년 이내의 임직원, 거래관계나 사업상 협력·경쟁 관계인 회사의 임직원, 회사 임직원이 비상임이사로 있는 다른 회사의 임직원, 회계감사나 세무대리를 맡은 변호사와 회계사 등은 사외이사가 될 수 없다.

[출처: 위키백과, http://ko.wikipedia.org]

(3) 감 사

감사(auditor)는 이사의 업무집행을 감사한다. 감사는 주주총회에서 선임되며, 임기는 3년이다. 또한 감사는 회사의 회계감사 및 업무감사를 주임무로 하는 주식회사의 상설기관이다. 따라서 감사는 그 직능상 경영에 관한 풍부한 지식과 경험이 필요하기 때문에 자격이 엄격할 필요가 있다.

6. 기업공개와 종업원지주제도

(1) 기업공개

오늘날의 주식회사는 자본주의 사회에서 대규모 기업집단의 형성과 같은 지대한 경제적 역할을 하고 있다. 그러나 주식이 소수의 사람에 의해 소유되는 경우 기업의 사회성에 대한 의미가 결여될 가능성이 있다. 주식회사의 사회성을 유지하면서 민간자본의 산업자본화를 달성하기 위한 방안이 바로 기업공개이다.

기업공개란 일반투자가들에게 자사에 대한 투자를 하도록 유인하기 위하여 자산상태 및 영업성과, 장기적 경영목표 및 정책을 일반대중에게 공표하는 것을 말한다. 기업공개의 목적은 주식을 일반대중에게 널리 분산하고 소유토록 함으로써 소수인에게 집중되어 나타나는 여러 가지 폐단을 감소시키고 주식대중화를 통한 경영민주화 또는 기업민주화를 달성하는 데 있다. 기업공개를 통해 얻을 수 있는 혜택을 살펴보면 다음과 같다.

❶ 주주의 분산투자 촉진 및 소유분산
❷ 자금조달능력의 증가
❸ 주식가치의 공정한 결정
❹ 세제상의 혜택

(2) 종업원지주제도

종업원지주제도란 종업원에게 자사의 주식을 무상으로 증여하거나, 유가로 취득하게 하되 장기대부나 급여 대신으로 주식을 갖게 하는 것을 말한다. 종업원지주제도(employee owenership system)의 목적은 종업원의 경영에의 참가의식을 높이고 노사협조를 원활히 하고 주식의 대중화를 촉진하여 기업민주화의 실현과 경영능률을 향상시키는 데 있다.

종업원지주제도의 이점을 살펴보면 다음과 같다.

❶ 종업원의 소유의식 내지 경영참가 의식을 높여 기업에 대한 충성심과 근로의욕을 높이고 이직율을 감소시킨다

❷ 저축을 장려한다.

❸ 경영효율을 나타내는 척도에 대한 관심과 이를 지향하는 여러 활동에 협력적인 태도를 이끌어낼 수 있다.

❹ 자본주의의 번영과 종업원과의 이해를 일치시킨다.

❺ 정치·경제에 대한 관심을 높인다.

❻ 회사의 자본조달 범위의 확대에 대한 관심을 제고할 수 있다.

❼ 퇴직금제도를 보완하는 역할을 한다.

❽ 경영민주화의 실현에 기여한다.

종업원에게 주식을 소유하도록 하는 지주제도의 형태로는 주식매입형, 저축장려형, 이익분배형 등이 있다.

09 협동조합

협동조합(cooperatives)은 자본주의 경제의 발달과 대기업의 등장으로 경제적 약소자인 중소기업인, 소비자, 소규모 생산자 또는 민간인들이 경제적 약점을 보완하기 위하여 상호협조와 협동정신을 바탕으로 공동출자하여 조직하는 공동기업이다.

협동조합은 일반 기업과는 달리 다음과 같은 특성을 갖고 있으며, 3대 기본정신은 다음과 같다.

🌐 상호부조주의　협동조합은 협동을 통한 상호이익을 추구한다. 즉, 협동조합은 개인주의가 아닌 협동주의를 목표로 영리보다 조합원의 상호부조를 목적으로 한다.

🌐 민주주의　조합의 운영은 주식회사의 1주1표와는 달리 조합원을 중심으로

출자액에 관계없이 1인 1표의 민주적 관리방식을 따른다.

🔍 이용주의　협동조합은 영리주의가 아닌 이용주의 원칙을 따른다. 즉, 조합원의 이용과 편익 제공을 목적으로 운영된다.

협동조합은 주체가 누구인가에 따라 소비자협동조합, 생산자협동조합 및 신용협동조합으로 나눌 수 있다.

1. 소비자협동조합

소비자협동조합은 조합원의 생활에 필요한 물자를 공동구매함으로써 조합원의 경제적 이익을 증대시키는 데 목적이 있다. 소비자협동조합은 회사, 학교 및 종교단체와 같이 직장별로 조직할 수 있고 동일한 거주지에 사는 주민을 중심으로 지역조합을 결성할 수도 있다. 우리나라에서는 공무원연금매장, 의료보험조합 등이 대표적인 예라 할 수 있다.

2. 생산자협동조합

생산자협동조합은 중소생산업자들이 결성하는 조합을 말한다. 생산자조합의 종류에는 판매조합, 구매조합, 이용조합 및 생산조합이 있다. 판매조합이란 조합원이 생산한 생산물을 협동판매하는 조합이다. 구매조합이란 조합원이 필요로 하는 원료 및 기계 등을 공동구입함으로써 구매비용을 절감하기 위해 결성하는 조합이다. 이용조합이란 시설 등을 공동으로 이용하기 위하여 결성된 조합을 말한다. 생산조합이란 공동원료의 확보, 공동생산 및 공동판매를 목적으로 결성되는 조합을 말한다.

3. 신용협동조합

신용협동조합은 조합원간의 자금융통을 통해 경제적인 상호부조를 도모하고자 조직되는 조합을 말한다. 즉 신용협동조합은 상호유대를 가진 서민들이 협동조직을 통하여 자금의 조성과 이용을 도모하는 서민금융기관이다.

→ 사례연구 ← **소상공인 협동조합 열풍**

전남 완도군에 사는 젊은 어민과 상인 6명은 건강식으로 인기를 얻기 시작한 매생이 관련 사업을 해보기로 뜻을 모았다. 겨울철 음식인 매생이에 대한 수요가 빠르게 늘고 있지만 이를 기르고 판매하는 어민들은 영세한 탓에 수익을 남기지 못했기 때문이다.

처음에는 주식회사로 시작하려 했지만 법 절차가 까다롭고 참여자들 사이에 지분에 대한 이견이 있어 협동조합 방식으로 계획을 바꿨다. 협동조합은 서로의 독립성은 침해하지 않으면서 장점을 효과적으로 결합할 수 있다면 이익을 내고 나누기도 쉬운 형태였다.

이들은 각자 3000만 원을 출자해 '완도매생이협동조합'을 만들고 생산, 가공, 판매 경영 등으로 역할을 나눠 본격적으로 사업에 나섰다. 때마침 소상공인 협동조합 결성을 지원하기 시작한 중소기업청으로부터 설비구매 자금과 브랜드 개발 등의 지원을 받을 수 있었다. 이처럼 어민들이 힘을 합쳐 매생이를 현대적 시설로 가공해 직접 팔아보니 매출과 이익이 전년 대비 최소 3배 이상 늘었다.

이들처럼 영세 농 · 어업 및 상공인들이 협동조합을 활용해 사업의 규모를 키우고 수익성을 높이는 사례가 늘고 있다. 경기 용인시 지역에서 떡집 6곳이 모인 '용인백옥쌀떡협동조합', 충북 지역의 피부관리실 5곳이 만든 '충북피부미용협동조합', 서울 서대문구와 은평구의 동네빵집 사장 11명이 만든 '동네빵네협동조합' 등이 대표적 성공 사례로 꼽힌다.

소상공인들 사이에 협동조합 설립에 대한 관심이 높아진 데는 2012년 정부가 소상공인들의 이익 활동을 배려하는 방향으로 손질한 '협동조합기본법'과 2013년부터 시작된 '협동조합 활성화 사업' 등이 주효했다.

선진국들은 이미 200년 전부터 영세 소상공인들이 부가가치를 창출하는 방식으로 자조와 자립을 근간으로 하는 협동조합에 주목하고 그 수를 늘려왔다. 19세기 말 제빵사 3명으로 시작해 이제는 독일 대표 브랜드로 성장한 '바코', 스위스의 국민소매점 '미그로', 또 이탈리아의 9개 양조장 연합체로 시작해 연 매출액 3조 원의 세계적 와인기업으로 성장한 '리유니트 & 치브' 등이 대표적인 사례다.

[출처: 동아일보, 2014. 2. 20.]

10 공기업 및 공사기업

공기업(public corporation)이란 국가나 지방자치단체 및 공공단체가 공익을 목적으로 출자하고, 직 · 간접적으로 책임을 지는 기업형태를 말한다. 공기업은 공공의 이익증진에 목적이 있다는 점에서 영리를 목적으로 하는 사기업과 차이가 있다. 공기업은 기본적으로 행정기업과 공사기업으로 나누어진다.

I. 행정기업

　　행정기업이란 국가 또는 지방공공단체가 필요한 자금을 전액출자하고 운영도 행정기관이 직접 하는 기업을 말한다. 우리나라의 순수한 행정기업으로는 시영주택사업, 건설부의 토목사업, 철도사업, 전매사업, 체신사업, 수도사업 등이 있다.

2. 공사기업

　　공사기업이란 한국토지주택공사, 한국수자원공사, 한국가스공사, 국민연금공단 등과 같은 법인체 공기업으로서 이것은 정부가 자본을 투자했으나 행정기업과는 별도로 독립된 법인격을 부여받은 특수법인 형태의 기업이다. 따라서 조직, 재무, 인사, 노동관계 등에 대해 경영의 자주성이 부여되고 경리, 회계 면에서 독립채산제가 채택된다.

3. 공사공동기업

　　공사공동기업이란 중앙정부나 지방자치단체와 민간인 또는 사기업이 공동으로 출자하여 경영하는 기업을 말한다. 공사공동기업은 공기업과 사기업이 가지고 있는 단점을 줄이고 장점을 살리려는 의도에서 설립된다.

　　이러한 공사공동기업은 주식회사나 공사의 형태로 설립되는데, 대개의 경우 정부출자 비중이 크므로 경영면에서 정부로부터 막대한 영향을 받는다. 공사공동기업의 예를 들면 한국관광공사, 한국증권거래소 등이 이에 해당된다.

··· 참고문헌

1. 김기홍, 조인환, 「경영학개론」, 한올출판사, 2012.

2. 김병윤, 김길평, 김영국, 임종일, 「현대경영학원론」, 명경사, 2002.

3. 동아일보, "뭉치니까 답 나오네 소상공인 협동조합 열풍", 2014. 2. 20.

4. 서울경제, "기업의 생존과 유한회사", 2013. 1. 28.

5. 「pmg지식엔진연구소」, 시사상식사전, 박문각, 2013.

6. 위키백과, "사외이사제도", http://ko.wikipedia.org

7. 이원구, 「시사경제 따라잡기」, 무한, 1997.

8. 헤럴드경제, "핸드백이 경차 한 대 값", 2011. 8. 9.

9. Gitman, Lawrence J. & Carl McDanial, The Future of Business the Essentials, 2nd ed., Thomson, 2006.

Chapter 05

기업의 **창업**과 **발전**

01 창업의 개념

　창업이란 사업의 기초를 세우는 것으로 기업가의 능력을 갖춘 개인이나 집단이 사업 아이템을 가지고 사업목표를 세워서 적절한 사업기회에 자본, 사람, 설비, 원자재 등 경영자원을 확보하여 제품을 생산하거나 서비스를 제공하는 기업을 새로이 설립하는 것을 말한다. 그러나 최근에 들어서는 새로운 기업을 설립하는 것뿐만 아니라 사내벤처처럼 기존의 기업이 새로운 제품을 생산하거나 새로운 사업부를 창출하는 것까지 창업으로 포함하는 경향이 있다.

　기업을 자연인과 같이 생명을 가진 존재로 인식한다면, 창업이란 기업이라는 생명체를 탄생시키는 과정으로 볼 수 있다. 따라서 이제까지 체험해보지 못한 미지의 사업을 새로이 시작하는 것이므로 자신의 미래를 정확히 예측할 수 없으며, 본질적으로 불확실성 하에서 의사결정을 하지 않을 수 없다. 이러한 특성으로 인해 창업가들은 일반인들과는 달리 진취적이고 창의적이며 위험을 감수할 수 있는 모험적인 성격이 요구된다.

한편, 「중소기업창업지원법」에서는 창업을 '새로이 중소기업을 설립하는 것'으로 정의하고 있다. 즉, 새로운 기업을 설립하는 것은 물론, 기존의 기업이 이제까지와 전혀 다른 새로운 기업조직을 설립하는 것과 기존의 기업이 이제까지와 전혀 다른 새로운 종류의 제품을 생산하거나 판매하는 일을 시작하는 것까지를 포함하고 있다.

정부에서 중소기업에 대한 창업지원법상 창업을 인정하지 않는 경우는 다음과 같다.

❶ 타인으로부터 사업을 승계하여 승계 전의 사업과 동종의 사업을 계속하는 경우(포괄승계)　상속이나 증여에 의해 사업체를 취득하는 경우, 사업의 일부 또는 전부의 양수도에 의해 사업을 개시하는 경우, 폐업한 타인의 공장을 인수하거나 기존의 공장을 임차하는 등의 경우는 창업으로 보지 않는다. 다만, 사업 승계 후에 다른 업종의 사업을 영위하는 경우에는 창업으로 인정한다.

❷ 개인사업자인 중소기업 사업자가 법인으로 전환하거나 법인이 조직변경 등 기업형태를 변경하여 변경 전의 사업과 동종의 사업을 계속하는 경우(형태변경)　개인사업자가 법인으로 전환하거나, 합명ㆍ합자ㆍ유한ㆍ주식회사 등이 상호간 법인형태를 변경하거나 기업을 인수합병하는 것 등은 창업으로 보지 않는다. 다만, 조직변경 전후의 업종이 다른 경우는 변경 전의 사업을 폐지하고 변경 후의 사업을 창업한 것으로 인정한다.

❸ 폐업 후 사업을 개시하여 폐업 전의 사업과 동종의 사업을 계속하는 경우(폐업 후 동종 사업 계속)　사업의 일시적인 휴업ㆍ정지 후에 다시 재개하는경우, 공장이전 등은창업으로 보지 않는다. 다만, 폐업을 한 후에 폐업 전의 사업과 다른 종목의 사업을 할 경우는 창업으로 인정한다.

위에서 예시한 경우의 창업은 형식상의 절차만 있을 뿐 창업의 효과가 없는 순수한 창업이 아니므로 중소기업 창업지원법에서 제공하는 창업지원 혜택이 주어지지 않는다.

중고소기업창업지원법에 의한 창업인정 여부를 사례별로 살펴보면 〈표 5-1〉과 같다.

표 5-1 ∷ 중소기업창업지원법에 의한 창업인정 여부

주 체	사업장소	사례		창업여부
A개인이	갑 장소에서	갑장소에서의 기존 사업을 폐업하고	B법인 설립하여 동종업종 제품을 생산	조직변경
			B법인 설립하여 이종업종 제품을 생산	창업
		갑장소에서의 기존 사업을 폐업않고	B법인 설립하여 동종업종 제품을 생산	형태변경
			B법인 설립하여 이종업종 제품을 생산	창업
A법인이	갑 장소에서	갑장소에서의 기존 사업을 폐업하고	B법인 설립하여 동종업종 제품을 생산	위장창업
			B법인 설립하여 이종업종 제품을 생산	창업
		갑장소에서의 기존 사업을 폐업않고	B법인 설립하여 동종업종 제품을 생산	형태변경
			B법인 설립하여 이종업종 제품을 생산	창업
A개인이	을 장소에서	갑장소에서의 기존 사업을 폐업하고	B법인 설립하여 동종업종 제품을 생산	법인전환
			B법인 설립하여 이종업종 제품을 생산	창업
		갑장소에서의 기존 사업을 폐업않고	B법인 설립하여 동종업종 제품을 생산	창업
			B법인 설립하여 이종업종 제품을 생산	창업
A법인이	을 장소에서	갑장소에서의 기존 사업을 폐업하고	B법인 설립하여 동종업종 제품을 생산	사업승계
			B법인 설립하여 이종업종 제품을 생산	창업
		갑장소에서의 기존 사업을 폐업않고	B법인 설립하여 동종업종 제품을 생산	창업
			B법인 설립하여 이종업종 제품을 생산	창업
A가 (법인개인)	을 장소에서	갑장소에서의 기존 사업을 폐업하고	다시 A명의로 동종업종 제품을 생산	사업이전
			다시 A명의로 이종업종 제품을 생산	창업
		갑장소에서의 기존 사업을 폐업않고	다시 A명의로 동종업종 제품을 생산	사업확장
			다시 A명의로 이종업종 제품을 생산	업종추가

02 창업의 3요소

창업을 하기 위해서는 창업자뿐만 아니라 인적 및 물적인 여러 요소들의 투입이 필요하다. 창업을 위해서는 필수적으로 창업자, 사업 아이디어, 자본이 필요한데, 이를 '창업의 3요소'라고 한다. 즉, 창업은 사람(창업자)이 사업 아이디어를 가지고 자본을 동원하여 특정한 생산품(제품이나 서비스)을 생산하는 시스템을 만드

는 일이라고 풀어볼 수 있다. 이들 창업의 3요소(그림 5-1)에 대해 살펴보면 다음과
같다.

I. 창업자

창업자는 사업 아이디어의 확보, 사업타당성 분석, 사업계획의 수립과 실행
등을 직접 책임지는 사람이다. 따라서 창업자는 기업 설립에 필요한 유 · 무형
자원을 동원하고, 이들을 적절히 결합하여 기업이라는 시스템을 만들고, 창업
기업이 의도한 대로 기능을 발휘하도록 관리하는 역할을 해야 한다. 특히, 창업
초기 창업자의 능력, 가치관 등은 창업기업의 성패와 효율에 결정적인 영향을
미치게 되므로 창업의 3요소 중에서 가장 중요하다고 할 수 있다. 창업자에게
필요한 능력과 자질은 매우 다양하다고 볼 수 있는데 그 중 특히 중요한 몇 가지
를 꼽아보면 다음과 같다.

❶ 미래의 환경변화에 대한 통찰력과 판단력을 발휘하여 장기적인 목표를 세
우고 장기적인 관점에 경영목표를 행동에 옮길 수 있어야 한다.

❷ 새로운 사업의 수행에 대한 창의력이 있어야 하며, 이를 지속적으로 수행
해 나가기 위한 추진력이 있어야 한다.

❸ 새로운 환경변화에 도전하여 적극적으로 사업 기회를 모색하며, 자신의
모든 것을 투자하고 희생할 수 있는 기업가정신을 갖추어야 한다.

❹ 일을 통한 자아실현 욕구가 강하고, 타인에게 고용 · 종속되고 싶지 않은
독립심이 있어야 한다.

❺ 자기 자신에게 요구되는 능력과 자질을 충분히 인식하고 스스로 자기계발
에 노력해야 한다.

❻ 새로운 시대에 맞는 새로운 경영감각과 사회적으로 신뢰받을 만한 인격을
갖추어야 한다.

❼ 기업을 운영하는 데 있어 윤리경영과 사회적 책임에 대한 인식과 실천의
지가 있어야 한다.

2. 사업 아이디어

사업 아이디어는 창업을 통해 어떤 제품과 서비스를 고객에게 제공할 것인가에 관한 사업내용을 의미한다. 이러한 사업내용은 구체적인 형태를 가진 제품일 수도 있고, 물리적인 형태가 없는 서비스일 수도 있다. 사업 아이디어는 창업자의 상상력과 창조성, 그리고 창업에 동참하는 참여자들의 창조적 아이디어와 분석된 정보를 말하는 것으로 창업자와 창업 참여자의 역량에 의해 결정된다. 사업아이디어는 창업의 시발점이자 종착지이기 때문에 이에 관한 특별한 관심은 곧 창업의 전부라고 해도 과언이 아니다.

3. 자 본

자본이란 기업을 설립하는 데 필요한 금전적인 자원뿐만 아니라 자본을 이용하여 동원할 수 있는 토지, 기계, 기술자, 원재료 등을 포함하는 포괄적인 의미의 경영자원을 의미한다. 자본은 창업자 자신이나 개인투자가, 벤처캐피탈, 금융기관, 정부나 지방자치단체 등으로부터 조달된다. 안정적인 자본의 조달과 운용, 그리고 이를 위한 금융기관이나 정부 또는 관계기관의 지원제도를 활용하는 것은 성공적인 창업을 위해 매우 중요하다.

창업자는 창업과정에서 소요되는 창업자금과 창업 후의 운영자금을 어떻게

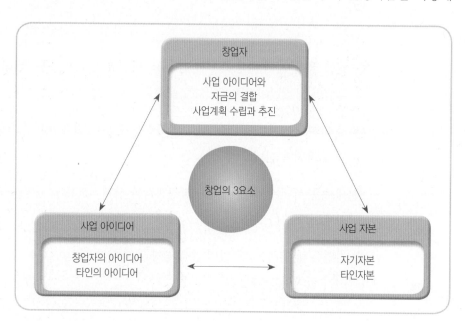

그림 :: 5-1
창업의 3요소

조달할 것인지, 장·단기자금은 어떤 원천으로부터 조달할 것인지, 장기적으로 안정된 자금을 조달 및 운용하기 위해서 어떻게 할 것인지에 대한 전략적인 구상을 하여야 한다.

03 중소기업의 범위

I. 중소기업의 중요성

일반적으로 종업원 수가 20~30명 규모인 기업을 중소기업이라고 하지만, 300명 이상의 종업원을 고용하고 있는 중소기업도 있다. 반면, 종업원이 없이 사장 혼자서 운영하는 슈퍼마켓이나 음식점도 중소기업으로 볼 수 있다. 우리나라의 중소기업은 전체 기업의 99.8%를 차지할 정도로 많으며, 경제적·사회적으로도 중요한 역할을 한다. 중소기업이 우리 경제에서 차지하고 있는 역할을 살펴보면 다음과 같다.

① 국민경제를 뒷받침하는 산업의 뿌리이다.
② 대기업이 사용하는 부품 소재의 생산기지 역할을 한다.
③ 일자리의 88%를 담당한다.
④ 수출의 32%, 생산의 46%를 담당하며, 일상 생활용품의 대부분을 생산한다.

2. 중소기업의 범위

중소기업이 경제에서 차지하고 있는 역할의 중요성에 따라 정부에서는 중소기업을 육성하기 위해 「중소기업기본법」에서 정부 지원시책의 대상이 되는 중소기업의 범위를 규정하고 있다. 중소기업의 범위는 「중소기업기본법 시행령」에서 자세하게 규정하고 있는데, 그동안 몇 차례의 개정을 거쳐 2015년부터는 아래 〈표 5-2〉의 기준을 따른다. 즉, 기존에는 종업원, 자본금등 생산요소 투입규모에 따라 중소기업을 판단하였으나 2015년부터는 3년 평균 매출액만을 기준으로 중소기업 여부를 판단한다(3년 미만의 창업 초기 기업의 경우는 연간 매출액 적용).

표 5-2 :: 업종별 중소기업 범위 기준

중소기업 범위 (매출액)	업 종
1,500억원 이하	의복, 가방 · 신발, 펄프 · 종이, 1차금속, 전기장비, 가구제조업 (6개 제조업)
1,000억원 이하	식료품, 담배, 섬유, 목재, 석유정제품, 화학물질, 고무 · 플라스틱, 금속가공제품, 전자 · 컴퓨터 · 영상 · 통신, 기계 · 장비, 자동차, 기타 운송장비 제조업 (12개 제조업)
	농 · 임 · 어업, 전기 · 가스 · 수도, 도매 · 소매업
	광업, 건설업
800억원 이하	음료, 인쇄 · 복제기, 의료물질 · 의약품, 비금속광물, 의료 · 정밀 · 광학, 기타제품 제조업 (6개 제조업)
	운수업
	하수처리 · 환경복원업
	출판 · 영상 · 정보 · 통신 서비스업
600억원 이하	사업지원 서비스, 과학 · 기술 서비스, 보건 · 사회복지사업
	수리 · 기타 개인 서비스업
	예술 · 스포츠 · 여가관련 서비스업
400억원 이하	숙박 · 음식점업, 금융 · 보험업
	교육 서비스업
	부동산업 · 임대업

04 기업의 성장 과정

　　우리나라의 기업은 종업원 규모에 따라 대기업과 중소기업으로 구분할 수 있으며, 중소기업은 다시 중기업과 소기업으로 구분할 수 있다. 이를 보다 세분화하면, 생업이나 가업적 성격에 가까운 영세한 규모의 소기업, 영세한 규모에서 탈피하여 기본적인 경영조직의 틀을 구축하고 있는 단계의 중기업, 그리고 대기업 규모에는 미치지 못하지만 중소기업의 범주에서는 상위그룹에 속하며 대기업을 향해서 성장하고 있는 중견기업으로 분류할 수 있다.

한편, 기업은 규모에 따라 경영형태, 경영자의 행동방식, 그리고 경영자원의 활용방법 등에 차이를 보인다. 중소규모 단계의 기업군은 성장유형에 따라 '생계형 기업군'과 '벤처형 기업군'의 두가지 형태로 구분할 수 있다.

I. 생계형 기업군

생계형 기업군은 생계를 목적으로 하는 소자본 창업기업, 소규모 하청업체 등의 기업체가 해당된다. 이러한 형태의 기업은 소규모 자본의 개인 창업기업, 대기업에 납품하는 부품가공업체 등에서 많이 발견되며 소기업, 중기업의 형태를 띤다.

소기업은 생업이자 가업의 성격이 강한 기업으로 종업원이 20명 이하의 영세기업이다. 특별히 기술적으로 뛰어난 제품을 가지고 있는 것도 아니고, 평범한 기술과 인력을 가지고 소자본으로 설립한 기업이 이에 해당된다. 이러한 소기업은 계속해서 현상 유지에 머무를 수도 있고, 외형이 늘어남에 따라 중기업으로 발전할 수도 있으며, 성장하지 못하고 중도에 도산하는 경우도 있다.

중기업은 소기업에서 발전하여 종업원 300명 이하의 수준에 이를 정도로 성장한 기업이다. 이 단계에 이른 기업은 대부분 총무, 인사, 재무, 생산, 기획 등 기본조직을 갖추고 있으나 중소기업이 안고 있는 여러 취약점을 안고 있다. 이러한 중기업이 경영혁신을 통해 지속적으로 성장·발전하면 중견기업, 그리고 대기업 규모로 성장하게 된다.

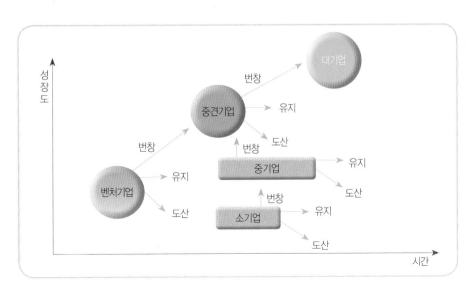

그림 :: 5-2
기업의 성장 유형

2. 벤처형 기업군

벤처형 기업군은 첨단기술이나 신기술을 기반으로 고성장을 추구하는 기업으로서 벤처기업이 이에 해당된다. 벤처기업은 그 기업만의 독특한 기술을 바탕으로 시장을 개척하는 소규모의 '모험기업'이라고 할 수 있는데, 오늘날과 같이 소비자의 트렌드가 급변하고 제품수명주기가 짧아지며 기술개발 속도가 빠르게 변화하는 경영환경 하에서 그 필요성이 더욱 강조되는 기업형태이다.

벤처기업은 고위험-고수익(high risk-high return)을 특징으로 하며 안정적인 궤도에 진입하면 중견기업 수준으로 발전하게 된다.

05 창업의 유형

창업의 유형으로는 일반적으로 벤처창업과 소자본창업으로 구분해 볼 수 있다. 각각의 경우를 살펴보면 다음과 같다.

I. 벤처창업

벤처(venture)는 '모험'이란 뜻으로 위험부담을 지닌 행위 또는 불확실한 결과를 가져오는 일을 의미한다. 따라서 벤처기업이란 말 그대로 새로운 기술을 보유했지만 커다란 위험부담을 지닌 모험기업을 말한다. 일반적인 의미에서의 벤처기업은 새로운 아이디어와 기술을 가지고 새로운 사업에 도전하는 고위험과 고수익(high risk – high return)을 특징으로 하는 기술집약적 신생기업을 총칭한다.

벤처기업에 대한 개념은 국가별로 각각 다르게 정의하고 있다. 벤처기업이 일찍부터 발전하기 시작한 미국의 경우에는 다른 기업보다 상대적으로 사업의 위험성은 높으나 성공하면 높은 수익이 보장되는 기업으로 일반적으로 venture capital(모험자본)로부터 투자를 받은 기업을 의미하나 다른 나라에서는 이와는 다른 개념으로 신사업, 기술집약기업, 첨단기술기업 등을 의미하는 것으로 사용하고 있다.

표 5-3 :: 국가별 벤처기업 규정

국 명	내 용
미 국	「중소기업투자법」에서 "위험성이 크나 성공할 경우 높은 기대 수익이 예상되는 신기술 또는 아이디어를 독립기반 위에서 영위하는 신생기업(New business with high risk-high return)"으로 규정
일 본	「중소기업의창조적사업활동촉진에관한임시조치법」에서 "중소기업으로서 R&D투자 비율이 총매출액의 3% 이상인 기업, 창업 후 5년미만인 기업"으로 규정
OECD 국 가	"R&D 집중도가 높은 기업" 또는 "기술혁신이나 기술적 우월성이 성공의 주요 요인인 기업"으로 규정
우리나라	다른 기업에 비해 기술성이나 성장성이 상대적으로 높아, 정부에서 지원할 필요가 있다고 인정하는 기업으로서 「벤처기업육성에관한특별조치법」의 4가지 유형 중 1가지를 만족하는 기업

우리나라에서는 다른 기업에 비해 기술성이나 성장성이 상대적으로 높아, 정부에서 지원할 필요가 있다고 인정하는 기업으로서 「벤처기업육성에관한특별조치법」에서 정한 기준을 만족하는 기업을 벤처기업으로 지정해주는 「벤처기업 확인제도'를 운영하고 있다. 우리나라의 벤처기업은 성공한 결과로서의 기업이라기보다는 세계적인 일류기업으로 육성하기 위한 지원 대상으로서의 기업이라는 성격이 강하다. 벤처기업으로 확인받기 위해서는 「벤처기업육성에관한특별조치법」 제2조의 2 규정에 의한 요건〈표 5-4〉에 해당되어야 한다.

벤처창업은 처음에는 화학, 기계 등 제조업의 특수기술을 응용한 2차산업 분야에서 시작하였다. 그러나 서비스화, 정보화의 진전으로 유통, 서비스, 정보처리, 전자상거래 등 서비스나 정보통신분야 산업으로 확대되면서 최근에는 컴퓨터나 휴대폰과 관련 정보통신이나 서비스업에서 주로 이루어지고 있다.

표 5-4 :: 벤처기업 유형별 요건

벤처 유형	벤처요건	기술성·사업성 평가기관	확인 기관
벤처 투자 기업	• 벤처투자기관*이 자본금의 10%** 이상 투자 　* 창투사(조합), 실기술사업금융업자, 신기술사업투자조 　합,한국벤처투자조합, 산업은행, 기업은행, 일반은행, 　개인투자조합, 사모투자전문회사 　** 문화산업진흥 기본법 제2조제9호에 따른 제작자 중 법 　인인 경우에는 자본금의 7% 이상 • 최소 5천만원 이상 투자할 것 • 벤처기업 확인서 유효기간: 2년	-	벤처 캐피탈 협회
기술 평가 보증 · 대출 기업	• 보증·대출금액이 8천만원 이상일 것 ※ 창업후 1년 이내의 기업은 보증(대출)금액 4천만원 이상, 　총자산 비율 요건 적용제외 • 보증·대출금액이 총자산에서 차지하는 비율이 5% 이상 　일 것, 다만 보증 또는 대출금액이 10억원 이상인 경우 비 　율적용 제외 • 기술성평가가 우수할 것(기술성 60% 이상) ※ 창업하는 기업(예비벤처*)은 기술성평가만 적용 　* 예비벤처: 창업준비 중인 자 • 벤처기업 확인서 유효기간: 2년	기보, 중진공	기보, 중진공
연구 개발 기업	• 기업부설연구소를 보유할 것 • 연구개발비 5천만원 이상일 것 • 연간 연구개발비가 차지하는 금액이 총매출액의 5~10% 이 　상일 것 ※ 창업 3년미만 기업: 연구개발비 비율 적용제외 • 사업성평가가 우수할 것 • 벤처기업 확인서 유효기간: 2년	기보, 중진공, 한국 기술거래소, 정보 통신진흥연구원, 기술이전 촉진법상 의 평가기관(기보, 산은, 전자부품연 구원, 보건진흥원, 과학기술정보연구 원, 발명진흥회, 에 너지기술연구원, 전자통신연구원)	기보, 중진공

사례연구 **실리콘밸리의 역사**

실리콘밸리는 미국 캘리포니아 주 샌프란시스코 만 남부 지역의 완만한 계곡 지대를 지칭하는데, 이 곳에 전기전자, 컴퓨터, 바이오 등 각종 첨단 산업 분야의 기업들이 밀집해 있고 새로운 벤처 기업들의 창업이 활발하게 이루어지면서 전세계 기술 트렌드를 주도하고 있다. 실리콘밸리라는 명칭은 페어차일드 반도체(Fairchild Semiconductor)에서 근무하던 돈 해플러(Don Hoefler)가 1971년 마이크로일렉트로닉 뉴스(Microelectronic News)에 기고한 'Silicon Valley in the USA'라는 칼럼에서 반도체 연구 개발이 활발하게 이루어지고 있는 이 일대를 실리콘밸리라 부르면서 대중에게 알려지게 되었다.

실리콘밸리의 시작은 스탠포드 대학의 설립에서 그 뿌리를 찾을 수 있다. 스탠포드 대학이 캘리포니아 주 팰러 알토(Palo Alto) 지역 인근에 설립된 1891년에, 이 지역의 대부분은 농경지였고 동부지역과 달리 산업기반도 아직 확립되어 있지 않은 상태였다. 스탠포드 대학은 동부의 아이비리그 대학들과 설립 시부터 궤도를 달리 했다. 즉 남녀차별도, 종교에 대한 강제도 없었고, 추상적이고 개념적인 학문을 추구하기보다는 실질적인 연구를 통해 유용한 커리어를 개발하는 것을 추구하였다. 실질적인 연구를 위해 필연적으로 스탠포드 대학은 산업계와의 협력을 강조했다. 산업 경험이 있는 교수를 채용하고, 학생이나 졸업생을 기술 기업에 보내 협업하게 하거나 또는 직접 창업하도록 독려했다.

오늘날 실리콘밸리의 기반을 닦은 사람은 스탠포드 대학의 공과대학장과 부총장을 역임했으며 '실리콘밸리의 아버지'라 불리는 프레드릭 터먼(Frederick Terman) 교수이다. 그는 졸업생들이 일자리를 찾아 동부지역으로 이동함으로써 지역의 성장이 정체되는 것을 막기 위하여 제자들이 대학에서 익힌 기술을 기반으로 창업에 나서도록 적극적으로 장려하였다. 또한 산업계 사람들이 대학에 와서 강의하거나 협업연구에 참여하도록 하고, 교수들 또한 창업을 하거나 타 기업에 가서 협업하도록 독려하였다

이에 따라 1939년 윌리엄 휴렛(William Hewlett)과 데이비드 패커드(David Packard)가 휴렛팩커드(HP)를 만든 것을 시작으로 그의 제자들은 극심한 대공황 속에서도 실리콘밸리 곳곳에 회사를 설립하기 시작하였다. 터먼 교수는 스탠포드 산업 단지(Stanford Industrial Park)를 조성하여 대학 주변 부지를 기업들에게 싼 값으로 제공하고 입주를 권유하는 등 적극적인 산학 연계를 강조하여 실리콘밸리의 기틀을 조성하는 데에 큰 기여를 하였다.

트랜지스터의 개발 주역인 윌리엄 쇼클리(William Shockley) 또한 터먼 교수의 권유로 1955년 벨 연구소를 나와 팰러 알토 지역에 쇼클리 반도체 연구소를 설립하여 트랜지스터의 상업화에 성공하면서 당시 마이크로웨이브 중심 기업이 많았던 실리콘밸리에서 반도체 산업이 본격적으로 자리잡기 시작하였다. 이후 쇼클리 반도체 연구소에 근무하던 8명의 창립 멤버들은 회사를 나와 1957년 페어차일드 반도체를 설립하였고 이후 다시 재창업에 나서게 되었다. 또한 다른 종업원들 역시 이후 활발하게 창업에 나서면서 수십 년간 페어차일드 반도체는 실리콘밸리에 수많은 회사를 분사시켰다.

1960년대 중반부터 반도체 산업이 성장하면서 실리콘밸리에 밀집해 있었던 반도체 및 컴퓨터 기업들은 큰 호황을 맞이하였으며, 이 무렵부터 벤처캐피탈 등 관련 사업 서비스도 본격적으로 등장하기 시작하였다.

인텔(Intel), 선마이크로시스템즈(Sun Microsystems), 애플(Apple), HP 등 실리콘밸리의 많은 전자 기업들은 혁신적인 기술과 제품을 기반으로 성장을 거듭하였고 기존 대기업들도 이곳에 지사를 설립하여 활발한 연구 개발 및 기술 수집에 나서게 되었다. 이에 따라 실리콘밸리는 1970년대 말까지 약 3,000개의 기술 기업들이 입주하는 등 글로벌 전자 산업의 핵심으로 자리잡을 수 있게 되었다.

1980년대 미국 경기의 침체와 일본 전자 기업들의 거센 추격으로 위기에 몰린 실리콘밸리는 부가가치가 높은 주문형 반도체, 소프트웨어, 고성능 컴퓨터 등 새로운 분야로 진출하기 시작하였고, 특히 다양한 기술 분야에 특화된 전문 중소기업들이 빠르게 증가하기 시작하였다. 그리고 1990년대에 접어들면서 PC 및 인터넷의 보급이 확산되고 다양한 산업에서의 IT 투자가 폭발적으로 증가함에 따라 실리콘밸리는 인터넷과 통신, 소프트웨어, 멀티미디어 등 첨단 IT 분야를 중심으로 급속한 성장을 거듭하게 되었다.

2000년 초 IT 버블 붕괴의 여파로 실리콘밸리 역시 한동안 위축되었으나, 모바일과 소셜 네트워크, 소프트웨어, 빅 데이터 등 새로운 IT 기술에 대한 연구 개발 및 투자가 활발하게 이루어지면서 다시 꾸준한 성장 가도를 달리고 있다. 최근에는 바이오와 나노 분야에 대한 기술 연구도 활발하게 이루어지면서 세계 제일의 기술 혁신 및 창업 지역으로서의 명성을 유지하고 있다.

[출처: LG Business Insight, 2013. 8. 28.]

2. 소자본창업

소자본창업은 적은 자본을 가지고 시작할 수 있는 다양한 일반적 형태의 사업을 의미한다. 벤처창업과 소자본창업의 차이점은 벤처창업의 경우 기술집약적인 첨단 신기술 사업에 대한 것이라며, 소자본 창업은 업종과 관계없이 적은 자본을 가지고 시작할 수 있는 모든 분야의 창업을 의미한다. 따라서 제조업뿐만 아니라 도소매업, 서비스업, 음식숙박업 등 전 분야에 걸쳐 다양한 사업이 소자본창업의 대상이 될 수 있다.

소자본창업은 새로운 기술이나 첨단기술로 승부하기보다는 기존 사업으로서 유망하다고 알려진 안정적 사업에 투자하는 것이 일반적이다. 즉, 벤처창업이 고위험 고수익(high risk – high return)을 추구한다고 한다면, 소자본창업은 저위험 저수익(low risk – low return)을 특징으로 한다.

소자본창업은 적은 자본으로 쉽게 시작할 수 있는 사업이기 때문에 어떤 업종을 선택할 것인가, 그리고 어디에서 사업을 할 것인가 하는 업종과 입지 선정이 매우 중요하다. 소자본창업을 할 때 적합한 업종은 비교적 많으나 그렇다고 모든 업종이 다 성공하는 것은 아니다. 시대적 트렌드에 따라서 사업 환경이 변화하고, 이러한 환경에 잘 부합되는 사업만이 성공하기 때문이다. 따라서 시대적 상황에 맞는 유망업종을 선택하는 것이 매우 중요한 의미를 갖게 되며, 창업자 개인이 선택한 업종이 자신의 적성이나 능력에 맞느냐 여부가 사업 성공에 중요한 변수로 작용하게 된다.

 사례연구 ── **창업 성공을 위해서는 플랜을 계속 수정하라**

2004년 미국에서 오데오(ODEO)를 창업한 에번 윌리엄스(Williams). 아이팟으로 내보내는 오디오 방송인 팟캐스트 사업을 하는 기업이었다. 사업이 처음 계획대로 단번에 성공할 것으로 확신했다. '플랜 A'가 완벽하다고 생각했다. '플랜 B'를 마련할 이유가 없었다. 그러나 오데오는 6개월도 안 돼 사업을 접었다. 애플이 무료로 팟캐스트 서비스를 제공하며 시장을 독식했다. 플랜 A가 전망했던 시장에 오데오의 몫은 없었다.

위기의 오데오. 다급하게 플랜 B를 찾아나섰다. 꼬박 1년을 매달렸다. 막 인기를 끌기 시작한 휴대폰 SMS(문자메시지)에 착안했다. 자신이 어디 있는지, 뭘 하는지 단 한 번의 전송으로 친구들에게 알릴 수 있는 서비스를 내놓았다. 메시지 길이는 140글자로 제한했다. 트위터(Twitter)라고 이름 붙였다. 이 회사는 출범 5년 만에 가입자 2억명, 연 매출 1억4000만달러, 기업가치 80억달러인 회사로 성공했다.

미국의 창업 전문가 랜디 코미사(Komisar)씨는 "플랜 A는 거의 항상 실패한다. 시장에서 검증받지 않은 혼자만의 가정을 사실로 전제한 탓이다."라고 말했다.

"성공하고 싶다면 플랜 B를 개발하라. 시장에서 실전 경험을 통해 얻은 진짜 정보를 바탕으로 방향을 수정한 사업계획이다. 플랜 B는 한 번에 그치면 안 된다. 상황 변화에 발맞춰 플랜 C, 플랜 D, …, 플랜 Z까지 계속 수정해야 한다. 힘들고 어렵다고 생각하는가? 신제품 아이디어 58개 중 1개만 성공한다. 2%도 안 되는 확률에 끊임없이 도전하는 것이다. 애플·구글·트위터도 똑같은 과정을 거쳤다. 성공하는 기업들의 공통점이다."

코미사씨가 주장하는 성공을 위한 플랜은 다음과 같다.

플랜 A는 거의 항상 실패한다. 창업자가 혼자만의 가정을 시장에서 검증도 하지 않고 사실로 전제한 뒤 사업 계획을 세우기 때문이다. 플랜 B가 필요한 이유다. 플랜 B는 시장에서 실전을 통해 확보한 진짜 정보를 바탕으로 방향을 수정한 사업 계획이다. 플랜 B는 컨틴전시 플랜(contingency plan · 위기 대응 계획)과는 다르다. 컨틴전시 플랜도 플랜 A와 마찬가지다. 역시 시장에서 검증되지 않은 가정에 근거한 것이다. 따라서 플랜 B도 한 번에 그치면 안 된다. 시장은 항상 변한다. 새로운 소비자, 새로운 경쟁자가 언제든지 나타난다. 그때마다 새로운 플랜 B를 내놓아야 한다. 플랜 C, 플랜 D, …, 플랜 Z까지 계속 나아가야 한다.

예를 들면, 인터넷 무료 전화 스카이프(Skype)가 있다. 2003년부터 인터넷에 접속된 컴퓨터, 마이크와 스피커만 있으면 누구든지 무료로 통화할 수 있는 서비스를 내놨다. 플랜 A였다. 3개월 만에 이용자가 260만명을 넘겼다. 사업성이 확인됐다. 이때까진 외부 투자를 받을 필요도 없었다. 자체 통신망을 마련할 필요가 없어서 사업비용이 거의 들지 않았기 때문이다. 이후 스카이프를 통해 컴퓨터와 전화를 연결할 수 있는 유료 서비스를 도입했다. 플랜 B 다. 이를 위해 외부 투자를 받았다. 이미 시장이 형성돼 있었던 탓에 당장 200만명이 유료 서비스를 이용했다. 창업자들은 26억달러를 받고 회사를 팔아 부자가 될 수 있었다.”

[출처: 조선일보, weekly biz, 2011. 11. 18.]

06 기업가정신

I. 기업가정신의 개념

기업가정신은 ‘시도하다’ 또는 ‘모험하다’의 프랑스어 ‘entreprendre’에서 유래되었다. 기업가정신은 영어 표현인 앙트르프러너십(entrepreneurship)을 번역한 것으로서 한자로 표현하자면 회사를 운영하는 사람을 뜻하는 ‘企業家’ 精神이 아닌 새로운 가치나 일자리를 창출하는 사람을 뜻하는 ‘起業家’ 精神라고 표현하는 것이 보다 정확하다.

슘페터에 의하면 기업가정신이란 기업가가 갖추고 있는 혁신능력과 신시장, 신상품, 신기술 개발을 위한 노력, 투자의욕 등이라고 할 수 있다. 다시 말해서 기업가정신은 이노베이션(innovation)을 통해 구체적으로 발현되는 것으로 볼 수 있다.

드러커는 기업가정신을 새로운 문제나 새로운 기회에 대해 적절히 대응해 나가는 경영관리의 적응, 그리고 이노베이션을 경영관리에 실천해 나가는 데서 찾아볼 수 있다고 한다. 또한, 그는 기업가정신은 대기업뿐만 아니라 중소기업, 또는 공공기관에서도 필요한 것이며, 새로운 기업에서뿐만 아니라 오래 된 기업에서도 필요한 것으로 보고 있다.

이러한 견해를 통해서 볼 때, 기업가정신이란 기업가의 행동적 특성을 나타내는 개념으로서 창조적 파괴에 근거하여 기업가에게 요구되는 혁신적 기능을 통해 기업의 창업과 성장을 도모하고자 하는 기업가적 역량으로 규정할 수 있다. 여기서 기업가적 역량이란 인간행동 개념에 존재하는 요인으로서 도전적 개척심이 강하고 성취욕구가 높으며, 창의성과 혁신적인 면을 지닌 기업가가 새로운 사업을 창업·확대 발전시킬 수 있는 기업가적 역량을 말한다.

따라서 기업가정신을 요약하면, 환경이나 자원, 기술 등에 적절히 대응해서 변화를 가져오게 하여 새로운 상품과 새로운 시장을 개척해낼 수 있는 기업가적 역량 내지 기업가적 요인이라고 할 수 있다. 그리고 기업가적 역량의 본질은 도전·개척정신, 예측력과 앞을 내다보는 비전, 독창성, 성취동기, 혁신과 혁신적 리더십 등이다.

기업가정신을 가진 사람은 장래의 성공을 위해 현재의 불확실한 상황에서 위험을 감수하면서 앞을 내다보는 비전을 가지고 창의력과 혁신, 할 수 있다는 성취동기, 개척정신, 도전정신을 통해 불확실성을 유연하게 수용하여 성공시키는 사람이라고 할 수 있다. 다시 말해서 투지와 끈기를 가지고 위험을 감수하면서 문제를 해결하여 사업을 성공시키고자 하는 기본정신이 기업가정신이라고 할 수 있다.

2. 기업가정신의 중요성

성공한 기업들은 대부분 불확실한 미래에 대한 도전정신과 개척정신 그리고 강력한 추진력을 갖춘 경영자에 의해 주도되어 왔다. 기업가에게는 어떤 어려운 상황에서도 새로운 기회를 모색하고 위기에 도전하는 불굴의 정신력이 요구된다.

새로운 지식을 창출하고 위험을 무릅쓰고 그것을 사업화하거나 사업에 반영하려는 의지와 행동, 즉 기업가정신은 개인 및 기업차원에서뿐만 아니라 경제 발전측면에서 매우 중요해지고 있다. 기업가정신은 새로운 기술적 지식을 사업화하여 기업을 창업하고 새로운 제품과 서비스를 시장에 내보내는 역할을 한다. 이러한 기업가적 행위는 경제를 활성화하고 고용을 창출하는 등 국가경제에 매우 중요한 역할을 한다.

국내외 경제학자들은 공통적으로 기업가정신이 경제성장에 긍정적 영향을 미치고, 특히 고용창출에 크게 기여한다는 것을 연구를 통해 보여주고 있다. 특히, 신생기업은 비효율적인 기존기업을 대체해가는 '창조적 파괴'를 통해 경제 전체의 효율성을 끌어올리는 역할을 한다.

GEM(Global Entrepreneurship Monitor)의 연구모델에 의하면 기업가정신은 경제성장에 직접적인 영향을 미치며, 국가의 경제성장은 3분의 1은 기존기업, 3분의 1은 기업가의 창업활동, 나머지 3분의 1은 이들 두 부문 간의 상호작용 등에 의해 달성된다고 한다.

우리나라의 경우 1960년대 이후 급속한 경제성장을 이룩하는 데 정부나 근로자 등 많은 요소들이 영향을 미쳐왔지만, 그 중에서도 무에서 유를 창조하다시피 한 기업가 및 기업가정신의 역할을 빼놓을 수 없다.

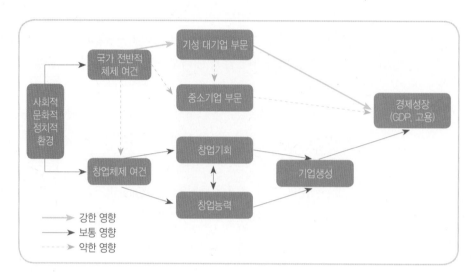

그림 :: 5-3
기업가정신과
경제성장의 관계

3. 기업가의 과업

기업가의 중요한 역할은 환경을 파악하고 사업기회를 탐색하며 필요한 인적·물적 자원을 동원하여 실제적인 결과물을 만들어 내는 것이다. 이러한 역할을 수행하기 위해 기업가에게 요구되는 과업은 다음과 같은 4가지 사항으로 요약해 볼 수 있다.

(1) 사업기회의 포착과 사업구상

기업가는 타인이 인지하지 못하는 사업기회를 포착하고 사업화하기 위한 아이디어를 창출해 내는 능력이 있어야 한다. 이를 위해서는 기업가의 창조적 사고력과 통찰력이 요구된다.

(2) 사업의 실제수행

기업가는 사업을 구상할 뿐만 아니라 사업의 실제 수행을 위한 실무를 담당한다. 이를 위하여는 실무에 관한 정확한 지식과 수행능력이 필요하다.

(3) 원만한 대인관계

기업가는 사업에 필요한 자금을 조달하기 위해서 경우에 따라서는 금융기관, 정부, 지방자치단체, 공공기관 등의 도움을 받아야 한다. 또한, 생산 및 판매와 관련하여 고객, 공급자, 유통업체 등 외부 이해관계자들과도 좋은 관계를 유지해야 한다. 이를 위해서는 기업가의 원만한 대인관계 능력이 필요하다.

(4) 리더십 발휘

기업이 추구하는 목표를 달성하기 위해서는 종업원들에게 비전을 제시해주고 이들이 사업목표에 적합한 일을 열정적으로 할 수 있도록 동기부여를 해주어야 한다. 이를 위해서는 기업가가 종업원들의 잠재력을 최대한 이끌어내도록 리더십을 발휘해야 한다.

4. 기업가가 갖추어야 할 능력

기업가가 사업을 성공적으로 이끌어내기 위해서는 여러 가지 능력이 요구된다. 사업성공을 위하여 기업가 개인이 성격적으로 갖추어야 할 능력과 특성을 살펴보면 다음과 같다.

(1) 강한 의욕

기업가의 강한 의욕은 사업과 일에 열정적으로 몰입하는 데 도움을 준다. 특히, 새로운 사업을 설립하고 운영하는 데는 많은 노력과 열정이 필요하기 때문에 창업기업의 경우 이러한 개인특성은 중요한 역할을 한다. 그러나 열심히 일만 한다고 성공이 보장되지 않듯이 강한 의욕만으로는 부족하다. 즉, 강한 의욕과 더불어 합리적인 계획과 판단능력이 요구된다고 할 수 있다.

(2) 정신적 능력

기업가의 정신적 능력이란 IQ와 지적 능력, 창조적 사고력, 분석적 사고력 등 지적인 활동능력을 의미한다. 기업가는 이러한 정신적 능력에 의하여 사업의 당면문제를 체계적으로 분석해 내고 창조적인 문제해결책을 제시하며 합리적인 일처리를 할 수 있다. 이러한 능력은 기회를 포착하여 현실화하는 데 중요한 역할을 한다.

(3) 인간관계 능력

주로 정서적 안정성, 대인관계의 기술, 사교성, 타인에 대한 배려도, 감정이입 능력 등을 의미한다. 예를 들자면 감정이입 능력이 뛰어난 기업가의 경우 타인의 입장에서 사물을 바라보고 생각하기 때문에 타인의 느낌과 생각을 효과적으로 파악할 수 있다. 이러한 인간관계 능력은 고객과 종업원의 생각과 입장을 이해하게 함으로써 사업운영에 많은 도움을 줄 수 있다. 기업가는 궁극적으로 고객이나 종업원 등 이해관계자들과 좋은 관계를 유지하여야 하기 때문에 인간관계 능력은 사업성공에 중요한 영향요인이 된다.

(4) 의사소통 능력

자신의 의사를 타인에게 효과적으로 전달하는 능력을 말한다. 기업가는 사업을 원활하게 운영하기 위하여 고객, 종업원, 공급자, 금융기관, 유통업자 등 내·외부 조직과 효과적으로 의사소통을 하여야 한다. 따라서 이러한 능력은 성공적 사업운영을 위해 필수적인 요소라고 할 수 있다.

(5) 기술적 지식

사업이 성공하기 위해서는 궁극적으로 시장에서 판매될 수 있는 제품과 서비스를 실제로 만들어내야 한다. 이러한 기술적 지식은 고객이 원하는 제품과 서비스를 만들어서 판매하는 과정에서 필요한 기술과 기법을 포함한다. 예를 들자면 제품제조 기술, 설비가동 기술, 판매기법, 재무분석 기법 등이 그것이다.

(6) 의사결정 능력

기업가가 사업운영과 관련하여 정확한 의사결정을 시의적절하게 내리는 것은 사업성공에 중요한 영향을 미친다. 이러한 의사결정을 통하여 회사는 여러 가능한 대안 중 가장 효율적이고 효과적인 대안을 세워서 바람직한 방향으로 나아갈 수 있다.

(7) 개념적(conceptual) 능력

복잡한 현상의 핵심을 간파하고 그것을 간결한 형태로 재구성함으로써 보다 효과적인 문제해결책을 제시할 수 있는 능력을 말한다. 기업가는 이러한 개념적 능력을 바탕으로 새로운 사업 기회를 포착하고 효과적인 전략적 대안을 제시할 수 있다. 또한 회사내부에 관한 문제에서도 전체 조직의 특성과 문제점을 파악하여 조직의 각 부문들이 사업성공을 향해 함께 힘을 모을 수 있는 방법을 강구할 수 있다.

 사례연구 ━

828m 두바이 빌딩도 우주인 무테 안경도 오스트리아 기술

오스트리아에는 세계적인 기업과 명품이 수두룩하다. 에너지 드링크의 대명사인 레드불, 크리스털의 명가인 스와로브스키 등이 이 나라 기업이다. 세계 최고를 자랑하는 상품과 서비스는 그뿐 아니다. 두바이에 위치한 828m짜리 버즈 칼리파 빌딩. 세계 최고층의 이 건물을 건설할 당시, 72시간 만에 1개 층씩 올릴 수 있었던 건 오스트리아 도카사의 거푸집 기법 덕분이었다. 우주인이 썼던 실루엣사의 1.8g짜리 티타늄 무테 안경, 매년 70억 개의 계란을 담아내는 오보테름사의 투명 플라스틱 용기 모두 이 나라 제품이다.

오스트리아의 인구는 840만 명에 불과하다. 독일의 9분의 1, 영국·프랑스의 8분의 1 수준이다. 제2차 세계대전 패망 후 오스트리아엔 사실상 잿더미만 남았다. 특히 독일이 오스트리아를 강점했을 때 많은 유대계 회사들이 친나치 기업인들에게 넘어갔던 게 큰 타격을 줬다. 종전 후 친나치 기업인들이 대거 몰락하는 바람에 주인 없는 회사가 5000여 개에 달했다고 한다. 그렇다면 오스트리아는 어떻게 유럽연합(EU)의 대표적 부국(富國)으로 발전할 수 있었을까.

먼저 경쟁자이자 가장 큰 시장인 옆 나라 독일이 빠르게 성장해 그 혜택이 컸다. 10년 전부터는 강성 노조 및 노동시장의 경직성 때문에 독일 기업들의 생산성이 떨어져 오스트리아가 상대적으로 유리해졌다. 유연하고 모험심 많은 오스트리아 중소업체들의 기업가정신도 중요한 원동력이 됐다.

예를 들면, 와인잔 생산업체인 '리델(Riedel)'을 꼽을 수 있다. 웬만한 와인 애호가라면 다 아는 리델은 오랜 전통에 독창적 아이디어를 입혀 명품 글라스를 생산한다. 리델이 특별한 건 기존 제품에다 혁신적인 디자인을 도입했다는 것이다. 이 회사는 73년 각 지역 포도주의 특성에 맞춰 독특한 모습의 잔을 내놓아 선풍적인 인기를 끌었다. 예컨대 보르도 와인 잔은 컵 주위를 좁게 만들어 혀 가운데로 타닌과 묵직한 포도주 맛을 느낄 수 있도록 했다. 부르고뉴 잔은 끝이 넓게 디자인했다. 혀 전체로 부르고뉴 와인 특유의 꽃향기를 음미하라는 설명과 함께였다.

오스트리아 기업들의 혁신 바람은 어디서 나오나? 바로 개방적 전통과 다양한 문화 융합에 뿌리를 두고 있다.

합스부르크가의 영광을 느낄 수 있는 빈의 구(舊) 시가지. 이곳 심장부에는 중후한 고딕 양식의 높다란 슈테판 성당, 관광객들의 거리라는 게른트너 거리 등이 자리 잡고 있다. 시가지를 걷다 보면 어릿광대가 거리 공연을 펼치는 모습이 눈에 띈다. 여기까진 웬만한 유럽의 대도시에서 흔히 볼 수 있는 풍경이다. 그러나 그 뒤로 오스트리아의 천재 예술가인 '모차르트' '클림트'라고 쓴 간판이 눈에 들어온다. 이런 가게들에는 구스타프 클림트의 대표작 '키스'를 프린트한 우산, 모차르트 얼굴을 넣은 초콜릿, 목걸이, 티셔츠 등 별별 물건이 즐비하다. 상품에 문화를 입히는 게 아니라 문화 자체를 파는 오스트리아식 상술이다.

역사적으로 오스트리아는 자유분방하고 혁신적인 사상이 흘러 넘치던 곳이었다. 특히 19세기 말부터 20세기 초까지 빈에는 당대 최고의 사상가와 예술가들이 모여들었다. 정신분석학의 태두인 지그문트 프로이트, 분석철학의 기수 루트비히 비트겐슈타인, 몽환적인 그림으로 유명한 구스타프 클림트, 12음기법을 창시한 작곡가 아널드 쇤베르크, 그리고 한계효용이론을 설파한 경제학자 카를 멩거 등등. 이들의 공통점은 기존의 사고·기풍을 혁신적으로 뒤바꾼 사상가이자 예술가라는 것이다.

이런 혁신 분위기는 빈의 지리적 위치와도 무관치 않다. 오스트리아-헝가리 제국의 수도였던 빈은 2차 대전을 겪고도 국제도시로서의 위상을 잃지 않았다. 동유럽과 가까운 데다 예부터 서유럽 문명과 비잔틴 문명 사이에서 통로 역할을 해왔다. 다양한 문물과 색다른 사고가 자유롭게 드나드는 게 가능했다.

중소기업 중심의 산업구조도 '창조경제'의 원동력이었다. 오스트리아는 한마디로 중소기업의 나라다. 2012년 말 현재 전체 기업 수는 40만4000여 개. 이 중 직원 250명 이상의 기업은 2.7%인 1080개에 불과하다. 나머지 97.3%가 중소기업이란 얘기다. 그중에서도 1인 기업, 또는 종업원 4명 이하의 초미니 업체가 34만6000여 개(86%)나 된다.

중소기업과 초미니 업체들은 반짝이는 아이디어로 승부를 건다. 기존 제품을 업그레이드하는 것은 물론, 기발한 신제품들을 쏟아낸다. 산악용 자전거의 서스펜션을 획기적으로 개선한 트렐레버, 100% 분해되는 친환경 말안장 생산업체 파우더프로텍, 하나의 방으로 이뤄진 초소형 이동식 야외주택을 선보인 WG3 등이 그런 사례다.

정부의 전폭적인 지원도 큰 몫을 했다. 오스트리아 정부는 중소기업의 창업과 연구개발(R&D), 그리고 경영 노하우까지 지원하는 기업지원서비스(AWS)를 설립해 운영하고 있다. AWS는 좋은 아이디어만 있으면 자본이 없어도 누구든 회사를 차리고 물건을 팔 수 있게 돕는다. 물론 아이디어에 경제성이 있는지는 냉정하게 따진다. 이를 위해 AWS에선 220여 명의 애널리스트가 모든 분야의 창의적 제안을 심사한다. 이 과정을 통과하면 AWS는 지급보증을 해줘 신생 기업들의 은행권 대출을 간접 지원한다. AWS의 역할은 여기서 끝나지 않는다. 신생 기업들의 경영 능력을 보완하기 위해 적당한 전문가를 물색해 주고, 일정 기간 동안 회사 경영을 위탁해 준다.

[출처: 중앙SUNDAY, 제341호, 2013. 9. 22.]

참고문헌

1. 김철교, 임순철, 「벤처기업 창업과 경영」, 삼영사, 2005.

2. 삼일회계법인, 「중소기업의 성공조건」, 김영사, 1993.

3. 이윤재, "기업가정신과 경제성장의 관계분석: GEM가설을 중심으로", 중소기업연구, 25(3), 2003. 9.

4. 조선일보, "성공을 바라는가? 플랜 A, B...플랜 Z까지 계속 수정하라", weekly biz, 2011. 11. 18.

5. 중소기업청(http://www.changupnet.go.kr)

6. 중앙SUNDAY, "828m 두바이 빌딩도 우주인 무테 안경도 오츠트리아 기술", 제341호, 2013. 9. 22.

7. 지용희, 이윤보, 한정화, 「중소기업론」, 경문사, 2001.

8. GEM, "Global Entrepreneurship Monitor", 2010 Global Report, Bobson, 2010.

Chapter 06

기업환경과 사회적 책임

01 기업환경의 의의

　기업을 둘러싸고 있는 경영환경은 끊임없이 변화하고 있으며 그 변화의 속도는 더욱 빨라지고 있다. 이러한 경영환경 하에서 기업이 성장·발전하기 위해서는 환경변화에 적극적·능동적으로 적응하고 대처해 나가야 한다.

　기업은 하나의 개방시스템(open system)으로 볼 수 있다. 즉, 기업조직은 조직 내·외부의 환경변화를 감지하여 필요할 때 적절히 적응하고 통제와 피드백을 하면서 발전해가는 메카니즘을 가지고 있다〈그림 6-1〉.

　기업을 하나의 유기체라고 볼 때 기업조직의 성패는 기업을 둘러싸고 있는 환경과의 상호작용의 결과에 따라 달라진다고 볼 수 있다. 이를테면, 경영환경이 기업에 불리하게 작용하는 경우에도 그 기업이 신속하게 위협요인을 제거하거나 기회요인으로 전환시킬 수 있으며, 반대로 환경요인이 긍정적으로 작용할지라도 기업이 그 기회를 적절하게 활용하지 못한다면 기업의 성장에 아무런 도움을 주지 못할 것이다. 즉, 기업이 환경요인을 어떻게 인식을 하고 대응해 나가느냐 하는 것이 기업의 운명을 좌우한다는 것이다.

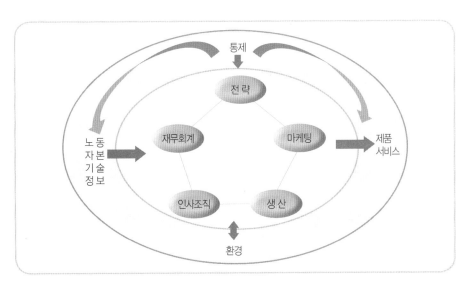

그림 :: 6-1

개방시스템 관점에서의
기업

02 기업환경의 분류

기업은 외부에서 원자재, 자본, 정보 등의 경영자원을 조달한다. 그리고 기업의 내부에서 그들의 경영자원을 이용하여 제품이나 서비스를 생산하여 시장에 판매한다. 이러한 외부 및 내부환경의 변화는 기업에 직·간접적으로 영향을 미치게 된다. 이처럼 기업환경이란 내·외부적으로 기업이나 기업활동에 영향을 미치는 모든 영역을 의미한다. 즉, 기업과 관련을 가지고 있는 모든 형태의 사회적, 정치적, 문화적, 경제적 환경 등이 기업환경이 된다.

기업환경은 크게 내부환경과 외부환경으로 나눌 수 있으며, 외부환경은 다시 직접환경과 간접환경으로 구분된다.

내부환경은 경영자의 의사결정과 경영행동에 영향을 주게 되는 기업체의 구성요인과 그들 상호간의 작용관계로서 조직을 구성하는 제반 인적·물적 요소와 이들의 운영에 필요한 정보시스템·가치시스템 등 경영자에 의해 통제가 가능한 요소들을 의미한다.

외부환경은 조직의 외부에 존재하면서 조직의 의사결정과 전반적인 조직의 활동에 영향을 미치는 환경을 말한다. 외부환경은 경영활동에 직접적으로 영향을 주는 직접환경과 모든 기업에 공통적으로 영향을 주는 간접환경으로 구분된다〈그림 6-2〉.

그림 :: 6-2
기업환경의 구분

I. 직접환경

(1) 고 객

기업 환경의 이해관계자 집단 중에서 가장 영향력이 큰 환경요인이다. 오늘날 거의 모든 시장은 공급이 수요를 초과하는 구매자 시장(buyer's market)이기 때문에 모든 의사결정의 초점이 고객에게 맞추어져 있다. 또한, 기업 간의 경쟁이 치열해짐에 따라 고객의 위상과 영향력이 갈수록 강해지고 있다. 고객들은 조직화되어 소비자 고발센터, 공정거래위원회, 정부, 매스컴 등에 불만사항을 호소하기도 하고 인터넷 등을 통하여 고객집단의 여론을 주도하기도 한다.

(2) 주 주

기업에 출자하여 주식을 보유하고 있는 자로서 기업의 소유자라고 할 수 있다. 대주주 또는 소액주주 집단은 주주총회에서 대표이사를 선임할 수 있을 뿐만 아니라 이사를 선출하여 경영활동의 방향을 주도하기도 한다. 그러나 기업의 규모가 커지면 주주나 소유자가 핵심집단에서 물러나는 대신 전문경영인이 핵심집단이 되어 의사결정의 주체가 되는 것이 일반적인 경향이다.

(3) 관련업체

기업을 운영하다 보면 다양한 기업들과 관련을 맺게 된다. 경쟁기업과는 같은 시장은 놓고 시장점유율 확대를 위해 치열하게 경쟁을 하게 되며, 협력업체와는 원자재 공급과 제품 유통과정에서 기업에 직접적으로 영향을 주게 된다.

최근 들어서는 기업들은 전략적 제휴, 공동마케팅 등을 통해 경쟁기업과도 서로 상생할 수 있는 관계를 유지한다. 경영환경이 복잡해질수록 다양하고 전문화된 협력업체와의 관계가 더욱 중요시 된다.

(4) 노동조합

조직의 공동목표를 위해 함께 노력하는 조직 내부에 존재하는 협력적 단체이면서 부분적으로는 이해가 상반되어 기업의 경영활동에 중대한 영향을 미치는 이해집단 관계로서 기업 내부의 외적 환경요인이라고 할 수 있다.

(5) 정 부

정부는 세법, 근로기준법, 공정거래법, 독과점법, 직업훈련법, 공해방지법 등 다양한 법을 통해 기업 활동을 규제하거나 제한한다. 또한, 중소기업법, 벤처기업육성에관한특별조치법, 중소기업에 대한 지원정책 등을 통해 기업 활동을 지원하기도 한다.

(6) 지역사회와 압력단체

지역주민의 영향력은 환경보호, 위락시설 설립반대, 조경권 침해 등 지역이익을 위해 증대되고 있으며, NGO(비정부단체), NPO(비영리단체) 등 다양한 압력단체들의 기업경영 활동에 대한 영향력도 갈수록 커지고 있다.

2. 간접환경

(1) 경제적 환경

기업의 경영활동과 의사결정에 영향을 주는 기업환경 가운데서도 가장 핵심적이며 최대의 영향력을 미치는 요소이다. 기업에 직·간접적으로 영향을 미치는 경제적 환경은 경제성장, 산업구조, 소득수준, 환율, 금리, 금융 및 경제정책, 물가수준, 경기변동, 세계경제의 변화 등을 들 수 있다. 기업의 입장에서 보면 이러한 경제적 환경을 정확하게 이해하고 환경조건의 변화에 적응하거나 활용하는 전략적 의사결정이 기업 성장에 매우 중요시 된다.

(2) 정치·법률적 환경

정부의 정책과 방침, 법률체제, 각 정치집단의 기업 활동에 대한 태도 등은 기업의 전략적 의사결정이나 기업의 행동방향 결정에 중요한 영향을 미친다. 정치·법률적 환경은 기업이 경영활동을 촉진시키는 측면과 규제하는 측면이 있기 때문에 기업의 입장에서는 이러한 환경의 변화를 잘 파악하고 대처해 나가는 것이 필요하다.

(3) 기술적 환경

기업에 영향을 미치는 산업기술의 수준 또는 상태를 말한다. 기술의 급격한 발전은 산업재에서부터 소비재에 이르기까지 다방면의 변화를 몰고 와 기업의 입장에서는 이러한 기술의 변화에 적극적·능동적으로 대처하여야 생존할 수 있는 환경이 되었다. 기술발전의 속도가 빨라짐에 따라 기업경영에 있어서도 지식경영, 경영혁신, 정보기술, 유비쿼터스경영 등의 과제가 대두되고 있다.

(4) 사회·문화적 환경

사회를 구성하는 개인의 행위에 영향을 주는 집단, 교육제도나 종교제도 등의 사회적 제도 및 문화, 전통, 관습, 가치관 등과 같은 사회적 태도 등을 의미한다. 사회·문화적 환경은 시대에 따라 변화하고, 지역적·국가적으로 큰 차이를 보인다. 사회적 변동은 조직구성원들의 가치관에 변화를 주고, 고객의 수요 변화를 자극한다. 또한, 국가 간 문화의 차이는 요즘과 같은 글로벌 경영시대에는 필수적으로 고려해야 하는 중요한 사항이 되었다.

(5) 윤리적 환경

윤리적 기준은 사회현상으로서 법률적 환경이나 사회적 환경과도 서로 밀접한 관계가 있으며, 법규화되지는 않았지만 경영관행과 밀접한 관련이 있으므로 환경요인의 하나로 간주되고 있다. 윤리는 사회에서 일반적으로 받아 들여져 보편적으로 실천되고 있는 개인행동에 대한 일련의 표준이나 기준을 의미한다. 그러나 최근에는 개인주의 성향이 강해지다 보니 이러한 윤리가 객관적인 진리로 받아 들여지기보다는 주관적인 신념과 관련되는 것으로 보는 경향이 강해지고 있다.

➤ 사례연구 ◀

글로벌 트렌드 '사회적 기업'

영국 '사회적기업런던(SEL)'의 '2009년 최우수 사회적 기업'으로 뽑힌 '글로벌 에식스'는 2005년부터 'One Water'라는 브랜드의 생수를 팔아 수익금의 절반은 아프리카 어린이 영양 개선 용도로, 나머지 절반은 '플레이 펌프'라는 아프리카 지하수 개발 장비 보급에 기부한다. 5년간 기부한 금액만 500만 파운드(약 92억 원), 아프리카에 설치한 플레이 펌프는 600개가 넘는다.

'잡 팩토리'는 2000년부터 신체장애 등을 겪는 청소년을 매년 300여명씩 고용해 웹 개발·부엌가구·디자인 등의 인턴십 교육을 시킨 다음 취업 또는 진학시키고 있다. 이곳의 인턴십을 마친 청소년을 고용하거나 그들이 만든 제품을 구매하는 기업은 500개이다. 2005년 슈밥 재단(Schwab Foundation)에서 주는 '사회적 기업가상(賞)'을 받았고 그해 다보스 포럼에 초청받았다.

스탠퍼드 대학 출신의 맷 플래너리(Flannery·당시 27세) 부부가 2005년 세운 '키바'는 세계 최초로 인터넷을 통해 '개인 대 개인' 방식의 무담보 소액대출(microcredit) 사업을 벌인다. 아프리카와 남미·동남아·중동 등의 극빈자들이 대상이다. 이들이 인터넷에 소액대출 신청 사연을 올리면 십시일반으로 기금을 모아 전달하는 모델이다. '키바'의 혜택을 본 이는 세계 66개국 50만명. 지금까지 대출된 3억 7600만 달러(약 4100억 원) 가운데 회수율은 99%이다.

이들이 보여주듯 '사회적 기업'은 정부와 기업, 비정부기관(NGO) 등의 손길이 미치지 못하는 영역까지 들어가 사회적 '가치'와 '착한 이윤'을 동시에 추구한다. 빈곤 및 질병 퇴치와 실업 해결, 환경오염 같은 가치 있는 문제 해결에 앞장서며 수익도 내는 입체적 활동을 펼치고 있다.

유럽에서는 이미 약 900만명이 사회적 기업(협동조합 포함) 분야에 일하고 있다. 영국에는 6만 2000여개의 사회적 기업이 활동 중이며, 이탈리아와 미국은 국내 총생산(GDP)의 12%와 7% 정도를 사회적 기업이 각각 창출한다. 규모도 글로벌 대기업에 버금갈 정도로 대형화하고 있다. 스페인의 사회적 기업인 초대형 협동조합 '몬드라곤(Mondragon Cooperative)'은 총자산 325억유로(약 45조원·이하 2011년 기준)에 매출은 140억유로(약 19조원)이다. 8만4000여명을 고용하는 스페인 재계 7위 기업으로 '무(無)해고 경영'을 자랑한다.

사회적 기업이 글로벌 트렌드로 자리잡고 있는 첫 번째 이유는 세계 경제의 중증(重症) 병세가 장기화하면서 '무한 경쟁'과 '승자 독식(獨食)'으로 압축되는 자본주의의 모순이 극명하게 드러나고 있기 때문이다. 이 때문에 아나톨 칼레츠키(Kaletsky)가 말한 따뜻한 자본주의 4.0 시대에서 '뉴 캐피털리즘'(New Capitalism)의 아이콘으로 사회적 기업이 부상하고 있는 것이다.

두 번째는 기업의 사회적 역할이 중시되고 '착한 소비 시장'이 확장되는 시대 정신이다. 사회적 기업의 성장과 활성화는 전통 기업들에도 충격을 주며 상호 상승작용을 촉진하고 있다. "기업의 성공과 사회적 복지는 '제로섬(zero-sum)게임'이 아니다. 기업의 사회적 책임(활동)은 기회와 혁신, 경쟁 우위의 기초가 될 수 있다.(마이클 포터·하버드대 경영대학원 교수)"는 것이다. 마케팅 대가인 필립 코틀러(Kotler)가 "이성과 감성을 넘어 영혼이 있는 '가치 소비'가 앞으로 보편화할 것"이라고 지적한 것도 같은 맥락이다.

마지막으로 '사회적 기업'은 작은 이익(小利)을 넘어 대의(大義)를 열망하는 젊은이와 중·노년층에게 도전과 성취의 대상이 된다는 점이다. 특히 사명감과 패기, 전문성으로 무장한 세계 각국 젊은이들이 이 분야로 속속 몰려들고 있다.

영국 '이코노미스트'지(誌) 최근호는 "대학생 중 70% 이상이 사회적 기업 관련 분야의 직업을 찾고 있으며, 60% 이상은 대기업보다 작은 급여도 수용한다는 자세"라고 밝혔다

[출처: 조선일보, "혁신으로 일구는 '착한 이윤' 자본주의 진화 모델 만든다", weekly biz, 2012. 11. 24.]

(6) 자연적 환경

기업을 둘러싸고 있는 자연적 조건과 관련된 환경을 의미한다. 자연환경은 기업 경영활동과 관련하여 크게 두 가지 관점으로 나누어 볼 수 있다.

첫째는 천연자원과 관련된 자원부족, 자원가격 상승, 자원민족주의 등 자원 공급과 유통을 제약하는 문제와 자원의 투입을 수행하는 경영활동에서 파생되는 공해, 환경파괴 등의 문제이다. 자연에 부속되어 있는 토지나 천연자원 등의 조건은 한 국가의 경제나 기업의 성장 및 발전에 미치는 영향이 크다. 우리나라는 부속자원이 다른 나라에 비해 상대적으로 빈약하며, 이런 이유로 중요한 자원을 수입에 의존하고 있다. 따라서 기업경영에 있어서 이러한 자원부족 현상을 어떻게 극복할 것인지가 중요한 과제이다.

두 번째는 환경에 대한 관심이 높아짐에 따라 환경문제를 고려한 지속가능한 경영이 중요한 이슈로 대두되고 있다. 지속가능한 개발의 핵심에는 자연자원의 고갈과 환경오염이 있으며, 지속가능한 개발이란 정책적인 개념이 기업경영 차원으로 적용되면서 지속가능경영의 개념이 생겨났다. 지속가능경영의 핵심은 바로 환경경영이라고 할 수 있는데, 환경경영은 기업이 환경문제를 적절히 대응하여 환경성과와 경제적 성과를 균형있게 달성하는 전략적 경영 패러다임이다.

03 기업환경의 중요성

기업환경은 대기업을 비롯하여 중소기업, 벤처기업, 소기업 등 경영활동이

이루어지는 모든 기업에 있어서 매우 중요한 요소로 작용하고 있다. 더욱이 최근처럼 경영환경이 급변하는 시대에는 그 중요성이 더욱 강조될 수 밖에 없는데, 기업환경이 이렇게 중요하게 된 이유를 살펴보면 다음과 같다.

첫째, 기업활동이 인간생활 전반에 미치는 영향력이 커짐에 따라 기업의 사회적 책임이 크게 강조되었다. 결과적으로 기업활동을 원활하게 하기 위해서는 기업 스스로가 사회적 영향력을 고려할 수 밖에 없는 상황이 되었다.

둘째, 기업경쟁의 격화와 환경조건의 급변 및 기술변화가 급격히 이루어짐에 따라 의사결정을 위한 환경변화의 예측과 대책이 어려워졌다. 기업이 환경변화에 민감하게 적응하고 한 걸음 더 나아가 환경변화를 전략적으로 활용하기 위해서는 기업환경에 대한 연구가 더욱 중요하다.

셋째, 기업전체를 하나의 시스템으로 볼 수 있으며, 환경도 하나의 시스템으로서 기업은 상위시스템인 환경에 대한 하위시스템이 된다. 따라서 변화하는 환경에 대하여 기업은 상위시스템인 환경에 적응해나갈 수 있어야 한다.

넷째, 급속한 경제적 · 문화적 · 사회적 환경 변화가 대중의 소비패턴을 변화시키고 있다. 따라서 기업이 이러한 소비패턴을 정확히 파악하고 대응해 나가는 것이 중요해졌다.

다섯째, 대량생산과 자원의 소모로 인한 각종 오염물질이나 유해물질을 대량 배출하게 됨에 따라 기업공해가 증대하였기 때문에 환경에 대한 사회적 인식이 증대되고 있다. 따라서 기업의 환경보호 및 지속가능경영이 새로운 과제로 등장하게 되었다.

 기업의 사회적 책임

I. 사회적 책임의 정의

기업의 사회적 책임(CSR: Corporate Social Responsibility)은 기본적인 기업의 경제적 역할을 넘어서는 보다 폭넓은 일련의 사회적 책임 활동을 의미한다. 기업은 대주주만이 아니라 소액주주를 포함한 더 많은 이해관계자(stakeholder)의 이익 제고에 기여하여야 하며 경제적 목표 이외에 사회적, 인간적 가치의 실현에 공헌해야 한다는 것이 사회적 책임을 정의하는 시발점이다. 즉, 사회적 책임은 기업활동으로 인해 발생하는 경제, 사회, 환경문제를 해결함으로써 기업의 이해관계자와 사회 일반의 요구나 사회적 기대를 충족시켜주는 기업행동의 규범적 체계이다.

기업의 사회적 책임 활동은 단순히 이미지를 개선하는 데 그치는 것이 아니라 기업의 경쟁력에 중요한 영향을 미치는 요소가 되고 있다. 따라서 기업들은 제품이나 서비스 자체의 효율은 물론이고 기업의 제반 정책이 사회문제 해결에 기여하는 것이라는 자부심과 만족감까지도 고객에게 제공하도록 노력해야 한다. 이런 의미에서 향후 기업의 사회적 책임은 기업들이 새로운 경쟁에서 우위를 선점하기 위한 전략적 수단이 될 것이다.

사회적 책임에 대한 정의는 학자나 국제기관에 따라 각각 다르게 정의되고 있어 통일되어 있지 않다. 국제기관 및 학자들이 사회적 책임에 대해 정의한 내용을 살펴보면 다음과 같다.

표 6-1 :: 사회적 책임(CSR)의 정의

국제기관 및 학자	정 의
국제표준화기구(ISO)	기업이 경제·사회·환경문제 등에 대한 기여를 통해 사람·사회 전체에 혜택을 가져오는 것이다.
EU	기업이 경영활동에 있어서 자발적으로 사회적·환경적 관심을 통합시키는 것이다.
경제협력개발기구(OECD)	기업이 사회와의 공생관계를 성숙·발전시키기 위하여 취하는 행동이다.
국제노동기구(ILO)	기업이 법적 의무를 넘어서 자발적으로 이해관계자에게 미치는 영향력이다.
보원(H. R. Bowen)	기업이 사회의 목적과 가치를 위한 정책, 결정, 행위를 추구하는 것이다.
엘스와 왈톤(R. Ells & C. Walton)	기업의 활동으로 인해 발생하는 문제의 관점 및 기업과 사회의 관계를 지배하게 되는 윤리원칙의 관점에서 생각해야 한다.
맥과이어(J. W. McGuire)	기업이 경제적, 법적 의무만을 다하는 것뿐만 아니라, 이러한 의무 이외에 사회에 대한 책임을 다해야 한다.
세티(S. P. Sethi)	사회·환경문제를 해결하고 윤리원칙을 준수하는 것으로 간주하고, 궁극적으로 기업은 법률적, 경제적 의무를 넘어서 사회적 규범이나 가치, 그리고 사회적 기대와 조화를 이룰 수 있는 기업행위이다.

2. 사회적 책임의 구분

경영학자 캐롤(Carroll)은 기업의 사회적 책임을 네 가지로 구분하였다. 즉, 기업은 단계별로 경제적 책임, 법적 책임, 윤리적 책임, 자선적 책임이 있다고 한다.

경제적 책임은 기업의 사회적책임 중 제1의 책임이며, 기업은 사회의 기본적인 경제단위로서 재화와 서비스를 생산할 책임을 지고 있다는 의미이다. 법적 책임은 기업이 법적 요구사항의 구조 내에서 경제적 임무를 수행할 것을 요구한다는 것이다. 윤리적 책임이란 법으로 규정화하지는 못하지만 기업에게 사회의 일원으로서 기대하는 행동과 활동들을 의미한다. 자선적 책임은 기업에 대해서 명백한 메시지를 갖고 있지 않지만 기업의 개별적 판단이나 선택에 맡겨져 있는 책임으로서 사회적 기부행위, 문화활동, 자원봉사 등 자발적 영역에 속하는 것이다.

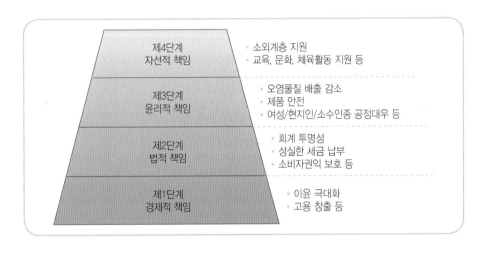

그림 :: 6-3
기업의 4가지 책임

여기서 경제적 책임은 기업이 스스로 생존을 위해 행하는 문제이고, 나머지 세 가지 책임은 기업이 타인을 위해 행하는 문제이다. 경제적 책임은 가장 기본적인 기업의 존재 근거를 제공하는 책임이며, 법적 · 윤리적 책임은 최소한으로

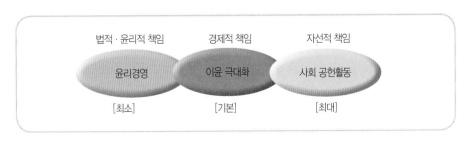

그림 :: 6-4
사회적 책임의 분류

기업이 지켜야 하는 책임, 그리고 자선적 책임은 기업이 적극적으로 나서서 최대한 지켜야 하는 책임으로 볼 수 있다.

3. 사회적 책임의 범위

기업의 사회적 책임의 범위는 이해관계 집단의 이익보호, 합리적인 사업전개, 사회발전에의 기여, 제품·서비스·운영의 책임, 공정거래의 책임, 환경보호의 책임 등으로 구분된다. 각각의 내용에 대해 살펴본다.

(1) 이해관계집단의 이익보호

경영자는 효율적인 경영을 통하여 건전한 이익을 실현하고 주주에게 경제적인 보상을 해 주어야 한다. 기업의 입장에서는 주주의 자산을 보호·보전 및 증가시켜야 할 의무가 있으며, 주주의 알 권리, 정당한 요구, 제안, 주주들의 공식적 결정을 존중하고 투명한 경영체제를 유지해야 한다. 종업원에 대해서는 적정한 보상을 지급하여 인간다운 삶을 영위할 수 있도록 하고, 협력업체에 대해서는 우월적 지위를 이용하지 않고 상호 동등한 거래를 보장하고 합리적인 대가를 지불하여야 한다.

(2) 합리적인 사업전개

기업은 사회적 가치관을 존중하여 사업을 수행하고 사회의 안정적 성장의 바탕 위에서 사업의 확장을 도모해야 한다. 따라서 기업은 부동산 투기나 담합 등 국민경제에 해를 끼치는 행위를 하거나 국민정서에 위화감을 조성하는 행위, 건전한 기업활동을 저해하는 부조리 행위, 정경유착 및 불법 정치기부금 제공 등의 행위를 하지 않아야 한다.

(3) 사회발전에 기여

기업은 고용 창출과 성실한 조세납부로 국가발전에 기여하여야 한다. 또한, 학벌, 성별, 출신지역, 종교 등의 차별없이 균등한 고용의 기회를 제공하여야 하며, 해당 지역주민의 정당한 요구를 수용하고 해결하는 데도 최선을 다해야 한다. 또한, 사회 각 계층의 정당한 요구를 겸허히 받아들이고 이를 해결하는 데 최선을 다해야 한다.

(4) 제품·서비스·운영의 책임

기업은 자신이 제공하는 제품·서비스·운영이 사회에 미치는 효과를 충분히 인식하고 이에 따른 책임을 져야 한다. 이러한 책임은 공공의 건강, 안전, 환경보호에 대한 기업의 기본적인 기대치를 의미한다. 이를 위해서는 기업의 제품·서비스·운영과 관련된 위험 및 가능성을 철저히 평가하여야 하며 자원의 남용과 낭비를 막아 자원의 고갈을 방지할 의무가 있다. 특히, 제품 설계단계에서부터 환경친화적 설계의 개념을 도입하여 제품의 생산에서부터 유통, 수송, 사용, 폐기에 이르는 전 과정에서 예상되는 부정적인 영향을 계획수립에 반영하여 생산공정과 산업폐기물의 영향을 최소화하도록 해야 한다.

(5) 공정거래의 책임

기업은 기업간의 공정하고 자유로운 경쟁을 구현하기 위해 노력해야 한다. 공정거래 관련법규를 준수해야 하며, 경쟁사와는 상호존중을 바탕으로 선의의 경쟁을 도모해야 한다. 또한, 협력업체와는 상호 발전할 수 있는 협력전략을 모색해야 한다.

(6) 환경보호의 책임

환경오염이 갈수록 심각해짐에 따라 기업에 대해서도 환경관련 국제기구, 정부, 국민, 각 시민환경단체 등으로부터 환경오염 방지에 대한 압력이 거세지고 있다. 이에 따라 기업은 과거처럼 수동적으로 환경문제에 대처해서는 곤란하며 환경보전을 위해 보다 적극적으로 실천할 것을 요구받고 있다. 따라서 환경친화적 제품의 생산, 환경설비의 도입, 환경경영시스템의 개발과 적용, 청정생산 클러스터의 도입 등에 적극 노력하여야 한다. 또한, 환경친화적 설계를 통하여 부품의 재활용 비율을 높이고 불필요한 포장은 최소화하며, 생산 및 소비과정에서 자재와 에너지의 소비를 최소화하는 것이 필요하다.

사례연구 **눈길 끄는 농심의 사회공헌활동**

농심은 농심사랑나눔콘서트에서 입장객들이 가져온 제품과 농심이 기증한 제품들을 모아 매년 대한적십자사 등을 통해 불우이웃, 소년소녀가장 등에게 전달하고 있다.

농심은 고객으로부터 존경받을 수 있는 글로벌 식품 기업으로 거듭나기 위해 꾸준히 노력하고 있다. 윤리 규정을 제정하고 공정거래 자율 준수 프로그램을 자체 운영하는 등 경영의 투명성을 강조하고 있다. 이를 통해 외부 이해관계인들의 신뢰를 향상시키는 데 앞장서겠다는 것이다. 또 농심은 친환경포장 소재 재질을 개선하고 ISO-14001에 맞는 탄소 배출, 수질 오염, 악취 등을 제거하는 등 환경 경영을 실천하고 있다. 이러한 노력 덕에 농심은 국내 식품 업계를 선도하는 기업으로 발돋움했고 이제는 사랑을 나눔으로 환원하고 있다. 이에 대한 일환으로 각종 재해 주민 불우이웃 돕기 활동, 해피 펀드 사회봉사단 및 사랑나눔콘서트 등 각종 사회 공헌 활동을 통한 CSR(Corporate Social Responsibility: 기업의 사회적 책임 활동) 경영을 적극 추진하고 있다.

농심은 한국 전통 음식 문화의 중요성을 알리고 기반을 구축하기 위해 농심음식문화원을 설립, 음식 문화 개선 활동을 적극 진행하고 있다. 농심음식문화원을 통해 한국 음식의 글로벌화, 바른 식생활, 세계 각국의 건강식 등에 기여하는 게 목표이다. 농심은 음식문화원에 2015년까지 80억 원을 투입해 전문 도서관뿐만 아니라 전문 갤러리, 체험관, 조리 공간 등 한국의 음식 문화를 체험할 수 있는 공간을 만들 계획이다.

이와 함께 농심은 기업의 사회적 책임을 구현하고 어려운 이웃과 사랑을 나누기 위해 사랑나눔 콘서트, 사회봉사단 운영, 푸드뱅크, 유니세프 공익 캠페인, 홍대리맛차 등 다각적인 사회 공헌 활동을 하고 있다. 농심 사랑나눔 콘서트에서 입장객들이 가져온 제품과 농심이 기증한 제품들을 모아 매년 대학적십자사 등을 통해 불우이웃, 소년소녀 가장, 결식 아동 등에게 전달하고 있다. 또한 소외 계층을 돕고 사회적으로 식품자원을 효율적으로 활용하기 위해 푸드뱅크에 제품을 기부하고 있다. 게다가 홍대리맛차를 운영, 사회복지 시설 등에 간식 등을 제공하고 있다. 홍대리맛차는 자동차에 농심 제품을 싣고 불우이웃이나 사회복지 시설 등 도움이 필요한 곳을 찾아가는 사회 공헌 서비스다.

이 외에도 농심은 재단법인 제주삼다수 농심장학재단에 매년 5억 원씩 장학금을 지급하고 있다. 이 재단은 국가와 지역사회에 공헌할 수 있는 제주 지역 영재를 육성하고 창의적인 학술 문화 연구 활동에 대한 제반 지원 및 장학 사업을 실시하기 위해 설립됐다. 농심은 매년 제주 지역 고등학생 및 대학생 중에서 학업 우수 장학생, 저소득 가정 장학생을 선발해 장학금을 지급하고 있다.

농심율촌재단은 인재 육성을 위해 장학 사업, 학술, 문화, 연구 활동에 대한 지원 사업을 하고 있다. 초창기 중·고등학생 위주로 운영하던 장학 사업을 최근에는 대학생과 대학원생까지 확대, 매년 2회 장학금을 지급하고 있다. 국내외 학술 연구 분야의 활성화와 관련 분야의 발전을 위해 각계의 연구원들과 학술 연구 기관을 지원하고 있다. 연구 논문의 출판을 지원하고 있는 농심은 이미 해외 교포 자녀 및 외국인들에게 우리말과 문화를 알리고 올바르게 배울 수 있게 하기 위해 코리아 랩(Korean LAb)이라는 학습 CD-RPM을 영어 및 일어판으로 개발, 보급한 바 있다.

[출처: 한경비즈니스, 2009. 6. 29.]

05 기업윤리

I. 기업윤리의 개념

기업윤리가 사회적 관심사로 대두된 것은 1950년대 이후 미국에서 일반 시민들의 물질적 풍요와 의식수준이 높아지고 삶의 질을 추구하면서부터라고 볼 수 있다. 윤리(ethic)란 '사람으로서 마땅히 행하거나 지켜야 할 도리'라고 정의할 수 있다. 웹스터(Webster) 사전에 의하면 윤리는 도덕률 또는 도덕적 가치로 정의되며 한 개인, 종교, 집단, 직업 등의 도덕체계, 도덕적 규율과 관련이 있다. 한편, 도덕(moral)은 '사회의 구성원들이 양심, 사회적 여론, 관습 따위에 비추어 스스로 마땅히 지켜야 할 행동 준칙이나 규범의 총체'를 의미한다. 따라서 윤리는 도덕과 관련되어 있으며, 도덕은 옳고 그름과 관련되어 있음을 알 수 있다.

기업윤리(business ethics)는 학자들마다 각각 다르게 정의하고 있어 통일된 개념을 정립하기가 어렵다. 각각의 학자들이 기업윤리를 어떻게 정의하였는지를 살펴보면 다음과 같다.

표 6-2 :: 기업윤리의 정의

학 자	정 의
스타이너 (G. A. Steiner)	기업윤리란 기업 상황 속에서 경영자의 행동에 관련되는 것, 즉 기업 내외적으로 지역사회나 타 집단 속에서 개인적 및 집단적으로 사람들에 대한 결정의 영향에 관심을 두는 것을 의미한다.
바움하트 (R. C. Baumhart)	기업윤리란 목표와 가치가 상충되는 조건 하에서 조직적 역할 범위에서 각 개인에 의해서 행해지는 의사결정에 관한 연구를 의미한다.
김창호	기업윤리란 기업 의사결정 차원에서 '옳은 것'(right)과 '그른 것'(wrong) 또는 '선한 것'(good)과 '악한 것'(bad)에 관한 관심을 가리킨다.
윤대혁	기업윤리는 기업 활동에서의 의사결정이나 행동 또는 태도의 옳고 그름이나 선하고 악함을 판별해 주는 기준 또는 이상적인 행동강령이나 행동규범을 의미한다.

최근 들어서 기업윤리와 관련한 문제가 사회와 기업경영의 중요한 문제로 부각되고 있다. 이에 소액주주운동, 사외이사제도, 기업의 윤리강령 선포 등이 일반화되고 있다. 이처럼 기업윤리가 최근 이슈화되고 있는 것은 한마디로 국내

외의 기업 경영환경이 크게 변화하고 있기 때문인데, 구체적으로 기업윤리가 이슈로 대두되고 있는 이유를 살펴보면 다음 몇 가지로 요약할 수 있다.

❶ 기업 규모가 점점 커지고 사회 전반에 대한 영향력이 갈수록 증대됨에 따라 기업의 사회성이 비례적으로 증가되고 있다.

❷ 사회 전반의 생활수준 향상과 국민들의 의식수준이 높아짐에 따라 사람들이 점차 생활의 질을 추구하게 되고 자연과 환경보전에 대한 관심과 요구가 증대되고 있다.

❸ 기업의 윤리적 경영활동과 사회적 역할수행에 대한 사회 전반의 요구와 압력이 커지고 있다.

❹ 기업의 핵심자원이 물자에서 사람으로 바뀜에 따라 물자중심의 경영에서 인간중심의 경영으로 바뀌고 있으며, 이에 따라 기업구성원의 윤리의식 제고의 중요성이 더욱 증대되고 있다.

2. 기업윤리의 성격

기업윤리는 법규나 도덕과는 다른 성격을 갖는다. 그 차이점을 살펴보면 다음과 같다.

❶ 기업윤리는 가변성을 갖는다. 즉, 기업윤리는 시대와 상황에 따라 동태적으로 변화하며, 그러한 변화는 사회가 기대하는 이상적인 방향으로 점차 그 수준이 높아져 가는 경향이 있다.

❷ 기업윤리는 일반 법규와는 달리 강제적인 구속력이나 집행력이 없다. 즉, 윤리적 명령이라는 것은 인격과 주체성을 지닌 인간 각자에게 내재하는 양심적·내적 명령이기 때문에 그 명령에 대한 복종 여부는 각자의 자유 의지에 맡겨져 있다.

❸ 기업윤리는 일반적으로 받아들여지는 사회윤리를 기업에 적용한 것이라고 볼 수 있다. 따라서 기업윤리는 불문율의 성격을 띠고 있으며 그 자체의 암시적 또는 묵시적 성격으로 인해 구체적인 기준이나 지침을 제공하지 못하는 한계성을 지니고 있다.

기업윤리는 일반적인 법규와는 다른 성격에도 불구하고 최근 우리 사회에서는 기업들에게 윤리적인 기준을 마련하고 실천할 것을 요구하고 있다. 이러한 추세는 국내외적인 일반적 추세로서 기업의 입장에서는 보다 적극적으로 기업 윤리를 수용하고 실천함으로써 글로벌 경쟁력을 강화하는 수단으로 활용하여야 할 것이다.

3. 기업윤리의 중요성

기업윤리는 기업 경영에 있어서 갈수록 중요한 역할을 한다. 기업윤리가 기업경영에서 차지하는 사회적 중요성을 살펴보면 다음과 같다.

(1) 사회적 정당성 획득

기업윤리는 기업이 사회 속에서 해야 할 일과 하지 말아야 할 일을 구분하게 함으로써 전체 사회에 이익이 되는 행위의 기준을 제시해주고, 기업 내부의 조직구성원 행동에 대한 올바른 기준을 제시하여 구성원 간 생길 수 있는 마찰이나 갈등을 해소시켜 준다.

(2) 경영성과나 조직 유효성 증대

기업의 윤리적 행동은 내외부 이해관계자의 우호적인 관계를 더욱 긴밀하게 하여 경영활동을 원활하게 하며, 종업원들로 하여금 자신이 속한 기업에 대한 긍지와 애착을 갖게 한다.

(3) 조직구성원의 윤리적 성취감 충족

기업윤리가 정착된 기업의 종업원은 자신이 하고 있는 일에 대해서 스스로 윤리적 결정을 하고 행동에 옮김으로써 단순한 기업 구성원이 아닌 선량한 사회 구성원으로서의 자아상을 갖게 된다. 또한, 하나의 인간 또는 시민으로서 지켜야 할 행동규범을 준수함으로써 조직구성원의 윤리적 성취감을 충족시켜 준다.

4. 기업윤리의 발전단계

라이덴바흐(R. E. Reidenbach)와 로빈(D. P. Robn)은 기업이 이윤추구와 윤리적 측면에 대한 고려를 어떻게 적절하게 균형시키는지를 기준으로 기업윤리를 다음과 같이 5단계로 구분하였다.

(1) 무도덕단계(amoral stage)

제1단계인 무도덕단계에서는 윤리적 문제를 고려하지 않는다. 즉, 기업의 창업자와 경영자는 이해당사자로서 이익극대화를 기업의 주 목적으로 본다. 만일 비윤리적인 행위를 하다가 드러나면 처벌을 받지만 이익을 내기 위한 대가로 생각하고, 그럼에도 불구하고 이익이 더 크다면 그러한 비용을 감수한다는 입장이다.

(2) 준법단계(legalistic stage)

제2단계인 준법단계는 기업이 윤리적 행위를 하려고 노력은 안 하더라도, 적어도 법규는 준수하려고 하는 입장이다. 따라서 이 단계의 기업은 기업의 윤리적 의무는 법규를 어기지 않으면 된다고 보고 그 이상의 노력은 하지 않는다. 즉, 법규만 지키면 윤리적으로 보는 단계이다.

(3) 대응단계(responsive stage)

제3단계인 대응단계는 기업이 윤리적 문제를 생각하고 관심을 갖기 시작하는 단계이다. 즉, 기업의 사회적 책임을 인식하기 시작하고, 회사의 사업장이 있는 지역 주민들의 이해관계를 고려하고 대외적 이미지를 고려하려고 한다. 그러나 기업은 이익극대화를 염두에 두고 그것을 위하여 윤리적 경영을 실천한다.

(4) 윤리관 태동단계(emerging ethical stage)

제4단계인 윤리관 태동단계는 기업이익과 기업윤리의 균형을 찾으려고 노력하는 단계이다. 따라서 기업의 목적 및 경영이념 등을 규정할 때에 윤리를 반영하게 된다. 기업윤리강령 제정, 기업윤리위원회 설치 및 운영 등을 비롯하여 윤리문제를 인사고과에 반영시키고, 때로는 이익을 포기하더라도 기업윤리 행위를 오히려 중요하게 여기는 단계이다.

(5) 윤리적 선진단계(developed ethical stage)

제5단계인 윤리선진단계는 윤리적으로 가장 높은 단계로서 명확한 윤리관과 윤리원칙을 천명하여 모든 기업 구성원이 그 원칙에 따라서 윤리와 관련된 기업문제를 개선하고, 해결하도록 요구한다. 따라서 이 단계에서는 기업이익 보다는 기업윤리를 우선적으로 고려하게 된다.

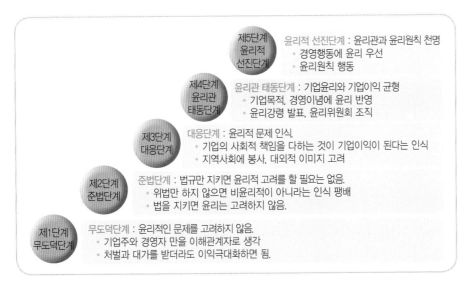

제5단계
윤리적
선진단계

윤리적 선진단계 : 윤리관과 윤리원칙 천명
• 경영행동에 윤리 우선
• 윤리원칙 행동

제4단계
윤리관
태동단계

윤리관 태동단계 : 기업윤리와 기업이익 균형
• 기업목적, 경영이념에 윤리 반영
• 윤리강령 발표, 윤리위원회 조직

제3단계
대응단계

대응단계 : 윤리적 문제 인식
• 기업의 사회적 책임을 다하는 것이 기업이익이 된다는 인식
• 지역사회에 봉사, 대외적 이미지 고려

제2단계
준법단계

준법단계 : 법규만 지키면 윤리적 고려를 할 필요는 없음.
• 위법만 하지 않으면 비윤리적이 아니라는 인식 팽배
• 법을 지키면 윤리는 고려하지 않음.

제1단계
무도덕단계

무도덕단계 : 윤리적인 문제를 고려하지 않음.
• 기업주와 경영자 만을 이해관계자로 생각
• 처벌과 대가를 받더라도 이익극대화하면 됨.

그림 :: 6-5
기업윤리의 발전단계

 사례연구

소비자 73% "착한 제품 사겠다"

국내 소비자의 상당수가 물건을 살 때 제품을 만든 기업의 윤리성을 중요한 판단 기준으로 삼고 있다는 조사 결과가 나왔다. 일부 소비자들은 값이 더 비싸도 사회적 가치에 기여하는 제품을 사겠다고 답했다.

대한상공회의소는 "최근 소비자 509명을 대상으로 '윤리적 소비에 대한 소비자 인식'을 조사한 결과 '가격과 품질이 비슷하면 윤리적 가치를 반영한 제품을 구매하겠는가'라는 질문에 72.9%가 '그렇다'라고 답변했다."고 21일 밝혔다. '아니다'라는 응답은 9.0%에 그쳤다.

윤리적 소비를 위해 추가로 지불할 의향이 있는 금액에 대해서는 일반 제품의 판매가보다 '5% 미만'(55.2%)이 가장 많았고 '5~10% 미만'(29.3%), '10% 이상'(15.5%)이 뒤를 이었다.

윤리적 제품인지를 판단하는 기준(복수 응답)으로는 생산 기업의 '환경보호 캠페인'(45.2%)과 '에너지 절감 운동'(41.5%), '기부 및 자선활동'(41.1%), '지역사회 공헌'(28.5%) 등의 순이었다.

대한상의 관계자는 "가격과 품질이 여전히 중요한 구매 결정 기준이지만 소비자 의식이 높아지면서 윤리적 가치가 소비에 미치는 영향도 커지고 있다."며 "기업도 품질 개발 및 비용 절감에 노력하면서 동시에 사회적 가치를 더욱 고민해야 한다."고 조언했다.

[출처: 동아일보, "소비자 73% 착한 제품 사겠다", 2012. 5. 22.]

··· 참고문헌

1. 김기현, "윤리기업의 시대", LG경제연구원, 2002. 8.

2. 김기홍, 조인환, 「경영학개론」, 한올출판사, 2012.

3. 동아일보, "소비자 73% 착한 제품 사겠다", 2012. 5. 22.

4. 박상안, 김현, 임효창, 홍길표, 「기업의 사회적책임 중시경영」, 한국학술정보, 2007.

5. 서울대학교 경영학연구회, 「대학원MBA경영학」, 명경사, 2002.

6. 성민, "환경의 동태성이 네트워크 차원과 관계특성을 매개로 갈등에 미치는 영향", 기업경영연구, 16(3), 2009. 9.

7. 윤대혁, 「글로벌시대의 기업윤리」, 무역경영사, 2005.

8. 윤종훈, 송인암, 박계홍, 정지복, 「경영학원론」, 학현사, 2007.

9. 이종영, 「기업윤리」, 삼영사, 2007.

10. 이현주, "윤리경영과 기업윤리 용어개념에 대한 이론적 고찰", 윤리경영연구, 12(1), 2010.

11. 조선일보, "혁신으로 일구는 '착한 이윤' 자본주의 진화 모델 만든다", weekly biz, 2012. 11. 24.

12. 콘라드 아데나워재단, 경실련 경제정의연구소, "환경경영의 과제와 전망", 제5회 CSR포럼, 2008. 7. 1.

13. 한재민, 「경영정보시스템」, 학현사, 1998.

14. 홍용희, "기업의 사회적책임과 한국의 기업윤리", 윤리연구, 제79호, 2010.

Chapter 10

통 제

Chapter 07

경영계획과 의사결정

01 경영활동의 의의

기업 활동을 위해서는 여러 가지 자원이 투입된다. 노동력, 자본, 기술, 기계 설비, 정보 등이 투입되어 이들이 서로 상호작용을 하고 나면 제품이나 서비스가 생산된다. 경영이란 간단히 말하자면 돈을 주고 원료를 사서 제품과 서비스를 생산하여 판매하고, 그 활동에 참여할 조직을 구성하고 그 조직의 구성원들을 채용하여 일을 시키는 일이다. 이를 위해서 전략, 생산, 마케팅, 인사조직, 재무회계, 정보처리 등의 경영활동이 요구되는데, 이를 경영학적 개념으로 경영관리라고 한다. 즉, 경영관리(business management)란 조직의 목표를 달성하기 위해 자원을 개발하고 유지하며 할당하는 관리 절차라고 할 수 있다.

경영관리는 본질적으로 역동적이며, 조직 내외의 환경이 조직에 부과하는 요구와 제약사항을 충족시키기 위해 변화해 나간다. 이러한 변화의 과정은 조직의 핵심적인 4가지 기능인 계획, 조직화, 지휘, 통제에 바탕을 두고 있다. 이러한 관점에서 경영관리의 과정은 다음과 같이 4가지로 요약할 수 있다.

❶ 향후 발생할 가능성이 있는 위협이나 기회를 예측하고 그에 대응하기 위

한 계획을 수립하는 일

❷ 계획을 실천하기 위해 필요한 자원을 조정하고 배치하는 일

❸ 실천과정에서 발생하는 인력을 관리하는 일

❹ 결과를 통제하고 필요한 변화를 일으키는 일

좀 더 구체적으로 패욜(H. Fayol)은 경영활동이 계획, 조직화, 지휘와 조정, 통제의 과정을 거친다고 했는데, 이러한 활동은 서로 독립적인 것이 아니라 계속 순환적으로 이루어지기 때문에 관리의 순환(management cycle)이라고도 한다.

한편, 경영활동이 이루어지는 과정에서 여러 가지 선택을 해야 할 경우가 생기게 된다. 이러한 선택은 기업의 성패에 결정적인 영향을 미칠 수가 있는데, 경영활동 과정에서의 이러한 선택활동을 의사결정(decision making) 활동이라고 한다. 의사결정은 모든 경영활동의 기본이다. 따라서 경영이 잘 이루어지기 위해서는 어떤 문제에 대하여 행동의 방향을 명확히 설정하고, 기회의 이점을 최대한 활용할 수 있는 의사결정이 이루어져야 한다.

02 계획과정의 이해

경영활동에서의 계획(planning)은 경영자가 자신의 조직에 대해 바라는 세부적인 미래를 창조하기 위한 하나의 특별한 의사결정 과정이라고 볼 수 있다. 좀 더 구체적으로 말하자면 계획은 기업이 경영목표를 세워서 이를 달성하기 위한 가장 바람직한 대안을 찾는 활동이다. 즉, 무엇을(경영목표), 언제(달성 기간), 어디서(담당 부서), 누가(담당할 사람), 어떻게(목표달성 방법), 얼마만큼(자원의 지출) 할 것인가에 대해서 명확하게 설명하는 것이다. 이는 경영활동 과정의 나머지 기능인 조직, 지휘 및 통제 활동을 추진하는 기관차 역할을 하기 때문에 경영 기능 중에서 가장 우선이 된다.

또한, 계획이란 끝맺음이 있는 단일 과업이 아니라 계속적으로 진행되는 과정이기 때문에 기업이라는 조직 주변의 환경변화와 더불어 적응해 나가는 속성을 지니고 있다.

계획은 기업이 추구하는 경영목표를 어떻게 효율적으로 달성할 것인가 하는 수단을 나타내는 활동이므로 비단 대기업뿐만 아니라 중견·중소기업 그리고

소규모 점포에서도 반드시 필요한 경영활동이라고 할 수 있다.

　최근 들어 경영환경은 하루가 다르게 급변하고 있어 미래의 예측을 더욱 어렵게 하고 있다. 따라서 더욱 멀리 내다보고 안전하게 목표에 도달하기 위한 체계적인 계획을 세우고 실천에 옮기는 계획 활동의 중요성은 더욱 부각된다고 볼 수 있다. 또한, 계획은 사전적, 미래지향적 경영활동이기 때문에 계획을 현실 경영에 실제로 활용하기 위해서는 기업마다의 특수한 상황을 고려하여 계획을 수립하되, 계획에 현실을 맞추기보다는 현실의 나침반으로서 계획을 사용해야 한다.

　기업들이 계획을 수립하는 이유는 여러 가지가 있겠지만, 계획 수립의 방향을 제공하고, 불확실성을 줄여주며, 자원의 낭비와 중복을 최소화하고, 통제에 필요한 기준을 마련해준다는 데 있다. 경영계획 수립의 목적을 보다 자세히 살펴보면 다음과 같다.

❶ 계획은 경영자들과 기타 조직구성원들에게 방향성을 제공해 준다. 종업원들은 조직 또는 사업체가 어디로 가고 있는지, 자신들이 목표를 달성하기 위해 무엇에 몰입해야 하는지 충분히 이해하고 알고 있을 때 스스로 자신의 활동을 조절할 수 있고, 다른 이들과 협력할 수 있으며, 목표를 달성하기 위해 노력하게 된다. 계획수립이 없을 경우에는 부서와 개인들은 서로 상충되는 목표를 가고 일을 하게 될 것이고, 이는 조직이 목표를 향해 효율적인 활동을 하는 데 저해요인이 된다.

❷ 계획 수립은 경영자가 미래를 내다보고 경영을 하게 함으로써 불확실성을 줄이고, 환경 변화를 예상하며, 변화에 대한 충격을 충분히 고려하여 적절한 대응을 가능하게 한다. 이러한 계획수립이 궁극적으로 환경 변화에 따른 불확실성을 완전히 제거해 주지는 못하겠지만 경영자들로 하여금 변화를 예측하고 가장 효과적으로 변화에 대한 대응책을 마련하는 데 충분히 도움이 될 것이다.

❸ 계획 수립을 통해 자원의 중복과 소모적인 활동의 낭비요인을 줄일 수 있다. 경영활동들이 수립된 계획을 중심으로 조화를 이루게 되면 자원의 중복성은 최소화된다. 또한, 사업에 대한 수단과 목적이 계획수립을 통해 명확해짐으로써 비효율적인 업무가 보다 명백해지고 이를 통해 업무의 수정과 개선이 가능해진다.

❹ 계획 수립은 통제 시에 사용되는 목표나 기준들을 제시해 준다. 만일 조직에서 무엇을 달성해야 하는지 모른다면 실제로 무엇을 성취했는지 알 수

가 없게 된다. 계획수립에서는 목표와 계획을 수립하고, 통제를 통해서 목표와 실제 성과와를 비교함으로써 중요한 차이를 인지하고 필요한 수정을 하게 된다.

03 계획의 유형

계획의 유형을 구분하는 기준은 여러 가지가 있을 수 있는데, 일반적으로 기간이나 성격을 기준으로 분류하다. 즉, 기간 기준으로는 장기계획, 중기계획, 단기계획으로 구분되며, 성격을 기준으로 전략계획, 전술계획, 운영계획으로 구분된다.

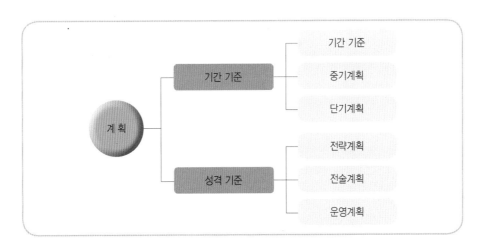

그림 :: 7-1
계획의 유형

I. 기간기준 분류

계획은 미래를 예측하고 대비하는 것이기 때문에 기간의 개념이 반드시 포함되어야 한다. 계획은 일반적으로 장기, 중기, 단기로 구분하는 것이 일반적인데, 장기계획은 5년 이상, 중기계획은 2~3년 정도, 단기계획은 1년 이내의 계획을 의미한다. 그러나 기간에 따라 계획을 구분하는 것은 절대적인 기준을 가지고 나누는 것이 아니라 기업의 업종이나 사업의 성격 등에 따라 탄력있게 운영되어야 한다.

(1) 장기계획(long-term planning)

기업이 나가야 할 장기적 발전방향을 설정하고 연도별 또는 항목별로 이에 대한 구체적인 계획을 세움으로써 전체적인 지침서로 삼기 위해 요구된다. 따라서 장기계획은 기업에서 새로운 사업을 하거나 또는 포기하여 그 효과가 경영성과에 반영될 수 있을 정도의 기간을 허용하는 계획을 의미하게 된다.

장기계획은 장기간에 걸친 계획이기 때문에 1년이 지나고 나면 예측이 달라질 수 있어 매년 지난해의 상황을 고려하여 수정을 할 필요가 있다. 따라서 장기계획 수립에는 반드시 연동적 장기계획(roll-over long-term planning)이 요구된다. 즉, 5년에 한 번씩 장기계획을 세울 뿐만 아니라 매년마다 연동해서 장기계획을 수정해 나간다면 보다 실현 가능성이 높은 계획이 될 수 있다.

(2) 중기계획(mid-term planning)

기업이 생산시설을 확장하거나 축소하기 위하여 수립하는 2~3년 정도의 실천계획을 의미한다. 즉, 중기계획은 생산시설의 확장 또는 축소 등의 변화를 통한 효과성 증대라는 중기목표를 달성하기 위해 수립하는 계획이다.

(3) 단기계획(short-term planning)

기업의 생산시설을 확장하거나 축소할 수는 없고 생산능력의 효율성, 즉 생산시설의 가동률만을 변경하여 효과가 나타날 수 있는 1년 미만의 계획을 의미한다. 예를 들면, 기존의 시설을 개선하기 위한 계획이나 각 부서별 1~2명의 인력을 감축하다는 계획은 단기계획에 포함된다.

이러한 장기, 중기, 단기계획은 업종과 규모에 따라 기간이 달라질 수 있다. 이를테면 유통회사에서는 월간계획이 단기계획이고 1년 계획이 중기계획일 수 있지만, 일반적인 제조업체에서는 1년의 단기계획, 3년의 중기계획, 5년의 장기계획이 적절할 수 있다. 또한, 석유시추회사의 경우 자원탐사에서 개발까지 오랜 시간이 소요되므로 2~3년의 단기계획, 5년의 중기계획, 7~10년의 장기계획이 필요할 수도 있다.

2. 성격기준 분류

계획은 성격에 따라 전략계획과 전술계획, 그리고 운영계획으로 구분된다. 각각에 대해 살펴보면 다음과 같다.

(1) 전략계획(strategic planning)

조직 전체에 적용되는 계획으로서 조직의 전반적 목표를 설정하고 환경적인 측면에서 조직의 위치를 찾는 계획이다. 따라서 전략계획은 장기간 동안 전사적이고 종합적이며 포괄적으로 진행된다. 즉, 외부환경에서 얻을 수 있는 최대한의 정보를 활용하여 불확실성의 정도가 높은 비계량적이고 질적인 판단을 하게 되는 거시적 성격을 띤다. 전략계획은 최고경영층이 주축이 되어 장기적 생존과 성장이라는 목적을 달성하기 위해 수립되는 장기계획의 성격을 가지고 있다.

(2) 전술계획(tactical planning)

전략계획을 달성하기 위해 조직의 각 하위부문 및 각 기능부문이 무엇을, 어떻게 해야 하는가를 계획해 놓은 것이다. 부문관리자인 중간관리층에서 수립하며 계획의 추진기간은 대체로 2~3년 미만의 중기계획을 대상으로 한다.

(3) 운영계획(operational planning)

전략계획에서 채택된 기본방향과 전술계획을 보다 구체화하기 위한 자원의 배분을 결정하는 부문별 세부계획이다. 운영계획은 하위관리층이 수립하는 구체적 계획이라고 할 수 있는데, 주로 제품이나 서비스의 생산활동과 관련된 생산계획, 여러 가지 운영에 필요한 자금을 조달하는 재무계획, 업무를 수행하는데 필요한 시설이나 작업 배치에 관련된 시설계획, 제품이나 서비스의 판매 및 유통과 관련된 마케팅계획, 작업자의 채용이나 배치를 담당하는 인사조직계획 등이 포함된다. 이러한 계획은 1년 이하의 기간을 고려하지만 경우에 따라서는 1주일 단위의 운영계획을 수립하는 경우도 있다.

위에서 살펴본 전략계획, 전술계획, 운영계획은 기업의 규모에 관계없이 모든 기업에서 필수적으로 요구된다. 기업에 따라 계획과정이 서로 다르게 진행될 수는 있으나 모든 기업이 공통적으로 수행하는 계획과정의 일반적인 단계를 살펴보면 다음 〈그림 7-2〉와 같다.

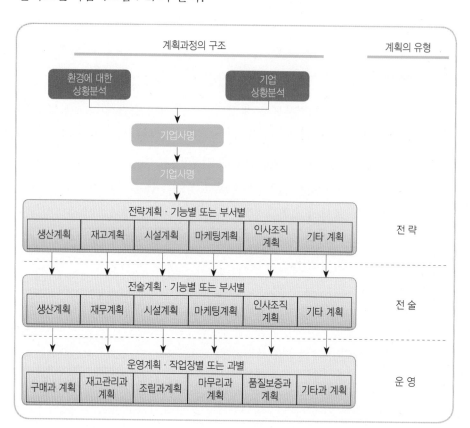

그림 ∷ 7-2
계획과정의 단계

사례연구 ─ 성공하는 기업들의 7단계 시나리오 플래닝

미래는 늘 불확실하다. 특히 오늘날, 보다 큰 불확실성에 노출되고 있는 기업들은 자신을 둘러싸고 있는 불확실성을 어떻게든 최소화해 보다 옳은 의사결정을 내려야 한다. 미래를 예측하고, 대응하는 방법엔 크게 두 가지가 있다. 하나는 말 그대로의 '미래 예측(forecast)'이고 다른 하나는 '시나리오 플래닝(scenario planning)'이다. 미래 예측이 '하나의 미래상'만을 보여준다면, 시나리오 플래닝은 하나의 답을 제시한다기보다는 나타날 가능성이 있는 복수의 미래상을 제시한다.

즉, 시나리오란 미래의 불확실성을 인정하고, 그 불확실성 하에서 장래 일어날 가능성이 있는 환경 요인을 분석해 복수의 설득력 있는 미래상들을 그려보고, 그러한 미래상에 따라 최적의 대응 전략을 수립·실천하는 일련의 과정이다.

시나리오 플래닝엔 여러 가지 가능한 방법이 있지만 대부분 유사하다. 모니터그룹의 시나리오 컨설팅 회사인 GBN(글로벌비즈니스네트워크)에선 다음 총 7개의 과정을 통한다.

1. 핵심 이슈 파악　경영진이 미래에 내려야 할 핵심 의사결정 포인트를 파악한다. 이 과정에선 기존 경영진의 사고방식(mind set)을 검증하고, 어떠한 사고방식이 경영진으로 하여금 미래를 올바르게 바라보는 데 장애 요인으로 작용하는지 밝혀내야 한다.
   - 주요 포인트: 경영진들이 가지고 있던 선입견과 편견에서 벗어나도록 할 것.

2. 정보 수집　스토리와 시나리오를 작성하기 위해선 당연히 리서치가 필요하다. 특정 시나리오를 개발하기 위한 좁은 의미의 리서치는 물론, 시나리오 플래너가 보다 근본적인 질문을 던질 수 있도록 도와주는 광범위한 리서치 모두를 실행해야 한다.
   - 주요 포인트: 예상치 못한 리서치 결과가 나오더라도, 개방적인 자세로 임할 것.

3. 시나리오 결정 요소(Driving Forces) 파악　시나리오 작성 단계의 첫 과정은 바로 시나리오에 큰 영향을 미치는 환경 요소들을 파악해내는 것이다. 이 단계는 시나리오 플래닝에서 가장 큰 노력을 기울여야 함은 물론 통찰력을 발휘해야 하는 과정이다. 이러한 분석에는 'STEEP' 분석이 유용하게 쓰일 수 있다. 이는 사회적(Social), 기술적(Technological), 경제적(Economic), 환경적(Environmental), 정치적(Political)의 앞 글자를 따서 만든 용어로 일반적으로 시나리오에 영향을 미치는 주요 요소들을 파악하는 데에 도움을 준다.
   - 주요 포인트: 다른 사람에게는 쉽게 보이는 결정 요소가 특정 개인에게는 전혀 안 보이는 경우도 있으므로 반드시 팀을 이뤄 이 과정을 수행할 것.

4. 핵심 불확실 요소 파악　핵심 요소와 영향력을 미치는 트렌드를 우선 순위화하는 과정.
   - 주요 포인트: 불확실 요소의 중요도와 불확실한 정도가 높을수록 높은 우선순위를 부여하고, 그에 따라 선택된 요소들을 시나리오 결정 시 잣대로 사용할 것.

5. 시나리오 작성　미래를 설득력 있게 설명하기 위해 플롯을 작성하고 실제 시나리오를 써나가는 과정. 팀 및 전문가들을 한 자리에 모은 후, 토론을 진행한다. 시나리오 작가는 이 토론에 나오는 여러 가지 플롯을 잘 구성해, 2~3개의 시작·중간·최종적 미래상을 자세하게 묘사한 시나리오를 도출하고, 이해하기 쉬운 제목을 붙여 완성한다.
   - 주요 포인트: 토론 과정에 반드시 1·2·3·4 단계를 두루 인지하고 있는 팀원 및 전문가들을 포함시켜야 함.

6. 시사점 도출 및 대응 전략 수립　이제 시나리오 작성은 끝났다. 그리고 세상은 작성된 2~3개의 시나리오 중 하나에 가깝게 흘러갈 것이다. 하지만 후속 작업 없이 미래를 알고만 만다면 아무런 의미가 없다. 회사는 시나리오 개발 후 현재 가지고 있는 역량, 전략을 개발된 시나리오별로 대입해 검토한 후 그에 대한 대비책을 세워야 한다.
   - 주요 포인트: 시나리오별 대비책은 최대한 구체적으로 세울 것.

7. 조기경보 시스템 개발　세계가 어떠한 시나리오에 가깝게 전개되고 있다는 것을 가능한 한 빨리 알아내 대응하는 것 또한 매우 중요하다. 따라서 시나리오별 대응전략이 수립된 이후, 회사는 환경변화 방향을 대표적으로 보여줄 수 있는 선행 지표와 지침을 미리 정해놓는다.
   - 주요 포인트: 지표와 지침에 따른 지속적인 모니터링이 가장 중요.

[출처: 조선일보, "성공하는 기업들의 7단계 시나리오 플래닝", 2007. 9. 1.]

04 계획의 수립과정

계획 수립의 과정은 1단계 기회의 인식, 2단계 목표의 설정, 3단계 계획의 전제 설정, 4단계 대안의 모색 및 검토, 5단계 대안의 평가, 6단계 대안의 선택, 7단계 파생계획의 수립, 8단계 예산의 편성 등으로 수립된다. 각각에 대해 순서별로 살펴본다.

1단계	기회의 인식
2단계	목표의 설정
3단계	계획전체의 수립
4단계	대안의 모색 및 검토
5단계	대안의 평가
6단계	대안의 선택
7단계	파생계획의 수립
8단계	예산의 편성

그림 :: 7-3
계획의 수립과정

1. 기회의 인식

계획수립의 예비적 또는 전제적 단계로서 문제 해결을 위한 계획의 필요성을 인식한다. 현재의 문제점을 파악하고 향후 전개될 상황을 예비적으로 조사함으로써 기업이 얻게 될 이해득실을 예측하고 유리한 기회를 잡을 수 있게 된다. 즉, 기회를 명확하게 파악하여 계획수립을 위한 현실적 진단을 하는 단계이다.

2. 목표의 설정

기회와 위협 등 경영환경을 분명히 인식하고 일정 기간 무엇을 달성하여야 하며 어디에 역점을 두어야 하는가를 나타내는 목표를 설정한다. 이렇게 설정된 목표를 달성하기 위한 목표가 하위부서에 전달되고 부문별 목표가 수립됨으로써 기업 전체의 목표달성을 위해 체계적 계획이 완성된다.

3. 계획전제의 수립

계획전제(計劃前提)란 계획 수립을 위하여 미래의 각 환경을 예측하여 가정하는 것이다. 예측은 전제 수립에 매우 중요한 요인인데, 예측이 정확할수록 계획의 실현 가능성이 높아진다. 따라서 계획전제의 수립 단계에서는 가급적 많은 예측자료와 기존 계획안을 수집하여야 수립된 계획의 성공적 실행이 가능하다.

4. 대안의 모색 및 검토

계획을 성공적으로 수행하기 위한 방안으로서 바람직한 여러 대안을 모색하고 검토하는 단계이다. 계획 수립에 도움이 되는 대안을 1안, 2안, 3안 등의 방법으로 정리하고 검토한다.

5. 대안의 평가

여러 가지 대안의 장·단점에 관한 검토가 끝난 다음에 모색된 각각의 대안을 평가하게 된다. 대안의 평가는 계획의 전제와 목표에 비추어 어느 대안이 실현 가능하고 효율적인지를 평가하여 중요도를 순위로 정하는 단계이다. 기업의 수익성에 기여할 수 있고, 유동성에는 지장을 주지 않는지, 또한 기업의 성장성에는 어느 정도 기여할 수 있는지 등에 대한 사항을 평가한다. 평가 방법으로는 OR이나 경영분석 등이 활용된다.

6. 대안의 선택

계획이 채택되는 시점으로 실제로 의사결정이 이루어지는 단계이다. 대부분의 경우 대안의 선택은 여러 대안들 중에서 하나의 최선안을 선택한다. 그러나 대안을 분석하고 평가하는 과정에서 둘 이상의 대안이 결합되면 한 가지 대안을 선택하는 경우보다 더 바람직한 경우가 있을 수 있다. 이런 경우에는 하나의 최선의 대안을 선택하기보다는 복수의 대안적 과정을 선택할 수도 있다.

7. 파생계획의 수립

파생계획은 본 계획에 따른 구체적이고 세부적인 사항을 포함하는 보완적 실행계획을 의미한다. 대안이 선택되었다고 해서 계획수립이 완결되는 경우는 드물다. 왜냐하면 계획이 보다 철저하게 수립되고 실행되기 위해서는 이를 보완하고 지원할 후속적인 계획이 뒷받침되어야 하기 때문이다. 따라서 기본계획을 지원하고 보완하기 위한 파생계획을 수립해야 한다.

8. 예산의 편성

계획의 최종 단계는 계획을 예산으로 전환시키는 계량화 과정이다. 계획이 예산으로 계량화됨으로써 그것 자체가 계획의 수행여부의 판단기준이 되기도 한다.

05 MBO

I. MBO의 개념

MBO(Management by Objectives)는 피터 드러커가 그의 저서 「The Practice of Management」에서 제시한 관리기법으로서 '목표관리', 또는 '목표에 의한 관리'라고 부른다. 이 관리기법에 의하면 경영자는 종업원들로 하여금 직접 자신들의 업무목표를 설정하는 과정에 참여하도록 함으로써 같이 적절한 목표를 설정하고, 이를 기준으로 하여 작업실적을 평가한다. 따라서 경영자와 종업원 모두가 만족할 수 있는 경영목표를 설정할 수 있으며 특히, 종업원들은 자신에 대한 평가방법을 미리 알고 업무에 임하고, 평가시에도 합의에 의해 설정된 목표달성 정도에 따라 업적을 평가하며 그 결과는 피드백(feedback) 과정을 통하여 경영계획수립에 반영된다.

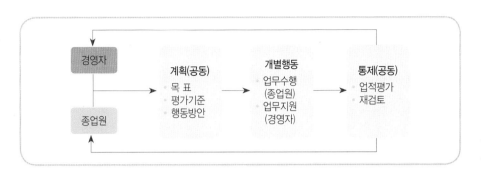

그림 :: 7-4
목표관리의 과정

2. MBO의 단계

MBO는 네가지 요소인 목표 구체화(goal specificity), 참여적 의사결정(participative decision making), 기간의 명시(explicit time period), 성과의 피드백(performance feedback)으로 구성되어 있다. MBO의 장점은 개인이 참여하여 설정한 목표의 달성에 있으며, 이를 통해 동기부여와 함께 업무에 대해 노력해야 하는 이유를 개인이 스스로 찾을 수 있다는데 있다. 일반적인 MBO 프로그램의 단계를 살펴보면 다음과 같다.

표 8-1 :: 일반적인 MBO 프로그램의 단계

① 조직의 전체적인 목표와 전략을 결정한다.
② 주요한 목표는 사업부와 부서 단위에서 할당되도록 한다.
③ 부서 관리자는 부서의 경영자들과 협력하여 세부목표를 세운다.
④ 세부목표는 모든 부서원들과 협력하여 설정한다.
⑤ 목표를 어떻게 달성할 것인가에 대해 정의한 실행계획들을 경영자와 종업원들이 구체화하고 합의한다.
⑥ 실행계획을 실천한다.
⑦ 목표에 대한 진행과정이 정기적으로 검토되고, 피드백이 제공된다.
⑧ 목표의 성공적인 달성에 대해서는 성과에 기초하여 보상이 이루어지고 강화된다.

3. MBO의 효과

MBO는 보다 공정한 업적(성과), 보다 효과적인 계획수립, 동기부여 및 커뮤니케이션에 기여하는 경영관리시스템으로서 목표관리를 도입하여 얻을 수 있는 효과를 정리하면 다음과 같다.

❶ 효과적인 계획을 추진함으로써 보다 나은 관리(better managing)가 가능하다.

❷ 조직의 역할과 구조를 명확히 하도록 강조하는 경향이 있다.

❸ 통제 기준으로서의 목표를 명확히 제시함으로써 효과적인 통제를 하는 데 도움을 준다.

❹ 조직 내의 의사소통과 상호이해를 증진시켜 협동체제를 구축한다.

06 의사결정

I. 의사결정의 개념

의사결정(decision making)은 어떤 주어진 문제를 해결하는 데 필요한 절차나 과정을 식별하고 선택하는 과정을 의미한다. 경영자의 여러 가지 활동 중에서 의사결정 활동은 각 직능부문에서 여러 가지의 다양한 대안 가운데 주어진 여건을 잘 반영하여 조직이 이르고자 하는 목표에 도달하는 데 가장 적절한 대안(alternatives)을 선택하는 것이다. 따라서 유능한 경영자라면 특별한 문제를 다루는 데 있어서 행동의 방향을 명확히 하고, 기회의 이점을 최대한 이용하는 의사결정을 할 것이다.

의사결정은 경영자만이 하는 것이 아니고 조직의 모든 계층에서 이루어지게 되는데, 그 중요성을 살펴보면 다음과 같다.

❶ 의사결정은 모든 경영활동에 수반되기 때문에 올바르지 못한 의사결정이 이루어지면 목표로 하는 경영성과를 달성할 수가 없다.

❷ 조직의 모든 계층은 항상 정기적으로 또는 예외적으로 의사결정을 해야 하며, 모든 경영자의 행위는 의사결정과 불가분의 관계에 있다.

❸ 의사결정의 효과는 기업내부 및 외부의 다른 구성원에게도 큰 영향을 미친다.

2. 의사결정의 범위

앤소프(H. I. Ansoff)는 계층구조와 의사결정의 범위에 따라 의사결정의 유형을 전략적 의사결정, 관리적 의사결정, 업무적 의사결정의 세 가지 차원으로 구분하였다. 이들 의사결정의 특성을 살펴보면 다음과 같다.

(1) 전략적 의사결정(strategic decision making)

기업의 내부문제보다는 주로 외부문제에 관련이 있는 결정으로 기업의 외부환경 변화에 기업 전체를 적응시키기 위한 의사결정이다. 이를 테면 기업이 어떤 업종에 종사하고 장래 어떠한 업종으로 진출할 것인가를 결정하는 문제, 해외진출에 대한 문제, 신제품개발, 기업목표의 변경, 사업 다각화, 사업 철수 등을 들 수 있다.

즉, 앤소프의 전략적 의사결정이란 환경변화에 적응하는 기업의 제품, 시장분야의 선정과 이에 대한 제 자원의 배분에 관한 의사결정을 의미하고 있다. 이러한 전략적 의사결정은 주로 최고경영층에 의해 이루어진다.

(2) 관리적 의사결정(administrative decisions making)

기업의 내부문제에 관한 결정으로 전략적 의사결정을 구체화하기 위하여 최적의 업적능력을 낼 수 있도록 기업의 제 자원을 조직화하는 것과 관련되는 의사결정이다.

구체적으로 살펴보면, 책임과 권한의 관계라든가, 정보의 흐름 등 조직기구에 관한 결정, 일의 흐름, 유통경로 및 제반 시설의 입지 등 자원의 변환과정의 구조에 관한 결정 및 자금, 설비, 원재료, 인원 등 경영 제자원의 조달과 개발에 관한 결정 등이 그 대상이 된다. 이러한 관리적 의사결정은 주로 중간경영층에 의해 이루어진다.

(3) 업무적 의사결정(operating decisions making)

일상적 업무를 효율적으로 수행하기 위해서 조직이 제 자원을 변환하여 최적화시키는 의사결정이다. 예를 들면, 생산, 마케팅, 인사조직, 재무활동 등과 관련하여 일상적으로 이루어지는 의사결정이 포함되는데 좀 더 구체적으로 살펴보면 판매가격의 결정, 생산일정의 계획, 생산량의 결정 등에 관한 의사결정 등을 들 수 있다. 이러한 업무적 의사결정은 주로 하위경영층에 의해 이루어진다.

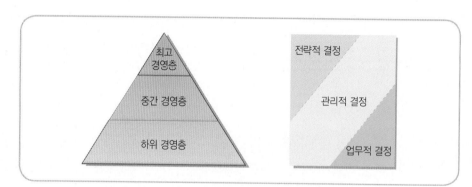

그림 :: 7-5
계층구조와
의사결정의 범위

3. 의사결정 과정

의사결정은 일정한 목표를 설정하고 그 목표를 달성하기 위해 다수의 대안 (alternatives) 가운데에서 하나를 선택하는 인간의 합리적 행동을 의미한다. 이러한 과정에서 가장 중요시되는 개념은 합리성이다.

합리성이란 모순이 없고 가치를 최대화하는 선택을 하는 것을 말한다. 합리적인 의사결정을 위해서는 의사결정자가 충분히 객관적이고 논리적으로 의사결정을 하여야 한다. 즉, 의사결정자는 분명한 목표를 갖고 있고 합리적 의사결정 과정을 거쳐 의사결정을 하면 목표 즉, 가치를 최대화할 수 있는 대안을 선택할 수 있다는 것이다.

합리적인 의사결정을 위해서는 다음 몇 가지의 단계를 거쳐야 한다〈그림 7-6〉.

그림 :: 7-6
합리적 의사결정 과정

(1) 제 1단계: 문제의 정의

의사결정과정의 첫 단계는 해결해야 할 문제를 파악하고 정의하는 일이다. 경영자의 제반 문제는 경영자가 어떤 경영활동에 있어서 현재의 상태와 원하는 상태 간에 간극(間隙)이 있을 때 발생한다. 이는 현재의 상태와 어떤 기준의 상태를 비교함으로써 가능하다. 이 때 비교하고자 하는 기준은 과거의 성과, 이전에 설정된 목표, 조직 내 또는 다른 조직에 있어서 하부단위의 성과 등이 될 수 있다.

문제의 정의 이후에는 문제의 요인을 규명해야 한다. 외부환경의 변화가 있었는지, 조직 내·외부에 변화가 있었는지, 어떤 사람이 관련되어 있는지 등 여러 가지 관점에서 문제의 원인을 규명한다. 경우에 따라서는 원인이 명확하지 않아 경영자의 직관에 의존해야 할 경우도 있다.

문제를 정의하고 원인을 분석한 이후에는 의사결정 목적을 결정한다. 그러나 대부분의 경우 문제가 복합적이어서 경영자가 모든 것을 만족할 만한 한 가지 해결책을 찾기란 쉽지 않다. 따라서 필요한 목적을 명확히 하고 이러한 목적에 적합한 해결책을 찾기 위해 대체안을 개발하게 된다.

(2) 제 2단계: 대체안의 개발

의사결정의 문제가 정의되면 다음으로는 문제를 해결할 수 있는 행동과정, 즉 가능한 대체안이 무엇인가를 규정해야 한다. 여기서는 하나의 대체안만을 고려하는 것이 아니고 가능한 모든 대체안을 고려해야 한다. 일반적으로 대체안들에는 명확한 해결책이나 표준적인 해결책 및 독창적이거나 혁신적인 해결책 등 모든 해결책이 포함된다. 대체안 개발을 위해서는 개인 또는 집단 브레인스토밍(brainstorming) 기법 등 다양한 의사결정 기법을 활용한다.

(3) 제 3단계: 대체안의 평가

대체안의 평가는 실행가능성, 만족성 및 실행결과의 예측 등을 통해서 하게 된다. 먼저 대체안의 평가는 대체안이 실행 가능한가를 분석해야 한다. 아무리 좋은 대체안이라 하여도 조직의 인적, 물적, 재무적 및 정보 자원이 이를 지원할 수 없다면 실행이 불가능하다. 또한 법적인 장벽에 의해서도 실행이 불가능한 경우가 있다. 실행가능성을 분석한 다음에는 대체안의 만족도를 평가해야 한다. 대체안의 만족도란 대체안이 의사결정의 상황을 만족시키는 정도를 말한다.

어떤 대체안이 실행가능성이 있고 만족도가 높다고 평가되면 그 대체안의 가능한 결과를 분석해야 한다. 가능한 결과에는 특정 대체안을 선택함으로써 조직의 다른 부문에 어떤 영향을 미칠 것인가, 대체안을 실행하는 데는 비용이 얼마나 소요되는가에 대해 분석해야 한다. 실행가능성과 만족도가 있는 대체안이라도 조직전체 상에 너무 많은 비용을 수반하는 경우는 적합한 대체안이라고 할 수 없다.

(4) 제 4단계: 대체안의 선택

여러 개의 대체안을 평가한 다음에는 단일의 대체안을 선택한다. 대체안을 선택하는 데는 두 가지 접근방법이 고려될 수 있다. 첫째는 위 대체안 평가과정에서 실행가능성, 만족도 및 예상결과에서 가장 타당성이 있는 대체안을 선택하는 방법이다. 모든 의사결정이 객관적·수학적 분석이 가능한 것은 아니지만 경영자는 의사결정을 위해 주관적 추정치나 가중치를 개발할 수 있다.

두 번째는 최적화(optimization)와 최대화(maximization)의 개념을 이용하는 것이다. 즉, 하나의 의사결정상황은 조직 내의 다른 구성원이나 부문에 영향을 미칠 수 있기 때문에 실행 가능한 대체안이라도 관련된 모든 목표를 최대화하거나 완전하게 달성할 수는 없다. 따라서 단일의 대체안을 선택하기보다는 다중대체안을 선택함으로써 최적화의 목표를 추구할 수도 있다.

(5) 제 5단계: 대체안의 실행

대체안이 선택되면 그 대체안이 효과를 발휘하도록 실행을 하게 된다. 이 때 경영자는 대안 실행시 발생할 수 있는 문제들을 처리하기 위한 계획을 세워야 한다. 누가 이를 담당할 것인지, 어떻게 실행해 나갈 것인지, 그리고 실행 도중에 문제가 발생했을 경우 어떻게 할 것인지를 미리 고려해 두어야 한다. 대체안의 실행에 있어서 중요한 것은 구체적 행동계획과 프로그램을 잘 설정해야 한다는 점이다.

또한, 진행보고를 위한 절차를 수립하고, 새로운 문제가 발생할 경우 수정할 준비도 해야 한다. 일단 의사결정이 이루어지면 가능한 위험과 불확실성을 무시하는 경향이 있는데, 경영자는 위험과 불확실성에 대처하는 상세한 계획을 수립함으로써 의사결정의 목표가 다른 방향으로 흘러가는 것을 막을 수 있다.

(6) 제 6단계: 실행결과의 평가 및 피드백

의사결정과정의 마지막 단계는 대체안 실행결과의 효과를 평가하고 새로운 의사결정을 위해 피드백을 하는 일이다. 실행결과의 효과는 대체안의 실행으로 요구하는 결과를 창출하였는가를 분석함으로써 평가할 수 있다. 만일 실행결과의 효과가 적은 경우 경영자는 다음과 같이 몇 가지 행동을 취할 수 있다.

이전에 고려했던 다른 대체안을 채택하는 방법, 즉 의사결정문제나 상황을 잘못 정의한 경우에는 새로운 의사결정과정을 거치는 방법이다. 또 하나는 대체안의 선택은 잘 되었으나 실행이 잘못된 경우에는 구체적 행동계획이나 프로그램을 다시 설정하는 방법이다.

실행결과의 평가에 있어서 중요한 것 중의 하나는 결과의 부정적인 측면과 긍정적인 측면을 동시에 고려해야 한다는 점이다. 이를 통해 새로운 의사결정 시 두 측면을 피드백하여 의사결정의 효과를 높이도록 해야 한다.

4. 의사결정 기법

의사결정을 위한 기법들은 매우 다양한데, 그 중에서 어떠한 방법을 활용할 것인가 하는 것은 의사결정의 주체가 누구이냐, 시간과 장소와 상황은 어떠한가, 검토되어야 할 내용이 무엇인가 등에 따라 다른 기법이 적용되어야 한다. 의사결정 기법 중에서 중요한 것 몇 가지를 살펴보면 다음과 같다.

(1) 명목집단법(NGT : Nominal Group Technique)

문자 그대로 이름뿐인 집단으로 다양화되고 구조화된 회합에 참석한 사람이 제시된 문제에 대해 자신의 아이디어를 낸 뒤 제출된 모든 아이디어를 칠판이나 차트에 기록하여 장·단점에 대한 토론을 거쳐 투표로써 최종안을 선택하는 창의적인 기법을 말한다. 이 명목집단법은 보통 다음과 같은 단계를 거쳐 이루어지게 된다.

❶ 7~10명으로 이루어진 집단의 개개 구성원들이 제시되는 문제에 대해 상호 간에 일체의 토의 없이 자신의 아이디어를 작성한다.

❷ 아이디어를 제출하게 되면 기록원으로 지정된 사람이 그것을 칠판이나 차트에 기록한다. 이 때 특정 아이디어가 누구의 것인지는 모르게 한다.

❸ 칠판이나 차트에 적힌 모든 아이디어들에 대해 그것들의 장점, 타당성, 명료성 및 기타 여러 가지 측면에서 토론한다.

❹ 마지막으로 아이디어들의 선호도에 따라 등급을 매기는 방식으로 투표를 하여 가장 많은 점수를 얻은 것을 집단의 결정으로 한다.

(2) 브레인 스토밍(brain storming)

미국의 유명한 광고회사 BBDO의 창립자인 오스본(A.F. Osborn)이 개발한 창조성 개발기법으로 일명 '오스본법'이라고도 한다 1939년 GE사의 창조성훈련과정을 진행하는 도중에 기술자들의 행동을 관찰한 오스본 박사가 그 일부를 광고계에 도입한 것이 시초인데, 광고회사에서 창조적인 사고를 촉진하기 위한 방법으로 개발되었다.

스토밍(storming)은 회오리바람을 일으킨다는 의미로 브레인스토밍은 리더, 기록자 외에 10명 이내의 참가자(stormer)들이 기존의 관념에 사로잡히지 않고 자유로운 발상으로 아이디어나 의견을 내는 것이다. 6~12명 정도의 사람들이 모여 20분~1시간 가량 문제에 관한 리더의 설명을 듣고, 가능한 많은 대체안을 제시하면 이들은 비판받지 않고 기록된다. 그 후 토의와 분석이 이루어진다.

브레인 스토밍의 목적은 보다 자유롭고 융통성 있는 사고를 증진하고 구성원들의 창조성을 촉진시키는 것이다. 브레인 스토밍에서는 어떠한 내용의 발언이라도 그에 대한 비판을 해서는 안 되며, 오히려 자유분방하고 엉뚱하기까지 한 의견을 출발점으로 해서 아이디어를 전개시켜 나가도록 하고 있다. 이를테면, 일종의 자유연상법이라고도 할 수 있다.

(3) 델파이법

희랍신화에 의하면 자신의 미래의 운명을 알기 원하는 사람은 델파이 지성소(Delphic Oracle)의 도움을 얻을 수 있었다. 마찬가지로 오늘날 조직내 의사결정자는 최선의 의사결정을 하기 위해 전문가의 도움을 필요로 한다.

델파이법(Delphi Method)은 미국의 랜드사(Rand Corporation)가 개발한 예측기법의 하나로서, 한 문제에 대해 여러 전문가들의 독립적인 의견을 우편으로 수집한 다음, 이 의견들을 요약·정리하여 다시 전문가들에게 배부하여 일반적인 합의가 이루어질 때까지 서로의 아이디어에 대해 논평하게 하는 방법이다.

여러 전문가들을 대면회합을 위해 한 장소에 모이게 할 필요 없이 그들의 평가를 이끌어 낼 수 있고, 의사결정과정에서 타인의 영향력을 배제할 수 있다는 장점이 있다. 그러나 모든 사람들이 응답을 한 것을 요약·정리하여 다시 우송하는 과정이 합의에 도달하게 될 때까지 계속되므로 소요되는 시간이 길고 응답자에 대한 통제가 힘들다는 단점이 있다. 델파이법은 많은 시간을 요하므로 신속한 의사결정을 필요로 하는 경우에는 사용할 수 없으며, 의사결정의 범위가 넓거나 장기적인 문제를 해결하는 데 유용한 기법이다.

사례연구

의사결정이 바꾼 기업의 운명

컴퓨터 산업 초기만 해도 IBM은 그 분야에서 세계적으로 절대적인 우위를 점하고 있었다. 그러나 컴퓨터 본체에 관한 한 절대적 우위를 가지고 있었던 IBM이 개인용 컴퓨터(PC) 부문에서 뒤쳐질 수밖에 없었던 이유는 무엇일까?

1980년 IBM이 PC시장에 진입하기로 결정했을 당시, 데스크탑 컴퓨터를 개발한 애플의 시장 규모는 1억 달러 정도였다. IBM의 최고 경영자였던 프랭크 캐리는 직원들에게 1981년 8월까지 IBM 상표를 부착한 PC를 만들 것을 지시했다. 이미 시작부터 뒤쳐진 상태였는데도 불구하고 프로젝트를 담당했던 직원들은 결정적인 실수를 저질렀다. PC의 핵심요소 두 가지를 회사 밖에서 조달하기로 한 것이다. 그들은 마이크로칩은 인텔에서, 운영체제는 시애틀에 있는 잘 알려지지 않은 작은 회사였던 마이크로소프트로부터 공급받기로 했다.

IBM 임원들은 비핵심 분야를 아웃소싱함으로써 시간을 절약할 수 있다고 생각했다. 돈이 되는 컴퓨터 본체를 직접 생산하고 있기 때문에 별 문제가 없다고 본 것이다. 즉, IBM이 생산한 본체 없이 마이크로소프트 브랜드만으로는 별 의미가 없다고 확신했던 것이다. 그러나 빌 게이츠는 컴퓨터의 미래가 하드웨어가 아닌 소프트웨어에 달려 있다는 것을 정확하게 알고 있었다. 비록 IBM이 시장의 지배자라 할지라도 소프트웨어를 적용하는 데 있어서는 일종의 표준을 정해야 한다는 것을 파악한 빌 게이츠는 Q-DOS가 그 표준의 근간이 될 것이라고 전망했다. Q-DOS는 빌 게이츠가 다른 회사로부터 고작 50달러에 산 운영체제로, 마이크로소프트가 MS-DOS라는 이름으로 바꾼 것이다. 당시 빌 게이츠 자신도 이것이 엄청난 이익을 가져다 줄 거라고는 상상하지 못했다. 다만 시장상황에만 잘 대처하면 자사의 운영체제인 MS-DOS가 산업 표준이 될 수 있을 거라고 생각했다.

IBM의 PC는 출시하자마자 상업적인 면에서는 성공했다. 그러나 PC 판매에서 얻은 대부분의 이익을 앞서 말한 두 하도급자에게 나눠줘야만 했다. 최초 계약에 따라 IBM은 MS-DOS의 개발비용을 제공해야 했고, 마이크로소프트만이 제3자에게 이 시스템의 사용권을 줄 수 있는 권한을 소유하고 있었다. 이것이 IBM을 쇠락하게 만든 결정적 요인이었다.

PC산업이 폭발적으로 성장하면서 새로운 경쟁자들이 대거 시장에 진입했지만 모두 MS-DOS를 사용하게 되었고, 그 대가로 마이크로소프트사에 엄청난 돈을 지불해야 했다. IBM의 실수는 여기서 끝나지 않았다. IBM은 근본적인 실수를 깨닫고 나서도 재계약을 하거나 관계를 청산하지 못했다. 더욱 이해하기 어려운 일은 고위간부들이 마이크로소프트의 시장점유율을 깰 수도 있는, IBM에서 자체 개발한 운영체제를 폐기해버렸다는 점이다.

결국 IBM은 10여 년 이상 다른 어떤 회사들보다 컴퓨터를 많이 생산했으면서도, PC 생산 부문에서는 계속 적자를 보았다. 오히려 많은 이익을 낸 쪽은 마이크로칩과 운영체제를 공급하는 회사였다. 그 결과 컴퓨터 산업에서는 지금까지도 인텔과 마이크로소프트, 이 두 브랜드가 독점적 우위를 점하고 있다.

[출처: 스튜어트 크레이너, 「75가지 위대한 결정」, 더난, 2001.]

참 고 문 헌

1. 김병윤, 김길평, 김영국, 임종일, 「현대경영학원론」, 명경사, 2002.

2. 서인덕, 김윤상, 「현대경영학」, 2006.

3. 스튜어트 크레이너, 「75가지 위대한 결정」, 더난, 2001.

4. 윤종훈, 송인암, 박계홍, 정지복, 「경영학원론」, 학현사, 2007.

5. 이상문, 「생산관리」, 형설출판사, 1995.

6. 임창희, 「경영학원론」, 학현사, 2006.

7. 조선일보, "성공하는 기업들의 7단계 시나리오 플래닝", 2007. 9. 1.

8. 지호준, 「21세기 경영학」, 법문사, 2005.

9. 허정수, 「현대경영학의 이해」, 도서출판 대경, 2002.

10. Gitman, Lawrence J., Carl McDaniel, "The Future of Business", Thomson, 2nd, 2006.

11. Robbins, Stephen P., Marry Coulter, "Management with Onekey", Prentice Hall, 8th, 2005.

Chapter 08

조직화

01 조직화의 이해

경영이란 조직이 목표를 설정하고 이를 효과적·효율적으로 달성하기 위한 수단을 선택하여 실행에 옮기는 행위를 말한다. 이러한 경영목적을 달성하기 위해서는 구체적인 행위가 따라야 하는데, 구체적 행위란 계획하고 조직하며 지휘하고 통제하는 행위를 의미한다. 앞 장에서 살펴보았듯이 계획을 통해 조직의 목표가 설정되면 그 다음 단계로는 목표를 달성하기 위한 조직을 설계하고 유지하는 관리과정이 필요하다.

조직화(organizing)란 기업의 목표를 효과적이면서도 효율적으로 달성할 수 있도록 조직을 구성하고 각종 경영자원을 배분하며 조정하는 활동을 말한다. 즉, 조직이 수행하여야 할 여러 가지 업무와 활동을 분류하고, 각 조직구성원들에 의해 수행되어야 할 직무나 권한 관계의 구조를 설계함으로써 그 결과를 효과적으로 조정하여 통합해 나가는 실천과정의 일부라고 할 수 있다. 따라서 조직화에는 일반적으로 계획된 목표를 달성하는 데 필요한 구체적 활동들을 확정하고, 그 활동을 개개인이 수행할 수 있도록 일정한 패턴이나 구조로 집단화시킨 후 그들 활동을 특정한 직위의 조직구성원들에게 배분함과 동시에 그러한 활동의 조정 수단으로서 책임과 권한의 관계를 확정하는 과정이 포함된다.

조직화(organizing)와 조직(organization)은 다른 개념으로서, 조직이란 조직화 과정을 거쳐서 조직구조가 형성되어 체계를 갖춘 결과물을 의미한다. 따라서 조직화는 조직을 형성시켜 나가는 과정으로, 조직은 조직화의 과정을 통해 만들어진 형태로 정리될 수 있다.

02 조직화의 과정

조직의 목적을 달성하기 위해서는 업무와 사람을 어떻게 연결시킬 것인가, 업무의 상호관계를 어떻게 합리적으로 조정할 것인가 하는 것이 중요하다. 이러한 문제를 해결하기 위해 조직화 과정이 요구된다. 조직화 과정(organizing)이란 현재부터 미래에 이르기까지 지속될 수 있는 조직의 기본체계를 만들어 내는 의사결정 과정이라고 할 수 있는데, 이는 업무의 구체화, 업무수행 부서의 결정, 업무할당 및 권한위양, 업무와 부서의 조정 등 4단계를 거치게 된다.

l. 업무의 구체화

조직화 과정의 첫 단계는 조직의 목표달성을 위해 수행되어야 하는 모든 업무를 구체화시키는 것이다. 즉, 이 과정에서 계획과정에서 수립된 목표를 달성하는 데 요구되는 활동, 과업 등을 전체적인 조직 차원에서 도출한다. 업무를 구체화하는 데 있어서 중요한 개념은 작업의 전문화와 분업이다.

아담 스미스(Adam Smith)의 국부론(Wealth of Nation)에 따르면 조직의 업무를 가능한 한 세분화하여 단순화시키는 분업(division of labor)과 단순화된 업무에 종업원들을 숙달시키는 전문화(specialization of labor)를 통해 기업의 생산성을 높일 수 있다고 한다.

종업원들의 효율은 업무를 분업화시킬수록 더 높아지는데, 그 이유는 종업원들이 단순한 몇 가지 일에 몰두하다 보면 그 작업에 필요한 기술과 전문적인 지식을 빨리 습득할 수 있기 때문이다. 분업화가 진전될수록 전문적인 능력을 가진 기술자가 필요치 않고, 많은 교육 훈련이 요구되지 않기 때문에 종업원의 선발이나 훈련에 있어서도 이점이 있다. 또한, 경영자의 입장에서도 업무와 관련된 품질이나 성과에 문제점이 발생했을 경우 이를 조속히 발견할 수 있고 감독하기도 쉬워진다.

한편, 분업이나 전문화의 이점에도 불구하고 몇 가지 문제점이 발생할 수 있는데, 그 중 하나가 작업이 지나치게 단순화되면 종업원들은 자신이 맡은 일에 대해 쉽게 싫증을 내거나 근무 의욕을 잃어버릴 수 있다는 것이다. 이러한 문제를 해결하기 위해 직무재설계나 작업순환, 직무충실화 등의 방안이 활용될 수 있다.

2. 업무수행 부서의 결정

기업의 목표를 달성하기 위해 어떤 활동을 해야 하는지 알게 되면 그 다음으로는 활동을 분류하고 이를 관리하기 쉽도록 작업단위로 그룹화(집단화)한다, 이처럼 수행할 업무를 집단화, 단위화하는 활동을 부문화 또는 부서화라고 하는데, 이 단계를 통해 확정된 업무를 수행할 부서를 정하게 된다. 부서화는 기능별 부서화, 사업별 부서화, 지역별 부서화, 매트릭스형 부서화 중에서 하나를 결정할 수 있다.

❶ **기능별 부서화**   기능적으로 서로 관련이 있거나 동일한 작업이나 업무를 기준으로 집단화하는 것으로 가장 일반적인 형태이다. 예를 들면, 생산부, 판매부, 인사부, 자금부, 관리부 등이 이에 해당된다.

❷ **사업별 부서화**   동일하거나 유사한 성격의 사업 또는 제품을 기준으로 집단화하는 방법으로 전자회사의 경우 휴대폰 사업부, 냉장고 사업부, TV 사업부, 에어콘 사업부 등으로 나눈 것이 이에 해당된다.

❸ **지역별 부서화**   지역을 기준으로 집단화하는 방법으로 예를 들면, 강북 사업부, 강남 사업부, 지방 사업부, 해외 사업부 등이 이에 해당된다.

❹ **매트릭스형 부서화**   기능별 부서화와 사업별 부서화를 결합하여 각각의 장

점을 살리고 단점을 보완하는 방법으로서, 사업부에 따라 종업원들을 집단화시킨 다음 특정사업이나 프로젝트별로 기능에 따라 다시 집단화시키는 경우가 이에 해당된다. 예를 들면, 전자회사의 경우 TV 사업부, 냉장고 사업부 등으로 나누고 각 사업부별로 생산부, 판매부, 관리부 등으로 나누는 방식이다.

3. 업무할당 및 권한위양

목적을 달성하기 위한 활동을 확인하고 부서별로 집단화한 후에는 각 조직구성원들에게 수행할 업무를 할당하고 업무를 수행하는 데 필요한 권한을 위양하게 된다. 권한을 위양하기 위해서는 각 부서의 성격, 목적, 업무내용을 명확히 하여야 하며, 수행되는 업무의 활동에 따라 필요한 권한의 형태와 양을 정한다.

권한을 하부에 위양할 때는 일반적으로 다음과 같은 4 단계를 거치게 된다〈표 8-1〉.

표 8-1 :: 권한위양의 4단계

단 계	내 용
1단계 업무의 할당	특별한 업무와 임무를 조직구성원들에게 할당한다.
2단계 의사결정의 위양	할당된 업무와 임무를 성취할 수 있도록 하기 위해서 조직구성원들에게 필요한 의사결정 권한을 위양한다.
3단계 책임의 수용	책임이란 조직구성원이 자신의 능력을 다하여 할당된 업무를 수행하려고 하는 자세를 말하는데, 조직구성원들이 업무를 수행하는 데 최선을 다하려는 마음가짐을 갖도록 유도한다.
4단계 책임감 창출	조직구성원들로 하여금 책임감을 가지고 자신이 한 일에 대해서 최선을 다하도록 한다.

권한을 위양할 때는 따라야 할 일반적인 원칙이 있는데 명령연쇄의 원칙, 명령일원화의 원칙, 통제범위의 원칙, 책임-권한 동등의 원칙 등이 그것이다.

❶ 명령연쇄의 원칙　조직의 모든 계층이 하나의 명령 체계에 의해 연쇄적으로 연결되어야 한다는 원칙으로서 조직의 최고경영자로부터 현장 종업원

에 이르기까지 모든 계층이 하나의 명령체계에 의해 명령이 전달되도록 연쇄적인 권한체계를 갖추어야 한다.

❷ **명령일원화의 원칙**　모든 종업원들은 한 사람의 상급자에게 명령을 받아야 하며 이에 대한 결과도 한 사람의 상급자에게 보고해야 한다는 원칙이다. 이 원칙을 통해 '누구의 지시를 먼저 이행해야 할 것이지', '지시내용이 상충되는 경우 어떻게 해야 하는지'에 대한 문제점을 해소할 수 있다. 그러나 두 사람 이상의 상급자를 갖게 되는 매트릭스 조직의 경우에는 이 원칙이 해당되지 않을 수가 있다.

❸ **통제범위의 원칙**　상급자 한 사람은 적정한 수의 하급자를 통제해야 한다는 원칙으로서, 패욜(Fayol)은 하위직에서는 20~30명을, 상위직에서는 3~4명을 통제할 수 있다고 하며, 쿤쯔(Koontz)는 하위직에서는 8~15명이, 상위직에서는 4~8명이 적당하다고 하였다.

❹ **책임-권한 동등의 원칙**　주어진 책임과 권한은 동등해야 한다는 원칙으로서, 만일 수행해야 할 업무에 대한 책임이 권한보다 많다면 과중한 업무부담으로 생산성이 떨어질 수 있고, 반대로 업무책임보다 권한이 더 많이 주어진다면 비효율적인 의사결정이 이루어질 수 있다. 따라서 책임이 주어지면 그에 따른 권한도 동등하게 주어야 한다.

4. 업무와 부서의 조정

조정(coordination)이란 분업화, 부문화된 개인이나 집단의 작업활동을 상호 연결시키는 활동을 말한다. 무니(J. D. Mooney)는 "조정이란 공동 목적을 달성하기 위해 수행되는 행동상의 통일을 확보하기 위해 집단의 노력을 질서있게 정돈하는 것이다."라고 정의하였다.

조직의 효율성을 높이기 위해서는 세분화된 작업 활동을 상호 조정하여야 한다. 조정화가 없이는 개인이나 부서는 조직 속에서 자기 역할을 망각하기 쉽고 자신의 목표에만 집착하게 되어 조직 전체의 목표를 소홀히 하거나 각 조직구성원들과 부서 간의 갈등이 생길 여지가 있다. 조직의 여러 활동들이 하나의 목적을 달성하기 위해 합리적으로 수행되려면 조직을 구성하는 각각 구성원의 노력이 조정되고 그들의 의사가 통일됨으로써 전체적인 균형을 유지하지 않으면 안

된다. 따라서 경영자는 각 부서 업무의 특성이나 중요성 등을 잘 조절하여 기업 전체의 목표가 효율적으로 이루어지도록 조정과 통합의 역할을 하여야 한다.

 사례연구

가장 일하고 싶은 기업의 비밀

미국의 유명 경제지 '포춘(Fortune)'은 매년 '가장 일하고 싶은 100대 기업' 순위를 선정해 공개하고 있다. 구글과 퀄컴, 드림웍스 등 쟁쟁한 기업들이 리스트에 올라와 있는 가운데 2010년과 2011년 2년 연속 1위에는 우리에게 다소 낯선 통계 소프트웨어 업체 SAS가 선정되었다. 일 많기로 소문난 컨설팅 업체 'BCG'와 슈퍼마켓 체인 'WFM'도 지난 3년간 5위권 이내에 등재돼 있다. 이들은 어떻게 가장 일하고 싶은 기업으로 자리매김했을까.

SAS는 지난 1976년 설립된 통계 소프트웨어(SW) 개발업체이다. 처음에는 미국 농무성의 자료분석 SW 개발조직에서 시작해 2010년 24억3000만달러(약 2조6000억원)의 매출을 올렸다. 외부환경 변화에도 불구하고 창립 이후 30년 넘게 매년 성장했다. 창업자이자 최고경영자(CEO)인 굿나이트는 성공 비결로 지적 몰입과 실무형 관리자, 고객 참여형 제품 개발을 꼽고 있다. SAS는 직원들이 업무에 몰입할 수 있도록 이를 방해하는 요인을 최소화하도록 노력한다. 예를 들어 영업직원은 기술적 문제에 얽매이지 않고 판매에만 신경쓸 수 있도록 세일즈 엔지니어를 별도로 두고 있다. 프로그래머에게는 최신의 버그 체크 도구를 제공해 개발 이외의 업무에 시간을 빼앗기지 않도록 한다. 또한 SAS에는 관리 업무만 담당하는 간부 직원이 없다. CEO인 굿나이트도 예외없이 프로그래밍을 하기 때문에 매니저와 직원과의 관계가 유연하고 무엇보다 자신의 기여도가 인정받고 있다는 느낌을 준다. SAS는 제품 매뉴얼에 개발자의 이름과 연락처를 기재하는 '개발자 실명제'를 통해 고객들이 제품 개발과 개선에 참여할 수 있도록 지원한다. SAS는 특히 복리후생제도가 유명하다. 가족들도 이용할 수 있는 사내 식당과 의료시설, 수준 높은 탁아시설, 세차와 미용실, 체육관을 비롯해 학교를 직접 운영하기도 한다. 또한 식당이나 의료시설 담당자, 심지어 경비 직원까지 정규직으로 채용한다. 직원들이 주인이 돼야 한다는 경영철학 때문이다. 이런 이유로 SAS의 이직률은 4% 정도로 업계 평균 이직률인 20%에 비하면 5분의 1 수준에 불과하다.

BCG가 선정된 배경에는 무엇보다 높은 급여가 꼽힌다. 신입사원 기준으로 급여와 보너스를 합쳐 최고 2억원까지 받을 수 있다. BCG의 강점은 '고용안정'이다. BCG는 경기불황 속에서도 해고를 하지 않았고 금융위기 당시인 2010년에는 오히려 채용을 늘렸다. 45%에 달하는 여성 비율과 25%에 이르는 소수인종 채용 등 BCG의 인력정책은 분명 경쟁사들과 차별화된다. BCG 대졸 신입사원이 몇 년 경력을 쌓으면 그 중 우수자를 뽑아 유명 MBA에 보낸다. 학비를 지원해주는 것은 물론 학업을 마치고 돌아오면 두 배 수준의 연봉을 지급한다. 특히 BCG는 업무능력과 일을 즐기는지 여부에 따라 멘토링과 코칭 등의 서비스를 지원한다. 성과도 낮고 일을 즐기지 못하는 직원에 대해서는 전직을 적극적으로 조언하기도 한다.

마지막으로 작지만 강한 기업 '웨그먼스 푸드 마켓(WFM)'의 사례를 살펴보면, WFM의 매출은 2010년 기준 56달러(6조2000억원)로 영업이익은 미국 4대 슈퍼마켓의 두배, 면적당

매출액은 50% 이상 높다. WFM의 성공 비결은 한마디로 '친절하고 전문적인 직원들과 훌륭한 서비스, 매력적인 상품구성'으로 요약된다. WFM은 비식료품도 취급하는 대부분의 소매점과 달리 식품 하나로 승부를 걸고 있다. 매장에서 판매되는 모든 식품에는 영양정보가 표시돼 있고 건강 관련 약국도 있어서 웰빙 슬로건에 맞는 이미지를 구축하고 있다. WFM의 성공은 특히 인적 요소와도 밀접한 연관이 돼 있다. 예를 들어 와인을 구매하러 온 고객이 있다면 와인의 용도를 묻고 그에 맞는 식기류와 음식, 스낵 등을 추천하는 맞춤형 서비스를 제공한다. 이를 위해 WFM은 교육훈련에 투자를 아끼지 않는다. 500종이 넘는 치즈 담당 직원에게 스위스 낙농업 견학을 시켜주거나 와인 담당에게는 프랑스 보르도 지방 견학을 지원한다. 또한 WFM은 구성원 월급을 업계 최고 수준으로 가져간다는 정책을 적용하고 있다. 스키장, 영화관, 스포츠 경기 할인권을 제공하고 놀이공원 입장권도 싸게 제공한다. 무엇보다 WFM는 창업 이래 단 한명도 해고하지 않은 회사로 유명하다. 이 회사의 이직률은 6%로 업계 평균의 3분의 1에 불과한 것도 이 때문이다.

[출처: LG경제연구원, "가장 일하고 싶은 기업 그들은 무엇이 다른가", LGERI 리포트, 2011. 4. 20.]

03 조직설계

I. 조직설계란?(organization design)

새로 설립되는 조직을 바람직한 모습으로 체계화하거나 기존의 비효율적인 조직을 효율적인 새로운 조직으로 바꾸는 것을 말한다. 즉, 조직설계란 조직이 수행해야 할 제반 업무와 활동을 분류하고 각 구성원들에 의해 수행될 직무 및 권한 관계의 구조를 설계하는 것을 의미한다. 경영자는 새로운 조직을 만들거나, 환경이 변화하여 조직을 변경할 필요가 있을 때 조직설계를 하게 된다. 이러한 조직설계의 결과로서 나타난 조직의 틀을 조직구조(organization structure)라고 한다.

 사례연구 **조직설계와 조직구조의 관계**

조직설계와 조직구조를 보다 쉽게 이해하기 위해 건물과 비교해 보면, 우선 어떤 모양으로 건물을 지을 것인지를 생각한 후 건물설계도를 작성하게 된다.

이 건물 설계도를 통해 층수는 몇 층이고, 한 층의 크기는 어느 정도인지, 출입문과 창문은 어디에 낼 것이며, 화장실은 어디에 둘 것인지 등에 대해 알 수 있다. 이렇게 건물의 모양이나 짜임새를 결정하는 과정을 건물의 설계라고 한다.

건물이 다 지어지고 나면 설계도에 나타난 것처럼 어떤 모양과 특성을 지니게 되는데 이것을 그 건물의 구조라고 한다. 기업의 조직도 건물과 마찬가지이다. 기업의 조직에 있어서도 설계가 필요하며 그 설계에 따라 조직이 만들어지면 나름대로의 구조적인 특성을 지닌 조직구조를 갖게 되는 것이다.

이런 개념을 종합적으로 비교해보면 조직설계는 조직을 구성해가는 과정(process)라는 동태적 특성을, 조직구조는 설계에 의해 완성된 구조(structure)라는 정태적인 특성을 갖게 된다.

2. 기계적 조직과 유기적 조직

조직이 처한 외부환경 요인은 조직의 설계에 영향을 준다. 환경이 안정적이고 단순하여 불확실성이 적은 경우에는 조직이 고정적으로 설계되고, 환경이 불확실하고 유동적이며 복잡할 경우에는 유동적으로 설계되어야 한다.

번즈(Tom Burns)와 스토커(G. M. Stalker)에 따르면, 동태적인 환경에서의 조직은 문서화된 규정이나 절차가 거의 없고, 의사결정권도 분권화되어 있으며, 토론이나 상호작용으로 종업원 간 갈등을 해결하고, 종업원 간의 의사소통도 빈번하며 예상밖의 상황에 유연하게 대처할 수 있는 유기적 조직구조를 갖추게 된다. 반면, 안정적인 환경에서의 조직은 의사소통을 주로 문서에 의존하고, 의사결정도 소수의 경영자에 의해 행해지며, 정보의 흐름도 제한되어 있고, 종업원 간의 갈등은 상급자의 의사결정에 의해 해결되며, 규정된 상황만 적절히 취급할 수 있는 기계적 조직을 갖추게 된다.

유기적 조직과 기계적 조직을 비교하면 다음 〈표 8-2〉와 같다.

표 8-2 :: 유기적 조직과 기계적 조직 비교

구 분	유기적 조직	기계적 조직
주요 목표	• 유연성, 적응성	• 효율성, 생산성
운영 방식	• 인간의 잠재력 활용	• 기계적 방식에 의존
조직구조의 구성요소	• 낮은 과업의 분화 • 낮은 집권화 • 낮은 공식화	• 높은 업무의 분화 • 높은 집권화 • 높은 공식화
조직과정의 운영 방식	• 개인능력에 기초한 의사결정 • 쌍방적 커뮤니케이션 • 상호조절 및 자발적 조정	• 조직지위에 기초한 의사결정 • 하향적 커뮤이케이션 • 상급자에 의한 조정
적합한 상황요인	• 소량주문생산 기술 • 동태적이고 복잡한 환경	• 대량생산, 연속생산 기술 • 안정적이고 단순한 환경

3. 조직설계의 영향요인

어느 경우에나 적합한 조직은 존재할 수 없고 상황에 따라서 효과적인 조직이 달라질 수 있다. 상황에 적합한 조직을 어떻게 설계하느냐 하는 문제는 사업의 성공과 실패에 크게 영향을 주게 된다. 따라서 경영자는 조직을 설계하거나 재설계할 때 조직과 관련된 여러 가지 요소들을 고려해야 한다. 일반적으로 조직 설계시 고려되어야 할 요소들로서는 전략, 규모, 라이프사이클, 환경, 기술 등이다.

(1) 전략(strategy)

조직의 목표는 조직이 달성하고자 하는 바람직한 상태이며, 전략은 조직의 목표를 달성하기 위한 수단이다. 따라서 조직의 목표와 전략은 경영자의 조직설계에 대한 결정에 영향을 미치게 된다. 경영자는 조직목표를 달성하고 이를 지원하기 위한 특정한 전략을 선택하고 적합한 조직구조를 설계할 필요가 있다. 전략형성의 핵심은 경쟁자들과 비교되는 차별적 활동 또는 경쟁자들보다 동일한 활동을 능률적으로 수행하는 방식을 선택하는 것인데, 차별전략의 경우 유기적 조직이 효과적이고, 저비용전략의 경우 기계적 조직이 효과적이다. 또한, 조직전략의 경우 위험선호적이고 혁신지향적인 창도자(prospector)전략을 택할 경우 좁은 통솔범위와 유기적 조직이 적합한 반면, 위험회피적이고 효율지향적인 방어자(defender)전략을 택할 경우 넓은 통솔범위와 기계적 조직이 적합하다.

(2) 규모(size)

조직규모는 조직구조에 영향을 미치는 중요한 변수들 중의 하나이며, 일반적으로 조직구성원의 총 숫자로 그 크기를 측정한다. 조직규모가 클 경우 종업원에게 안정감과 소속감을 주며, 표준화되고 기계적으로 운영되고 복잡화된다. 그리고 큰 규모의 조직은 일정기간 안정적인 시장을 확보할 가능성이 높다. 반면, 조직규모가 작을 경우 적응성이나 유연성이 뛰어나며, 수평적이고 유기적인 조직형태를 갖는다. 대규모 조직과 소규모 조직을 비교해 보면 다음 〈표 8-3〉과 같다.

표 8-3 :: 대규모 조직과 소규모 조직 비교

대규모 조직	소규모 조직
• 규모의 경제 • 수직적이고 기계적인 관료제 • 복잡성 • 안정적인 시장 • 조직인(organization men)	• 적응성, 유연성 • 수평적이고 유기적인 구조 • 단순성 • 적소(niche) 시장 • 혁신가(entrepreneurs)

조직의 규모와 직급별 인력구조는 조직의 환경, 목표, 전략, 기술 등의 요인에 따라 결정된다. 예를 들면, 조직환경이 단순하고 안정적인 경우 넓은 통솔범위(span of control)와 피라미드형 직급구조를 가진 기계적(mechanical) 조직구조가 적합하지만, 반대로 환경이 복잡하고 동태적인 경우에는 통솔의 범위가 좁고 항아리형 직급구조를 가진 유기적 조직구조가 적합하다.

(3) 조직의 라이프 사이클(life cycle)

기업은 그 역사가 오래될수록 조직구조가 정형화되는 경향이 있다. 조직의 역사가 오래 되면 표준화된 시스템과 절차 및 규칙을 갖게 된다. 따라서 기업의 역사가 오래될수록 저절로 기계적인 조직구조가 될 가능성이 높다. 이처럼 조직이 단계를 거치면서 발전하게 되는데 이를 조직의 라이프사이클이라고 한다.

조직은 발전해 가면서 형성기, 성장기, 중년기, 성숙기 단계를 거치게 된다. 각 단계별 조직의 특징을 살펴보면 〈표 8-4〉와 같다.

표 8-4 :: 조직의 라이프사이클

단 계	내 용
형성기	형성기에는 지원부서나 규칙, 규제 등이 거의 없어 소유주가 대부분의 의사결정을 내리며 업무도 특화되어 있지 않다.
성장기	조직이 성장하면서 더 많은 종업원이 필요하고 노동의 분화가 일어나며 공식적인 규칙들이 만들어진다. 의사결정은 중앙집권적인 경우가 대부분이다.
중년기	기업이 번창하면서 규모가 더욱 커지고 이를 통제하기 위해 더 많은 규칙과 규제, 정책, 통제시스템이 나타난다. 종업원들은 전문화된 과업을 하며, 지원부서가 생기고, 최고경영자는 권한을 하부 위양한다. 이 때가 되면 조직의 유연성이 떨어지며 혁신적인 분위기도 사라진다.
성숙기	성숙기에 이르면 일반적으로 규모가 큰 기계적 조직구조의 형태를 띠게 된다. 통제시스템이 일반화되고 지원부서의 비중이 높아지며, 작업은 더욱 세분화된다. 기계적 조직구조의 병폐를 막기 위해 과감한 혁신을 통해 유연한 조직으로 변화를 시도하는 시기이다.

(4) 환경(environment)

조직이 처한 외적요인으로서 조직설계에 많은 영향을 준다. 환경이 단순하고

그림 :: 8-1
환경과 조직의 관계

안정적이어서 불확실성이 적은 경우에는 기계적 조직이 적합하며, 환경이 불확실하고 유동적이며 복잡할수록 유기적 조직이 적합하다. 또한, 환경은 경영자의 의사결정에 많은 영향을 미치는데, 조직구조도 경영자가 내려야 할 의사결정의 문제이므로 환경에 의한 영향을 많이 받게 된다. 환경과 조직과의 관계를 살펴보면 〈그림 8-1〉과 같다.

(5) 기술(technology)

조직의 여러 가지 투입물을 조직이 목표로 하는 산출물로 변환시키는데 이용되는 지식, 도구, 기법, 활동 등을 의미한다. 기술은 조직체에서 매우 중요한 상황적 요소로 작용하는데, 기술과 이에 따른 조직체 행동에 대하여 우드워드(J. Woodward)는 조직체의 생산기술이 조직구조와 성과에 작용하는 역할이 매우 큰 것을 발견하고, 이를 토대로 '기술-조직구조-성과'의 상호관계에 관한 상황이론을 제시하였다. 이 이론에 따르면 조직이 사용하는 생산기술은 조직구조에 영향을 미쳐 조직이 어떠한 기술을 사용하고 있느냐에 따라 적합한 조직구조가 달라진다고 한다. 즉, 소규모의 주문생산과 같이 기술수준이 낮거나 복잡한 연속공정과 같이 기술수준이 높은 경우에는 신축적인 조직구조와 유기적인 조직구조를 택하는 것이 더 효율적인 반면, 대량생산시스템과 같이 기술수준이 중위권에 속해 있는 경우에는 비교적 기계적이고 관료적인 조직구조가 경영성과를 높이는 데 더 바람직하다고 한다.

04 조직구조의 유형

모든 환경에 적합한 조직구조는 존재하지 않기 때문에 경영자들은 기업의 전략이나 규모, 라이프사이클, 환경, 기술 등을 고려하여 조직구조를 결정하여야 한다. 조직구조의 유형으로는 라인-스탭 조직, 사업부 조직, 매트릭스 조직, 팀 조직 등이 있는데 각각에 대해 살펴보면 다음과 같다.

I. 라인-스탭 조직

라인조직(line organization)은 최고경영자에서부터 하위계층에 이르기까지 명령권한이 직선적으로 연결되는 조직구조를 말하며, 직계조직 또는 군대식 조직이라고도 한다. 라인 조직은 업무의 분화가 이루어지지 않은 매우 단순하고 초보적인 조직형태로서 소규모 기업이나 중소기업에 적합한 조직형태이다.

한편, 기업규모가 커지고 복잡해지면 경영자는 특정 분야에서 전문가의 도움을 받을 일이 생기게 된다. 이 경우에 생산이나 판매와 같이 기업목표를 달성하는데 필요한 핵심적인 활동을 수행하는 단순한 라인조직 이외에 지식이나 기술을 가지고 라인의 활동을 도와주는 조직이 필요하게 되는데 이러한 조직이 스탭 조직(staff organization)이다.

이처럼 라인 조직 이외에 스탭 기능을 하는 스탭 조직이 결합된 형태의 조직을 라인-스탭 조직이라고 한다. 라인-스탭 조직은 오늘날 가장 일반적인 조직구조로서 많은 기업들이 이러한 조직 형태로 운영되고 있다. 예를 들면, 생산직의 작업자는 반장-조장-팀장-공장장-최고경영자의 순으로 보고를 하게 되는데 이러한 형태를 라인이라고 한다. 기획조정실에서는 생산성을 높일 수 있는 방법이나 장기적 발전방향 등을 연구·검토하여 최고경영자를 지원하게 되는데 이러한 기능이 스탭 기능이다.

이와 같은 라인-스탭 조직은 업무의 분화가 촉진됨에 따라 종합적인 의사결정을 위한 정보의 축적과 활용이 가능하며, 스탭으로부터 유익한 조언과 권고를 받을 수 있고 자신의 업무에 전념할 수 있다는 장점이 있는 반면, 라인과 스탭 간의 대립이나 갈등이 발생할 가능성이 높고, 너무 많은 부문화를 추구할 경우 조직이 비대해지는 관료제가 촉진될 수 있다는 단점이 있다. 따라서 조직의 대규모화 초기 상황이나 경영환경이 안정적이고 확실성이 높은 상황에서 효과적인 조직형태라고 할 수 있다.

그림 :: 8-2
라인-스탭
조직구조의 예

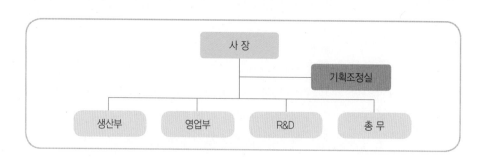

2. 사업부 조직(divisional organization)

기업규모가 커지고 제품과 시장이 복잡해짐에 따라 제품이나 시장 또는 지역을 기초로 부문화하여 만들어지는 조직형태를 의미한다. 이러한 조직형태는 오늘날 세계적인 대기업들이 지역적으로 분산되어 있는 자회사들을 경영하기 위하여 가장 보편적으로 채택하고 있는 조직형태이다〈그림 8-3〉. 또한, 일반기업들이 사업부 간의 경쟁을 유발하고 사업부별 성과에 따라 보상하기 위하여 채택하기도 한다.

사업부 조직에서의 사업부는 매우 자주적이고 독립적인 지위를 갖는다. 경우에 따라서 사업부는 독립적인 기업과 같이 많은 일을 주어진 권한 내에서 스스로 결정하고 처리하게 된다. 따라서 사업부의 책임자는 대부분의 권한을 보유하고 행사한다.

사업부 조직은 라인-스탭 조직에 비해 사업단위별로 사업부의 책임자에게 권한과 책임을 부여함으로써 의사소통 및 결정이 신속하게 이루어지며, 경영통제가 용이하고 효과적일 뿐만 아니라 사업의 성패에 대한 책임소재가 명확하다는 장점이 있다. 반면, 사업부마다 중복부서가 존재하게 되어 자원의 낭비를 초래하거나, 각 사업부간의 지나친 경쟁을 유발하여 기업 전체의 목표달성을 저해할 수도 있다는 단점이 있다.

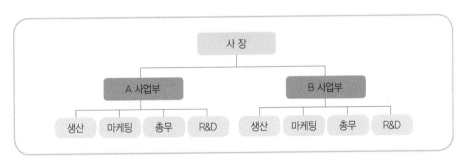

그림 :: 8-3
사업부 조직구조의 예

3. 매트릭스 조직(matrix organization)

기능별 조직과 사업부 조직을 결합한 형태로서 각각의 장점은 살리되 단점은 극복하기 위해 고안된 조직구조이다〈그림 8-4〉. 매트릭스 조직 내에서 종업원은 동시에 둘 이상의 조직에 속하므로 둘 이상의 상사에게 보고를 해야 한다.

매트릭스 조직은 다국적기업에서 많이 활용하고 있는데, 다국적기업은 제품 자체로서 소비자의 욕구를 충족시켜 주어야 할 뿐 아니라 각 지역적 차이를 함께 고려해야 하므로 이러한 매트릭스 조직은 이들에게 유연성을 제공해 준다. 매트릭스 조직은 동태적이며 복합적 기업환경 하에서 성장전략을 추구하는 조직에 공통적으로 나타나는 조직이다.

매트릭스 조직이 제대로 운영되려면 우선 조직 구성원 하나하나가 자기분야에서 전문가가 되어야 한다. 또한, 구성원 사이에 활발한 커뮤니케이션을 통해 원활한 조정과 협력이 이루어질 수 있어야 하며, 구성원 모두가 자율권을 가지고 창의적으로 일할 수 있어야 한다.

매트릭스 조직은 인적자원을 효율적으로 사용할 수 있으며, 시장의 새로운 변화에 융통성있게 대처할 수 있다는 장점이 있다. 반면, 기능별 상급자와 사업부별 상급자라는 두 명 이상의 상급자를 갖게 되므로 이들로부터 서로 다른 명령을 받을 경우에는 혼란이 발생할 수가 있다. 따라서 매트릭스 조직을 운영할 경우에는 사업부에 어떤 업무를 맡길 것인지, 누가 성과를 평가할 것인지 등을 명확히 할 필요가 있는 것이다.

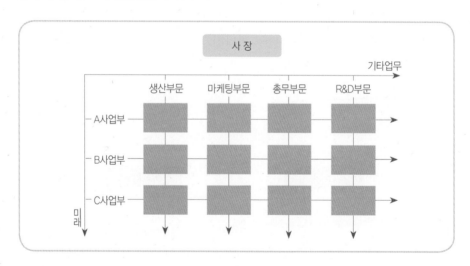

그림 :: 8-4
매트릭스 조직구조의 예

4. 팀 조직

급변하는 21세기 경영환경 하에서는 단순한 라인-스탭 조직으로 기업을 경영하게 되면 환경변화에 능동적으로 대응하기기 어려워지게 된다. 이에 따라 기업들은 의사결정 과정을 보다 단순화시키고 급속히 변하는 기술혁신을 보다 빨리 수용할 수 있는 조직을 찾게 되었다. 이러한 시대적 변화에 가장 부응할 수 있는 조직이 팀 조직이다.

팀 조직(team organization)은 상호 보완적인 기술이나 지식을 가진 소수의 구성원들이 자율권을 가지고 공동의 목표를 달성하기 위하여 상호 책임을 공유하고 문제 해결을 위하여 공동의 접근 방법을 사용하도록 구성된 조직을 말한다.

팀 조직은 업무추진에 있어서 불필요한 부서간의 벽을 없앨 수 있으며 신속한 의사결정체계를 갖출 수 있을 뿐만 아니라 매트릭스 조직의 이중적인 명령·보고 체계를 탈피할 수 있는 장점이 있다. 또한, 조직구성원들의 의사가 최고경영자에게 그대로 전달될 수 있어 의사결정이 빠르게 이루어질 수 있으며, 성과에 대한 평가가 쉽기 때문에 동기부여가 잘 된다는 장점이 있다.

반면, 팀 조직은 각 구성원들의 능력에 크게 의존할 수밖에 없으므로 유능한 구성원으로 팀을 구성하면 효과적일 수 있지만 그렇지 못할 경우에는 오히려 다른 형태의 조직보다 성과가 못할 수 있는 단점이 있다.

팀 조직은 업무단위형 팀 조직과 프로젝트형 팀 조직으로 구분할 수 있다.

❶ 업무단위형 팀 조직　기업 전체의 업무를 일정한 기준으로 세분화하여 작은 단위를 하나의 팀으로 형성하는 것을 말한다〈그림 8-5〉. 이러한 팀 조직은 사업부 조직 안에서 작은 단위로서 형성되어 지속적으로 운영되어 가는 것이 일반적이다.

❷ 프로젝트형 팀 조직　태스크포스(task force) 조직이라고도 불리는데 어떤 구체적인 문제를 다루기 위해 만들어지고 일단 문제가 해결되거나 임무가 완성되면 해체되는 조직을 말한다〈그림 8-6〉. 이는 어떤 특수한 업무를 단기간 내에 수행해야 하는 경우 그때마다 기능별 조직에서 인력 지원을 받아 형성된다. 따라서 프로젝트형 팀 조직은 일시적인 특수 업무를 수행하기 위해 조직 전체를 대대적으로 재개편하지 않아도 된다.

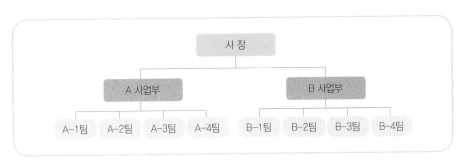

그림 :: 8-5

업무단위형
팀 조직의 예

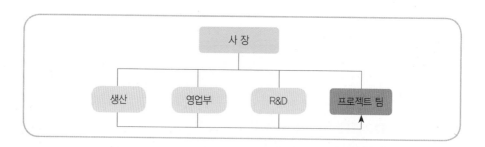

그림 :: 8-6
프로젝트형
팀 조직의 예

5. 새로운 형태의 조직구조

(1) 가상기업

전통적인 조직체계에서는 기업의 경쟁력 확보를 최우선 과제로 삼고 이를 추구해왔다. 그러나 글로벌화의 가속화, 소비자의 욕구 다양화, 기술과 시장의 급속한 변화 등 급변하는 경영환경 하에서는 한 기업이 모든 분야에서의 경쟁력을 확보, 유지하기가 어렵게 되었다. 이러한 경영환경 변화에 적응하고자 하여 등장한 것이 가상기업이다.

가상기업(virtual corporation)이란 디자인업체, 공급업체, 생산업체, 유통업체 등이나 심지어는 경쟁업체와 같은 독립적인 기업들이 전략적 제휴나 합작관계를 통해 형성하는 가상 기업 네트워크로서 특정 목정을 달성한 후에는 해체되는 한시적 형태의 기업이다. 가상기업은 환경이나 고객의 욕구 변화에 대한 적응력이 뛰어나면서도 외부자원을 효과적으로 활용할 수 있는 유연한 조직형태를 취하게 된다. 이러한 가상기업 조직은 기술혁신 속도가 빠른 전기전자 및 통신부문에서 신기술 습득과 신시장 개척을 목적으로 도입되는 경우가 많다. 즉, 가상기업은 합작 또는 협력관계를 맺고 이들 기업 간에 첨단 정보통신 기술을 활용하여 정보를 공유함으로써 신기술 개발과 시장개척을 효율적으로 할 수 있다.

가상기업은 기업의 역량을 신속하게 결집하고 조직의 유연성을 확보할 수 있다는 장점이 있는 반면, 협력자에 대한 통제력을 상실할 수 있고 기술이나 노하우가 유출될 수 있다는 단점이 있다. 따라서 가상기업이 내재된 위험성을 제거하고 효과를 충분히 발휘하기 위해서는 다음과 같은 사항에 유의하여야 한다.

❶ 적절한 파트너 선정　가상기업의 성공여부는 서로 협력관계에 있는 기업들이 각각의 역량을 발휘하여 어떻게 시너지 효과를 얻느냐 하는 데 있다.

따라서 파트너는 신뢰할 수 있고 최상의 기술과 제품, 서비스를 제공할 수 있는 충분한 능력이 있어야 하며, 이러한 파트너를 선정하여야 소기의 목적을 달성할 수 있다.

❷ 가상기업 구성 목적 가상기업을 통해 얻고자 하는 바가 무엇인지를 사전에 명확히 하여야 한다. 또한, 장래 분쟁의 소지를 없애기 위해 조직의 운영규칙, 이익분배, 손실분담 등에 대한 사항도 사전에 분명히 협의하는 것이 필요하다.

(2) 학습조직(learning organization)

미국 MIT대학교의 센지(Peter M. Senge) 교수에 의해 처음 제시되었으며, 조직도 개인과 마찬가지로 지식과 정보에서 힘을 발휘한다고 전제한다. 학습조직은 조직구성원이 학습할 수 있도록 모든 기회와 자원을 제공하고 학습결과에 따라 지속적 변화를 유도하는 조직이다. 즉, 조직구성원에 의해 지식이 창출되고 이에 기초하여 조직혁신이 이루어지며 조직의 환경적응력과 경쟁력이 증대되어 나가는 조직을 의미한다.

학습조직에서는 암묵지의 형식지로의 전환, 개인적 지식의 조직적 지식으로의 전환, 그리고 각 지식 간의 상호 교류를 통해 조직적 지식이 확장, 갱신, 축적될 수 있으며, 지식과 지식의 결합을 통한 지식창출을 도모한다. 이를 통해 변화하는 환경에 능동적으로 적응하고 나아가서 환경의 변화를 주도하는 조직이 된다. 학습조직은 일정한 시점에서 완료되는 것이 아니라 조직구성원들 간의 끊임없는 학습을 통해 지속적으로 변화해 가는 것을 추구한다.

학습조직이란 끊임없이 학습하고 스스로를 변혁시키는 조직이다. 학습은 개인, 팀, 조직, 더 나아가 조직과 상호작용하는 지역사회의 수준에서도 일어난다. 학습 조직의 특성을 핵심적으로 요약하면 다음과 같다.

❶ 학습조직은 학습하는 개인들의 단순한 집합체가 아니다. 그러므로 학습은 다양한 집단적 수준, 예를 들면, 사업단위 내에서 혹은 전사적 수준으로 동시에 일어난다.

❷ 학습조직은 변화할 수 있는 조직의 능력을 입증해 준다.

❸ 학습조직은 개인학습의 능력을 가속화시켜줄 뿐만 아니라 조직의 구조, 문화, 직무설계, 정신적 모델(mental models)등을 재규정한다.

❹ 의사결정, 대화, 정보공유 등에 있어서 종업원들의 광범위한 참여가 이루어진다.

❺ 조직의 기억에 대한 체계적인 사고와 구축을 통해 조직의 역량을 향상시킨다.

사례연구 · 코카콜라의 매트릭스 조직을 통한 성공비결

코카콜라는 미국을 제외한 해외시장을 통해 올리는 매출이 전체의 80%에 달한다. 코카콜라는 이집트와 파키스탄 등 정치적으로 불안정한 신흥 개발도상국에서도 뛰어난 성과를 올리고 있다.

아메트 보저 코카콜라 유라시아·아프리카그룹 사장은 "본사 차원의 전략과 현지 상황에 따른 기민한 대응을 조화시키기 위해서는 매트릭스 조직이 필수적"이라고 조언했다. 그는 인도와 파키스탄 등 남아시아와 중동, 아프리카, 터키와 러시아에 이르는 90여개국의 사업을 책임지고 있다.

코카콜라의 매트릭스 조직에서 현지 사업부 소속 직원은 미국 애틀란타 본사의 판매와 마케팅, 재무 등 각 기능조직의 구성원 역할도 같이 하고 있다. 직원들로 하여금 브랜드 이미지 유지 등 회사의 핵심 가치를 유지하면서도 현지 상황에 맞춰 유연하게 업무를 처리할 수 있도록 하는 것이 코카콜라 조직구조의 지향점이다.

코카콜라는 남아프리카공화국에서는 사브밀러라는 글로벌 메이저 주류업체와 병 생산 등의 부문에서 협력관계를 맺고 있지만 다른 시장에서는 가내수공업 수준의 협력업체도 많다. 이렇게 배경과 규모 등이 확연하게 차이나는 무수한 협력업체들과 효율적인 파트너 관계를 구축하기 위해서 코카콜라는 회사의 장기 로드맵을 공유하는 것을 중시한다.

코카콜라의 비전과 앞으로 10년간 회사의 실적 목표, 핵심 제품 등을 한 장의 로드맵으로 일목요연하게 정리해 협력업체들이 코카콜라가 나아갈 방향을 이해하기 쉽게 만든다. 특히 로드맵은 작성 단계에서 협력업체의 의견을 충분히 반영해 실천 가능성을 높이는 것이 핵심이다. 아울러 코카콜라는 웹사이트 등을 통해서 협력업체에 코카콜라의 성공적인 경영관리 기술도 전수하고 있다.

전 세계 각국에 진출한 현지 사업부의 아이디어나 성공 사례를 채택하는 것도 회사 발전에 큰 역할을 한다. 인도에서는 태양광을 이용한 쿨러(cooler)를 현지 소매상에게 제공해 판매 증가를 이끌었다. 현재 코카콜라는 이 아이디어를 다른 시장으로 확대하고 있다.

중국에서 오렌지 과육이 들어있는 미닛메이드 펄피가 큰 인기를 모으는 것을 보고 회사는 다른 많은 국가에서도 이 제품을 적극적으로 판매했다. 터키에서 성공한 라마단 광고 캠페인은 다른 이슬람 국가에도 적용해 마케팅 수단으로 활용했다.

다국적기업으로서의 코카콜라의 성공의 배경에는 무엇보다도 강력하고 효율적인 리더십이 중요하다. 보저 사장은 또 "리더십이 특히 중요하다."면서 "코카콜라는 비관적인 사람을 절대 리더로 뽑지 않으며 리더들은 또 자신이 모든 것을 다 하려는 욕심을 버려야 한다."고 말했다.

[출처: 이투데이, 2011. 12. 22.]

6. 공식조직과 비공식조직

공식조직은 특정 목적을 달성하기 위하여 인위적으로 만든 조직으로서 조직의 목적이나 구성, 업무분담 등이 명확하게 드러나는 특징이 있다. 이러한 조직 내의 공식조직이 있는 반면에 자연발생적으로 형성되는 조직도 있게 마련인데, 이것이 비공식조직이다. 비공식조직은 현실적인 인간관계를 토대로 자연발생적으로 형성된다. 공식조직과 비공식조직이 서로 상호 보완적 역할을 한다면 양 조직 모두에게 이익이 된다.

(1) 공식조직(formal organization)

법 또는 규정에 의해 인위적으로 만들어진 조직이다. 즉, 규정이나 절차에 기초한 가시적 조직으로서 조직의 목표, 구성원 간의 관계, 역할 등이 사전적 계획 하에 만들어지며, 합리성과 능률성의 원리에 기초해 활동한다.

공식조직은 다음과 같은 특징을 갖는다.

❶ 계획적으로 바꾸지 않는 한, 지속적으로 존재한다.
❷ 상의하달(上意下達)식이다.
❸ 목표달성에 전념한다.
❹ 정적(static)이다.
❺ 목표에 역할을 정확히 정렬시키는데 뛰어나다.
❻ 경계가 명료하다.
❼ '사람'을 '역할'과 동등시한다.
❽ 계급제이다.
❾ 성문화된 규칙과 지시를 통해 하나로 묶어진다.
❿ 쉽게 이해되고, 설명된다.
⓫ 이미 알고 있고 모순이 없는 일관된 상황을 다루는 데 뛰어나다.

(2) 비공식조직(informal organization)

조직 구성원 간의 상호작용을 통해 자연적으로 발생하는 조직이다. 비공식조직은 호손실험(Hawthorne experiments) 연구자들에 의해 처음 그 존재가 확인되었는데, 사람 간의 만남과 교제로 이루어진 사회적 집단으로서 조직 내에서 취미를 공유하거나, 혈연, 지연, 학연 등의 요인에 의해 생각을 공유하는 구성원 간에 비공식적 네트워크(informal networks)를 발전시키면서 자연 발생한다.

비공식조직은 공식조직과 달리 조직의 생성과 해체 과정, 활동 방식 등에서 차이가 난다. 비공식 조직의 특징을 살펴보면 다음과 같다.

❶ 끊임없이 생성, 발전, 진화한다.

❷ 공식적 조직의 내부에서 활동하는 기본적 단위들이다.

❸ 역동적(dynamic)이고, 외부 자극에 민감하다.

❹ 동기부여에 뛰어난 능력을 발휘한다.

❺ 구성원들끼리는 서로의 생각, 인식을 잘 알고 있다.

❻ 구성원들은 서로를 개인으로 대우한다.

❼ 구성원 간의 관계는 수평적이고 불안정하다.

❽ 신뢰와 상호이익 관계에 의해 결정된다.

❾ 공식적 구조가 없다.

❿ 커뮤니케이션 구조의 형태로 존재한다. 상황이 빠르게 변하거나 그것이 아직 충분히 이해되지 않는 상황에서 필수적이다.

⓫ 비공식 조직은 명확히 파악하고, 확실히 구별해 내기 어렵다.

⓬ 비공식적 조직 간의 관계는 모호하고, 구성원 간의 관계도 복잡하고 역동적이다.

한편, 비공식조직은 기업의 업무수행에 직접적으로 관여하지는 않지만 기업의 성과 향상에 상당한 기여를 하기도 한다. 또한, 비공식조직을 통한 조직 구성원 간의 자유로운 만남을 통하여 많은 것을 학습하게 되는데, 이러한 비공식적 학습은 조직개발을 위한 중요한 자원으로 인식되고 있다.

참고문헌

1. 김병윤, 김길평, 김영국, 임종일, 「현대경영학원론」, 명경사, 2002.

2. 박흥식, 「온라인행정학사전」, 2009. 7. 3.

3. 유홍림, 김종성, 김근세, 전영한, 오준근, 나태준, 「정부조직설계 모델 개발」, 한국조직학회, 2006. 12.

4. 윤종훈, 송인암, 박계홍, 정지복, 「경영학원론」, 학현사, 2007.

5. 이투데이, "코카콜라의 매트릭스 조직을 통한 성공비결", 2011. 12. 22.

6. 조경동, 「현대 경영학원론」, 형설출판사, 2003.

7. 조동성, 「21세기를 위한 경영학」, 도서출판 서울경제경영출판사, 2008.

8. 지호준, 「21세기 경영학」, 법문사, 2005.

9. 허정수, 「현대경영학의 이해」, 도서출판 대경, 2002.

10. Burns, Tom & G.M Stalker(1961), The Management of Innovation, Tabistock.

11. Gibbson, J. L., J. M. Ivancevich & J. N. Donnelly(1991), Organization, Structure, Process and Behavior, Irwin.

12. LG경제연구원, "가장 일하고 싶은 기업 그들은 무엇이 다른가", LGERI 리포트, 2011.

13. Watkins, K. & V. J. Marsick(1993), Sculpting the Learning Organization, Jossey-Bass: San Francisco, CA.

Chapter 09

지 휘

01 지휘활동의 이해

지휘(leading)란 조직구성원들이 기업의 목표를 보다 효과적으로 달성할 수 있도록 도와주는 활동을 의미한다. 즉, 기업 목표를 달성하기 위해 요구되는 업무를 잘 수행할 수 있도록 종업원들의 동기를 유발하고 이끄는 활동을 말한다. 계획이 아무리 잘 수립되고 이에 따른 조직을 적절하게 갖추었다 하더라도 조직구성원들이 조직에 적극적으로 몰입하지 않으며 조직의 목표를 결코 달성할 수 없다. 지휘활동은 조직 내에서 윤활유 같은 촉진제 역할을 하기 때문에 그 기능이 발휘하지 못하면 기업은 바람직한 성과를 거둘 수 없게 된다. 이러한 이유로 지휘활동은 경영과정에서 매우 중요시된다. 지휘활동이 조직성과에 미치는 영향을 살펴보면 〈그림 9-1〉과 같다.

그림 :: 9-1
지휘 활동의 위치

| 계획과 의사결정 | × | 지휘 | × | 조직화 | = | 조직성과 |

지휘활동은 기업에서보다 군대에서 더욱 중요시되었는데, 이에 군대를 중심으로 지휘학이 발달하게 되었다. 이 지휘학은 실제적인 목표달성을 위해 매우 유용한 것으로 인정되어 기업에서도 도입하게 되었으며, 경영활동에서 중요한 관리기능으로 활용되고 있다. 일반적으로 조직의 목표달성을 위한 지휘활동은 다음과 같은 세 가지 활동들을 의미한다.

❶ 리더십을 발휘하여 조직구성원들을 리드하는 활동
❷ 조직구성원들에게 동기부여를 주는 활동
❸ 조직구성원들 간의 의사소통을 활성화시키는 활동

02 리더십

I. 리더십이란?

기업에 영향을 미치는 요인은 많겠지만, 그 중에서도 가장 직접적이면서도 크게 영향을 미치는 것은 리더의 역할이다. 기업의 리더가 조직구성원들에게 어떻게 영향력을 발휘하여 조직 목표달성에 공헌할 수 있도록 사기를 앙양하고 그들의 잠재 능력을 극대화시키느냐 하는 리더십의 발휘가 오늘날 기업의 중요한 성공요인으로 자리잡고 있다.

리더십이란 일정한 상황 하에서 조직의 목표를 가장 효과적으로 달성하기 위하여 한 개인이 조직구성원들에 영향을 미치는 과정이라고 할 수 있는데, 리더십의 개념을 좀 더 정확히 이해하기 위해 리더십의 정의에 대한 학자들의 견해를 몇 가지를 살펴보면 다음과 같다.

🌐 테리(Terry)　집단목표를 위해 스스로 노력하도록 사람들에게 영향력을 행사하는 활동이다.

🌐 바스(Bass)와 스톡딜(Stogdill)　어떤 주어진 상황 속에서 목표설정이나 목표를 성취하기 위하여 개인 또는 집단의 활동에 영향을 미치는 과정이다.

🌐 쿤츠(Koontz)와 오도넬(O'Donnell)　리더십이란 공통된 목표달성에 따르도록 사람

들에게 영향력을 미치는 것이다.

🌐 탄넨바움(Tannenbaum)　커뮤니케이션의 과정을 통해 어떤 특정한 목표달성을 지향하고 있는 상황 속에서 행사하는 대인간의 영향력이다.

🔍 유클(Yukl)　집단이나 조직의 한 구성원이 사건의 해석, 목표나 전략의 선택, 작업활동의 조직화, 목표성취를 위한 구성원 동기부여, 협력적 관계의 유지, 구성원들의 기술과 자신감의 개발, 외부인의 지지와 협력의 확보 등에 영향을 미치는 과정이다.

2. 리더십의 구성요소

리더십을 명확히 이해하기 위해 리더십이 어떠한 요소들로 구성되어 있는가를 살펴보아야 한다. 기브(Gibb)는 리더십의 구성요소로서 지도자, 집단, 추종자, 상황, 업무(과업)을 제시하고 있다.

🌐 지도자　리더십은 지도적 역할을 하는 주체자인 지도자(leader)에 의하여 다루어진다. 지도자는 한 조직에서 고위직에 있을 수도 있으나 고위직 관리자라고 하여 반드시 리더십이 있다고 하거나 지도자가 될 수 있다고는 말할 수 없다. 왜냐하면, 관리자의 기능과 지도자로서의 자질과는 별개의 문제이기 때문이다.

🌐 집단　리더십은 조직의 목표달성을 위하여 조직 내의 사람들이나 집단에 영향력을 행사하는 것이므로 조직이나 집단을 떠난 리더십은 생각할 수 없다. 따라서 리더십은 집단 밖의 사람들을 대상으로 하는 행위가 아니라 집단 안에서 일어나는 행위인 것이다.

🌐 추종자　지도자가 있으면 그 지도적 역할에 상응하여 반드시 추종자가 있어야 할 것이다. 지도자의 지도적 역할에 따르지 않는 리더십이란 논리상 있을 수 없는 것이기 때문이다. 이 경우의 추종행위(following)는 어디까지나 자발적이어야 한다.

🌐 상황　리더십은 조직 안의 상황에 따라 그 발휘가 좌우될 수 있다. 여기서의 상황이란 조직 안의 사람들이나 집단들의 상호작용관계, 조직문화, 집

단의 성격, 집단규범, 집단 활동의 제약 조건 및 이들에 대한 인식과 태도 등의 양상이라 말할 수 있다.

🔍 **업무(과업)** 업무란 조직의 목표 달성을 위해 조직의 구성원들에게 주어진 과업을 말한다. 업무는 조직의 성격에 따라 제각기 다르다. 따라서 다양한 업무에 종사하는 사람들을 획일적으로 다룰 수는 없다. 즉, 군대나 교도소 등에서는 보다 엄격한 리더십이 요구되고, 연구소의 경우에는 많은 자유가 허용되는 리더십이 보다 효과적일 것이다.

 사례연구

서번트 리더십

서번트 리더십은 그린리프(R. Greenleaf)라는 경영학자에 의해 1970년대 초에 처음으로 소개되었다. 그린리프는 헤세(H. Hesse)가 쓴 '동방 순례'라는 책에 나오는 서번트인 레오(Leo)의 이야기를 통해 서번트 리더십의 개념을 설명하였다. 레오는 순례자들의 허드레 일이나 식사 준비를 돕고, 때때로 지친 순례자들을 위해 밤에는 악기를 연주하는 사람이었다. 레오는 순례자들 사이를 돌아 다니면서 필요한 것들이 무엇인지 살피고, 순례자들이 정신적으로나 육체적으로 지치지 않도록 배려했다. 그러던 어느 날 갑자기 레오가 사라져 버렸다. 그러자 사람들은 당황하기 시작했고, 피곤에 지친 순례자들 사이에 싸움이 잦아졌다. 그 때서야 비로서 사람들은 레오의 소중함을 깨닫고, 그가 순례자들의 진정한 리더였음을 알게 되었다.

서번트 리더십은 레오와 같이 다른 구성원들이 공동의 목표를 이루어 나가는 데 있어 정신적·육체적으로 지치지 않도록 환경을 조성해 주고 도와주는 리더십이다. 결국 인간 존중을 바탕으로 다른 구성원들이 잠재력을 발휘할 수 있도록 도와 주고 이끌어 주는 것이 서번트 리더십의 요체이다.

전통적·위계적 조직 하에서의 리더는 다른 구성원들에 대해 가부장적인 모습을 가지며, 모든 권한과 책임을 혼자 독점하는 경향이 있다. 리더는 아침 일찍 자신이 책임지고 있는 팀에서 오늘 하루 할 일이 무엇인지를 확인하고, 구성원들에게 해야 할 업무를 세세히 지시한다. 예를 들어 재무 부서에서 자금을 융통하려는 계획을 세웠다면 리더는 차입 은행과 방법, 금액 등을 모두 결정해 놓고, 구성원들에게는 결정된 사안을 실행하도록 지시한다. 오후가 되면 리더는 구성원들이 업무를 시킨 대로 제대로 처리했는지를 확인하는데, 일을 제대로 처리하지 못한 구성원은 질책의 대상이 되고, 그 일은 보통 다른 구성원이 처리하도록 만들어 성과를 내지 못하는 구성원들은 점점 더 업무 기회를 잃게 된다. 이러한 상황에서는 리더는 자연스레 권위적인 모습을 띠게 되고, 구성원들은 지시 받은 일만을 규정대로 착실하게 수행하는 수동적인 자세를 갖는다. 그 결과 구성원들은 리더에게 의존적이게 되고, 다양성이나 창의성을 발휘하기가 어렵다. 전통적인 리더십 하에서는 계획된 업무들이 리더의 지시대로 일사불란하게 진행될 수 있다는 장점이 있지만, 그때 그때에 맞게 행동을 취해야 하는 환경, 즉, 유연성과 창의성이 요구되는 상황에서는 좋은 성과를 거두기가 어렵다.

한편 서번트 리더십 하에서 리더와 구성원간의 관계는 상하 관계라기보다 수평적인 동료 관계에 가깝다. 서번트 리더는 구성원들이 자율적으로 업무를 수행하도록 권한과 책임을 위임하고, 그들을 지원하게 된다.

전통적인 리더십 하에서 재무 부서의 자금 융통 업무가 서번트 리더십 하에서는 어떻게 이루어 지는지를 살펴 보자. 재무 부서에서 자금을 융통하려는 계획을 세운다면, 자금의 융통을 담당하고 있는 구성원이 자금이 필요한 이유와 차입 금액, 차입 방법 등에 대해 의견을 제시한다. 리더와 구성원들은 그 안을 토의하고 결정을 내리게 된다. 결정된 사안에 대해서는 구성원들이 협력하여 일을 추진해 나가며, 서번트 리더는 결정된 일이 잘 진행될 수 있도록 지원하고 환경을 조성해 주는 일을 한다. 또한 서번트 리더는 이 과정에서 질책보다는 격려를 통해 구성원들이 업무를 잘 수행할 수 있도록 동기를 부여 한다. 이러한 과정들을 통해 구성원들은 자신의 다양성과 창의성을 자유롭게 발휘할 수 있게 되며, 업무에 대해 주인의식과 책임감을 가지고 환경의 변화에 대해 능동적으로 대처하게 된다.

[출처: LG경제연구원, LG주간경제, "서번트 리더십", 2002.]

03 리더십 이론

리더십에 대한 이론은 크게 3개의 이론, 즉 리더의 개인적 특성에 관심이 있는 특성이론, 리더의 행동유형에 관심이 있는 행동이론, 그리고 어떤 특성이나 어떤 유형이 어떤 상황에서 보다 효과적인가에 관심이 있는 상황이론으로 구분할 수 있다.

1. 특성이론

20세기 초에서 1940년대까지의 리더십 연구는 주로 리더가 갖추어야 할 특성이나 자질을 찾는 데 집중되었다. 즉, 리더의 특성을 측정하고, 측정된 리더의 특성과 리더십의 유효성과의 관계를 살펴보는 데 주력하였다. 이와 같은 리더십 연구는 자질론, 특성론으로 설명되기도 하는데, 훌륭한 리더는 남다른 보편적인 특성을 지니고 있으며, 선천적·유전적으로 보통 사람들과 다른 어떤 자질을 가지고 태어났다고 주장한다.

특성이론(trail theory)의 대표적 학자는 스톡딜(Stogdill)인데, 그는 1948년 리더의 특성 124가지를 연구·검토하여 여섯 가지 범주의 특징을 제시하였다(표 9-1).

표 9-1 :: 리더의 6가지 특성

구 분	특 성
신체적 특성 (physical characteristics)	연령, 외모, 신장, 체중
사회적 배경 (social background)	교육, 사회적 지위, 이동성
지능과 능력 (intelligence and ability)	지혜, 능력, 판단력, 지식, 결심, 설득력
성격 (personality)	적극성, 기민성, 지배력, 열성, 외향성, 독립성, 창조력, 고결, 자신
과업관련 특성 (task-related characteristics)	성취욕구, 책임욕구, 주도적 자세, 인내력, 사업, 과업지향성
사회적 특성 (social characteristics)	경영능력, 매력, 협동정신, 인기, 인간관계기법, 요령, 외교적 수완

그러나 지금까지 어떠한 특성들이 리더와 리더가 아닌 사람을 구분할 수 있는가에 대한 연구가 일치되지 않고 있으며, 리더의 개인적 특성만을 고려하여 어떠한 리더십이 효과적인가를 설명하는 것이 객관적이지 못하기 때문에 특성이론은 오늘날 거의 활용되지 않고 있다.

2. 행동이론

리더의 어떠한 특성으로 리더십을 정의하는 것이 현실적이지 못하다는 비판으로 행동이론이 등장하였다. 행동이론(behavioral theory)은 1950년대 행동과학자들에 의해 제시된 이론으로서 리더십의 중요한 측면은 리더의 특성이 아니라 다양한 상황에서 리더가 행동하는 것이며, 효과적인 리더는 그들의 특별한 리더십 행동 유형에 의해 비효과적인 리더와 구별된다고 한다. 즉, 리더가 자신의 역할을 수행하기 위해 종업원들에게 어떠한 행동을 보여주느냐에 따라 리더십이 얼마나 효과가 있는지 결정된다는 이론이다. 행동이론에 대한 연구는 오하이오(Ohio) 연구, 미시간 연구(Michigan), 관리 격자 이론 등이 있다.

(1) 오하이오 연구

오하이오 주립대학의 연구에서 연구자들은 리더십을 업무주도(initiating structure)와 종업원에 대한 배려(consideration)로 구분하였다. 업무주도란 리더가 과업을 조직하고 정의하며 업무를 할당하고 의사전달의 통로를 확립하여 업무진단의 성과를 평가하는 행동을 의미하며, 배려는 신뢰, 상호존경과 우정, 지원, 조직구성원의 복지를 위한 부분에 관심을 나타내는 행동을 뜻한다. 이러한 연구결과, 업무주도와 배려가 높은 리더가 업무주도와 배려 어느 한 쪽에서 낮거나 둘 다 낮은 리더보다 조직구성원들의 성과와 만족도가 높은 것으로 나타났다.

(2) 미시간 연구

미시간 연구의 목적은 오하이오 연구와 마찬가지로 어떤 유형의 리더 행동이 업무진단의 성과와 조직구성원의 만족을 가져오는가를 발견하는 데 있었다. 이 연구결과 두 가지 유형의 리더십 행동 유형이 발견되었는데, 종업원 중심적(employee-centered) 리더십과 업무 중심적(production-centered)리더십이 그것이다. 종업원 중심적 리더십은 보다 인간 지향적이며 권한과 책임의 위임과 구성원의 복지와 욕구, 승진, 개인적 성장에 관심을 두는 반면, 업무 중심적 리더십은 세밀한 감독과 합법적이고 강제적인 권력을 활용하며, 업무계획표에 따라 실천하고 성과를 평가하는 데 중점을 둔다. 연구결과, 직원 중심적 리더십이 보다 높은 생산성과 직무만족도를 나타내었으며, 업무 중심적 리더십은 상대적으로 낮은 집단 생산성과 낮은 직무만족도를 보여주었다.

(3) 관리 격자(managerial grid) 이론

블레이크(Blake)와 무톤(Mouton)이 오하이오 주립대학의 연구를 바탕으로 어떻게 하는 것이 가장 효과적인 리더의 행동인가를 분석한 이론으로서, 사람에 대한 관심(concern for people)과 업무에 대한 관심(concern for production)을 두 축으로 하여 1에서 9까지 등급을 매긴 격자(grid) 형태의 리더십 유형을 개발하였다. 〈그림 9-1〉과 같이 격자는 횡축과 종축을 따라 각각 9개의 위치가 설정되고 81종류의 리더십 유형이 있게 된다. 수평축은 업무에 대한 관심을 보여주고, 수직축은 사람에 대한 관심을 가리킨다. 각 축은 9점으로 나뉘어 1점은 최소한의 관심을 보여준다. 연구결과 대표적인 5개의 유형을 분류할 수 있는데 각각의 유형을 살펴보면 다음과 같다.

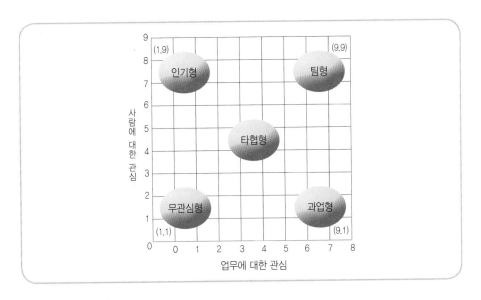

그림 :: 9-1
관리 격자 모형

🔎 **무관심형**(1.1형) 리더의 업무와 사람에 대한 관심이 모두 낮은 무관심형 리더는 조직구성원으로서 자리를 유지하는 데 필요한 최소한의 노력만 투입하며, 단순히 상급자의 지시를 수동적으로 받아들여 업무를 수행한다.

🔎 **인기형**(1.9형) 리더의 사람에 대한 관심을 많으나 업무에 대한 관심은 매우 낮은 인기형 리더는 종업원들의 욕구를 사려깊게 관심을 가져주고 편안하고 우호적인 조직환경을 제공하려고 노력하지만, 업무 수행에 있어서는 단지 주어진 지시사항만을 그대로 이행하는 모습을 보인다.

🔎 **과업형**(9.1형) 리더의 업무에 대한 관심을 매우 높으나 사람에 대한 관심은 매우 낮은 과업형 리더는 업무의 효율성을 높이기 위해 인간적 요소를 최소화하도록 작업조건을 정비하는 등 과업상의 능력을 우선적으로 생각하여 매우 독재적인 리더십을 보이게 된다.

🔎 **팀형**(9.9형) 사업과 업무 모두에 대한 관심이 높은 팀형 리더는 종업원들과 조직의 공동목표 및 상호의존 관계를 강조하고, 상호 신뢰적이고 상호 존중하는 관계에서 조직구성원들의 몰입을 통해 과업을 달성한다.

🔎 **타협형**(5.5형) 업무와 사람에 대해 절반 정도의 관심을 갖는 타협형 리더는 과업을 능률성과 인간적 요소를 절충하여 적당한 수준에서 성과를 추구한다. 이러한 리더는 기업의 목표와 종업원의 욕구 사이에 균형을 맞추기 위해 중간 노선을 택하는 경향이 있다.

3. 상황이론

리더에게 어떤 특징이 있는가를 밝히려는 특성이론과 성공한 리더의 행동적
특성과 성격을 규명하려는 행동이론은 리더가 처해 있는 상황을 고려하지 않는
다는 한계가 있다. 그러나 현실적인 측면에서 봤을 때 유사한 특성과 자질을 갖
춘 리더가 서로 다른 상황에서 상이한 결과를 내는 경우가 있다. 상황이론(contin-
gency theory)은 리더가 처한 상황에 따라 리더 형태가 결정된다는 이론으로서, 모든
상황이나 조건에 적합한 최적의 리더십 특성이나 행동유형은 존재하지 않고 각
각의 상황에 가장 적합한 리더십 유형을 찾으려고 한다. 대표적인 이론인 피들러
(Fiedler)의 상황이론과 허쉬(Hersey)와 브랜차드(Blanchard)의 상황이론에 대해 살펴본다.

(1) 피들러의 상황이론

피들러(Fiedler)는 리더의 스타일이 비교적 고정적인 것이라 쉽게 바뀌지 않는다
고 전제하고, 어떤 하나의 리더십이 모든 상황에 효과적이지는 않다고 주장한
다. 피들러는 리더십 스타일을 LPC(Least Preferred Coworker) 점수를 기준으로 구분하는
데, LPC 점수는 어느 한 리더에게 자신과 가장 비호의적인 점수를 기준으로 하
여 구분한다. LPC 점수가 낮으면 그 리더는 인간관계에 대한 관심은 적고, 업무
에 대한 관심이 높은 리더이며, LPC 점수가 높으면 인간관계에 대한 고려의 수
준이 높은 리더라고 분류한다. 피들러는 상황의 호의성을 상황변수로 설정하여
8가지 상황에 따른 효과적 리더십 유형을 소개하였는데, 상황의 호의성으로는
〈표 9-2〉와 같이 리더와 구성원 간의 관계, 과업구조, 리더의 지위권력을 선택
하였다.

❶ 리더와 구성원과의 관계　집단의 구성원들이 리더를 지원하고 있는 정도를
나타낸다.

❷ 과업구조　구성원들이 맡은 과업이 명확히 정의되어 있는가의 정도를 의
미하며, 이는 목표의 명확성, 목표에 이르는 수단의 다양성, 의사결정의 검
증가능성 등에 의해 결정된다.

❸ 리더의 지위권력　리더의 직위가 집단 구성원들로 하여금 명령을 수용하게
만들 수 있는 정도로써 구성원들에게 보상이나 처벌을 줄 수 있는 재량권
등을 의미한다.

표 9-2 :: 피들러의 상황이론

상황의 호의성		호의적 ←——————————————→ 비호의적						
리더와 구성원간의 관계		좋음				나쁨		
과업의 구조화		구조화		비구조화		구조화		비구조화
리더의 지위권력		강함	약함	강함	약함	강함	약함	강함	약함
상 황		I	II	III	IV	V	VI	VII	VIII
리더의 특성	높은 LPC	비적합	비적합	비적합	적합	적합	적합	적합	비적합
	낮은 LPC	적합	적합	적합	비적합	비적합	비적합	비적합	적합

(2) 허쉬와 브랜차드의 상황이론

허쉬(P. Hersey)와 브랜차드(K. Blanchard)의 상황이론도 피들러의 이론과 같이 상황에 따라서 리더십의 유형이 달라져야 한다고 주장한다. 이들은 리더를 두 차원에서 네 가지 유형으로 구분하였는데, 한 차원은 과업지향적 행동(task behavior)이고, 다른 한 차원은 인간관계적 행동(relationship behavior)이다. 주어진 상황에서 어떤 유형의 리더가 적합한가를 결정하기 위해서 리더를 따르는 종업원들의 준비수준을 먼저 평가한다. 여기서 준비수준이란 어떤 업무를 성취하고자 하는 능력과 의지를 말하는데, 능력에는 직무에 필요한 경험, 지식, 세부적 기술 등이 포함되고, 의지는 자신감, 동기부여, 의지 등이 포함된다.

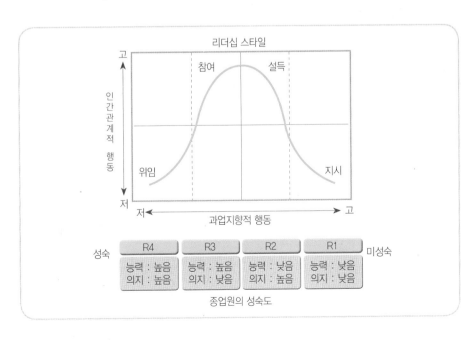

그림 :: 9-2

허쉬와 브랜차드의 상황이론

〈그림 9-2〉에서 볼 수 있듯이 종업원의 준비수준은 4단계 즉, R1(낮음), R2(중간 이하), R3(중간 이상), R4(높음)로 구분되는데, 종 모양의 곡선은 주어진 각 준비수준에 따른 가장 적합한 리더십 스타일을 의미한다. 즉, R1은 지시형(telling), R2는 설득형(selling), R3는 참여형(participating), 그리고 R4는 위임형(delegating)이 적합하다.

⟶ 사례연구 ⟵ **원칙 중심의 리더십**

「원칙 중심의 리더십」은 세계적인 리더십의 최고 권위자인 스티븐 코비의 저서이다. 여기서 스티븐 코비는 "우리가 세상 일을 통제하는 것이 아니라 원칙이 통제한다. 우리는 자신의 행동을 통제하지만 이런 행동의 결과는 원칙이 통제한다."라고 주장하면서 연구와 관찰, 그리고 경험을 통해 원칙 중심의 리더들이 갖고 있는 8가지의 특성들을 언급하였다. 그 특성들은 성공적인 리더들의 특성일 뿐만 아니라 우리 모두가 발전을 원한다면 지향해야 할 특성들이다. 이들 8가지 특성에 대해 살펴본다.

① 끊임없이 배운다

원칙 중심의 리더들은 그들의 경험을 통해 끊임없이 배운다. 책을 읽고, 기회가 있을 때마다 교육을 받고, 또 각종 강의에 참석한다. 그들은 다른 사람의 말을 경청하며, 자신의 눈과 귀를 통해 배운다. 그들은 호기심이 강하여 끊임없이 질문을 한다. 또한 계속해서 역량을 키워나가고 일 처리능력을 계발해 나간다. 그들은 계속 새로운 기술과 관심 분야를 개척하며, 자신이 아는 것이 많아질수록 모르는 것도 더 많아진다는 사실을 발견한다. 그렇다면 끊임없이 배우려면 어떻게 해야 할까? 약속을 하고 그것을 지켜야 한다. 작은 약속부터 시작하라!

② 서비스 지향적이다

원칙을 중심으로 살아가는 사람들은 인생을 직업적 측면이 아니라 하나의 사명으로 여긴다. 자라온 배경이나 교육이 이들을 서비스 지향적으로 만든 것이다. 실제로 이런 사람들은 아침에 일어나면서부터 다른 사람들을 생각하기 시작한다. 이들은 서비스 정신이 장착된 도구를 지니고 평생 살아간다.

③ 긍정적 에너지를 발산한다

원칙 중심적인 사람들은 표정이 밝고 유쾌하며 행복에 차 있다. 태도 역시 낙관적이고 긍정적이며 또한 기대에 차 있다. 정신면에서도 이들은 열정적이고 희망적이며 신념에 차 있다. 이러한 긍정적 에너지는 마치 이들을 에워싸고 있는 에너지 장(場)이나 혹은 영기(靈氣)와 같아서 주변에 있는 약하거나 부정적인 에너지 장을 충전시키거나 변화시킨다. 부정적인 에너지가 횡행하는 오늘날의 현실에서 파괴적 에너지를 무력화시키고 오히려 긍정적 에너지로 되돌려 놓을 수 있는 평화의 사자가 되고 조정자가 된다.

④ 다른 사람을 믿는다

원칙 중심의 리더들은 부정적 행동이나 비판 그리고 인간적 약점 등에 과잉반응을 보이지 않는다. 이들은 설사 다른 사람의 약점을 발견하더라도 크게 개의치 않는다. 반드시 순진해서가 아니다. 이들 역시 그것을 충분히 인식하고 있지만 다른 사람들의 행동과 밖으로 보이는 잠재력은 별개의 것이라고 생각한다. 사람은 누구나 보이지 않는 잠재력을 가지고 있다고 생각하는 것이다. 이들은 도토리를 보면서도 머리 속에는 참나무를 그리며, 그 도토리가 거대한 참나무로 성장할 수 있도록 도와준다.

⑤ 균형 잡힌 삶을 산다

원칙 중심의 리더들은 최고 수준의 책과 잡지들을 읽으며, 국내외 정세는 물론 현재 일어나고 있는 일들도 잘 파악하고 있다. 사회활동에도 적극적으로 참여해 친구가 많으며, 그 중 몇몇은 아주 막역한 사이이다. 이들은 지적인 면뿐만 아니라 다방면에 관심을 가지며, 읽고, 보고, 관찰하고 그리고 배운다. 또한 나이와 건강이 허락하는 한 신체적으로도 매우 활동적이다. 다양한 취미생활로 자신의 인생을 즐기고, 건전한 유머감각을 갖고 있다. 한 마디로 이들은 건강한 자기 존경심을 갖고 있으며, 자기 자신에게 매우 솔직하다. 이들은 극단주의자가 아니기 때문에 일을 처리함에 있어 "전부가 아니면 전무다!"라는 식으로 이분법적 방법을 택하지 않는다. 또한 상황에 따라 균형감각과 자제심, 중용 감각 그리고 현명한 처신을 통하여 자신의 행동과 태도를 조절할 수 있다.

⑥ 인생을 모험으로 여긴다

원칙 중심의 사람들은 사람과 사물에 대한 확실성과 예측 가능성의 감각을 갖기 위해 모든 사물과 모든 사람을 고정관념에 따라 유형화할 필요를 느끼지 않는다. 이들에게는 낯익은 얼굴도 항상 새롭게 보이고, 오랫동안 익숙해진 경관들도 마치 처음 본 장면처럼 느껴진다. 이런 의미에서 이들은 마치 미지의 세계를 찾아 떠나는 용감한 탐험가들과 흡사하다. 이들은 장차 어떤 일이 일어날지도 모르면서 그래도 무언가 흥미롭고 자기 성장에 도움이 되는 일이 있을 것이라고 확신한다. 이들은 신천지를 발견하여 무언가 새로운 공헌을 만들어 낸다.

⑦ 시너지를 활용한다

원칙 중심적인 사람은 시너지를 잘 활용한다. 또한 변화를 일으키는 촉매자로 자신들의 분야에서 거의 모든 생활을 개선시킨다. 이들은 일을 열심히 할 뿐만 아니라 스마트하게 한다. 동시에 놀라울 정도로 생산적이고 새롭고 창의적인 방법으로 일을 한다. 이들은 적대적인 상황에서 다른 사람과 협상이나 대화를 하게 되더라도 사람과 문제를 분리시킬 줄 알며, 유리한 위치를 확보하기 위해 다투기보다는 오히려 상대방의 이해와 관심사에 더 신경을 씀으로써 상대방도 점차 이들의 성실성을 이해하도록, 그리고 창의적인 문제 해결과정에 동참하도록 이끈다.

⑧ 자기 쇄신을 위해 노력한다

원칙 중심적인 사람들은 인간 본질의 4가지 차원, 즉 신체적, 정신적, 사회감정적, 그리고 영적 차원을 부단히 쇄신한다. 예를 들어 에어로빅을 통해 신체적 차원을 쇄신하고, 독서, 창의적인 문제해결, 글쓰기 등을 통해 정신적 차원을 쇄신한다. 하루 24시간 가운데 자기를 쇄신하는 데 투자하는 시간만큼 투자효과가 큰 것도 없을 것이다. 매일 이와 같은 쇄신을 계속한다면 누구나 멀지 않아 일생 동안 지속될 좋은 효과를 경험하게 된다. 자기 쇄신의 원칙은 점차적으로 강한 자제력과 투철한 서비스 정신을 바탕으로 한 견실하고 건전한 성품의 인간을 만들어 낸다.

[출처: 스티븐 코비, 「원칙 중심의 리더십」, 김경섭·박창규 옮김, 김영사, 2001]

04 동기부여

1. 동기부여의 의의

인간의 행동은 매우 복잡하고 때로는 비합리적인 측면도 있기 때문에 그 동기를 밝히는 것은 쉬운 일은 아니다. 그러나 조직구성원들의 행동동기 파악은 조직의 효율성과 효과성에 직결되므로 매우 중요한 문제이다.

동기부여(motivation)이란 조직의 목표달성을 위해 종업원을 타율적, 강압적 압력에 의해 행동하게 하는 것이 아니라 자율적, 자발적 요인에 의해 스스로 행동하도록 만드는 활동이다. 이는 인간이 가지고 있는 욕구를 자극하여 어떤 행동을 하도록 유도하는 것을 의미한다. 어떤 행동을 하도록 유도하기 위해서는 경제적 보상을 포함한 여러 방법으로 조직구성원의 욕구를 만족시켜 줄 수 있어야 한다.

2. 동기부여 이론

동기부여에 대한 현대적 이론으로는 욕구이론, 인지이론, 강화이론 등이 대표적이다. 각각에 대해 살펴본다.

(1) 욕구이론(need theory)

사람의 충족되지 않은 어떤 특정한 욕구를 충족시키기 위해 동기부여가 필요하다는 이론으로서, 대표적으로는 허즈버그(Frederick Herzberg)의 2요인 이론(two-factor theory)을 들 수 있다. 허즈버그는 200명의 기술자와 회계사들을 대상으로 욕구충족이 동기부여에 미치는 효과에 대한 연구를 실시하였으며, 여기서 직무차원에서 사람들에게 만족을 주는 요인과 불만족을 주는 요인이 별개의 군을 형성하고 있음을 알아내었다.

허즈버그는 직무만족에 영향을 주는 요인을 '동기요인(motivative factor)'이라 이름하고, 직무불만족 요인을 '위생요인(hygiene factor)'이라고 명명하였다. 여기서 동기요인이란 성취, 인정, 직무, 책임감, 승진, 개인의 발전(성장) 등 작업의 내용과 관련된 것을 의미하고, 위생요인은 회사 정책 및 지침, 관리 및 통제, 상사와의 관

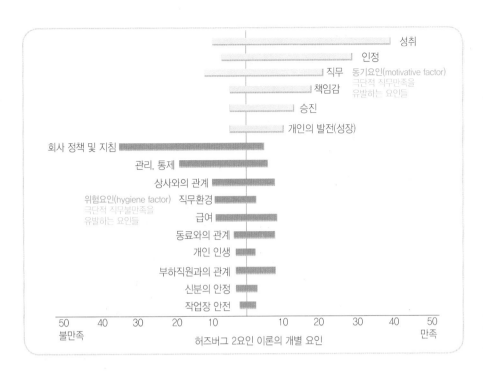

계, 직무환경, 급여, 동료와의 관계, 개인 인생, 부하직원과의 관계, 신분의 안정,
작업장 안전 등 작업의 환경과 직접적으로 관련된 것을 말한다.

　　허즈버그에 따르면 위생요인이 마치 청결하고 위생적인 주변환경이 사람들
이 질병에 걸리지 않도록 예방할 수는 있어도 건강상태를 높여주지는 못하는
것과 같다고 보고, 위생요인이 충족되는 것은 단지 직무불만족 요인을 제거하
는 것일 뿐이며 직무만족으로 이끌지 못한다고 한다. 따라서, 직무 불만족 요인
인 위생요인은 제거하되, 긍정적인 상승효과로 작용하는 동기요인을 강화해야
동기부여를 통한 성과가 높아질 수 있다고 주장한다.

(2) 인지이론

　　욕구이론이 종업원의 행동에 영향을 미치는 내부의 욕망을 식별하는 데 핵심
있으며, 사고과정에 대해서는 무시한 반면, 인지이론(cognitive theory)은 어떤 방식으
로 행동할 것인가에 대해서 사고패턴을 따로 고려해 보는 접근방식이다. 인지
이론으로서 대표적인 이론은 기대이론과 형평이론을 들 수 있다.

❶ 기대이론

　　기대이론의 대표적 학자인 브룸(Victor H. Vroom)은 사람들은 자신이 원하는 일

을 수행하고 그에 따라 가치있는 보상을 받기 위해 노력할 것이라고 주장한다. 기대이론(expectancy theory)에 따르면 종업원의 동기부여를 위해서는 세 가지 요인, 즉 기대감, 수단성, 보상의 가치 모두를 극대화시켜야 한다.

$$동기부여 = 기대감 \times 수단성 \times 보상의 \ 가치$$

여기서 기대감, 수단성, 보상의 가치가 의미하는 바를 살펴보면 다음과 같다.

- 기대감: 자신이 능력을 발휘하여 노력하면 바람직한 업적을 낼 수 있을 것인가에 대한 기대
- 수단성: 바람직한 업적을 올렸을 경우 그 대가로 받게 되는 보상의 수단이 무엇이며 제대로 보상을 받을 수 있는가에 대한 것
- 보상의 가치: 업적의 결과로 받게 될 보상은 어느 정도 가치있는 것인가를 나타내는 것으로서, 보상은 외적 보상일 수도 내적 보상일 수도 있음

❷ 형평이론(equity theory)

아담스(J. Stacy Adams)가 주장한 이론으로서 직무에 대한 동기부여는 개인이 받는 보상이 얼마나 공정하게 분배되는가 하는 평가에 달려 있다고 보는 이론이다. 여기서 형평은 개인의 작업상의 투입(노력이나 기술)과 산출(급여 또는 승진) 사이의 비율로 정의되는데, 형평이론에 의하면 개인은 그들이 기여한 노력에 대해 보상받는 것에 만족스러움을 경험할 때 동기유발을 얻는다고 한다. 따라서 형평이론에 따르면 경영자는 종업원들의 노력이나 성과에 따라 공정한 보상이 이루어질 수 있도록 노력하여야 동기유발이 이루어진다고 본다.

❸ 강화이론(reinforcement theory)

과거 행동의 결과에 따라서 미래의 행동 패턴이 결정된다는 이론으로서, 과거 어느 행동의 결과가 긍정적이었으면 개인은 미래에 비슷한 상황에서는 유사한 행동으로 반응할 것이며, 결과가 부정적이었다면 다음 기회에는 부정적 결과를 피하기 위해 자신의 행동을 수정한다는 주장이다. 일반적으로 사람이 열심히 일하려고 하는 것은 그들이 열심히 하면 보상받는다는 것을 배웠기 때문이며, 종업원이 과거에 어떤 보상을 받았는지를 알아서 그 패턴에 따라 그에 맞는 동기부여를 제공하면 그는 동기유발이 된다고 한다.

05 커뮤니케이션 활성화

I. 커뮤니케이션의 의의

커뮤니케이션(communication)은 개인 간이나 집단 간에 생각이나 지식, 감정 등을 포함한 다양한 정보를 서로 교환하고 공유하는 의사소통 과정을 의미한다. 기업의 규모가 커지면 모든 종업원들이 필요할 때마다 필요한 사람과 직접 의사소통하는 것이 어려워지고 비효율적일 수 있는데, 이럴 때 종업원들 간의 의사소통은 여러 개의 커뮤니케이션 네트워크를 통해 이루어진다. 커뮤니케이션 네트워크(communication network)는 의사소통에 있어서 누가 누구와 의사소통을 할 수 있는가를 나타내는 것으로 주로 사전에 결정된다.

커뮤니케이션 네트워크는 형태에 따라 팀에서의 커뮤니케이션 네트워크와 기업 전체의 커뮤니케이션 네트워크로 구분된다.

2. 팀 내에서의 커뮤니케이션 네트워크

팀 형태의 조직에서는 체인형, Y자형, X자형, 원형, 완전연결형 등 5가지 유형으로 커뮤니케이션 네트워크가 형성된다.

❶ 체인(chain)형 네트워크　팀 내에서의 서열이나 직위의 차이에 따라 의사소통 경로가 엄격하게 설정되는 형태로서 팀 구성원들은 자신의 직속 상관과 직속 하급자에게만 의사전달을 하게 된다.

❷ Y자형 네트워크　팀 내 강력한 리더가 있는 것은 아니지만 어느 정도 대표적인 사람을 통해 팀 구성원 간에 의사소통을 하는 형태이다.

❸ X자형 네트워크　팀 내에 강력한 리더가 있어 의사소통이 그 사람에게 집중되는 형태이다.

❹ 원형 네트워크　팀 구성원들이 동등한 입장에서 의사소통을 하는 형태로서, 위원회나 태스크포스(TF: Task Force)와 같은 경우가 이에 해당된다.

❺ 완전연결형 네트워크　　팀 구성원들이 서로 자유롭게 의사소통을 할 수 있는 형태인데, 주로 리더가 없거나 공식적 구조가 없는 비공식팀의 경우가 이에 해당된다.

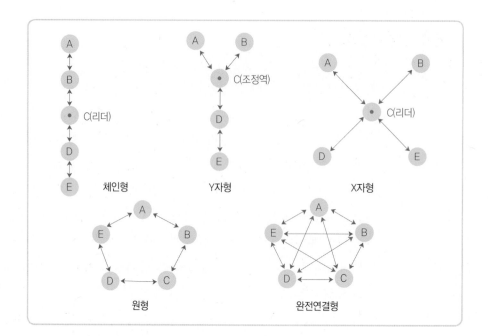

그림 :: 9-4
팀 형태의
네트워크 유형

3. 기업 전체의 커뮤니케이션 네트워크

기업 전체에서 이루어지는 커뮤니케이션은 공식적 커뮤니케이션과 비공식적 커뮤니케이션으로 구분할 수 있다.

(1) 공식적 커뮤니케이션

기업이 미리 정해 놓은 경로와 방법, 절차에 따라 정보가 전달되는 방식을 의미한다. 따라서 공식적 커뮤니케이션에서는 종업원들 간의 커뮤니케이션이 체계적으로 이루어질 수 있도록 여러 가지 규칙이나 절차를 마련한다. 공식적 커뮤니케이션은 다시 수직적 형태와 수평적 형태로 구분된다.

❶ 수직적 형태　　경영자와 종업원 간에 또는 수직적 관계를 갖는 부서 구성원들 간에 직무와 관련된 정보를 전달해주기 위한 커뮤니케이션 형태이다.

❷ **수평적 형태**　동일한 계층 안에서 동료들이나 부서들 간에 업무의 중복이나 불필요한 갈등을 줄이고 서로 협조하기 위해 필요한 정보를 교환하고 공유하기 위한 커뮤니케이션 형태이다.

(2) 비공식적 커뮤니케이션

동우회, 동창회, 향우회, 서클 등 자연스럽게 생긴 비공식적 조직을 통해 커뮤니케이션이 이루어지는 경우로서 실질적으로 기업 내에서 이루어지는 정보와 의사교환 중 많은 부분이 비공식적 조직을 통해 이루어진다. 종업원들은 비공식적 커뮤니케이션을 통해 자신의 감정이나 느낌을 자연스럽게 표현할 수 있으므로 기업 입장에서는 그 역할이 매우 크다고 볼 수 있다.

▶ 사례연구 ◀　'일하기 좋은 기업' 소문난 한미글로벌

10년 근속하면 2개월의 안식휴가를 갈 수 있는 기업, "직원들이 아침마다 천국으로 출근한다."는 기업이 국내에 있다. CM(건설사업관리) 전문기업 한미글로벌은 훌륭한 일터상 8년 연속 수상, 일하기 좋은 한국 기업 3년 연속 대상을 수상한 것에서 알 수 있듯 '일하기 좋은 기업'으로 유명한 곳이다.

건설업의 거친 이미지와 달리 CM은 건설업에서 가장 전문성이 요구되는 분야다. 건설공사를 잘 모르는 발주자를 위해 발주-설계-시공-감리-유지보수의 건설 전 과정을 통합관리하고 공사 기간이나 비용도 총감독해야 한다. 업무의 특성상 다양한 현장에서 충분한 경험을 쌓은 여러 건설사 출신의 경력자들이 모인 조직이라, 사원 대리급보다 15년차 이상 부장 수가 더 많을 정도다. 한미글로벌의 고민은 여기서 비롯됐다. "각기 다른 전문가들의 노하우와 장점이 모이고 섞인 조직에서 시너지를 낼 수 있는 방안이 없을까" 하는 것이다.

그 시작은 개인의 암묵지를 조직의 지식으로 바꾸는 지식경영이었다. 많은 기업들이 지식경영시스템을 도입했지만 한미글로벌의 지식경영과 같은 성과는 흔치 않다. 2001년 착수한 지식경영시스템에는 4만3000건의 알짜배기 지식이 등록돼 있다. 물론 이렇게 되기까지는 철저한 관리가 있었다. 우선 전 직원의 지식 등록을 의무화했다. 모든 프로젝트 보고서는 시스템에 자동 업로드되고, 60명의 분야별 전문가가 꼼꼼히 검증하고 점수를 매긴다. 활성화를 위해 질문이나 답을 올린 사람에게는 포인트를 주고 이를 개인 평가와 연동했다.

다양한 전문가가 모인 조직의 문제는 또 있었다. 각기 다른 회사 출신이다 보니 일하는 방식이 달랐다. 한미글로벌에서는 일하는 방식을 규정해 차이를 줄이고 누구나 평균 이상으로 일을 잘하게 했다. 한미글로벌의 지시 및 보고 방법을 보면 1단계는 지시를 받은 사람이 바로 일의 개념을 파악해 줄기를 추리고, 2단계 초안을 업무 지시자에게 확인한다. 3단계에서 지시자는 본인의 지시내용이 맞는지 검토해준다. 마지막 4단계에서 지시받은 사람은 이행 기간이 일정 기간 길어지면 반드시 중간보고를 한다. 이처럼 '한미글로벌웨이'에는 업무의 모든 단계에서 어떻게 해야 하는지가 세세히 규정돼 있다. 이를 강조해 모두 같은 방식으로 일하게 되자 각기 업무 스타일이 다른 탓에 생겼던 오해가 줄고 소통도 쉬워졌다.

한미글로벌이 일터를 천국으로 만든 이유는 이것이다. 각기 다른 배경을 가진 구성원들이 서로 손발을 맞추고 몰입해 일하려면 서로의 노하우 공유와 공통의 언어가 필요하다. 한미글로벌은 이 부분을 채운 것이다. 직원복지, 직원만족은 그 결과일 뿐이다.

[출처: 한국경제, "일하기 좋은 기업 소문난 한미글로벌", 2012. 4. 17.]

··· 참고문헌

1. 김병윤, 김길평, 김영국, 임종일, 「현대경영학원론」, 명경사, 2002.

2. 스티븐 코비, 「원칙 중심의 리더십」, 김경섭 · 박창규 옮김, 김영사, 2001.

3. 이종수, 「행정학사전」, 대양문화사, 2009.

4. 조경동, 「현대 경영학원론」, 형설출판사, 2003.

5. 지호준, 「21세기 경영학」, 법문사, 2005.

6. 한국경제, "일하기 좋은 기업 소문난 한미글로벌", 2012. 4. 17.

7. LG경제연구원, "서번트 리더십", LG주간경제, 2002. 1.

Chapter 10

통제

01 통제의 의의

통제(controlling)란 기업이 수립한 목적이 계획한대로 추진되고 있는지를 측정하고 문제가 있을 경우 이를 수정하여 다시 미래의 계획에 반영하는 활동을 의미한다. 즉, 통제는 계획, 조직화, 지휘와 더불어 경영관리의 기본기능으로서 경영에서의 집행활동을 미리 설정된 계획에 일치시키도록 지도 및 감독하는 것을 의미한다.

통제는 계획과 밀접한 연관이 있다. 즉, 계획은 경영상의 여러 가지 목표나 성과, 업무 수행 기간 등을 포함하는데, 통제는 경영 상태와 그 결과가 계획에 비하여 차질이 없는지 확인하는 측정 수단이 된다. 계획은 효과적인 경영 상태나 결과를 설정한 것이고, 통제는 그러한 경영 상태나 결과를 계획과 비교하여 개선 조치를 취하도록 도와주는 기능을 한다. 또한, 계획이 조직을 통한 집행활동 이전에 행해지는 사전적 관리기능이라면 통제는 주로 집행 활동 중에 행해지는 감독적인 기능과 실시과정 후의 평가 기능이라는 점에서 차이가 난다. 계획은 통제 과정의 목표를 제공하므로 경영자는 계획 없이 효과적인 통제기능을 수행할 수 없다. 따라서 계획과 통제는 상호보완적인 관계라고 볼 수 있다.

통제의 대상은 경영자 계층에 따라 다를 수 있다. 최고경영자는 재무, 인사, 마케팅, 생산,전략, 정보시스템 등 인적·물적자산에서의 경영성과뿐만 아니라 특허권과 같은 무형자산의 경영성과까지 통제대상으로 한다. 그러나 일선 업무를 담당하는 경영자의 경우 담당업무의 흐름이나 부하의 통솔과 관련된 사항이 주요 대상이 될 것이다. 일반 기업조직에서 볼 수 있는 기능별 통제대상을 살펴보면 〈표 10-1〉과 같다.

통제는 흔히 어떤 것을 금지하는 부정적인 의미로 받아들이기 쉬우나 본질적으로는 기업이 종업원들과 더불어 계획에 따른 성과를 검토함으로써 경영효과를 향상시키는 데 있다.

표 10-1 :: 기능별 통제대상

기 능	통제대상
생 산	품질, 생산수량, 생산원가, 재고관리, 개인별 생산실적 등
마케팅	판매실적, 광고비, 고객만족도, 광고채널 선택, 영업점 및 개인별 실적
인 사	노사관계, 근무태도, 종업원 만족도, 이직률, 교육훈련 성과 등
재 무	현금, 자본지출, 자금흐름, 유동성, 투명성, 부채비율, 주가추이 등
R&D	R&D투자액, 특허관리, 기술획득 등
전 략	통합적성, 가치창출 등

02 통제의 중요성

통제과정은 최근 들어서 기업의 경영 기능 중에서 그 중요성이 강조되고 있는데, 그 이유를 살펴보면 다음과 같다.

I. 경영환경의 불확실성

현대의 경영환경은 매우 급변하고 있고 불확실성 또한 증가하고 있다. 이러한 환경의 변화는 불기피한 것이므로, 통제 기능을 통하여 기업에 영향을 주는 환경 변화를 미리 감지하고 이러한 환경의 변화나 불확실성에서 오는 위협이나 기회요인에 보다 더 쉽게 대응할 수 있다.

2. 기업 조직의 복잡성

기업의 규모와 활동이 복잡해지고 다양해짐에 따라 기업의 구조는 더욱 복잡하게 되었고, 이러한 복잡한 조직구조 내에서 발생하는 다양한 행동을 조정하여 통합하기 위해서는 적절한 통제 기능이 필요하다.

3. 권한위양과 분권화

경영자가 조직구성원들에게 권한을 위양하여 조직을 분권화하기 위해서는 부하 구성원들의 활동을 적절히 통제할 수 있는 수단이 필요하다. 즉, 효과적인 통제과정을 통해서 경영자는 어떤 업무에 대한 권한을 위양할 수 있으며, 위양된 업무의 진척 정도를 점검할 수 있다.

4. 효과적인 목표 달성

효과적인 통제시스템은 조직의 목표 달성에 대한 확신을 심어줄 수 있다. 따라서 통제시스템의 유효성을 결정하는 기준은 통제시스템이 목표 달성을 얼마나 용이하게 하느냐에 달려있다.

5. 실행과의 연계

경영자는 목표 및 전략을 포함한 경영계획을 수립할 수 있고, 이를 실행할 조직도 설계할 수 있으며, 종업원들의 동기부여를 통해 목표를 달성할 수 있으나, 실질적으로 목표가 달성되고 있는지는 오로지 통제기능을 통해서만 확인할 수 있다.

03 통제시기에 따른 유형

통제는 시기나 내용에 따라 몇 가지 형태로 구분해 볼 수 있다. 즉, 언제 통제를 하느냐에 따라 사전통제, 동시통제, 사후통제로 나뉘어진다〈표 10-2〉.

표 10-2 :: 통제 유형별 의의 및 예

유 형	의의 및 예
사전 통제 (투입 통제)	• 한 활동이 이루어지기 전, 문제가 발행하기 전 실시되는 통제활동 • 신제품개발의 사전수요예측 • 생산일정의 계획수립
동시 통제 (진행 통제)	• 어떤 활동이 진행 중 일 때 이루어지는 통제활동 • 가장 효과적, 현대 경영에서 요구되는 통제활동 • 비용은 적게 드나 업무개선 효과 큼 • 돌발사태의 대응계획 • 활동의 중간점검
사후 통제 (산출 통제)	• 어떤 활동이 완료된 후에 결과를 측정, 평가해 수정조치를 취하는 통제활동 • 품질 통제 • 재무 통제 • 비용분석

1. 사전통제

어떤 활동이 이루어지기 전에 실시하는 통제활동을 의미하며, 투입통제라고도 한다. 이는 목표달성을 위한 방향이 적절하게 설정되었는지, 적절한 자원이 활용 가능한지 등을 사전에 검토하여 수정될 수 있도록 하기 위해 필요하다. 신제품을 개발할 경우 사전에 수요를 예측한다거나, 생산일정 계획을 수립하고 납기일을 정하기 위해 사전 통제방법이 활용된다.

2. 동시통제

어떤 활동이 진행 중일 때 이루어지는 통제활동을 의미하며, 진행통제라고도 한다. 이는 통제활동 중에서 가장 효과적이며, 현대 경영에서 요구되는 활동이다. 동시통제는 비용이 적게 들면서도 업무개선 효과가 크기 때문에 통제활동의 근간이 된다.

3. 사후통제

어떤 활동이 완료된 이후에 결과를 측정하고 평가하여 수정조치를 취하는 통제활동을 의미하며, 산출통제라고도 한다. 사후통제는 계획이 합리적이었는지 여부를 판단하여 실적과 계획 간의 차이가 있으면 그 원인을 밝히고 다음 계획 수립시 기초자료로 활용한다. 품질통제, 재무통제, 비용분석 등이 이에 해당된다.

04 통제의 과정

통제과정은 획일적이고 고정된 것은 아니지만, 일반적으로 표준의 설정, 업무성과 측정, 표준대비 성과의 비교, 원인분석과 피드백의 4단계를 거친다〈그림 10-1〉.

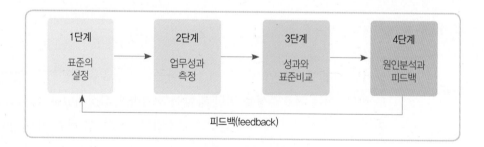

그림 :: 10-1
통제과정 단계

I. 표준의 설정

통제활동이 원활히 이루어지기 위해서는 먼저 어떤 분야를 통제할 것인지를 결정해야 한다. 왜냐하면 조직활동의 모든 부문을 통제한다면 비용이 너무 많이 소요되는 데다 조직구성원들이 그들 활동의 모든 부문이 통제받는다는 데 대한 불쾌감이 있을 수 있기 때문이다.

통제활동의 대상이 결정되면 경영상태 평가를 위해 통제 내용을 적절한 수준에서 결정해야 한다. 표준설정은 계획기능에 포함되기도 하지만 통제활동의 일부이기도 하다. 달성해야 할 표준이 설정되지 않으면 경영활동을 정확하게 측정하여 평가할 수 없기 때문에 표준을 설정하는 것이 평가활동에서 매우 중요한 역할을 한다.

표준설정의 내용은 가급적 구체적인 수치로 계량화하는 하는 것이 평가를 위해 바람직하다. 예를 들면 다음과 같다.

- ⊕ 20××년도 매출액 15% 신장
- ⊕ 생산원가 5% 절감
- ⊕ 종업원 이직률 3% 이하로 감소

2. 업무성과 측정

표준이 설정되면 그 다음으로는 어떻게 성과를 측정할 것인지, 그리고 얼마나 자주 측정할 것인지, 그리고 성과 측정을 내부에서 할 것인지 아니면 외부에 위탁할 것인지를 결정해야 한다.

또한, 정확한 성과측정을 위해서는 적절하고 타당성 있는 성과측정 방법을 개발하는 것이 바람직하다. 가급적 계량적 측정이 이루어져야 하겠지만, 실제로 계량화하기 어려운 부분에 대해서는 계량적 측정과 비계량적 측정을 조화롭게 유지되도록 하는 것이 경영자의 입장에서 매우 중요하다.

3. 표준대비 성과의 비교

성과측정이 끝나면 표준과 측정 결과를 비교한다. 이 때 성과가 표준보다 높을 경우에는 현재의 시스템을 유지하고, 표준보다 성과가 낮은 경우에는 수정조치를 통해서 설정된 표준에 이르게 해야 한다.

비교 과정에서 유의해야 할 사항은 어느 정도 오차(range of variation)를 인정할 것인가를 결정해야 한다는 점이다. 성과와 표준 간에 오차가 지나치게 높게 나올 경우에는 반드시 그 원인을 분석해야 한다. 이는 표준이 잘못 설정되었거나, 성과가 지나치게 미달된 경우, 또는 업무수행 중에 급격한 환경변화가 발생하여 표준과 성과에 모두 큰 영향을 주게 된 경우가 있을 수 있기 때문이다.

또한, 업무성과와 표준은 가급적 세부적인 비교가 바람직하지만 지나치게 세분화하면 많은 비용이 발생될 수 있으므로 이를 감안하여 실시하여야 한다.

4. 원인분석과 피드백

통제활동의 마지막 단계는 원인분석에 대한 필요한 조치를 취하는 것이다. 성과가 표준치를 초과하였을 경우에는 인센티브, 교육훈련 기회 제공, 승진, 급여인상 등의 혜택을 줌으로써 성과를 인정해 주어야 한다. 반대로 업무성과가 표준에 미달했을 경우에는 전략을 수정하거나, 보상제도를 바꾸거나, 교육을 강화하거나, 직무설계를 다시 하거나, 채용시의 적성검사를 새로이 하는 등의 조치를 취해야 한다.

만일 표준치가 너무 높게 설정되었다면 조직구성원들이 열심히 노력하여도 늘 업무성과를 달성할 수 없으므로 필요에 따라서는 표준이 합리적으로 설정되었는지 다시 검토해 볼 필요가 있다.

한편, 표준설정과 업무성과의 차이가 크든지 작든지 반드시 피드백이 이루어져 합리적인 통제활동이 지속될 수 있도록 조치를 취해야 한다.

05 통제의 방법

I. 예산에 의한 통제

예산통제(budgetary control)는 가장 오래되고 널리 보급된 경영통제 방법이다. 예산에 의한 통제를 위해서는 먼저 예산이 편성되어야 하는데, 예산이란 금액을 중심으로 정략적으로 편성된 경영계획이라고 할 수 있으며, 이는 일정한 미래의 기간 동안에 대해 숫자로 계획을 작성하는 것이다. 이러한 예산을 기초로 자본의 조달과 운용 등 경영활동을 전반적으로 관리하는 것을 예산통제라고 한다. 예산통제는 예산 편성과 이에 의한 경영활동의 통제를 의미한다.

(1) 예산의 유형

❶ 장기예산과 단기예산

기간 상으로 1년 이상의 예산이 장기계산이고, 1년 미만은 단기예산이다. 단기예산은 연간예산, 기별예산, 반기예산, 월별예산으로 세분화된다.

❷ 종합예산과 부문예산

경영활동의 전 부문을 종합한 예산이 종합예산이며, 손익계산서, 재무상태표 등이 이에 해당된다. 부문예산은 제조예산, 판매비예산, 일반관리비예산, 영업외손익예산, 설비투자예산, 현금예산, 인건비예산 등 기업의 특정 부문에 관한 예산이다.

❸ 경상예산과 자본예산

경영활동의 종류에 따른 구분이며, 경상예산에는 판매예산, 제조예산 등 영업활동과 관련된 손익예산이 해당되며, 자본예산에는 설비예산, 건설예산 등이 이에 해당된다.

❹ 손익예산과 재무예산

예산과목의 성격에 따라 손익계산은 매출액예산, 제조비용예산, 재고관리비예산, 판매비예산 등이 해당되며, 재무예산는 설비예산, 건설예산 등이 이에 해당된다.

❺ 고정예산과 변동예산

조업도의 변화 여부를 기준으로 고정예산은 조업도의 변화를 고려하지 않고 하나의 조업도만을 기준으로 편성한 예산이며, 변동예산은 일정범위의 조업도 수준에 대한 예산이다. 변동예산은 조업도를 고려하여 예산기간 동안의 산출량에 따라 조정하여 작성되는 예산이다.

(2) 예산통제의 절차

❶ 예산편성

예산편성 방법은 첫째 각 업무부문으로부터 부문별 예산안을 제출받는 방법,

둘째 상부에서 결정된 각 부문예산을 지시하는 하향식 예산편성 방법, 셋째 상부로부터 각 부문예산을 부문에 제시하고, 결정전에 각 부문의 의향을 묻는 방법 등이 있으나 가장 일반적인 예산편성 방법은 첫째 방법이다.

예산편성은 우선 예산편성 방침을 정하고, 여기서 목표이익률과 매출액의 목표, 이익계획으로서의 중요 계획항목 등을 확정한다. 각 부문은 예산편성 방침에 의하여 예산원안을 작성하여 제출하고, 예산스태프는 이를 검토하여 각 부문 예산안을 조정하거나 필요한 경우에는 제2차 안의 제출을 요구한다. 예산편성의 구체적인 내용은 손익예산의 편성, 자금예산의 편성, 자본지출예산의 편성 및 종합예산의 편성 등으로 구분된다.

❷ 예산집행

편성된 각 부문예산이나 종합예산은 관계부문에 지시되고, 예산기간이 개시되면 예산계획에 의거하여 집행이 이루어진다.

관리자는 예산집행 과정에서 예산과 실적의 차이발생에 유의하여야 한다. 실적과 예산 간에 차이가 발생하면 신속히 원인을 규명하여 예산목표를 달성할 수 있도록 조정한다. 이를 위해서 예산기록의 작성, 중간보고서의 작성, 예산의 수정, 예산통제표의 이용, 예산실시 상황보고서의 제출 등이 이루어진다.

❸ 차이분석과 보고

편성된 예산과 예산의 집행결과를 비교하여 실적의 차이를 과학적으로 분석 및 검토한 후 원인을 밝히는 동시에 분석결과를 담당부서에 보고하여 다음 회계연도의 예산편성에 반영되도록 한다.

2. 감사에 의한 통제

감사는 독립적인 제3자가 특정 조직이 수행한 업무집행 또는 그 결과에 대한 보고서를 검증한 목적으로 증거를 수집하고 이를 기초로 의견을 표명하는 체계적인 과정이다.

감사제도는 경영의사결정에 도움이 되는 유용한 정보를 제공하고, 외부의 이해관계자에게 조직이 제공하는 정보의 적정성에 대한 평가 의견을 제공함으로써 정보의 신뢰성과 공정성을 증가시키는 부가가치적 기능을 가지고 있다. 감사는 특별히 업무수행이 완료된 이후에 실시되므로 통제시스템 중에서 유일하게 사후에 통제를 강조하는 통제기법이라고 할 수 있다.

감사는 감사를 수행하는 감사인이 내부인이냐 외부인이냐에 따라 내부감사와 외부감사로 구분하기도 하고, 감사를 실시하는 분야 및 목적에 따라 재무제표 감사, 업무감사, 이행감사, 포괄감사 등으로 구분한다.

(1) 내부감사

운영감사라고도 하며 과거에는 내부의 감사인이 스스로 회계상의 계정과 기업자산의 일치 여부를 감사하는 데 국한하였으나, 최근에는 내부통제의 일종으로 간주되고 있다. 즉, 회계상의 감사뿐만 아니라 정책상의 절차, 권한의 행사, 경영자의 자질, 업무 방법의 효율성, 경영활동의 평가 및 감사 등으로 범위를 확대하여 해석하고 있다.

(2) 재무제표 감사

기업의 경영활동 결과를 나타내는 손익계산서나 재무상태표와 같은 재무제표를 회계원칙에 따라 적정하게 작성하였는지를 검토, 평가, 의견표명 등을 수행하는 일체의 활동을 의미한다.

재무제표 감사는 기업 정보를 이용하고자 하는 일반인들에게 회계정보를 제공해주는 것이므로 회계에 대한 전문지식과 독립성을 가진 전문 감사인에 의해 실시되는데, 우리나라의 경우 공인회계사(CPA: Certified Public Accounting)가 이러한 감사 업루를 수행하고 있다.

(3) 업무감사

조직의 각 부서별 경영활동에 대한 능률과 효과를 평가하기 위한 목적으로 실시된다. 주요 감사내용은 ① 조직의 목표 및 경영방침에 따른 업무절차가 효과적으로 수행되고 있는지의 여부, ② 인적자원 및 물적자원이 효율적으로 관리되고 있는지 여부 등이다.

업무감사가 끝나면 감사인은 감사결과를 경영자에게 보고하며, 이때 필요한 사항에 대해서는 업무개선 및 제도개선에 대한 의견을 표명한다. 업무감사는 감사의 독립성보다는 업무의 능률향상을 위한 지도의 성격이 강하며, 이러한 이유로 감사인의 선임은 외부 감사인을 선임할 수도 있고 내부 감사인을 선임할 수도 있다.

(4) 이행감사

어떤 조직이 지시한 내용, 법률, 법규, 내규 등을 성실히 이행하고 있는지 여부를 판단하기 위하여 실시한다. 이를테면, 상급기관이 하급기관에 대하여 관계 법령이나 여타 지시사항을 제대로 이행하고 있는지를 확인할 목적으로 감사를 실시할 수 있다. 이러한 경우 감사보고서의 주요 이용자는 규제기관이나 조직내 최고경영자가 된다.

(5) 포괄감사

감사의 목적이 여러 가지를 포괄하고 있는 경우의 감사를 의미한다. 이를테면, 재무제표 감사, 업무 감사, 이행 감사를 동시에 진행함으로써 감사의 목표를 동시에 달성하고자 하는 경우가 이에 해당된다. 포괄감사는 정부 조직이나 공기업 등 정부의 직접 통제를 받는 하부 조직에서 주로 실시된다.

> ▶ 사례연구 ◀
>
> ### 체계적인 내부통제시스템 CSA
>
> 보통 사람들은 기업의 내부통제 하면 입조심과 정신교육과 같은 '조직원 단속'을 떠올리기 쉽다. 하지만 선진 기업에서는 오래 전부터 체계적인 내부 통제 시스템을 운영해 왔다. 그중 가장 대표적인 예가 CSA(Control Self Assessment)라고 불리는 방법론이다.
>
> CSA는 기업이 수행하는 주요 업무 프로세스별로 위험요소를 파악하고, 관련 위험을 최소화 할 수 있도록 통제절차를 수립하며, 절차 준수를 기업 스스로 모니터링하기 위한 프로세스 툴(process tool)이다. "OO업무의 절차는 이러이러하고, 절차가 제대로 지켜지지 않을 때는 어떤 위험이 있으며, 이를 예방하기 위한 통제절차에는 이러저러한 것이 있다."는 것이 주요 내용이다.
>
> CSA를 운영함으로써 얻는 이점은 다양하다. 기업은 우선 발생 가능한 위기와 손실이 무엇인지를 파악하고 정기적인 통제절차 평가를 통해 이를 사전에 예방할 수 있다. 또 CSA의 평가 과정에서 통제상의 결함을 발견할 수 있고, 이를 내부적으로 신속하게 보완할 수 있다. 하지만 무엇보다 중요한 장점은 조직 내의 위기 발생 가능성에 대해 전 조직원이 커뮤니케이션하고 위기의식을 공유할 수 있다는 점이다.
>
> CSA의 적용은 각각의 업무 프로세스별로 작성한 체크리스트에 따라 하게 된다. 체크리스트는 회사가 달성하고자 하는 통제 목적(예를 들면 자원의 효율적인 활용, 신뢰성 있는 재무보고 및 법규정 준수)과 각각의 통제목적이 달성되지 않았을 때 회사가 처할 수 있는 위험을 제시한다.
>
> CSA의 취지와 방법론은 내부 감사인의 감사절차와 유사하다. 그러나 내부감사는 감사인이 대략 2~3년에 한 번씩 정기적으로 독립적인 위치에서 수행하는데 비해, CSA는 업무 담당자가 자신의 수행 업무를 1년에 수차례 자체 평가하고 이 과정에 파악된 결함에 대한 개선계획을 수립해 이행하는 상시적인 자체감사라는 점에서 다르다.
>
> [출처: 동아비즈니스리뷰, "내부위기 상시평가 툴 CSA", 9호, 2008. 5. 15.]

3. 손익분기점에 의한 통제

손익분기점 분석은 어느 정도의 판매액 수준에서 수익이 비용을 정확히 보상하는가를 알 수 있도록 판매와 비용의 관계를 보여주는데, 이를 통해 조직성과를 측정할 수 있는 기준과 성과의 개선을 위한 시정행위에 관한 기초를 제공하기 때문에 통제수단으로 널리 활용된다.

손익분기점은 판매량에 따른 손익을 파악할 수 있게 한다는 점에서 투자규모와 시점에 대한 정보를 제공해주며, 구체적인 목표이익을 달성하는 데 요구되는 최소한의 판매량과 목표이익 달성을 위한 판매가격의 결정 등 생산, 판매, 비용, 이익 등을 계획하는 데 적절히 활용될 수 있다.

4. 품질에 의한 통제

전사적 품질관리(TQC: Total Quality Control)는 조직 내 모든 구성원들이 고객에 대해 우수한 품질과 서비스를 제공하는 통제방식이다. 즉, 최고경영자에서 일선 종업원이 이르기까지 모든 구성원이 품질에 대해 책임을 지게 함으로써 생산성을 높이고 품질개선을 통해 고객만족을 제고할 수 있다.

5. 일정에 의한 통제

시간-작업 네트워크 일정에 따라 계획을 수립하고 이를 통제하는 기법이다. 대표적으로는 PERT(Program Evaluation and Review Technique)와 CPM(Critical Path Method) 등이 있다. PERT는 계획내용인 프로젝트의 달성에 필요한 전체 작업을 작업관련 내용과 순서를 기초로 하여 네트워크로 파악한다. 통상 프로젝트를 구성하는 작업내용은 이벤트(event)라 하여 원으로 표시하며, 각 작업의 실시는 액티비티(activity)라 하여 소요시간과 함께 화살표로 표시한다. 따라서, 계획내용은 이벤트, 액티비티 및 시간에 의해서 그림과 같은 네트워크 모양으로 표시된다. CPM은 과업을 완성하기 위해 중요한 시간에 근거하여 작업을 통제하고 계획하기 위한 네트워크 일정관리 기법이다.

보잉(Boeing)사의 내부통제 활동

내부통제란 운영 효율성 및 효과성, 재무적인 신뢰성, 법규 및 기준 적합성을 제고하기 위해 기업 내부의 특정 책임자에 의해 수행되는 관리 활동을 의미한다. 이는 단발성의 행사가 아니라 지속적으로 이루어지는 하나의 프로세스이며, 책자나 규범이 아니라 조직내의 모든 사람들에 의해 이루어져야 하는 것이다. 따라서 조직 내부의 각종 통제 기능이 효율적으로 수행되고 있는지를 검토하고 개선 방안을 제시하는 것은 경영의 투명성을 강화하는데 있어 매우 중요한 기능이라 하겠다. 이를 위해서는 조직 내부에 적절한 통제 기능이 설계되어 있는지를 확인하고, 각 조직들이 실제 활용할 수 있는 통제 도구를 제시하며, 윤리적 가치 및 경영의 성과 등을 측정하도록 해야 한다.

보잉사(Boeing)의 경우는 전통적인 내부감사의 형식을 개선, 통합 내부통제 시스템을 도입하여 내부감사 활동을 강화한 대표적인 사례이다.

보잉(Boeing)사는 사업부 체제가 강화됨에 따라 경영의 독립성과 개별적 감사관행이 확산되어 내부감사의 일관성 및 통일성의 부재, 감사 결과의 활용도 저하, 개별 조직의 통제 활동 미흡 등과 같은 현실적인 문제에 직면하게 되었다.

이러한 문제점들을 극복하기 위해서 새로운 내부통제의 프레임워크를 도입하게 되었다. 미국 공인 감사위원회가 제시하는 내부 감사 체계, COSO(The Committee of Sponsoring Organizations of the Treadway Commission)를 기반으로 하여 자사의 현상에 적합한 프레임워크를 개발하여 전사적인 감사 및 통제의 프로토콜로 활용하게 하였다. 이는 내부감사를 일반감사, 특수감사, 위험감사, 감사관리의 네가지 활동으로 구분하며 각각의 활동 별로 COSO의 통제 기준인 통제환경, 위험측정, 통제활동, 정보/커뮤니케이션, 모니터링의 다섯가지 평가 및 통제 항목을 적용하였다.

새로운 내부통제 시스템을 도입함에 있어 가장 큰 걸림돌은 전통적인 감사 방식에 익숙해져 있는 조직 및 개인들을 변화에 적응시키는 것이었다. 이를 위해 효과적인 내부통제 시스템이 기업의 안정과 성장에 얼마나 중요한 역할을 하는가에 대한 공유와 합의 과정이 지속적으로 이루어졌다. 새로운 내부통제 및 감사 시스템의 도입 결과, 부문별 감사보고서간의 비교 가능성 및 이해도가 증진되어 조직간 커뮤니케이션과 감사 결과의 활용도가 제고되었을 뿐만 아니라 각 사업 부문별 내부통제 및 감사 시스템의 취약점을 파악하고 보완할 수 있게 되었다.

[출처: LG주간경제, "내부감사, 기업가치 극대화에 활용하라", 49호, 2003. 4. 9.]

참고문헌

1. 김기홍, 조인환, 「경영학개론」, 한올출판사, 2012.

2. 김병윤, 김길평, 김영국, 임종일, 「현대경영학원론」, 명경사, 2002.

3. 동아비즈니스리뷰, "내부위기 상시평가 툴 CSA", 9호, 2008. 5. 15

4. 신현대, 한재홍, 이홍기, 박노형, 김효선, 배달수, 「경영학원론」, 비즈프레스, 2007.

5. 윤종훈, 송인암, 박계홍, 정지복, 「경영학원론」, 학현사, 2007.

6. 조경동, 「현대 경영학원론」, 형설출판사, 2003.

7. 조동성, 「21세기를 위한 경영학」, 도서출판 서울경제경영출판사, 2008.

8. LG주간경제, "내부감사, 기업가치 극대화에 활용하라", 49호, 2003. 4. 9.

경영학
각론

Chapter 11

경영전략

01 경영전략의 이해

우리는 흔히 전략이라고 하면 손자병법의 '지피지기(知彼知己) 백전불태(百戰不殆)'란 말을 떠올리는데, 이는 "상대를 알고 나를 알면 백번 싸워도 위태롭지 않다."는 뜻이다. 즉, 상대편이 갖고 있는 강점과 약점을 잘 알고 자신의 능력과 한계를 충분히 알면 자신의 능력을 활용하여 상대방의 약점을 공략하는 전략으로 승리를 거두게 된다는 것이다. 이러한 손자의 군사전략은 경영활동에도 그대로 적용할 수 있다.

전략이란 말은 원래 군사적 용어에서 비롯되었다. 영어의 strategy(전략)란 의미는 그리스어 'strato's'와 'a'gein'의 합성어이다. strato's는 군대란 뜻이고, a'gein의 의미는 '이끈다(lead)'는 뜻이다. 즉, 말 그대로 군대를 승리하도록 이끄는 방법을 의미한다. 이와 관련하여, 독일의 칼 폰 클라우제비츠(Carl von Clausewitz)는 그의 유명한 저서 「전쟁론(Vom Kriege)」에서 전략에 대해 이렇게 기술하였다. "전략은 함께 싸움터에 뛰어들어 현장에서 구체적인 내용을 지시하고 수시로 전체계획을 수정하는 것이다. 싸움터에서는 계획을 바꿔야 할 상황이 끊임없이 일어나기 때문이다. 따라서 전략은 한순간도 현장에서 눈을 돌리면 안 된다."이는 전략은 결코 고차원적이고 이론적인 계획이어서는 안 되고, 어디까지나 실행과 연결돼야 한다는 의미이다. 즉, 큰 목표를 시야에서 놓치지 않으면서 끊임없이 피드백을 받고 그에 따라 상황에 적절히 적응해야 한다. 그래서 전략은 전술 또는 경영현장에서 말하는 운영과 뚜렷이 분리할 수 없고, 또 분리해서도 안 된다.

전략이란 단어는 최근까지 주로 군사용어로 쓰였고, 기업경영 현장에서 이 말이 쓰이는 경우는 드물었다. 본래 군사적 용어로 사용되었던 strategy(전략) 혹은 strategy plan(전략계획)이라는 용어가 경영계획의 문헌에 나타난 것은 챈들러(Chandler)가 1962년에 펴낸「Strategic & Structure」라는 책을 효시로 본다. 전략에 대한 챈들러(Chandler)를 포함한 여러 학자들의 정의를 살펴보면 다음과 같다.

🔍 챈들러(Chandler)　경영전략이란 기업의 장기적인 목표의 결정과 그 목표를 달성하기 위한 행동을 결정하고 경영자원을 배분하는 것이다.

🔍 앤드류(Andrews)　경영전략이란 기업의 목표와 그 목표를 달성하기 위한 여러 가지 계획이나 정책을 말한다. 또한 그 회사가 어떤 사업 분야에 참여해야 하는지, 그 회사가 어떤 성격의 회사이어야 하는지를 결정하는 중요한 이론이다.

🔍 앤소프(Ansoff)　경영전략이란 경영목표를 달성하기 위한 '의사결정률' 내지 '지침'이며, 각종 의사결정은 기회주의적 요인에 의한 수단 선택의 성격을 갖는다.

한편, 경영전략(business strategy)과 유사한 용어로 전략적 경영이 있는데, 전략적 경영(strategic management)이란 체계적인 경영전략을 마련하고 그 틀에 따라 경영을 수행해 나가는 것, 즉 경영전략의 실행을 말한다. 전략적 경영은 경영자가 주어진 환경과 이용 가능한 내부 조건 하에서 기업목표를 전략적으로 최적화하는 과정으로서 아래〈그림 11-1〉과 같이 계획단계와 실천단계로 구분할 수 있다. 전략의 계획단계는 목표와 임무 확인, 경쟁분석, 세부전략 개발, 환경분석 및 내부분석으로 구성된 단계로서 전략의 실천단계보다 선행되는 단계이며, 전략의 실천단계는 전략적 계획을 실행하고 통제하는 것으로 구성된다. 아무리 전략적 계획이 잘 수립되었다고 하더라도 효과적으로 전략의 실행이 이루어지지 못한다면 어떠한 목표도 달성할 수 없기 때문에 전략의 계획과 실행의 연계성은 매우 중요하다.

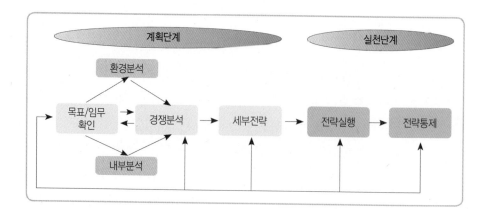

그림 :: 11-1
전략적 경영의 진행과정

 사례연구

허실만 알면 이기지 못할 싸움이 없다

많은 병서 가운데 '손자병법'을 능가하는 것이 없고, 그 13편 가운데 6편 '허실편'을 능가하는 것이 없다. 당 태종 이세민은 "허실만 알면 이기지 못할 싸움이 없다."라고 하였다. 그렇다면 과연 허실 전략이란 무엇인가?

'손빈병법'의 저자인 손빈의 예를 보자. 그는 동기생 방연의 모함으로 두 다리의 경골을 잘리는 빈형을 받았다. 방연이 위나라 군 책임자가 되기 위해 손빈을 모함했기 때문이다. 제나라로 탈출한 손빈은 그곳의 군사(軍師)가 돼 방연과 마릉전투를 벌인다. 이 전투에서 손빈은 거짓으로 후퇴하면서 밥 짓는 아궁이 수를 매일 크게 줄여 방연으로 하여금 도망병 수가 급증한다고 믿게 했다. 이에 속은 방연은 경무장 기병만으로 손빈군을 맹추격했다. 손빈은 해질 무렵 방연이 마릉에 도착할 것을 예상하고 군사를 매복시켰다가 방연이 협곡에 도착하자 집중 공격을 퍼부었다. 참패한 방연은 자살했다.

여기서 보듯 상대보다 역량이 약하면 허(虛), 강하면 실(實)이다. 손빈처럼 싸울 시점과 장소를 미리 알면 실이요, 방연처럼 모르면 허이다. 손빈의 군대가 신참병으로 구성됐더라도 매복을 하고, 방연의 군대는 아무리 정예병이라도 매복을 당한다면 신참병은 '실'이고, 정예부대는 '허'가 된다. 아무리 많은 군사, 무기, 전투 경험도 허실 전략 앞에서는 헛것이 될 수 있다.

60전 전승을 한 전설의 검객인 미야모토 무사시가 일본 최고 사무라이인 사사키 고지로와 결투할 때이다. 이 둘의 실력은 막상막하였다. 무사시는 이 결투에서 해를 등지고 서서 고지로를 햇빛에 눈부시게 만들었다. 또 일부러 결투시간에 늦어 그를 지치고 짜증 나게 해 고지로의 역량을 허로 만들었다. 허실 전략을 안 무사시는 살았고, 모른 고지로는 죽었다.

손빈의 큰 승리든 무사시의 작은 승리든 승자는 적을 끌고 다니지 끌려 다니면 안 된다(致人而不致於人). 즉, 주도권을 잡아야 승자가 된다. 그래야 적을 혼란시켜 허를 드러내게 하고, 실을 허로 만들 수도 있다.

승자는 적의 허를 치지만, 패자는 적의 실을 친다. 전략전문가인 마크 맥닐리는 제1차 세계대전 때 참전국 군대 대부분이 적의 허가 아니라 실을 찾아 공격했기 때문에 막대한 인명피해를 보았다고 했다. 기업 경쟁에서도 마찬가지다. 한때 대형 컴퓨터의 최강자 IBM은 PC에는 약했다. IBM의 실은 대형컴퓨터, 허는 PC였다. 애플은 IBM의 허를 공격하여 승자가 되고, 제록스는 실을 공략해 손해를 보았다.

우리 기업 조직, 경영, 자본주의에는 모두 실과 허가 있다. 100% 허만 혹은 100% 실만 있을 수는 없다. 허실 전략의 교훈은 개인, 기업, 국가 할 것 없이 강점을 키우다 보면 약점도 강점으로 바뀌지만 약점을 고치는 데 치중하다 보면 강점도 약점으로 바뀐다는 것이다.

[출처: 조선일보, weeklybiz, "허실만 알면 이기지 못할 싸움이 없다", 2012. 9. 14.]

02 경영전략의 수준

경영전략이 본질적으로 경영능력과 경영환경 변화의 적응을 통하여 기업의 경영성과를 높일 수 있는 구체적인 내용을 다루고 있지만, 전략을 수행하는 수준에 따라서 전략의 방향이 달라질 수 있다. 예를 들면, 전략을 수립하고 실천에 옮겨 소기의 목적을 달성하려면 기업 전체가 나서서 기업 전반의 전략을 만들어 실행에 옮길 수도 있지만, 특정 부서에서 해당되는 전략을 수립하여 실행할 수도 있다.

경영전략이 회사 전체인가, 부문별인가, 부문별일 경우에는 그 범위를 어느 정도에 머물 것인가에 따라서 기업 전략, 사업부 전략, 기능별 전략, 제품별 전략으로 구분할 수 있다.

I. 기업전략

기업전략은 주로 최고경영층에서 기업이 나갈 방향을 다룬다. 각 사업에 대한 목표와 기대는 무엇이며, 각 목표달성을 위해 자원을 어떻게 배분할 것인가를 결정한다. 즉, 기업이 경쟁하는 시장과 산업의 범위를 결정하고 궁극적 목표를 결정한다. 예를 들면, 3M의 최고경영자는 기술혁신에 바탕을 둔 소규모사업을 기업전략으로 잘 전개하여 조직성과를 높이고 있다고 평가받고 있다.

2. 사업부 전략

한 기업 안에서도 여러 가지 사업이 존재할 수 있다. 따라서 최고경영자는 사업부의 다양화에 따른 복잡하고 변화되는 활동을 조직하고 관리하는 데 어려움을 겪는다. 또한, 고객층도 다르고 시장성격도 다르기 때문에 사업부별로 같은 전략을 세운다면 오히려 비효율적일 수도 있다. 따라서 사업부별로 별도로 관리할 필요가 있다. 물론 사업부 전략은 사업부의 총책임자와 최고경영자가 함께 협의하여 정하고 다른 사업부와 협력하면서 실천하는 것이 효율적일 것이다.

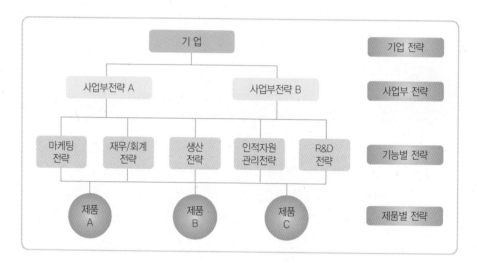

그림 :: 11-2
전략의 분류

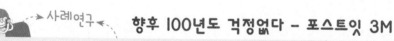

향후 100년도 걱정없다 - 포스트잇 3M

이 세상에는 많은 기업들이 있지만 쓰리엠(3M)을 모르는 사람은 거의 없다. 아마도 우리가 평소에 자주 사용하는 포스트잇(Post-it)이라는 메모지 때문일 것이다. 마음대로 붙였다 떼었다 할 수 있어 사용하기에 매우 편리한 종이다. 그래서 혁신, 신상품 개발 하면 으레 3M이 제일 먼저 생각난다. 이 회사가 가지고 있는 무려 5만 5천여 종이나 되는 상품군을 보면 잘 알 수 있다.

3M은 1902년 미국 미네소타 주 수퍼리어 호수 연변의 투 하버스(Two Harbors)에서 다섯 명의 출자자에 의해 시작되었다. 철도원 출신인 헨리 S. 브라이언, 의사 출신인 J. 단레이 버드, 철도회사 부사장 출신인 윌리엄 A. 맥고나글, 변호사 존 드완, 푸줏간 주인 허몬 케이블 등 5명이 각각 1천 달러씩 출자했고 초기 사장은 헨리 S. 브라이언이 맡았다.

회사의 초기 사업은 생각보다 순탄치 않았다. 사포의 연마제로 사용되는 광석인 강옥을 채취하기 위해 설립되었으나 그들이 채굴한 것이 저급한 광석이었기 때문에 회사는 큰 곤경에

빠졌다. 하지만 다행히 루시우스 오드웨이가 새로운 투자자로 나섰고, 점차 사업이 안정화되어 1916년에는 드디어 한 주에 6센트를 배당금으로 지급하게 되었다. 이때부터 시작한 3M의 배당은 현재까지 분기별로 한 번도 빠뜨리지 않고 배당금을 지급하는 진기록을 남기고 있다.

사람 이름에 숫자가 들어가면 좋지 않다는 근거 없는 속설이 있지만 3M은 회사 이름에 숫자가 들어가 있다. 원래 기업명은 Minnesota Mining & Manufacturing(미네소타 채광ㆍ제조회사)였는데 이름이 너무 길어 첫머리를 따서 3M으로 바꾸었다. 뉴욕증권거래소에서 사용하는 회사 심볼도 MMM이다. 회사 이름에 숫자가 들어가서인지 이 회사가 신봉하는 원칙에도 숫자가 많이 들어간다. 10% 원칙, 30% 원칙, 15% 원칙이 바로 그렇다.

'10% 원칙'이란 무엇일까? 최근 1년 이내에 개발된 신제품의 매출이 전체 매출의 10%가 되어야 하는 것을 말한다. 또 '30% 원칙'은 총 매출의 30%를 최근 4년 이내에 출시한 신제품이 내야 하는 것을 말한다. 즉, 신제품을 끊임없이 출시하지 않으면 이러한 10% 원칙, 30% 원칙을 지킬 수 없다.

이 두 가지 원칙이 지켜질 수 있도록 3M사는 '15% 원칙'도 만들었다. 직원이 본인의 고유 업무 이외에 자신이 관심 있어 하는 분야에 근무시간의 15%를 쓸 수 있도록 한 것이다. 본인이 하고 싶은 일을 할 때 업무의 효율성이 극대화된다고 믿기 때문이다. 따라서 이렇게 15%의 근무 시간 동안 나름대로 원하는 프로젝트를 진행할 수 있고 이 때 연구 활동에 대해서는 상급자의 허락을 받지 않아도 된다. 상사가 중지하라고 한 연구도 비밀리에 진행할 수 있다. 물론 이 사실을 상사가 알더라도 모르는 척 하는 것이 관례다.

3M에서는 상사 몰래 진행하는 프로젝트를 '부트레깅'이라고 부른다. 부트레깅(bootlegging)이란 1930년대 미국의 금주법이 실시되고 있던 시절에 밀주(密酒)를 제조해 판매하던 데 기원을 두고 있다. "술병을 장화(Boot) 목(Leg)에 몰래 숨겨서 가지고 다닌다"라는 뜻이다. 많은 경영학자들은 이 부트레깅 정책을 혁신의 대명사인 지금의 3M을 만든 최고의 정책이라고 평가하고 있다.

현재 3M 조직을 보면 7개의 주요 사업(Business)과 40여 개의 사업단위(Division)로 구성되어 있다. 산업용 사업ㆍ의료 사업ㆍ소비자 및 오피스 사업ㆍ디스플레이 및 그래픽 사업ㆍ전자 및 커뮤니케이션 사업ㆍ안전 및 프로텍션 서비스 사업ㆍ운송 사업이 바로 그것이다. 3M의 각 사업부는 독립된 일개 기업과 같은 운영체제로 운영되고 있는 것이 특징이다. 특정 사업부에서 신상품이 많이 개발됨에 따라 조직이 커져도 변화하지 않으면 조직이 경직될 수밖에 없기 때문이다. 따라서 사업이 성장하면 사업부는 분할되고 또 분할된다.

혁신과 연구 정신을 중요시하는 3M의 독특한 기업문화는 3M의 대부(代父)라고 일컫는 윌리엄 맥나이트(William L. McKnight)가 만들어냈다. 맥나이트는 회사가 창립된 지 5년 후인 1907년에 경리 보조로 입사하여 1929년에 사장이 되었고, 1949년부터 1966년까지 이사회 의장직을 맡았다. 그가 3M의 독특한 기업문화를 만들기 위해 어떤 노력을 했는지 그가 1948년에 기본 원칙으로 썼던 글을 보자.

"많은 실수가 발생할 것이다. 그러나 그 직원이 전적으로 옳다면, 그가 행한 실수는 장기적으로 볼 때, 경영진이 모든 권한을 장악해서 그들에게 이렇게 해라 저렇게 해라 강요해서 발생하게 될 실수보다 미미한 수준일 것이다."

스탠포드 경영대학원의 제임스 콜린스 교수가 휴렛패커드의 빌 휴렛에게 정말로 존경하고 배울 만한 모델기업으로 어떤 기업이 있느냐고 물었던 적이 있다. 이 때, 빌 휴렛은 즉각 이렇게 대답했다.

"3M이다. 3M이 무슨 제품을 가지고 나올지 아무도 모른다. 3M조차도 그들이 무엇을 새로 개발하게 될지 모른다. 비록 3M이 무엇을 개발할지 모른다 하더라도 3M이 계속하여 성공하리라고 생각하지 않은가?"

콜린스 교수도 그의 말에 동감하면서, 만약 향후 50년 내지 100년 동안 지속적으로 성공을 유지할 수 있는 적응력을 갖춘 기업 하나만 들라면 3M을 꼽겠다고 말한 바 있다.

[출처: 김민주, 「MUST KNOW 세계 100대 기업」, 미래의창, 2012. 4.]

3. 기능별 전략

사업부 전략을 수행하기 위해서는 마케팅, 재무, 회계, 인사, 생산, R&D 등의 여러 기능이 필요하다.

4. 제품전략

제품별 전략은 기능 중심이 아니라 제품별로 나누어 모든 기능을 특정제품의 제조·판매에 집중하여 수립하는 전략이다. 한 회사에서 동일한 마케팅 전략을 세웠다고 하더라도 승용차 판매전략과 냉장고 판매전략은 각각 다를 것이다. 즉 기능별 전략만으로는 기업의 모든 제품에 대해 효율적인 대처를 할 수 없기 때문에 제품을 위주로 하여 생산, 재무, 마케팅, 인사, R&D 등을 연계시키는 전략이다.

03 시장대응 전략

시장대응 전략은 시장상황에 잘 대응하기 위한 전략으로서 제품수명주기 전략, 포트폴리오 전략, 제품/시장 믹스 전략 등이 이에 해당된다.

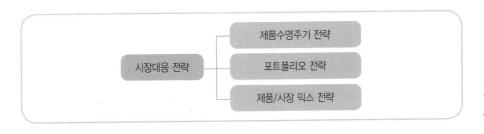

I. 제품수명주기 전략

제품은 출시 초기의 도입기, 매출이 급히 성장하는 성장기, 성장률이 둔화되는 성숙기, 매출이 감소하는 쇠퇴기를 거쳐 시장에서 사라지게 되는데. 이러한 과정을 제품수명주기(Product Life Cycle : PLC)라고 한다. 제품수명주기의 기본적인 개념은 출생, 성장, 청년, 성숙, 노년이라는 일련의 생태학적 과정을 모든 제품이

표 11-1 :: 제품 수명주기에 따른 프로모션전략

구 분	특 징
도입기	• 제품이 시장에 출시되어 조금씩 매출이 성장하는 시기 • 제품이 소비자에게 잘 알려지지 않으므로 제품소개와 접촉성을 강화하여야 함. • 광고와 홍보가 비용대비 효율성이 가장 높다. : 도입기에는 판촉활동을 많이 하여야 하는데 광고와 판매촉진을 결합하여 활용하면 적은 비용으로 많은 소비자에게 제품에 대한 소개와 접촉을 강화할 수 있다.
성장기	• 시장이 급속도로 성장하는 시기 • 성장기에는 모든 촉진도구의 효율성이 전부 하양하게 되는데 그 이유는 수요가 구전을 통해서 자체의 힘을 가지기 때문임. : 구전커뮤니케이션을 촉진시키기 위한 홍보, 광고 등을 강화한다.
성숙기	• 잠재소비자들이 거의 제품을 구매하여 시장성장이 낮은 시기 • 소비자들은 이미 제품과 상표를 알고 있으므로 광고는 소비자를 환기시키는 정도로 하면 된다. • 성수기 제품일수록 구매시점에서의 프로모션 활동에 영향을 받는다. : 판매촉진 활동을 활성화 시킨다.
쇠퇴기	• 매출액이 급속도로 떨어지는 기간 • 이윤 폭을 높이기 위하여 촉진활동을 감소시켜야 한다. : 총체적인 촉진활동을 억제하고 판매촉진 등으로 거래조건을 완화하여 잔존고객을 흡수한다.

거치게 된다는 데에서 출발하여, 시간의 흐름에 따라 특정제품 카테고리의 매출, 이익이 거쳐 나가는 과정을 양적인 표현에 이해 가설적으로 나타낸 것이다.

제품수명주기 이론의 중요성은 특정제품의 제품수명주기 위치에 따라 광고, 가격정책, 분배정책 등 마케팅 수단의 형태가 각각 다르기 때문에 자기 제품의 제품수명주기 위치가 어디에 있는가를 판단하여, 장래에 발생하는 사건을 예견하고, 다가오는 변화에 가장 잘 대응할 수 있도록 준비하는 데 그 의의가 있다. 제품수명주기는 매우 단순한 개념이지만 제품의 성장과 발전 전망을 검토하기 위한 개념적 근거를 제공할 뿐만 아니라, 경영계획을 수립할 수 있는 근거를 제공해준다는 점에서 그 의의가 있다. 즉, 제품수명주기는 각 단계별로 마케팅목표와 전략이 어떻게 변경되어야 하는가를 알 수 있도록 해준다. 제품수명주기에 따른 프로모션 전략을 살펴보면 〈표 11-1〉과 같다.

2. 포트폴리오 전략

기업이 여러 사업부를 가지고 있거나 하나의 기업이라고 하더라도 여러 제품을 취급하고 있는 조직에서는, 조직의 자원을 기업 차원에서 어떻게 배분해 주는 것이 유리한가를 결정하는 것은 매우 중요한 의사결정이다. 어떤 형태의 사업부(또는 제품)를 어떤 비중으로 유지해야 하는가를 결정하는 것이 필요한데, 이러한 분석을 위해 활용되는 전략이 포트폴리오(portfolio) 전략이다. 포트폴리오 전략은 미국의 경영자문회사인 BCG에 의해 개발된 BCG 매트릭스(Boston Consulting Group Matrix)가 분석도구로 주로 사용된다.

BCG 매트릭스는 시장성장률을 세로축, 상대적 시장점유율(자사의 해당 사업단위의 시장점유율을 시장점유율이 가장 큰 경쟁자의 시장점유율로 나눈 값)을 가로축으로 하여 만든 네 개의 분면으로 기업전략의 방향을 제시한다. 각 분면은 Problem Child(문제아), Star(별), Cash Cow(현금젖소), Dog(개) 등이며 각각의 전략적 방향은 다음과 같다.

🐾 Problem Child(문제아)　　Problem Child 또는 Question Mark(?)라고도 한다. 문제아에 위치한 사업은 현재 시장 내에서의 위치가 미약하기 때문에 점유율을 높여서 제품 단위당 원가를 내림으로써 경쟁성을 확보하기에는 많은 어려움이 따르지만, 만일 성공만 한다면 시장 자체의 성장성이 높기 때문에 좋은 수익성을 올릴 수 있는 가능성을 갖고 있다. 따라서 이 사업을

유지·성장시키기 위해서는 많은 자금이 필요한 반면, 시장점유율이 낮은 까닭에 조속한 시간 내의 자금 회수는 곤란하다. 문제아에 위치한 사업은 가능한 한 빨리 '별' 사업으로 육성하는 전략이 필요하다.

🔍 Star(별)　빛나는 별처럼 성장률도 높고 점유율도 높은 사업으로서, 현재 상태에서 자금을 자급자족할 수 있으나 보다 빠른 성장과 높은 시장점유율을 갖기 위해서는 더 많은 투자가 필요하다. 그러나 장기적으로 볼 때 많은 수입을 가져오는 사업이 될 것이다. '별' 사업에 대해서는 시장점유율을 계속 늘리기 위해서 집중적인 투자를 해야 한다. 여기서는 수익성보다도 시장점유율이 더욱 중요한 목표이다.

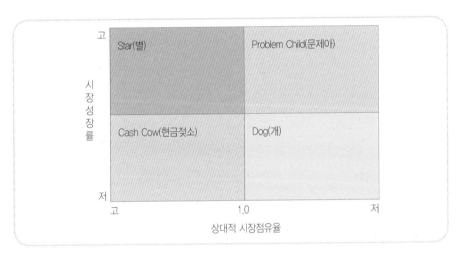

그림 :: 11-4
BCG 매트릭스

🔍 Cash Cow(현금젖소)　꾸준히 우유를 공급해주는 젖소처럼, 자금의 투입보다 자금의 창출이 더 큰 사업이다. 이 사업은 대부분 과거 '문제아'→ '별'의 과정을 거쳤으며, 현재 시장점유율은 높으나 이미 제품수명주기상의 성장기를 넘어선 사업이다. '현금젖소' 사업에 대해서는 자금공급을 극대화하기 위하여 시설의 유지와 생산원가절감에 도움이 되는 투자만을 행하고, 나머지 연구개발, 광고, 신규 시설투자 등에 대한 투자는 가급적 금지하여야 한다. 동시에 경쟁기업에 대하여 원가면에서 유리한 위치를 차지하기 위하여 고정비에 대한 감가상각을 빨리 끝내야 한다.

🔍 Dog(개)　이 사업은 성장률도 낮고 점유율도 낮은 까닭에 수익이 많지 않을 뿐 아니라 앞으로 전망도 별로 없기 때문에 재투자도 그 가치가 없게 된다. '개'에 해당하는 사업에 대해서는 가능한 한 빨리 철수하는 것이 유리하다.

3. 제품/시장 믹스 전략

모든 기업은 새로운 시장기회를 포착할 수 있어야 한다. 시장기회를 파악하는 방법은 제품/시장 확장 그리드(product/market expansion grid)를 통하여 파악하는 앤소프(H. Igor Ansoff)의 방법이 대표적으로 활용된다. 이 방법은 시장을 기존시장과 신시장으로, 제품을 기존제품과 신제품으로 분류하여 시장기회를 파악하고 있다. 제품/시장 믹스전략으로는 기존시장침투 전략, 신시장 개척 전략, 신제품개발 전략, 다각화 전략이 활용될 수 있으며, 기업은 각 사업별로 어떠한 시장에 어떤 제품을 어떻게 진출할 것인가를 결정할 수 있게 된다.

🔍 **기존시장침투 전략**　이는 기존의 제품과 기존시장에서 시장점유율을 확대함으로써 성장하기 위한 전략이다. 예를 들면 가격을 인하하거나 광고를 늘리거나 그 제품을 취급하는 점포의 수를 늘려 고객이 편리하게 사용할 수 있도록 하는 등의 방법을 들 수 있다.

🔍 **신시장 개척 전략**　이는 기존의 제품을 새로운 시장에 출시함으로써 시장점유율을 증대시키려는 전략이다. 예를 들면 새로운 시장에 점포를 개설하거나 해외 수출시장을 개척하는 것을 들 수 있다.

🔍 **신제품개발 전략**　이는 기존시장에 신제품이나 기존제품을 개선한 제품을 출시하여 시장점유율을 증대시키려는 전략이다. 예를 들어 샴푸회사의 경우에 현재의 제품에 새로운 향료와 성분을 사용한다든지, 포장을 새롭게 바꾸는 것 등이다.

🔍 **다각화 전략**　이는 신시장에 신제품을 개발하여 시장점유율을 증대시키려는 전략이다. 현재의 시장에서는 기업이 더 이상 성장할 수 있는 기회가 없거나 새로운 시장에서 새로운 제품이 유리하게 매출을 증대시킬 수 있는 경우에 사용하는 방법이다.

제품 / 시장	기존제품	신제품
기존시장	기존시장침투 전략	신제품개발 전략
신시장	신시장개척 전략	다각화 전략

그림 :: 11-5
제품/시장 전략

4. 본원적 경쟁전략

기업이 처한 시장상황을 고려하여 어떤 사업을 계속할 것인지 포기할 것인지를 결정하는 전략이 포트폴리오 전략이라고 한다면, 그 다음 단계는 사업을 계속 하기로 한 사업의 경쟁력을 확보하기 위해서 어떠한 요소를 고려해야 하는가 하는 '본원적 경쟁전략'을 살펴보아야 한다.

본원적 경쟁전략이란 산업 내에서 효과적으로 경쟁할 수 있는 일반적인 형태의 전략유형을 의미한다. 마이클 포터(Michael E. Porter)는 높은 투자수익률을 확보하고 장기적으로 산업 내에서 경쟁우위를 가질 수 있는 본원적 경쟁전략으로서 원가우위전략, 차별화전략, 집중화전략이라는 세 가지 유형을 제시하였다.

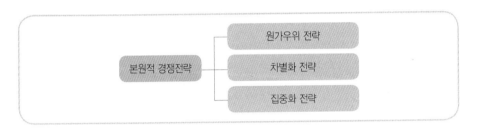

그림 :: 11-6
본원적 경쟁전략

(1) 원가우위 전략(cost-leadership strategy)

기업이 한 제품이 다른 경쟁기업의 제품에 비해 품질에는 그다지 손색이 없지만 가격을 현저하게 낮추어 고객에게 제공하는 전략이다. 원가우위 전략이 성공하기 위해서는 첨단 생산설비 및 관리시스템, 유리한 조건의 자원확보, 공급업체 및 유통업체와의 긴밀한 유대관계 등 경쟁기업이 따라올 수 없는 경쟁우위 요소가 있어야 한다.

원가우위 전략은 과거 우리나라 기업들이 해외에 수출할 때 취하던 저가전략이라고 할 수 있다. 또한, 미국의 소매업체인 월마트(Wal-Mart)가 창업 초기부터 줄곧 원가우위 전략을 추구하여 세계에서 가장 큰 소매업체가 된 것이 대표적인 사례이다.

일반적으로 경쟁기업과의 경쟁에서 우위를 확보하기 위해서 가장 쉽게 취할 수 있는 전략이 원가절감에 의한 원가우위 전략이다. 이 전략은 다른 전략보다 강력한 경쟁우위 요소로 작용될 수 있다는 장점이 있다.

한편, 원가우위 전략의 단점은 더 저렴하게 생산할 수 있는 경쟁기업이 나타

그림 :: 11-7
원가우위 전략

나면 곧 고객을 잃게 된다는 것이다. 또한, 날로 발전하는 기술의 변화가 과거의 시설이나 노하우를 무용지물로 만들어 버릴 수 있다는 점이다. 이러한 단점을 극복하기 위해서는 기술혁신이나 품질개선, 공장자동화 등 전반적인 차원에서 시장을 주도해 가는 시장선도전략(market leadership strategy)이 뒷받침 되어야 한다.

(2) 차별화 전략(differentiation strategy)

고객이 비싼 가격을 지불하더라도 구매하려고 하는 차별화된 요소가 제공되는 제품으로 경쟁우위를 확보하는 전략이다. 차별화 요소는 경쟁기업의 제품보다 품질이나 디자인에서 월등히 뛰어나든지 또는 유명한 브랜드가 부착된 경우 등이다. 차별화 전략의 대표적인 예로 애플, 나이키, BMW, 루이비통, 구찌 등을 들 수 있는데, 이들은 세계적인 고급기술이나 브랜드로 다른 기업과의 차별화를 도모하고 있다.

▶사례연구◀ **신규진입기업의 차별화전략**

1960년대까지만 해도 복사기 시장은 Xerox의 독무대였다. Xerox는 고속, 고용량의 복사기를 제조하여 대기업 고객을 대상으로 리스를 하였으며, 이에 따라 유통망도 판매원이 직접 기업 고객을 상대하는 방식으로 운영하였다. Xerox의 이러한 전략은 매우 성공적이어서 그 후에 시장에 진입한 IBM이나 Kodak도 이와 유사한 전략을 채택하였다. 그러나 Canon은 이들 기업과는 다른 접근 방법을 선택하였다. 즉, Canon은 대기업을 목표로 하고 복사 속도를 강조하는 Xerox와는 달리, 가격과 품질을 차별화 포인트로 하여 중소규모의 기업을 대상으로 딜러를 통해 판매하였다. 이러한 차별적 접근을 택한 결과 Canon은 판매

대수 면에서 Xerox를 제치고 업계 수위로 성장하였다.

차별화 전략의 다른 예로는 Apple을 들 수 있다. 1970년대 중반까지 IBM은 기업 고객을 대상으로, 자사의 마이크로 프로세서와 소프트웨어를 장착한 컴퓨터를 자사의 영업인력을 활용하여 판매함으로써 업계 리더의 위치를 확보하고 있었다.

그러나 Apple은 이러한 관행을 완전히 뒤바꾸었다. Apple은 개인과 중소기업을 목표 고객으로 하고, 마이크로 프로세서를 외부에서 조달하여 제작한 컴퓨터를 자사의 영업 인력이 아닌 소매상을 통해 판매함으로써 단기간에 이 분야에서 시장 리더로 부상하였다.

이러한 사례를 통해 알 수 있는 한 가지 사실은 후발 기업이 선발 기업과 효과적으로 경쟁하고, 나아가 성공하기 위해서는 기존의 룰을 뒤집는 새로운 전략을 추구해야 한다는 것이다.

[출처: LG경제연구원, "신규진입기업의 차별화전략", LG주간경제, 1999. 7.]

(3) 집중화 전략(focus strategy)

세분화된 고객 중 어느 특정층을 겨냥하여 비용우위나 차별화를 통해 집중적으로 공략하는 전략이다. 이 전략은 특정 고객층, 특정제품, 특정지역 등 한정된 영역에 기업의 경영자원을 집중하는 전략을 말한다.

집중화 전략을 추구하게 되면 특정한 대상의 요구를 보다 적극적으로 충족시킬 수 있으며, 이를 통해서 차별화된 제품이나 서비스를 제공하거나, 비용상의 우위를 달성할 수 있다. 즉, 원가우위전략이나 차별화전략이 시장 전체를 대상으로 한 전략임에 반하여 집중화전략은 특정시장에만 집중하는 전략인 것이다. 그러나 일반적으로 집중화전략을 추구하는 기업도 특화된 영역 안에서는 원가우위나 차별화 가운데 하나를 선택하게 된다. 왜냐하면 집중화 전략을 추구하는 기업은 보통 규모가 작기 때문에 원가우위와 차별화를 동시에 추구하기 어렵기 때문이다.

원가우위와 차별화우위중 하나를 선택하라

회사경영에 있어 지속적인 성장과 발전을 위해서는 동일 산업내 경쟁사보다 높은 경쟁우위를 점하고 있어야 한다. 경쟁우위는 정부, 환율, 이자율변화 등 외부적 환경요인과 기업내부의 새로운 혁신활동을 통해서 발생된다. 그렇다면 경쟁자보다 어떻게 하면 지속적으로 경쟁우위를 가져가야 하는가 하는 기업의 경쟁우위 전략에는 비용우위와 차별화우위 그리고 집중화전략으로 구분한다.

● 비용(원가)우위 전략

표준화된 제품의 대량생산을 통해 동일한 제품과 서비스를 경쟁사보다 낮은 비용에 공급하는 전략을 의미한다. 비용우위의 주요전략요소는 효율적인 규모의 설비투자, 제작이 용이한 제품디자인, 양적관리시스템, 엄격한 비용통제 등이 된다.

● 차별화우위 전략

다른 경쟁사와 차별화된 독특한 제품 또는 서비스를 제공하고 가격프리미엄(높은 마진)을 받는 전략이다. 차별화우위는 소비자들에게 차별화된 가치를 제공해주어야 한다. 차별화 우위의 주요전략요소로는 브랜드, 디자인, 광고, 서비스와 제품의 품질이다.

마이클 포터(Michael Porter)의 이론에 따르면 원가우위 전략과 차별화우위 전략은 서로 상반되는 전략이다. 때문에 기업은 이중 하나를 선택해야지 양쪽을 다 갖추려고 함으로써 중간에 걸치는 것이 되면 아무것도 얻지 못하여 가장 낮은 수익을 실현한다고 보았다. 즉, 양쪽을 동시에 추구하면 경쟁우위를 상실하게 된다.

예를 들어 동일한 구매원가의 맥주를 대학로 주변에서 학생을 상대로 하여 판매할 때와 30, 40대의 직장인을 상대로 영업을 할 경우에 일반적으로 전자의 경우 실내인테리어나 서비스보다 가격이 중요한 요인이 될 것이며, 후자인 경우는 점포분위기, 안주류의 품질과 접객서비스가 차별화 요인으로 작용할 것이다. 그러므로 이를 감안한 점포전략이 수립되어야 할 것이다.

그리고 슈퍼마켓이라면 고객들은 낮은 가격, 이용이 편리한 위치, 다양한 제품을 원한다. 따라서 슈퍼마켓의 성공요인은 어떻게 하면 비용을 낮출 수 있는가가 관건이므로 공급자와 교섭력을 발휘하여 공급가격을 낮추고, 경쟁사와의 차별화를 위해 주차시설 확보와 편리한 입지, 소비자들이 선택할 수 있는 상품진열과 제품의 폭을 늘리는 방법을 찾아야 한다.

● 집중화 전략

특정고객, 특정제품, 세분화된 시장(니치마켓)에 기업의 경영자원을 집중하는 전략이다. 집중화는 비용우위에 기반한 저가시장에서도 가능하고 차별화 우위에 기초한 고가제품 시장에서도 가능하다.

경쟁우위를 발견하고 경쟁우위를 유지하려면 경쟁사에 대비한 자사의 강점과 약점을 분석하는 것이 선행돼야 한다. 그리고 나서 비용우위 또는 차별화우위 전략 중 자사의 내부자원과 핵심역량을 파악해 적절한 경영전략을 수립하고 사업을 집중해야 경쟁우위를 지켜나갈 수 있다.

[출처: 제주일보, "원가우위와 차별화우위중 하나를 선택하라", 2005. 11. 16.]

참고문헌

1. 김민주, 「MUST KNOW 세계 100대 기업」, 미래의창, 2012. 4.

2. 매경이코노미, "strategy란", 제1547호, 2010. 3. 17.

3. 제주일보, "원가우위와 차별화우위중 하나를 선택하라", 2005. 11. 16.

4. 조경동, 「현대 경영학원론」, 형설출판사, 2003.

5. 조동성, 「21세기를 위한 경영학」, 도서출판 서울경제경영출판사, 2008.

6. 조선일보, "허실만 알면 이기지 못할 싸움이 없다", weeklybiz, 2012. 9. 14.

7. 지호준, 「21세기 경영학」, 법문사, 2005.

8. LG경제연구원, "신규진입기업의 차별화전략", LG주간경제, 1999. 7.

Chapter 12

인적자원관리

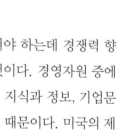

01 인적자원관리의 이해

기업이 경영성과를 높이기 위해서는 경쟁력을 향상시켜야 하는데 경쟁력 향상을 위한 가장 좋은 방법은 경영자원의 수준을 높이는 것이다. 경영자원 중에서 가장 중요한 것은 바로 '사람'이다. 설비, 원자재, 자금, 지식과 정보, 기업문화, 시스템 등 제반 경영자원을 다루는 것은 결국 사람이기 때문이다. 미국의 제프리 프페퍼(Jeffrey Pfeffer) 교수는 「사람이 경쟁력이다(Competitive Advantage Through People)」라는 저서에서 기업의 지속적인 성장의 원천은 바로 '사람'이라고 지적하고 있다. 그러므로 기업이 효율적으로 인적자원을 관리함으로써 기업의 성장·발전이 가능해지는 것이다.

인적자원관리는 HRM(Human Resources Management)이라고도 하는데, 과거에는 인사관리(Personnel Management)로 불리기도 했으나 최근에는 인사관리라는 표현보다는 인적자원관리라는 표현을 쓴다〈표 12-1〉. 경영환경의 변화와 함께 인적자원의 관리에도 많은 변화가 나타나고 있는데, 과거에는 단기목표, 개인목표 중심이었다면 현재는 장기목표, 조직목표로 바뀌고 있다. 또한, 장기적 안목에서의 개인목

표와 조직목표의 통합을 강조하고 구성원 개인의 직무보다는 경력개발을 중요
시하는 방향으로 나아가고 있다.

표 11-1 :: 전통적 인사관리와 현대적 인적자원관리 비교

전통적 인사관리	현대적 인적자원관리
직무 중심	경력 중심
조직목표를 강조	조직목표와 개인목표의 통합을 강조
소극적, 타율적 인간관(X이론)	주체적, 자율적 인간관(Y이론)
단기적 목표	장기적 목표

인적자원관리(Human Resources Management)란 조직이 필요로 하는 인력을 조달하고
이들을 유지 · 개발 · 활용하는 활동을 계획하고 조직하며 통제하는 관리활동의
체계라고 할 수 있다. 이는 HRP(Human Resource Planning: 인적자원계획), HRD(Human Resource
Development: 인적자원 개발), 그리고 HRU(Human Resource Utilization: 인적자원 활용)의 3가지 측면으로
이루어져 있지만, 채용 · 선발 · 배치에서 조직설계 · 개발, 교육 · 훈련까지 포괄하는
광범위한 활동으로 과거의 인사관리의 틀을 넘어선 보다 포괄적인 개념이다.

사례연구 ────→ **경영자들을 잠 못 이루게 하는 Issues는?**

　미국에서 경영자들을 대상으로 "당신을 잠 못 이루게 하는 경영이슈가 무엇인가?"에 대해
설문조사를 실시한 결과 '인적자원관리'가 1위로 나타난 바 있다. 지식이 기업 경쟁력의 핵심
요소로 떠오르고 있으며, 그 지식의 주체는 다름아닌 사람이기에 인적자원관리가 가장 시급
한 현안이 되고 있다.
　따라서 기업들은 우수한 인적자원의 확보와 육성을 위해 많은 자원과 시간을 투입하고 있
다. 이렇게 인적자원의 관리가 중요해짐에 따라, 우수한 인적자원을 어떻게 확보하고 유지하
느냐가 기업의 핵심적인 과제로 대두되고 있다.

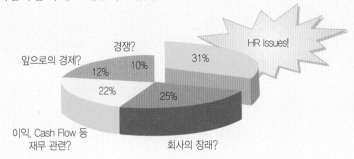

[출처: The Globe and Mail, The Executive View, Oct. 27, 1999.]

사례연구 **도요타의 인사 비결**

불황기에는 기업들이 경영에 어려움을 겪기 마련이다. 진정한 일류 기업은 위기 상황에서 도 잘 견뎌낼 수 있는 강한 핵심 역량을 갖고 있는 기업일 것이다. 일본 경제의 장기 불황 속에서도 뛰어난 경쟁력으로 약진을 거듭하며'불황에 강한 기업'이라 불리울 만큼 글로벌 초우량 기업으로 떠오른 회사가 바로 도요타이다.

도요타가 강한 이유에는 여러 가지가 있을 수 있다. 예컨대, 우수한 제품력, 세계 최고의 제조 생산성이 그 대표적인 성공 요인이라 할 수 있다. 그러나 이러한 도요타의 경쟁력을 뒷받침하는 근본적인 동인을 꼽는다면, 다른 무엇보다도 구성원들의 끊임없는 혁신 노력과 일에 대한 열정을 이끌어 내는 인적 자원 관리 역량에 있다 하겠다.

이와 관련한 도요타 인사의 가장 주목할 만한 점은 사람의 지혜를 최대한 이끌어 낸다는 것이다. 종업원 개개인이 회사나 관리자가 시키는 대로 또는 기존에 정해진 관행에 따라 단순하게 몸을 움직여 일하는 것이 아니라 머리를 쓰고 지혜를 발휘해서 일하게 한다는 것이다. 이를 위해서 도요타는 종업원 개개인이 지혜를 발휘하게 하는 환경, 생각하게 하는 환경을 만드는 데 역점을 두고 있다. 예컨대, 생산현장에서 작업자의 육체적 움직임을 최소화하고, 대신에 소집단 개선 제안 활동 등 머리를 쓰는 일에 집중하도록 업무 여건을 적극적으로 개선해 나간다. 또한 작업 중 불량이 발생하면 라인을 멈추고 문제를 전면 드러나게 하여 모두가 지혜를 짜내어 해결하지 않으면 안 되게 하는 상황을 만든다. 한편, 관리자나 상사들이 부하를 지도함에 있어서도 세세한 가르침 보다는 스스로 생각하면서 일하도록 자극하고 도전적 과제를 부여하는 역할을 중시한다. 여기에는"인간은 위기에 처한 만큼 지혜가 나온다."라고 하는 도요타 생산 방식의 선구자 오오노 다이이치(大野耐一)와 같은 리더들의 철학이 반영되어 있다.

도요타가 지향하는 경영의 중심 가치(도요타Way)는'지속적 개선'과'인간 존중'이라고 한다. 여기서 인간 존중이란 단순히 사람을 소중하게 여긴다는 것이 아니고, 사람이 가지고 있는 사고력, 지혜를 존중한다는 의미가 강하다. 개개인이 일의 보람과 직장 생활의 만족을 느끼게 하기 위해서는 인간이 가지고 있는 사고력이나 지혜를 개발하고, 이를 활용하는 업무를 하게 해야 한다는 것이다. 일을 통해서 실력을 키우고 성과를 창출하여, 그로부터 보람을 느끼게 하는 것이야말로 진정한 인간존중이라는 사상이다.

서구식 인사를 추종하지 않고 자사 고유의 방식을 추구하는 것도 도요타 인사의 특징이다. 예컨대, 도요타는 전통적인 일본식 종신 고용을 고수하는 대표적인 기업이다. 이 배경에는 고용 안정성에 기반한 회사와 종업원간 돈독한 신뢰가 있어야 도요타 생산 방식이 성공할 수 있다는 사상이 깔려 있다. 도요타는 서구식 경영 방식의 도입에 있어서 어느 기업 보다 적극적인 회사이다. 그러나 무조건적인 모방은 절대 하지 않는다. 남의 것을 단순 모방해서는 절대 일류가 될 수 없기 때문이다.

[출처: LG 주간경제, "도요타의 인사 비결, 2003. 12. 10.]

02 인적자원의 관리과정

인적자원의 관리과정은 어느 정도의 인원이 어느 부서에서 필요한지를 파악하는 인적자원계획수립 단계에서 시작되어, 인력을 모집하고, 가장 적절한 인력을 선발하여 교육훈련 및 경력개발을 통해 기업에서 필요한 업무나 능력을 배양하고, 적절한 부서에 배치하는 과정을 거친다. 부서에 배치된 인력에 대해서는 개인별로 업적을 평가하여 이에 맞는 보상을 지급하며, 승진이나 전근 등을 통해 인원을 교체한다. 또한, 불필요한 인력의 이직을 막기 위해 이직관리를 하게 된다. 이러한 일련의 과정을 인적자원 관리활동이라고 한다〈그림 12-1〉.

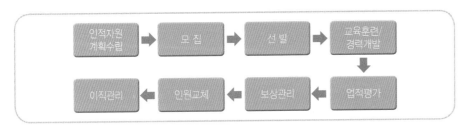

그림 :: 12-1
인적자원의 관리활동

Ⅰ. 인적자원 계획 수립

인적자원 계획은 현재와 미래의 인력수요를 분석·예측하고, 그 수요를 충족시키기 위해 종업원을 확보하는 과정이다. 따라서 현재 기업이 보유하고 있거나 향후 보유해야 할 인적자원을 중심으로 최적의 인적자원 규모를 결정하여 최적의 시기에 최적의 위치에 배치하는 데 중점을 두고 계획을 수립하게 된다. 인적자원 계획의 수립은 계획 내용을 기준으로 크게 네 가지 기본적인 활동이 이루어진다.

⚭ 적정인원계획　조직이 필요로 하는 전문 지식과 기술은 무엇이며, 그러한 인력이 얼마나 필요한 것인지를 계획하는 활동

⚭ 인원수급계획　현재의 구성원과 앞으로 필요한 구성원을 비교하여 미래 균형잡힌 인력수급을 계획하는 활동

    🌐 **구인·해고계획**   필요한 인적자원을 채용하는 구인계획과 불필요한 인적자원을 정리하는 해고계획을 수립하는 활동

    🌐 **인적자원 개발계획**   경험과 능력있는 인력을 안정적으로 확보하기 위한 구성원의 능력을 개발하는 계획

이러한 여러 가지 인적자원 계획을 효율적으로 수립하기 위해서는 기본적으로 직무분석(job analysis)을 하고, 이를 바탕으로 직무기술서(job description)와 직무명세서(job specification)를 작성하게 된다.

    🌐 **직무분석(job analysis)**   직무를 구성하는 구체적인 과업을 설정하고 만족스러운 직무수행에 요구되는 기술과 지식 그리고 책임 등 직무에 관한 기본정보자료를 수집, 분석, 정리하는 일련의 과정

    🌐 **직무기술서(job description)**   직무분석의 결과 직무의 능률적인 수행을 위하여 직무의 성격, 요구되는 개인의 자질 등 중요한 사항을 기록한 문서

    🌐 **직무명세서(job specification)**   직무분석의 결과를 인사관리의 특정한 목적에 맞게 직무의 내용과 직무에 요구되는 자격요건에 중점을 두어 정리한 문서

2. 모집활동

모집(recruitment)은 기업에서 필요로 하는 능력있는 인력을 유인하는 과정이다. 이는 조직이 요구하는 사람들이 적극적으로 지원하도록 정보를 제공하고 동기를 유발하는 활동이다.

모집활동을 위해서는 우선 모집의 방향을 잘 설정하여야 한다. 불필요한 과장광고로 지나치게 많은 응모자가 응모하여도 선발의 효율성이 떨어지고, 반대로 모집의 범위를 너무 제한하여도 응모자가 적어도 적절한 인력을 선발하기 어렵다.

모집과 관련하여 고려하여야 할 또 다른 사항은 고용기회의 균등이다. 이는 기업의 사회적 책임(CSR)이기도 하기 때문에 사회 여러 집단에 대해 균등한 고용기회를 제공할 필요가 있다.

모집방법은 대상자를 기업 내부에서 찾느냐, 외부에서 찾느냐에 따라 사내모집과 사외모집으로 구분된다.

    🌐 **사내모집**   자격을 갖춘 기업 내부의 종업원 중에서 승진이나 이동배치를

통해 인력을 충원하는 방법이다. 사내에 설치된 기능목록(skills inventory)이나 인력배치표(manning table)를 통해 적합한 사람을 찾는 방법이 일반적이나 사내 공모제를 통해서 필요한 인력을 내부에서 찾기도 한다. 사내모집은 절차 가 간편하고 종업원들의 사기에도 좋은 영향을 미친다는 장점이 있다.

🌐 **사외모집** 조직 외부에서 인력을 충원하는 방식으로서 광고, 직업소개소, 교육기관 추천, 현 구성원의 추천, 노조의 추천, 취업박람회 등의 방법이 활용되고 있다.

 사례연구

사내공모제(job posting and bidding system)

사내직원공모제 · 사내인력공모제 · 내부공모제라고도 한다. 기업에서 특정 프로젝트나 신 규사업에 필요한 인재를 모으기 위해 사내에 있는 인재를 널리 활용하는 제도이다. 기업에서 원하는 인력을 선택한 뒤에 우선적으로 배치하는 인사제도의 일종이다.

미국이나 유럽 · 일본 등 선진국에서는 일반화된 제도이나 한국에서는 21세기에 들어와 활 성화되기 시작하였다. 프로젝트공모제도나 사내벤처제도가 대표적이며, 넓은 의미로는 사내 FA(free agent)제도 포함된다. 또한 사장공모제와 같은 직위공모제도 이에 해당된다.

기업에서는 프로젝트나 신규사업에 적합한 인재를 활용할 수 있고, 개인에게는 필요한 지 식이나 기능을 익힐 수 있다는 장점이 있다. 그러나 발령과정에 인력이 집중되어 수급에 맞지 않을 때에는 개인과 회사에 악영향을 끼칠 가능성도 있다.

[출처: 두산백과, http://www.doopedia.co.kr]

3. 선발활동

선발(selection)은 응모한 많은 사람 중에서 기업에서 필요로 하는 자질을 갖춘 인 력을 선발하는 과정이다. 선발을 잘못하면 이로 인해 직접 · 간접적으로 기업이 받는 손실이 크다는 점에서 선발 결정은 매우 중요하다.

일반적으로 선발 순서는 ① 지원서 작성, ② 초기스크린 면접, ③ 테스트, ④ 배경조사, ⑤ 선발면접, ⑥ 신체검사, ⑦ 채용의 7단계 과정을 거친다〈그림 12-2〉. 그러나 실질적인 선발과정은 기업에 따라 다르고 또한, 같은 기업이라고 하더라도 모집하는 경영자의 경영방침에 따라 다를 수 있다.

그림 :: 12-2
선발 과정

지원서 작성 → 초기스크린 면접 → 테스트 → 배경조사

채용 ← 신체검사 ← 선발면접

4. 교육훈련(training) 및 경력개발(career development)

조직구성원의 능력수준을 높이고 각 개인의 경력개발을 지원하는 활동이다. 조직구성원들은 기업의 목표변화, 기술발전, 사업다각화, 조직의 복잡화, 지식의 다양화 등 여러 요인의 변화에 발맞춰 조직의 목표를 달성하기 위해 새로운 교육훈련과 개발 프로그램을 숙지해야 한다. 이러한 활동들은 과거에는 단지 비용의 개념으로 인식되었으나 현대 기업경영에 있어서는 투자의 개념으로 받아들여지고 있다.

교육훈련(training)은 변화하는 경영환경에 적응할 수 있도록 인적자원의 능력이나 직무관련 기술수준을 지속적으로 향상시키고 개발하는 과정을 말한다. 교육훈련은 직무현장에서 직무를 수행하면서 이루어지는 직무현장 교육훈련과 직무수행시간 이외에 이루어지는 직무현장외 교육훈련, 그리고 경영자를 육성하기 위해 이루어지는 경영자의 계층별 교육훈련 등으로 구분할 수 있다.

🔍 **직무현장 교육훈련(OJT: On the Job Training)** 　직무현장에서 상급자가 직접 직무를 수행하는 방법을 교육훈련시키는 방법이다. 상급자나 숙련된 동료가 기술적인 조언을 해줌으로써 기술수준을 향상시킬 수 있는 코칭(coaching) 방법과 숙련된 종업원으로부터 어깨너머로 필요한 지식이나 기술을 배우도록 하는 도제제도(apprenticeship)가 있다.

🔍 **직무현장외 교육훈련(Off JT: Off the Job Training)** 　직무현장 이외의 장소에서 강의나 시청각도구, 사례연구, 역할연기 등을 통해서 이루어지는 교육훈련이다.

🔍 **경영자 계층별 교육훈련(Management Training)** 　경영자를 육성하기 위한 교육훈련 프로그램을 통해 경영층마다 필요한 자질을 갖추도록 교육훈련시키는 것을 말한다. 최고경영층의 경우에는 의사결정 능력이나 리더십 개발이 주안점이 되고 일선경영자의 경우에는 현장감독 능력의 향상에 주안점을 둔다.

경력개발(career development)은 개인의 경력목표를 설정하고, 조직의 요구와 개인의 요구가 일치될 수 있도록 각 개인의 경력을 개발하는 활동을 의미한다. 이러한 경력개발은 개인의 요구를 적절히 충족시킬 기회를 제공하여 그들이 스스로 경영활동에 적극적으로 참가하여 기업의 발전과 개인의 발전을 동시에 달성할 수 있도록 하는 것이다.

경력개발은 개인의 요구를 충족시키는 것에서 출발하지만 이를 기업 목표달성으로 연계시킬 수 있어야 한다. 이를 위해서 많은 기업들이 외부의 교육기관과 연계를 맺어 프로그램을 운영하거나 내부에 사내대학 등을 개설하여 개인의 경력개발에 활용하고 있다.

> **사례연구** **직원의 경력개발에 직무순환제 가장 많이 활용**

기업들이 가장 많이 시행하는 직원 경력개발제도는 직무순환제도(Job Lotation)인 것으로 나타났다. 인크루트 부설 경력개발연구소가 상시 종업원수 300인 이상 기업 25개사, 300인 미만 중소기업 81개사 등 106개 기업을 대상으로 한 직원 경력개발제도에 대해 조사한 결과 이같이 밝혀졌다. 이 조사는 기업에서 직원의 경력개발에 도움이 되는 여러 제도의 시행 여부를 알아보기 위한 것이다. 미국을 비롯한 해외에서 경력개발을 위한 여러 제도를 망라해 기업에게 시행여부를 물었다.

가장 많이 시행하는 것으로 나타난 직무순환제도는 대상 기업의 절반(49.1%)이 실시하고 있었다. 직무순환제도는 직원이 다양한 직무를 경험함으로써 다방면의 경험과 지식을 쌓을 수 있게 하는 제도이다. 직원의 단조로움, 권태 등에 따른 직무불만을 방지할 수 있을 뿐 아니라 기업의 조직 유연성을 확보하는 데도 유용한 제도로 알려져 있다. 직무순환제를 가장 많이 시행하는 것은 여러 영역을 두루 거친 관리자급 인재를 양성할 수 있어 우리나라에서 가장 많이 일반화됐기 때문으로 풀이된다.

직무순환제도에 이어 다면평가제도(46.2%)도 시행하는 곳이 많았다. 다면평가제도는 직원의 역량평가를 위해 상사뿐 아니라 동료, 부하 등도 해당 직원에 대해 평가하는 것이다. 평가를 위한 목적도 있지만 이를 통해 어떤 역량이 충분하고 부족한지 알 수 있어 경력개발에 도움이 되는 제도이다.

평가결과에 대한 피드백 제공(43.4%), 멘토링 제도, 사내공모제도(각각 42.5%)도 많이 시행하고 있었다. 평가결과에 대한 피드백은 상사가 직원의 수행역량에 대한 평가결과를 일대일로 피드백을 제공할지의 여부를 말하는 것으로 이 역시 장점을 강화하고 단점을 보완하도록 유도해 경력개발의 지침이 된다. 잘 알려져 있는 멘토링 제도는 신입사원에 대해 멘토-멘티 관계를 만들어줌으로써 기업에서의 적응을 도와주는 프로그램이다. 사내공모제도는 특정 직무에 공석이 생긴 경우 사내에 공모하여 응시한 직원 중 적합자를 선발하는 제도를 말한다.

하지만 다른 대부분의 경력개발제도의 시행률은 대체로 낮게 나타났다.

이를 테면 종업원에게 자신이 지금까지 추구해온 경력에 대해 고민해 보고 회사내외에서 자신의 진로에 대해 계획을 세울 수 있는 기회를 제공하는 경력탐색 워크숍의 경우, 이를 시행하고 있는 회사가 전체의 3분의 1이 안 되는 27.4%에 머물고 있는 것으로 집계돼 종업원이 회사 내에서 자신에게 적합한 직무나 경력을 찾기 위한 전문적인 도움을 얻기가 힘든 것으로 나타났다.

또한, 전직지원프로그램(17.9%)이나 퇴직전프로그램(11.3%)과 같이 회사를 그만두는 직원들을 위한 프로그램을 실시하고 있는 회사도 많지 않았다.

그 밖에 조기임원발굴제도(34.9%), 종업원지원프로그램(31.1%), 전반적 경력개발시스템 구축(23.6%), 경력개발센터 운영(13.2%) 등의 제도 역시 시행률이 높지 않은 것으로 나타났다.

한편 한 개 기업당 운영하는 경력개발제도의 개수는 평균 3.8개인 것으로 집계됐다. 이것은 종업원 300인 이상의 대기업, 중견기업과 300인 미만의 중소기업 간에 차이를 보였는데 대기업, 중견기업이 평균 4.3개의 경력개발제도를 운영하는 데 반해, 중소기업은 3.7개 정도에 머무는데 그친 것으로 조사됐다.

[출처: 시사포커스, 2007. 4. 19.]

5. 업적평가(performance)

구성원에 대한 기대와 비교하여 그들의 업적을 측정, 기록, 평가하고 다시 구성원들에게 피드백시키는 일련의 과정을 말한다. 이는 구성원의 여타 인적자원관리 활동에서 결정적인 영향을 주기 때문에 매우 신중히 실행되어야 한다.

업적평가는 주기적으로 실시되어야 하며, 업적평가의 목적은 다음과 같다.

- 구성원이 직무에 만족하고 또한 성공적으로 수행하고 있는지를 판단한다.
- 구성원의 직무수행 능력이나 관리능력을 좀 더 개발하도록 촉구하기 위한 기초자료로 활용한다.
- 구성원의 임금, 승진, 해고, 포상 등을 결정하기 위한 기초자료로 활용된다.
- 구성원의 근로의욕을 고취하고 계층 간의 이해를 증가시키는 자료로 활용한다.
- 훈련과 개발이 이루어져야 할 부문을 결정하는 실제 자료로 활용한다.

6. 보상관리

업적평가를 통해 기업목표 달성에 크게 기여한 종업원에 대해서는 각자의 기여도에 상응하는 보상이 이루어져야 한다. 보상(compensation)이란 기여도에 상응하는 임금, 상여금 등 적절한 금전적 혜택을 주는 것을 말한다.

금전적 혜택은 기업 측에서는 동기부여 수단이 되며, 종업원의 입장에서는 생계, 욕구충족 등 개인적 목표 실현에 필요한 소득이 되기 때문에 매우 중요하다. 그런데 보상이란 기업 측에서는 비용으로 인식되어 줄이려고 노력하는 반면에 종업원 측에서는 더 받으려고 노력한다. 그 결과 이 양자를 만족시키고 절충시킬 수 있는 경영이 필요한데, 이것이 바로 보상관리이다.

보상관리(임금관리)는 크게 임금수준, 임금체계, 임금형태로 구분되는데〈그림 12-3〉, 임금수준이란 임금의 크기를 말하고, 임금체계란 각 개인 종업원들의 임금 내용을 지칭하며, 임금형태란 임금의 계산 및 지불방법을 의미한다. 보상관리는 임금수준의 적정성, 임금형태의 합리성, 임금체계의 공정성이 이루어 질 수 있도록 설계 및 관리하는 것이 중요하다.

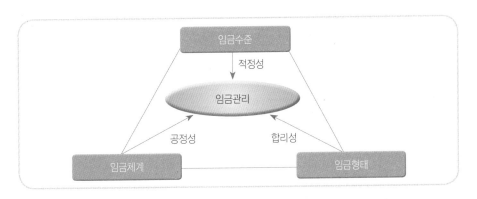

그림 :: 12-3
보상관리의 내용

한편, 보상은 임금과 복리후생으로 구성되며, 임금은 기본급, 수당, 상여금으로 구성된다. 또한, 기본급과 정상수당을 합하여 기준임금이라고 하며, 특별수당은 기준외 임금으로 구분한다. 여기서 기본급은 수당과 상여금의 수준을 결정하기 때문에 전체 보상에서 중요한 역할을 하는데, 기본급은 무엇을 기준으

그림 :: 12-4
보상체계의 구성

로 하느냐에 따라 연공급, 직무급, 직능급으로 나뉘어진다.

🔍 **연공급**　개개인의 학력, 자격, 연령 등을 감안하여 근속연수에 따라 임금 수준을 결정하는 임금체계이다. 그러므로 이 유형에서는 일반적으로 근속 연수가 많아짐에 따라 기준급 또는 단위 임금률이 높아지는 것이 특징이다.

🔍 **직무급**　직무평가에 의하여 평정된 각 직무의 상대적 가치에 따라 개별임 금이 결정되는 임금제도이다. 다시 말하면 같은 직무를 수행하는 사람에 게는 연령, 근속, 학력 등에 관계 없이 같은 임금을 지급하는 '동일노동에 대하여 동일임금'이라는 이론적으로 가장 합리적인 임금체계이다.

🔍 **직능급**　연공급과 직무급의 절충형태로서 직무내용과 직무수행능력에 따 른 임금체계이다. 이는 현재 산업사회에서 기업의 내·외부환경에 적용할 수 있는 토대를 구축한다는 의미에서 그 의의는 크다 하겠다. 즉 연공급이 '사람'에 대한 임금이라 하고, 직무급은 '일'에 대한 임금이라면, 직능급은 '일은 전제로 한 사람'에 대한 임금으로 볼 수 있다.

7. 인원교체

인적자원을 적절한 장소에 배치·충원시키는 과정에서 인원의 교체가 필요 하게 된다. 인원을 교체하는 방법으로는 승진과 전근이 있다.

🌐 **승진(promotion)**　조직에서 구성원의 직무서열 또는 자격서열의 상승을 의미 하며 직위의 상승과 더불어 보수, 권한과 책임의 확대가 수반된다. 승진은 개인에게 자아발전 욕구를 충족시켜 주는 수단이 되고, 기업의 입장에서 는 효율적인 인적자원관리의 근간이 된다. 우리나라는 혈연, 지연 등 특수 연고관계나 연공서열 등에 의한 비합리적인 승진 관행이 종종 문제시 되 고 있는데, 이는 구성원의 사기를 저하시키고 조직의 효율성을 떨어뜨리 기 때문에 주의해야 한다.

🌐 **전근(transfer)**　동일하거나 비슷한 계층의 다른 직무로 이동하는 것을 말한 다. 전근을 통해 종업원들은 자신의 경험을 넓힐 수 있고 새로운 기술을 배울 수 있어 개인적으로는 성장의 기회가 될 수 있다.

8. 이직관리

구성원들은 어떤 기업과 인연을 맺은 후 그 기업에서 정년퇴직을 할 때까지 근무하기도 하지만 사직, 해고, 파면, 명예퇴직 등 여러 가지 이유로 기업을 떠나는 경우가 있다. 따라서 인사담당자는 이직 발생의 배경, 이유 등에 대한 이해를 바탕으로 조직의 인력수급을 원만히 할 수 있는 이직관리를 해야 한다.

최근에 국내 많은 기업들에서는 구조조정에 따른 명예퇴직이나 정리해고 등으로 기업을 떠나는 종업원들에 대해 전직이나 창업을 지원해주는 제도인 아웃플레이스먼트(outplacement) 프로그램을 운영하고 있다. 이 제도는 종업원으로 하여금 미리 이직을 준비할 수 있게 함으로써 심리적인 충격을 줄일 뿐만 아니라 기업에 대한 긍정적인 이미지를 심어주는 데도 크게 기여하고 있다.

 ➤사례연구➤ **아웃플레이스먼트(outplacement)**

기업의 구조조정이나 정년 등 자발적·비자발적인 상황으로 퇴직해야 하는 근로자가 실직의 충격을 최소화하고 전직·창업 등 새로운 일자리를 찾을 수 있도록 지원해주는 제도나 행위를 말한다. 즉 해고에 수반되는 부작용을 줄여 기업과 퇴직근로자 모두 윈윈(win-win)할 수 있는 방법을 말한다.

아웃플레이스먼트를 도입하면 기업 측에서는 구조조정에 따른 근로자의 저항을 줄여 구조조정을 원활하게 실시하고, 구조조정으로 인해 근로자들의 사기가 저하되는 것을 어느 정도 막을 수 있으며, 효과적으로 인력을 관리하여 기업의 경쟁력을 제고시킬 수도 있다. 또한 퇴직자에 대한 도덕적 책임과 부담을 덜 뿐 아니라 기업 이미지 저하를 초래하는 노사분규나 법적 분쟁을 예방하고 완화시키는 것이 가능하다. 이 밖에도 신속하게 퇴직 절차를 처리할 수 있고, 고용계약 잔존기간을 단축시켜 비용을 줄일 수 있다는 장점이 있다.

한편 퇴직근로자 측에서는 체계적인 전직 지원을 통해 자신의 적성에 적합한 새로운 일자리를 구할 수 있는 가능성이 높아지고, 자신의 업무 능력과 경력을 재점검하여 목표에 맞게 현실적인 구직의 목표를 설정할 수 있다. 일자리를 찾는 것에서부터 취업에 성공할 때까지 개별적으로 전문적인 컨설턴트의 지원을 받기 때문에 재취업과 창업에 있어 실패의 위험을 크게 줄일 수 있다.

또한, 정부 입장에서는 실직자의 실업 기간 단축으로 사회적 비용을 줄일 수 있고 노동시장의 유연성을 확보할 수 있다.

이 제도는 미국의 DBM사가 1967년에 처음 고안하여 도입돼 80년대 이후 널리 확산되었다. 현재 미국과 일본 등 선진국에서는 보편화한 제도로 정착되었다. 우리나라의 경우 지난 2001년 7월부터 아웃플레이스먼트 서비스의 하나로 '전직지원장려금' 제도를 도입하여 시행 중이다.

[출처: 박문각, 「최신시사상식」, 2014. 5.]

 사례연구

아웃플레이스먼트로 인생 이모작

군대에서 장성이 '스타'라면 기업의 '별'은 임원이다. 그러나 인사철의 임원들은 "임원이란 '임시직원'의 줄임말"이라는 우스개에 마냥 웃을 수만은 없다. 외국계 제약회사의 임원 K씨는 30여년을 몸담았던 회사를 떠나게 됐다. 주위에서는 그래도 임원까지 경험했으니 재취업도 쉬울 것이라고 위로했고, 적지 않은 위로금까지 받는다며 오히려 K씨를 부러워했다.

K씨도 처음에는 잘 풀릴 것이라고 막연히 생각했다. 그러나 먼저 퇴사한 친구들이 얘기하는 현실은 달랐다. 퇴직 전에 미리 준비하지 않으면 처음 한 두 달은 좋지만 어느 순간 무엇부터 해야 할지 모르는 상태를 해결할 방법이 없게 된다는 충고였다. K씨는 임원 전직프로그램을 회사 측에 요청했고 회사는 내부 직원 복지와 향후 수월한 구조조정 가능성 등을 고려해 아웃플레이스먼트(outplacement: 전직 지원) 서비스를 실시하기로 했다.

외국에서는 이미 30여 년 전부터 일반화된 아웃플레이스먼트는 회사를 떠나는 임직원들이 퇴사 이후의 삶을 잘 꾸려갈 수 있도록 돕는 다양한 서비스를 통칭한다. 아웃플레이스먼트의 목표는 교육이나 카운슬링을 통해 퇴직자가 새 직종에 지원할 경쟁력을 만들어 주는 것이다.

아웃플레이스먼트 프로그램을 시작한 K씨는 우선 개인 사무실을 제공받았다. "당장 갈 곳이 없다."는 막막함을 덜기 위해 직장과 유사한 사무환경을 갖춘 경력전환센터는 실직자에게 정신적인 안정감을 주는 중요한 수단이다. K씨는 매일 경력전환센터로 출근해 담당 컨설턴트를 만났다.

컨설턴트는 K씨의 경력목표뿐 아니라 일상생활과 가족관계에 이르기까지 생활 전반에 대해 필요한 부분을 챙겼다. 퇴임 임원의 컨설팅을 담당하는 인덱스루트 코리아 L이사는 "바쁘게 살아온 퇴임 임원들은 배우자나 자녀와 관계가 좋지 않은 경우도 많고 미래에 대한 불안감이 많아 변화 관리에 우선 신경쓴다."며 "가족의 지지를 받고 심리적 안정을 찾고 나면 취업도 자연히 잘 되기 마련"이라고 설명했다.

K씨의 전담 컨설턴트는 K씨와 지속적으로 대화하며 그의 장단점과 적성을 분석했다. 그 결과 K씨의 시장 가치는 외국계 회사에서 익힌 글로벌 감각과 조직 장악력, 오랜 기간 쌓인 제약업계 인맥을 갖추고 있다는 평가를 받았다.

컨설턴트는 헤드헌팅 회사들과의 네트워크를 통해 K씨에게 맞는 일자리를 추려냈고, K씨는 그 중 세 곳을 골라 지원했다. 현재 두 곳의 면접을 봤고, 한 곳에는 이력서가 통과돼 면접 날짜를 조율하고 있다.

K씨는 퇴직에 대한 불안보다는 제2의 인생을 꾸려갈 설렘으로 매일을 준비하고 있다. 그러나 K씨의 사례가 대단히 특별한 것은 아니다. 아웃플레이스먼트 프로그램을 진행하는 대표적인 업체들인 DBM 코리아, 인덱스루트 코리아에 따르면 재취업·창업 등을 포함한 임원들의 전직 성공률은 70%를 상회하고 있다.

[출처: 이투데이, "아웃플레이스먼트로 인생 이모작", 2010. 12. 21.]

03 노사관계관리

I. 노사관계관리의 이해

노사관계(union-management relations)는 노동자와 사용자 혹은 노동자와 경영자와의 관계를 의미한다. 이러한 관계가 확장되어 노동조합과 경영자와의 관계인 노사관계와 노동조합의 연합체와 경영자단체와의 관계로 발전되어 왔다. 노동조합과 경영자의 관계로 본 중간 정도의 의미의 노사관계는 기업경영에 있어서나 인적자원관리 측면에서 매우 중요한 관리 대상이다. 노사관계는 본질적으로 다음과 같은 이중적인 성격을 띠고 있다.

- 협조적 관계와 대립적 관계   생산 측면에서는 협조적인 관계, 생산의 성과 배분 측면에서는 대립적 관계이다.
- 개별적 관계와 집단적 관계   개별적인 고용계약에 바탕을 둔 종업원 개인과 경영자와의 개별적 관계와 단체협약에 바탕을 둔 노동조합과 사용자와의 집단적 관계라는 두 가지 차원을 갖는다.
- 경제적 관계와 사회적 관계   기업의 사용자와 근로자, 그리고 노동조합의 경제적 목적 달성이라는 경제적 관계와 구성원들의 집단생활을 토대로 관계가 이루어지는 인간관계로서 사회에 영향을 미치는 사회적 관계를 동시에 갖는다.
- 종속관계와 대등관계   생산측면에서 근로자는 종업원으로서 경영자의 지휘·명령에 복종하는 종속관계이며, 노동력의 공급자로서의 근로자는 노동조합을 통하여 집단적인 근로조건을 결정하고 운영하는 경영자와의 대등한 관계이다.

한편, 노사관계의 초기는 한 기업의 노동조합과 경영자의 관계로 출발하였으나, 산업사회의 발전과 더불어 나타난 노동문제는 어느 한 기업 또는 산업만의 문제가 아니고 국가경제에도 그 미치는 영향이 크기 때문에 노사관계에 정부의 조정이 보다 강화되는 추세이다. 그 결과 오늘날 노사관계는 경영자(사용자), 노동조합(근로자), 정부라는 3자 구성의 원리가 적용된다.

기업은 때로는 노동자와 사용자 또는 경영자와의 관계를 원만히 유지하기 위하여 노동조합과 기업 그리고 이에 영향을 미치는 정부를 대상으로 하여 노사 협조 또는 산업평화 분위기를 구축하여야 한다. 이러한 노력관리가 바로 노사 관계관리이다.

노사관계관리는 단체교섭내용의 효율성(efficiency)과 모든 노동자 간의 형평성(equity)을 동시에 추구하게 된다. 즉, 노동자와 사용자 간의 단체교섭은 노사 모두에게 이이이 되는 방향으로 이루어져야 하는 효율성과 노동자 모두가 공정한 대우를 받는 방향으로 이루어져야 하는 형평성이 관건으로 작용한다.

노사관계는 노사 쌍방이 서로 대립적이 아니라, 협조적인 태도를 지향할 때 바람직한 방향으로 나아갈 수 있다. 노사협조가 원활하게 이루어짐으로써 기업은 생산성을 제고할 수 있고, 동시에 노동자는 생활 개선과 지위 향상을 기할 수 있는 것이다. 대립적인 노사관계를 원만히 해결하기 위해 일찍부터 선진국들은 많은 제도와 기법을 개발하고 실천해 왔는데, 대표적인 것이 단체교섭과 경영참가제도이다.

2. 노동조합(labor union)

노동자가 주체가 되어 자주적으로 단결하고 근로조건의 유지·개선과 노동자의 복지증진, 기타 경제적·사회적 지위의 향상을 목적으로 조직한 영구적 단체를 의미한다. 이러한 노동조합이 담당하는 기능은 경제적 기능, 공제적 기능, 정치적 기능 등이 있다.

- 경제적 기능 노동력의 판매자로서의 흥정·교섭기능을 하면서 임금인상, 근로조건 개선 등을 추구한다.

- 공제적 기능 조합원 상호간의 상호부조 활동으로서 공제조합, 공동구매조합, 탁아시설 운영 등이 그것이다.

- 정치적 기능 노사간 교섭과 분쟁을 유리한 방향으로 해결하기 위한 법률의 제정과 제도개선을 위해서 정치적 기능도 필요하다. 또한, 사회복지, 물가정책, 보험 등 노동자 계층에 유리한 정부의 지원을 얻기 위해서 입법화 운동, 정치자금 후원회 등을 운영하기도 한다.

한편, 노동조합의 유형은 다양하며, 대표적인 유형은 직종별 노조, 일반 노조, 산업별 노조, 기업별 노조 등이다.

@ **직종별 노조** 가장 일찍 발달한 것으로 어느 기업에 근무하느냐에 관계없이 같은 직종, 같은 직장을 가진 사람끼리 조직한 단체인데, 숙련노동자들이 기득권을 유지하면서 노동시장을 독점하는 데 유리하다.

@ **일반 노조** 직종, 숙련도 등과 무관하게 근로자라면 누구라도 폭넓게 받아들여 다수의 근로자의 힘을 발휘할 수 있다. 대량의 미숙련 노동자들이 최저임금 또는 최고 노동시간의 제한 등 최소한의 노동조건 유지와 확보를 위해 만들어졌다.

@ **산업별 노조** 일반 노조가 지나치게 다양화되어 산업군마다 이해관계가 달라짐에 따라 산업별 노조를 조직하여 업종의 특성도 살리고 가입자의 수도 늘려서 단체활동을 하게 되었다.

@ **기업별 노조** 같은 회사의 종업원들끼리 조직한 것이므로 기업 내부상황에 맞게 요구하고 얻어낼 수 있으며, 경영자들과도 대화를 하기 쉽고 조합원들 상호간의 유대관계도 강하게 유지할 수 있는 장점이 있다.

3. 단체교섭(collective bargaining)

노사가 대등한 입장에서 노동조건을 놓고 타협을 벌여 결정을 하고 계약된 사항을 실행해 나가며 관리하는 일련의 과정을 의미한다. 단체교섭은 노사 서로의 힘이 어느 정도이냐에 따라서 결정되기 때문에 노동시장 수급상태, 기업의 이익률, 사회·정치적 상황 등으로부터 영향을 받는다.

협상은 노사 양측의 교섭력의 크기에 의해 결정되지만 정당성의 한계를 벗어나서는 안 된다. 교섭의 대상은 임금문제에서부터 사소한 문제까지 모두가 될 수 있지만 교섭에 임하기 전에 자료수집, 홍보, 요구사항 정리 등을 미리 준비하는 것이 필요하다. 또한, 상대에게 어떻게 설득하고 어디까지 얻어낼 것인가의 교섭전략이 있어야 한다.

단체교섭을 시작하기 전이나 진행 중에 노사 쌍방은 자신들의 힘을 과시하여 유리한 협상을 하려고 노동쟁의를 하는 경우가 있다. 근로자 측의 쟁의행위에는 파업(strike), 태업(sabotage), 불매운동(boycott), 준법투쟁 등이 있고, 사용자 측에서는 직장폐쇄(lock-out) 등을 감행하여 서로가 더 유리한 쪽으로 결론을 내리려고 한다. 파업 등의 노동쟁의는 합법적인 것이지만 사회적 통념을 벗어난 행동이나 국민에게 커다란 위협이 되는 전기, 상수도 분야 공무원의 파업 등은 대개 국가에서 금지하는 경우가 많다.

협상이 결렬되거나 노동쟁의가 해결되지 않을 때 정부가 중재하기도 하고 중재자 또는 사법기관을 통해 조정의 단계를 거친다. 이렇게 해서 결정된 단체교섭의 결과 단체협약(collective bargains)이란 계약서가 만들어지고 이를 쌍방이 성실히 이행하면 된다. 이행과정에서 발생하는 오해나 불이행도 물론 교섭과 중재의 대상이 된다.

4. 경영참가제도(worker's participation system)

노동자 대표나 노동조합이 경영상의 의사결정에 참여하는 제도이다. 즉, 노동조합 입장에서는 기업의 경영관리에 관해 경영자 측의 독선을 견제하고 노동자들의 요구사항을 반영할 수 있으며, 경영자 입장에서도 노동자의 노동의욕을 높이고 적극적인 노사협력을 유도할 수 있다는 장점이 있다. 이러한 경영참가의 종류에는 의사결정 참가, 자본 참가, 이익 참가 등이 있다.

🌐 **의사결정 참가**　기업의 의사결정 과정에 노동자로 하여금 의견발표 기회나 의결권 행사의 기회를 부여하는 제도로서 의사결정 참가의 범위는 국가에 따라 다르지만 일반적으로 공정계획, 작업집단 개발계획에 관한 사항, 고용 및 인사노무 사항, 공장 이전, 최고경영자의 임명, 합병, 구조조정, 회사 존폐 문제에 관한 사항 등이 포함된다.

🌐 **자본 참가**　기업의 자본에 대한 노동자의 참가 기회를 제공함으로써 자본출자자로서 기업경영에 참여시키는 제도이다. 가장 많이 활용되는 제도는 종업원 지주제도(ESOP: Employee Stock Ownership Plan)이다. 종업원 지주제도는 기업의 경영방침에 의해 노동자에게 특전이나 혜택을 제공함으로써 노동자들이 자사주식을 자발적으로 취득·보유하도록 권장하는 제도이다.

🌐 **이익 참가**　노동자들이 직무를 수행하면서 이윤 창출에 기여한 이상 기업이윤으로부터 직접적인 이익을 받아야 한다는 원칙에 따라 노동자들을 기업경영성과 배분 과정에 참여하게 하는 제도이다. 대표적으로는 이윤분배제도(profit sharing plan)로서 조직성과에 대한 공헌도를 반영하는 보너스를 지급하는 것이다.

참고문헌

1. 김병윤, 김길평, 김영국, 임종일, 「현대경영학원론」, 명경사, 2002.

2. 두산백과, http://www.doopedia.co.kr

3. 「최신시사상식」, 박문각, 2014. 5.

4. 시사포커스, "직원의 경력개발에 직무순환제 가장 많이 사용", 2007. 4. 19.

5. 윤종훈, 송인암, 박계홍, 정지복, 「경영학원론」, 학현사, 2007.

6. 이투데이, "아웃플레이스먼트로 인생 이모작", 2010. 12. 21.

7. 조동성, 「21세기를 위한 경영학」, 도서출판 서울경제경영출판사, 2008.

8. 지호준, 「21세기 경영학」, 법문사, 2005.

9. LG 주간경제, "도요타의 인사 비결, 2003. 12. 10.

10. Pfeffer, Jeffrey, Competitive Advantage Through People, Harvard Business School Press, 1994.

11. The Globe and Mail, The Executive View, Oct. 27, 1999.

마케팅관리

Chapter 13

01 마케팅의 개념과 정의

마케팅(marketing)은 시장을 의미하는 마켓(market)에서 파생된 말로서 대체로 19세기 말에서 20세기 초에 미국에서 등장하였다. 마케팅은 자신이 팔고자 하는 것을 상대방에게 매력적으로 보여서 수용하게 하는 행위라고 할 수 있다. 이러한 행위는 'give and take'의 교환행위를 의미한다고 볼 수 있는데, 교환행위는 인류가 물물교환을 할 때부터 존재해 왔다. 따라서 마케팅 개념이 사용된 것은 아주 오래 전으로 거슬러 올라간다고 할 수 있다. 이런 관점에서 볼 때 마케팅 개념은 원래부터 존재해 오다가 19세기 말에서 20세기 초에 마켓이란 용어로부터 파생되어 사용되기 시작한 것으로 추측해 볼 수 있다.

마케팅의 정의는 학자들의 견해에 따라 다르고, 시대에 따라서도 다르게 정의되고 있어 어느 것이 정확하다고 판단할 수 없다. 가장 보편적으로 수용되고 있는 마케팅에 대한 세 가지 정의를 살펴보면 다음과 같다.

🌐 미국 마케팅학회(AMA : American Marketing Association) 마케팅은 개인과 조직의 목적을 충족시켜 주는 교환을 가져오기 위해 아이디어, 제품 및 서비스에 대한 발상, 가격결정, 촉진 그리고 유통을 계획하고 실행하는 과정이다(Marketing is the process of planning and executing the conception, pricing, promotion, and distribution of ideas, goods and services to create exchanges that satisfy individual and organizational objectives).

🌐 코틀러(P. Kotler)　마케팅은 교환과정을 통하여 필요와 욕구를 충족시키려는 인간활동이다(Marketing is human activity directed at satisfying needs and wants through exchange process).

🌐 한국마케팅학회의　마케팅은 조직이나 개인이 자신의 목적을 달성시키는 교환을 창출하고 유지할 수 있도록 시장을 정의하고 관리하는 과정이다(Marketing is the process of defining and managing markets to create and retain exchanges by which organizations or individuals achieve their goals).

상기 마케팅 정의에서 공통적으로 강조되고 있는 의미는 '교환'이다. 즉, 마케팅의 본질은 거래와 교환이라고 할 수 있다. 여기서 '교환'이란 각각의 참여자가 무엇인가를 다른 참여자에게 제공하고(offer) 자신이 원하는 무엇인가를 획득(acquire)하는 행위를 의미한다. 마케팅에서 말하는 교환이 이루어지기 위해서는 몇 가지 조건을 갖추어야 한다. 교환이 이루어지기 위한 조건을 살펴보면 다음과 같다.

❶ 교환의 상대방이 있어야 한다.
❷ 상대방이 인정하는 가치있는 무엇인가를 소유하고 있어야 한다. 그 가치는 돈이든 상품이든 서비스이든 상대방이 그 가치를 인정할 수 있는 것이야 한다.
❸ 상대방은 원활하게 커뮤니케이션을 할 수 있어야 한다.
❹ 상대방의 거래 제의를 수락하거나 거절할 수 있는 권한과 자유가 있어야 한다.
❺ 교환의 결과가 모두에게 유리하면 교환은 지속적으로 이루어져야 한다.

이러한 조건이 충족되면 각각의 당사자는 교환을 통해 효용(utility)이 증대된다고 믿는다. 따라서 교환은 가치창조과정(value-creating process)이라고 볼 수 있다.

02 마케팅관련 기초개념

마케팅을 정확히 이해하기 위해서는 마케팅과 관련된 기본적인 개념들을 명확히 이해해야 한다. 마케팅에서 자주 쓰이는 몇 가지 개념들을 살펴보면 다음과 같다.

1. 마케팅의 주체

마케팅의 주체란 마케터(marketer)를 지칭하는 것이다. 초기에는 마케팅을 기업이 수행하는 경영활동 중의 일부로 파악하였지만 최근에는 개인, 기업을 포함한 비영리조직, 국가도 마케팅의 주체가 될 수 있다.

2. 필요(needs)와 욕구(wants)

마케팅을 이해하는 데 가장 기초가 되는 개념은 욕구이다. 왜냐하면 마케팅 자체가 인간의 욕구 충족 행위이기 때문이다. 좀 더 구체적으로 살펴보면, 인간의 욕구는 필요(needs)와 욕구(wants)로 구별된다. 필요와 욕구는 다음과 같은 차이가 있다.

🌐 **필요(needs)** 사람이 살아가는 데 필요한 본원적인 것들의 부족에서 느끼는 욕구로서 근본적 욕구라고도 한다. 예를 들면 배고픔이나 추위를 해소하기 위한 욕구, 의식주에 대한 욕구 등이 이에 해당한다.

🌐 **욕구(wants)** 필요(needs)를 해결하기 위한 구체적인 수단에 대한 욕구로서 구체적 욕구라고도 한다. 이를테면 배고픔을 해소하기 위해 소비자는 취향에 따라 설렁탕, 비빔밥, 햄버거 또는 자장면을 선택할 수 있 수 있는데 이러한 것들이 욕구이다.

필요(needs)는 누구에게나 동일하지만, 욕구(wants)는 소비자의 개성, 취향, 그가 속한 사회의 문화, 트렌드(trends) 등에 따라 다르다. 즉, 배가 고플 때 한국인은 설렁탕이나 비빔밥을 주로 선택하지만, 미국인이라면 피자나 햄버거를 선택하게 되는데 이는 그 소비자가 속한 문화의 차이에 기인한다.

욕구와 비슷한 개념으로 수요(demands)가 있는데, 수요는 욕구가 구매력과 구매의지에 의하여 뒷받침된 것을 의미한다. 소비자가 어떤 제품에 대해 욕구가 있다고 해서 반드시 구매로 이어지는 것은 아니다. 그러한 욕구가 구매력과 구매의지에 의해 뒷받침되어야 비로소 그 제품에 대한 구매가 이루어진다. 예를 들면, 소비자가 스포츠카를 갖고 싶다고 하더라도 그것을 구매할 경제적 능력이 없거나 구체적인 구매의지가 없을 경우는 단순히 욕구의 수준에 머무를 것이다.

3. 시장(market)

기업에 있어서의 시장이란 회사의 제품에 대해 구매욕구와 구매력이 있는 사람들의 집합이라고 할 수 있다. 예를 들면 스포츠카 제조회사의 시장은 그런 스포츠카를 구매하기를 원하면서 동시에 구매할 자금을 가지고 있는 사람들이다. 시장에는 보통 유사한 제품과 전략을 가지고 경쟁하는 경쟁기업이 있게 마련인데, 마케터의 노력에 따라서 회사의 제품에 대한 수요가 없는 사람들에게도 설득하여 수요를 창출할 수 있다. 즉, 시장은 마케팅 활동의 대상이며, 이런 측면에서 마케팅은 수요창출 행위 또는 시장창출 행위라고 할 수 있다.

시장은 고객의 구매목적이나 국경에 따라 다음과 같이 다섯 가지로 분류된다.

❶ 소비자 시장   개인적 소비를 목적으로 제품이나 서비스를 구매하는 개인과 가정으로 구성된다.

❷ 산업시장   다른 제품이나 서비스를 생산할 목적으로 제품이나 서비스를 구매하는 기업들로 구성된다.

❸ 재판매시장   다시 판매할 목적으로 제품과 서비스를 구매하는 유통업자들로 구성된다.

❹ 정부시장   공공서비스를 제공하기 위하여 제품이나 서비스를 구매하는 정부기관들로 구성된다.

❺ 국제시장   외국인이나 외국기관이 제품이나 서비스를 구매하는 경우이다.

4. 제품(products)

소비자들은 욕구를 충족시키기 위해 제품을 구매하고 사용한다. 여기서 말하는 제품은 단순히 승용차나 스마트폰, TV 등과 같은 유형의 제품만을 의미하는 것은 아니고 법률서비스나 의료서비스, 교육, 엔터테인먼트, 컨설팅 등 무형의 서비스도 포함된다.

마케터 입장에서는 이익추구 여부와 관계없이 반대급부를 얻고자 제공하는 것을 제품이라고 할 수 있는데, 이런 입장에서 본다면 유형제품과 무형 서비스뿐만 아니라 고객의 필요나 욕구를 충족시키기 위해 제공되는 모든 제공물(offering)을 제품의 범주로 보아야 한다.

5. 고객가치(customer value)

가격을 내고 제공받는 상품이나 서비스를 사용하면서 고객이 주관적으로 느끼는 값어치가 고객가치이다. 즉, 고객가치는 고객이 특정 제품이나 서비스로부터 기대하는 여러 가지 혜택의 묶음과 그들이 지불하게 될 총비용 사이이 차이를 말한다. 총고객가치란 제품가치, 서비스가치, 품질가치, 이미지가치 등을 의미한다. 고객은 적절한 제품 품질, 적절한 서비스 품질, 합리적인 가격을 그들 스스로 결정한다. 따라서 고객가치의 기대는 경쟁사의 제품과 비교하여 상대적으로 형성된다.

6. 고객만족(customer satisfaction)

제품을 구매한 후 소비자들이 제품에 대해 느끼는 만족 또는 불만족의 반응으로서 구매이전의 기대와 구매후 지각된 제품성과의 일치 정도에 따라 만족과 불만족의 반응을 보인다. 고객은 구매이전에 기대한 만큼의 성과를 나타내거나 더 좋은 경우에 만족하게 된다.

03 마케팅 전략 프로세스

마케팅 전략 프로세스(marketing strategy process)는 마케팅을 계획하고 실시하는 과정으로서 다음과 그림과 같은 절차로 이루어진다. 즉, ① 마케팅 환경을 분석하고,

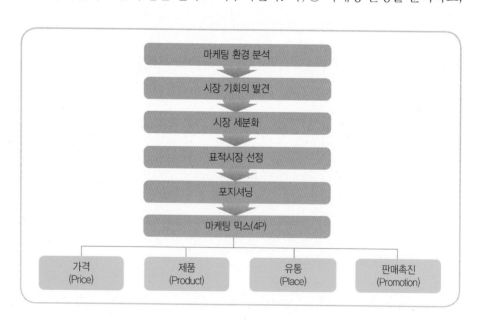

그림 :: 13-1
마케팅 전략 프로세스

② 시장 기회를 발견하며, ③ 시장을 세분화(segmentation)하여, ④ 그 속에서 표적시장(target market)을 골라내고, ⑤ 포지셔닝(positioning)을 한 후, ⑥ 마케팅 믹스(marketing mix) 전략을 결정하는 절차로 진행된다. 각각의 절차에 대해 살펴본다.

I. 마케팅 환경 분석

마케팅 전략을 수립하기 위한 첫 단계는 마케팅 환경에 대한 분석이다. 이는 상시 변화하고 있는 기업 내·외의 마케팅 환경에 대해서 우선 사실을 정확하게 파악하고 마케팅 전략을 수립하는 데 필요한 정보를 선택하고 해석함으로써 기업이 직면한 시장의 기회와 위험을 발견하는 것이다. 마케팅 환경은 외부환경과 내부환경으로 구분되며, SWOT 분석을 통해 정리할 수 있다.

(1) 외부환경 분석

외부환경 분석은 거시환경 분석과 고객 및 경쟁회사 분석 등으로 분류할 수 있다. 거시환경이란 기업 외부에 있으나 기업과 관련이 있다고 생각되는 인구동태, 경제, 생태학적 환경, 기술, 정치, 문화 등을 말한다. 고객이란 잠재적으로 구매의사와 구매능력이 있는 사람을 말하며, 고객분석은 구매인구, 구매결정 과정, 구매결정 참가자, 구매행동에 영향을 주는 요인 등을 명확하게 분석하는 것을 말한다. 경쟁회사 분석은 경쟁관계에 있는 국내·외 타 회사에 대한 분석을 의미한다.

외부환경 분석 후에는 시장의 기회와 위협을 마케팅 전략의 측면에서 어떻게 활용할 것인가 하는 문제가 생긴다.

(2) 내부환경 분석

내부환경은 제품의 특성이나 인적·물적자원, 재무자원, 기업문화 등 내부 경영자원을 의미하는데 이에 대한 분석을 통해 기업의 강점과 약점을 발견해 낸다.

(3) SWOT 분석

내·외부 환경분석이 끝나면, 분석한 결과를 토대로 자신의 회사의 SWOT 분석을 통하여 강점요인, 약점요인, 기회요인, 위협요인을 분석할 수 있으며, 이를 토대로 마케팅 전략을 수립할 수 있다.

SWOT 분석이란 1960~70년대 미국 스탠포드 대학에서 연구 프로젝트를 이끌었던 알버트 험프리(Albert Humphrey)에 의해 고안된 전략개발 도구로서, 내·외부 환경분석을 기초로 기업의 강점요인·약점요인 및 환경의 기회요인·위협요인을 파악하는 방법이다.

SWOT라는 이름은 기업 능력의 강점과 약점(Strengths/Weaknesses) 및 환경의 기회와 위협(Opportunities/Threats)의 영문 머리글자만을 따서 붙인 것이다.

환경분석에서 기회요인과 위협요인이 식별되고, 기업능력에 대한 강점과 약점이 파악되면 무엇을 해야 할 것인가에 대한 환경대응 전략을 결정할 수 있다. 즉, 이와 같은 분석을 통하여 조직에서 환경에 대응하는 전략들을 어떻게 만들 것인가에 대한 방법적 모색이 가능하게 된다.

SWOT 분석을 위해 각각의 내용들이 의미하는 바를 살펴보면 다음과 같다.

🔍 Strengths(강점) 기업의 내부적 강점을 말한다. 예를 들면 회사가 자본력이 충분하다든지, 기술적으로 앞서 있다든지, 디자인 skill이 뛰어나다거나, 충성스럽고 유능한 직원이 많이 있다든지 하는 것을 말한다.

🔍 Weaknesses(약점) 기업의 내부적 약점을 말한다. 예를 들면 충분한 생산을 할 수 없다든지, 새로 생긴 회사라서 브랜드가 사람들에게 생소하다든지, 자금력이 약하다든지 하는 것들이 이에 해당된다.

🔍 Opportunities(기회) 외부환경 요인 중에서 기회요인으로 작용하는 것들을 의미한다. 예를 들면 현재 기업이 타겟으로 하는 시장에 경쟁자가 없다거나 경제가 좋아지고 있음으로 해서 새로운 사업기회가 생긴다거나 하는 것들처럼 내부의 장단점을 바탕으로 외부로부터 발생하는 기회요인들을 의미한다.

🔍 Threats(위협) 외부환경 요인으로서 기업에 위협이 되는 요소들을 의미한다. 예를 들어 중소기업인 한 회사가 막 시작한 사업에 대기업이 대 자본을 바탕으로 시장 진입을 한다거나 또는 반대로 대기업 입장에서는 대기업이 장악하고 있는 시장에 새로운 기술을 가진 새로운 기업이 출현한다든지 하는 것이 위협요인이 될 수 있다. 또한, 유가가 상승한다면 유류소비가 많은 기업의 입장에서는 큰 위협요인으로 작용할 수 있다.

SWOT 분석은 주로 표를 활용하여 이용되는데 표를 활용한 SWOT 분석은 다음과 같다.

표 13-1 :: SWOT 분석 표

강점요인(Strengths)	약점요인(Weaknesses)
경쟁회사와 비교하여 고객에게 강점으로 인식되는 것은 무엇인가?	경쟁회사와 비교하여 고객들로부터 약점으로 인식되는 것은 무엇인가?
기회요인(Opportuties)	위협요인(Threats)
외부의 환경에서 유리한 기회 요인들은 무엇인가?	외부의 환경에서 불리한 위협요인은 무엇인가?

그리고 분석한 내용을 토대로 작성된 SWOT 분석 사례를 예시하면 아래 〈그림 13-2〉와 같다.

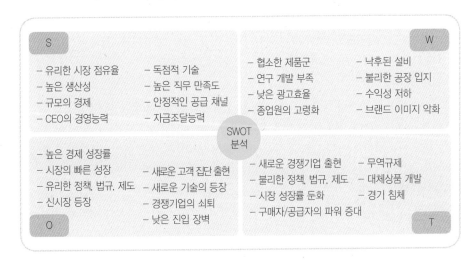

그림 :: 13-2
SWOT 분석 예시

2. 시장의 기회 발견

일반적으로 충족되지 않는 욕구가 있는 한 시장 환경에서의 기회는 무한히 존재할 수 있다. 즉, 모든 시장 환경상의 기회에는 각각의 성공요인이 존재하며, 기업의 입장에서는 자신의 회사가 특별히 잘 할 수 있는 고유의 능력이 존재한다. 따라서 어느 기업의 고유한 능력이 경쟁회사보다 더 뛰어나고 시장 환경에서의 기회를 이러한 강점으로 잘 활용한다면 성공의 기회를 마련할 수 있다.

또한, 시장의 기회가 기업의 약점으로 인해 오히려 위협으로 다가올 수도 있지만, 시장의 환경변화를 미리 감지하고 이에 따른 대응을 한다면 위협을 기회로 바꿀 수도 있다. 즉, 시장의 기회와 위협을 자사의 강점과 약점에 대응시켜 효율적인 마케팅 전략을 수립하는 것이 중요한 성공요인이 될 것이다.

 **시장을 둘로 쪼개라, 더 큰 시장 열린다**

어떤 문제에 봉착했을 때 아무리 애를 써도 해법이 보이지 않는 때가 종종 있다. 이럴 때 단순히 둘로 나눠보는 것만으로도 효과를 볼 때가 있다.

하이트맥주가 대표적 사례다. 하이트맥주는 '150m 지하에서 뽑아낸 천연 암반수'라는 슬로건을 내걸고 1993년 시장에 출시됐다. 당시까지는 맥주 시장에서 별로 중요하게 여기지 않던 물을 핵심 차별화 포인트로 강조함으로써 소비자의 생각을 깨끗한 물로 만든 맥주와 그렇지 않은 맥주로 분리했다. 그 결과 소비자 인식상에 2가지 맥주가 존재하게 됐다. 이를 통해 수십 년간 OB맥주가 지배해온 대한민국 맥주 시장에 변화가 시작됐다.

사람은 본능적으로 2가지로 분리되는 것을 편하게 생각한다. 사람이 지각하는 대부분의 범주화 역시 2가지로 구분된다. 남자와 여자, 하늘과 땅, 아군과 적군, 나와 너, 흑과 백, 전진과 후퇴, 사랑과 증오, 결혼과 이혼…. 사람은 왜 세상을 둘로 구분하는 걸까? 머리 쓰기를 싫어하기 때문이다. 사람은 인지적으로 과다한 자원을 쓰는 것을 매우 싫어해 꼭 필요한 만큼만 머리를 쓰려 한다. 몇 가지 예를 더 살펴보자.

● 크록스

세상에는 두 가지 신발이 있었다. 예쁜 신발과 편한 신발이다. 예쁜 신발은 편하지 않고 편한 신발은 예쁘지 않다. 그런데 엉뚱한 제품이 하나 등장했다. 바로 크록스 신발이다. 이 신발은 예쁘지도 않고 기능성이 뛰어나지도 않지만 편리성과 경제성은 매우 높다. 이 제품은 오직 싸고 편한 신발을 지향한다. 한번 사서 신다가 마음에 안 들면 버리면 그만이다. 크록스는 '예쁜 신발 vs 편한 신발'이라는 기존 틀을 깨고 '부담스러운 신발 vs 싸고 편한 신발'이라는 새로운 이분법을 만들어냈다. 신발의 오래된 상식을 재정립한 것이다. 크록스는 신발을 처음 내놓은 2003년 첫해에 고작 120만 달러어치를 팔았지만 2008년에는 무려 8억5000만 달러어치를 팔아 5년 만에 700배가 넘는 성장을 이뤘다.

● 스톨리치나야 보드카

스톨리치나야 보드카도 전형적인 분리 전략을 활용해 놀라운 성과를 거뒀다. 스톨리치나야는 제품의 다양한 속성 중 원산지를 이용해 소비자 인식을 '진짜 러시아산 보드카'와 '짝퉁 러시아산 보드카' 둘로 나눴다. "미국산 보드카 대부분이 마치 러시아에서 제조한 것처럼 보입니다. 그러나 그것들 대부분은 미국에서 만들어졌습니다. 사모바르: 펜실베이니아 주 스킨리에서 제조. 스미르노프: 코네티컷 주 하트퍼드에서 제조. 울프슈미트: 인디애나 주 로렌스버그에서 제조. 스톨리치나야는 다릅니다. 진짜 러시아산입니다"라는 광고 슬로건을 통해 다른 브랜드들과의 이미지 분리를 시도했다. 병 상표에도 '러시아 레닌그라드에서 제조'라고 큼지막하게 표시했다. 결과는 대성공이었다.

외부의 정보를 접했을 때 인간은 '범주화'와 '통합' 단계를 거치면서 정보를 처리한다. 범주화는 서로 비슷한 정보를 하나의 단위로 묶어주는 것을 의미하며, 통합은 범주화된 정보를 합해 장기 기억으로 저장하는 단계다. 제품과 브랜드에 대한 정보는 반드시 어떠한 형태로든 범주화와 통합의 과정을 겪게 된다.

바로 이 때문에 시장을 둘로 구분하는 게 효과적이다. 시장을 둘로 나누면 범주화와 통합의 과정을 임의적으로 강하게 만들어주는 효과가 있다. 이로 인해 이전에는 없던 새로운 기억 구조, 즉 '임시 기억 범주'가 만들어진다. 시장을 둘로 나누면 임시 기억 범주를 더 잘 만들 수 있고 그에 따라 정보의 통합이 수월해져 기억률이 높아지고 결국 선호도가 증가하게 된다. 소비자로 하여금 세상을 둘로 나눠볼 수 있게 해 주면 이처럼 큰 효과를 거둘 수 있다. 단순하게 시장을 나누는 작업의 효과는 결코 작지 않다는 사실을 명심해야 한다.

[출처: 동아일보, "해법이 없다고? 시장을 둘로 쪼개라, 더 큰 시장이 열린다", 2011. 4. 9.]

04 STP 전략

앞에서 학습한 바와 같이 기업을 둘러싸고 있는 마케팅 환경을 분석하고, 이를 통해 새로운 사업기회를 마련하거나 신제품개발의 필요성이 제기될 수 있다. 마케팅 전략 프로세스의 다음 단계는 STP 전략이다. STP 전략이란 시장세분화(Segmentation)의 'S', 타겟팅(Targeting)의 'T', 포지셔닝(Positioning)의 'P'에서 따온 이니셜로서 시장을 나누고, 표적시장을 선정하며, 그 시장의 소비자에게 자사 제품이나 서비스를 어필하기 위한 마케팅 활동을 펼치는 전략을 의미한다. STP 전략은 마케팅에서 매우 중요하게 다루는 핵심 개념으로서 이하에서 자세히 살펴본다.

I. 시장세분화

하나의 제품으로 수요를 충족시키던 시대는 끝났다. 소비자들은 점점 더 많은 것을 알고 더 많은 것을 요청하고 있으며, 경쟁이 치열해져서 기업들은 스스로 차별화시키고 소비자의 기호에 맞추지 않으면 안 된다. 같은 제품으로 모든 사람을 만족시킬 수 없기 때문에 유사한 욕구를 갖는 집단들을 찾아내야 하는데, 이 과정을 시장세분화라고 한다. 즉, 시장세분화(segmentation)란 보다 효과적인 마케팅 믹스의 개발을 위해서 전체시장을 소비자의 특성과 상품에 대한 욕구가 비슷한 혹은 영업활동에 의미있는 동질적 부분시장으로 나누는 작업이다.

예를 들면, P&G(Procter & Gamble)는 10가지의 서로 다른 상표 세제(Tide, Cheer, Gain, Dash, Bold 3, Dreft, Ivory Snow, Oxydol, Solo 등)를 생산하고 있다. 비누 7가지, 샴푸 6가지, 식기 세제 4가지, 치약 4가지, 화장실용 화장지 4가지를 생산 및 판매한다. 이에 더하여 이들 상표들은 각기 3~4가지 종류의 크기가 다른 포장이 있으며 가루로 된 것, 액체로 된 것, 향기가 있는 것 또는 없는 것 등으로 또다시 그 종류가 나누어진다. 이처럼 나누는 이유는 소비자의 층이 다양하고, 각 소비자층마다 욕구도 다르기 때문이다. 즉, 소비자는 세제를 구입할 때는 경제적인 세제, 표백이 잘 되는 것, 천을 부드럽게 하는 것, 냄새가 산뜻한 것 그리고 강한 세제, 약한 세제 등의 특징에 따라 각자가 원하는 것을 구입한다. 결국 10가지 세제를 만드는 이유는 소비자가 원하기 때문인 것이다. P&G는 이렇듯 시장을 세분화하여 각 고객층의 욕구를 만족시켜 준 결과 세제 시장을 50% 이상이나 점유하게 되었다.

시장세분화를 위해서는 기준변수를 선정해야 한다. 하나의 제품시장을 세분화하는 데 사용되는 기준변수는 매우 다양하다. 기준변수에 따라서 시장세분화의 결과가 달라지기 때문에 어떠한 기준변수를 사용하느냐 하는 것은 매우 중요하다.

일반적으로 시장세분화 기준변수는 크게 개인적 특성변수와 제품관련 특성변수로 구분할 수 있다. 개인적 특성변수는 특정제품과는 무관한 개인 소비자의 특성을 나타내는 변수로서 지리적 변수, 인구통계적 변수, 사회계층, 라이프스타일, 개성 등이 있다. 제품관련 특성변수는 어떤 제품과 관련된 개인소비자의 특성을 나타내는 변수이다. 제품관련 특성변수로는 소비자가 특정제품으로부터 추구하는 편익, 특정제품의 소비·사용량, 특정제품의 소비·사용하는 사람과 상황, 상표 충성도 등이 있다.

시장세분화를 위해 활용되는 기준변수를 정리하면 다음과 같다.

표 13-2 :: 시장세분화를 위해 활용되는 기준변수

개인적 특성변수	지리적 변수
	인구통계적 변수
	사회계층, 라이프스타일, 개성
제품관련 특성변수	추구하는 편익
	특정제품의 소비·사용량
	특정제품을 소비·사용하는 사람과 상황
	상표 충성도

2. 표적시장의 선정

시장세분화 과정을 통해 나뉘어진 동질적인 부분시장을 세분시장(segment market)이라고 하고 이 중에서도 구체적인 마케팅 믹스를 개발하여 상대하려는 세분시장을 표적시장(target market)이라고 한다.

소비자의 욕구가 존재하는 다수의 세분 시장 중에서 한 개 혹은 몇 개의 세분시장을 표적으로 선정할 수 있는데, 이를 위해서는 각 세분시장의 크기와 성장성, 상대적 경쟁력, 기업의 목표와 자원, 그리고 접근의 용이성 등을 장·단기적으로 분석해야 한다.

각 세분시장을 분석한 후에는 자신의 회사에 가장 유리한 세분시장을 표적시장으로 선정하여 표적시장별로 마케팅 활동을 전개해야 한다. 표적시장 선정(targeting)은 자신의 회사가 가장 성공적으로 공략할 수 있는 목표시장을 선택하는 것을 말하며, 이때 기업이 취할 수 있는 전략적 대안은 비차별화 마케팅, 차별화 마케팅, 집중화 마케팅 등 3가지 전략이다.

🌐 비차별화 마케팅　고객들의 욕구나 특성이 비교적 동질적이어서 세분시장으로 나누는 것이 기업의 목표달성에 적합하지 않는 경우로서 해당 제품시장에서 전체 고객을 대상으로 마케팅 활동을 수행하는 것이다.

🌐 차별화 마케팅　기업목표에 부합되는 다수의 세분시장을 선정하여 각 세분시장별로 마케팅 활동을 차별적으로 수행하는 것이다. 차별화전략의 경우 표적시장 간의 시너지효과의 창출 여부가 매우 중요한 과제가 된다.

🌐 집중화 마케팅　세분시장 분석을 통하여 기업의 목표달성에 가장 적합한 하나 혹은 소수의 세분시장을 선정하고 이들 시장에 마케팅 활동을 집중시키는 전략이다.

그림 :: 13-3
표적시장 선택 전략

3. 포지셔닝

포지셔닝(position)이란 한 제품이 소비자에 의하여 어떤 제품이라고 정의되는 방식으로 경쟁제품에 비하여 소비자의 마음속에 차지하는 상대적 위치를 말한다. 예를 들어, 우리는 볼보(Volvo)는 안전성이 좋으며, BMW는 성능이 좋은 승용차로 생각한다. 이는 이 제품들이 우리들의 마음속에 그렇게 자리 잡고 있기 때문이다. 즉, 포지셔닝은 어떤 제품을 경쟁 제품에 비하여 차별적으로 받아들일 수 있도록 고객의 마음속에 위치시키는 노력이다.

> ╍➤ 사례연구 ◄╍   **쌍용자동차의 '렉스턴'**
>
> 국내 최고급 SUV(Sports Utility Vehicle) 시장에서 성공적인 포지셔닝을 구축한 쌍용자동차 '렉스턴'은 출시에 앞서 기존 '코란도'와 '무쏘'라는 브랜드를 가지고 있는 상태에서 현대자동차 '갤로퍼'와 '테라칸'으로부터 시장을 방어해야 하는 어려운 상황에 직면했다. 이들은 이러한 현대자동차의 도전에 맞서 1998년 신차 개발에 착수하지만 지프시장에 개별 브랜드로 진입할 경우 자사가 보유한 '코란도'나 '무쏘'에 대한 자기잠식을 우려하지 않을 수 없었다. 이를 합리적으로 해결하기 위해 이들은 자사가 보유한 최고급 세단이 체어맨과 무쏘를 믹스한 새로운 SUV 컨셉으로 마케팅 전략을 수립하였다.
>
> 이들은 1998년부터 3년간 약 1,600억이라는 거금을 투자하면서 기존 SUV의 장점인 안전성. 경제성. 주행력을 보완한 최고급 세단 컨셉의 '렉스턴'을 개발하였다. 이들은 커뮤니케이션을 진행하는 과정에서 특정 소수인 「대한민국 1%」를 커뮤니케이션 컨셉으로 확정하였다. 우리나라 가구 수를 1,400만 가구로 규정할 때 이는 1%에 해당하는 14만 가구에 해당하는 시장을 스스로 한정함으로써 초점을 명확히 하였다. 이와 같이 프리미엄에 국한한 「대한민국 1%」라는 메시지를 TV-CF 1편, 2편, 3편에서 연속적으로 운영함으로써 광고자산을 확보하는 동시에 공격적인 마케팅으로 성공적인 포지셔닝을 구축할 수 있었다.
>
> [출처: 조서환, 추성엽, 「한국형 마케팅」, 21세기북스, 2004. 8.]

한편, 소비자의 기호가 변화하거나 강력한 경쟁제품의 시장진입 등으로 기존의 포지셔닝이 경쟁우위를 잃거나 그 밖의 이유로 기존 포지셔닝이 그 효력을 발휘하지 못하게 되면 재포지셔닝(re-positioning)을 하여야 한다.

 **Miller 맥주의 재포지셔닝**

Miller 회사의 대표적인 상표인 Miller High Life는 고급맥주의 이미지와 함께 상류층 소비자들이 파티에서 분위기에 맞추어 마시는 맥주, 여성이 마시는 맥주로 포지셔닝이 되어 있어 자연히 시장점유율이 저조하였다.

밀러 회사는 기존의 제품이미지를 새로이 포지셔닝하기 위하여, 선원들이 파도를 헤치고 항해하는 장면, 철도 공사판의 노동자, 소방수들이 화재현장에서 용감하게 불을 끄는 장면, 젊은이들이 모험을 즐기는 장면 등을 연출하는 광고를 개발하고 이들 광고에 「Now, it's Miller Time」 또는 「If you have the time, we have the beer」 같은 문구를 사용하여 대대적인 광고비를 투입함으로써 맥주의 대량 소비계층인 노동자층과 젊은층에 소구하였다. 그 결과 Miller맥주는 Budweiser에 이어 제2위의 시장점유율을 획득하였다.

[출처: 이학식, 「마케팅」, 법문사, p. 117.]

05 마케팅 믹스(4P's Mix)

I. 마케팅 믹스의 개념

자원이 부족한 상황에서 기업의 마케팅 활동은 초기부터 전체시장을 대상으로 하는 것이 아니라 목표고객을 선정하고, 그에 맞게 자원을 효율적으로 활용해야 한다. 따라서 먼저 시장세분화를 통해서 목표고객을 확정한 후에 구체적인 마케팅 활동에 들어가야 한다. 마케팅 활동은 크게 제품전략, 가격전략, 유통전략, 촉진전략으로 구분할 수 있는데, 이를 마케팅 믹스(marketing mix) 또는 4P's Mix라고 한다.

마케팅 믹스란 기업이 표적시장을 대상으로 하여 원하는 반응을 얻을 수 있도록 통제 가능한 마케팅 변수인 4P, 즉 제품(Product), 가격(Price), 유통(Place), 촉진(Promotion)을 배합하는 것이라고 정의할 수 있다. 여기서 제품이란 표적시장에 제공하고자 하는 제품과 서비스의 집합을 의미하고, 가격이란 제품이나 서비스에 대해 고객이 지불해야 하는 화폐적 금액을 뜻한다. 유통이란 표적시장에 있는 고객이 제품이나 서비스에 쉽게 접근할 수 있도록 하는 것이며, 마지막으로 촉진이란 제품이나 서비스의 효용성을 다양한 채널을 통해 고객이 구매하도록 설득하는 과정을 의미한다.

결국 효과적인 마케팅 활동이란 이러한 마케팅 변수들을 조화롭게 배합하여 표적시장에 제공함으로써 기업이 달성하고자 하는 목표를 이루는 것이다.

2. 제품전략

(1) 제품의 개념

제품(product)은 고객의 필요나 욕구를 충족시키기 위해 제공되는 모든 제공물(offering)로서 유형제품뿐만 아니라 무형 서비스를 포함한다. 이러한 제품은 크게 소비용품과 산업용품으로 구분된다.

❶ 소비용품

소비용품은 최종 고객이 개인적으로 소비하기 위해 구매하는 제품과 서비스를 의미하며, 구체적으로 편의품, 선매품, 전문품, 미탐색품으로 분류할 수 있다.

🌐 편의품(convenience goods)   구매욕구가 발생하면 비교적 적은 노력을 들여 구매하는 제품으로서 음료수, 비누, 과자, 화장지, 문구류 등 가격이 비교적 낮으며 흔히 구매하는 제품이다.

🌐 선매품(shopping goods)   비교적 주의 깊게 그리고 상당한 노력을 기울여서 대안들을 비교·평가한 후 구매하는 제품으로서 가구, 의류, 가전제품, 승용차 등이 이에 해당된다. 가격이 비교적 높고 대체로 몇 개월 혹은 몇 년에 한 번씩 구매된다.

🌐 전문품(specialty goods)   특정 브랜드의 제품이 갖는 독특성이나 매력 때문에 소비자들이 구매를 위하여 상당한 노력을 기울이거나, 경우에 따라서 상당기간 기다리기도 하는 제품으로서 고급승용차, 유명스포츠카, 고급음식점, 고급의류 등이 이에 해당된다.

🌐 미탐색품(unsought goods)   소비자들이 평소에 특정제품에 대해 잘 모르거나 잘 찾지 않는 제품으로서 신제품, 보험, 장례용품 등이 이에 해당된다.

❷ 산업용품

추가 가공을 하거나 사업상의 용도로 구매되는 제품과 서비스를 의미하며, 자재와 부품, 자본재, 소모용품 등으로 분류할 수 있다.

🌐 **자재와 부품**(materials and parts)　제조업자가 완전한 제품을 생산하기 위해서 제품의 한 부분으로 투입되는 부분품으로서 자동차용 강판, 카메라폰 부품 등이 이에 해당된다.

🌐 **자본재**(capital items)　제품의 일부분을 구성하지는 않지만 제품생산을 원활히 하기 위해 투입되는 것으로서 설비(공장, 사무실, 발전기, 엘리베이터 등), 부속장비(작업공구, 차량, 컴퓨터, 책상 등) 등이 이에 해당된다.

🌐 **소모품**(supplies)　완제품 생산에 전혀 투입되지 않고 공장이나 회사의 운영을 위해 사용되는 제품으로서 업무용(유류, 석탄, 복사지, 볼펜 등)과 수선/유지용(페인트, 나사 등) 등이 이에 해당된다.

(2) 제품전략

제품전략이란 기업이 제공하는 제품이나 서비스의 유형과 특징을 정의하고 파악하여 이를 전략적으로 활용하는 것이다. 즉, 제품이나 서비스의 외형적으로 나타난 특징뿐만 아니라 고객 분석을 통하여 파악한 고객의 진정한 요구사항이 무엇인지, 그리고 이를 만족시키기 위해 기업이 제공하고자 하는 제품의 전략적 위치와 특징은 어떠해야 하는지를 확정하는 것이다.

기업이 생산한 제품과 실제로 소비자가 원하는 제품과는 차이가 있을 수 있다. 제품의 경쟁력은 생산에서 유통, A/S까지 여러 가지 차원에서 파악될 수 있는데, 기업은 그 중 한 가지만을 제공하거나 혹은 전체를 제공할 수도 있다. 기업이 모든 요소를 제공하지 못하는 경우에는 나머지 요소에 대한 대책과 전략이 필요하다. 기업이 경쟁력을 가지고 제공할 수 있는 것이 무엇인지 파악하고, 그에 따라 마케팅 전략도 달라져야 한다.

최근에는 IT기술의 발달, 제품수명주기의 단축, 그리고 소비자의 유행이나 트렌드의 급변 등으로 제품에 대한 수요자의 요구사항이 무엇인지를 잘 파악하는 것이 그 어느 때보다도 중요해지고 있다. 그러므로 경우에 따라서는 제품 자체의 품질이나 기능보다는 유통, 서비스, 결제조건, 가격 등을 경쟁우위 전략으로 내세워야 한다. 또한, 고객이 원하는 완전제품을 만들기 위한 지속적인 노력도 필요하다.

 **완전제품이란?**

완전제품이란 하버드 대학의 데오도어 레빗(Theodore Levitt) 교수가 그의 저서 「The Marketing Imagination」에서 제시한 개념으로서 고객에 대한 약속과 실제제품은 어느 정도 차이가 있으며, 이 차이를 극복하기 위해서는 반드시 서비스와 보조제품으로 보강된 완전제품을 지향해야 한다고 주장하였다.

시장에 새로운 형태의 제품이 도입되면 마케팅경쟁은 통상제품의 수준에서 일어난다. 그러나 시장이 성숙되고 주류시장에 진입할수록 중심에 있는 통상제품이나 기대제품의 차별성은 점차 사라지고, 경쟁은 보강제품이나 잠재제품 중심으로 서서히 옮겨진다. 이와 같은 중심이동에 의해 제품은 완전제품에 가까워지며, 완전제품은 강력한 진입장벽을 형성하게 된다.

초기에 어느 정도 성공한 듯한 창업기업의 대부분은 제품경쟁의 중심이동에 적응하지 못하고 시장에서 사라지고 만다. 완전제품을 만들어가는 기업만이 시장에서 살아남고, 시장을 지배하게 되는 것이다.

완전제품의 개념

- **통상제품(generic product)**: 실제로 시장에 공급되는 것으로, 구매계약조건을 만족시켜 주는 제품
- **기대제품(expected product)**: 구매자가 통상제품을 살 때에 자기가 산다고 생각하는 제품
- **보강제품(augmented product)**: 구매목적을 최대로 만족시켜 주기 위한 제품
- **잠재제품(potential product)**: 시장에 보조제품들이 많이 나오고 고객 스스로가 시스템을 확장할 경우에 대비하여 미리 마련해 두는 제품의 여유공간

3. 가격전략

마케팅에서 가격(price)이란 "자신에게 필요한 것을 제공받은 사람이 반대 급부로 거래 상대방에게 주는 유형적 및 무형적 가치의 총합"이라고 정의할 수 있으며, 대체로 화폐금액으로 표시된다. 가격의 범위에는 우리가 흔히 '가격'이라고 지칭하는 것보다 훨씬 많은 것들이 포함된다.

표 13-3 :: 가격의 다른 명칭들

가격의 명칭	제공되는 것
수강료	교육
임대료	건물 또는 시설의 사용
인지	정부기관의 민원서비스
우표	우편물 배달
통행료	유료도로의 통행
수수료	나의 일을 다른 사람이 대행
사례금	나를 위한 수고

가격의 선택은 마케팅 활동 중에서 가장 중요한 역할을 하고 있다. 기업은 공정하고 정확하게 가격을 산정하여 시장에 출시해야 한다. 잘못된 가격 산정은 판매 예측과 수익의 예상을 틀리게 할 수 있으며, 때로는 경쟁자와의 관계에서 악영향을 줄 수 있다. 가격전략은 고가전략(skimming the market), 경험곡선 활용전략(저가 전략), 시장가격전략, 시장침투가격전략, 선점가격전략으로 구분할 수 있다.

⚓ 고가전략　비탄력적 수요를 겨냥하여 단기 수익을 목표로 제품의 가격을 높게 책정하는 것을 말한다. 주로 경쟁 제품이 없고, 비용 불확실성이 높은 경우, 제품수명주기가 짧은 경우, 혁신이 급속하게 일어나는 제품인 경우, 그리고 경쟁자의 진입가능성이 낮은 경우에 사용할 수 있다.

⚓ 경험곡선을 활용한 가격전략　기존의 기업이 혁신 제품의 초기에 고가를 책정하였다가 점차 경험효과에 의해 가격이 점차 하락하는 것으로 주로 제품수명주기가 긴 경우에 활용된다.

⚓ 시장가격전략　현재 경쟁자의 가격에 맞추어 산정하는 것으로서 출혈경쟁을 회피하는 방법으로서 비용예측이 가능한 경우, 시장이 지속적으로 성장하는 경우에 활용할 수 있다.

⚓ 시장침투가격전략　기업이 낮은 가격으로 시장에 침투하여 빠른 시간 안에 시장 점유율을 최대한 늘리는 전략으로, 제품수명이 길고 시장진입이 용이하고, 가격민감도가 높은 경우와 경험효과가 가능한 경우에 활용할 수 있다.

⚓ 선점가격전략　저가 가격전략으로 잠재적 경쟁자의 진입을 방지하고 기존 경쟁자를 퇴출시키는 것을 목적으로 하고 있다. 다른 가격전략과 조합하여 사용함으로써 시장 지위를 확보하는 전략이다.

표 13-4 :: 가격전략의 종류와 장·단점

구 분	장 점	단 점
고가전략	• 투자 회수의 신속 • 고객에게 품질 우수성 인지	• 고가시장 중심으로 시장한정 • 고수익으로 인해 경쟁자 진입
경험곡선 활용 (저가 전략)	• 저비용 우위 활용 • 가격 변동의 완만	• 경험효과는 이론적 가정 • 초기 구매자(고가구입)의 불만
시장가격전략	• 출혈경쟁 회피 • 시장 조사 노력을 줄임	• 다른 차별화 역량 필요 • 투자회수시간이 길어짐
시장침투가격전략	• 경쟁자의 진입 제한 • 고객가치 중심	• 과대 수요량 자극 위험 • 초기 자본투자의 필요
선점가격전략	• 제한된 경쟁을 통한 독점 수익	• 경쟁자의 저가공세에 따른 손실발생 가능성

4. 유통전략

기업에서 생산된 제품과 소비자가 원하는 제품 간에는 공간과 시간의 괴리(gap)가 발생한다. 즉, 소비자가 공장의 바로 옆에 거주하지 않는 한 제품을 곧바로 전달받을 수 없고(공간적 괴리), 또한 생산의 시점과 소비의 시점도 반드시 일치하지 않는다(시간적 괴리). 따라서 소비자들이 원하는 바를 효과적으로 충족시켜 만족을 주기 위해서는 제품의 생산과 더불어 이러한 공간적 및 시간적 괴리를 해소하고 마케터와 소비자 사이에서 교환거래를 연결해 줄 수 있는 다리가 필요하게 된다.

유통(place)이란 이와 같은 생산자와 소비자 간의 공간적, 시간적 괴리를 없애주기 위한 가치창출 활동이다. 예를 들면, 제조된 식료품은 일반적으로 대리점이라고 지칭되는 도매상을 거쳐 수퍼마켓이나 마트 등의 소매상을 통해 소비자에게 전달된다. 이들 도소매상을 유통기관이라고 부르며, 이들에 의해 구성되는 일련 과정의 집합을 유통경로라고 정의할 수 있다.

유통전략이란 제품을 생산자로부터 최종소비자인 고객에게 전달하는 과정을 결정하는 것을 의미한다. 즉, 제품이 적절한 시기에 적절한 장소에서 적절한 양만큼 소비자에게 공급될 수 있도록 전달하는 과정을 결정하는 것이 유통전략이다. 대부분의 생산자들은 최종소비자에게 직접 제품을 판매하지 않는다. 생산자와 최종소비자 사이에는 여러 가지 기능을 수행하는 수많은 중간상이 존재하는 것이 일반적이다. 따라서 마케팅 믹스 활동에서 유통전략의 주요 관심대상은 효과성, 효율성을 감안해서 유통경로를 결정하고, 수송방법을 결정하고, 적정재고를 결정하는 것이다.

유통경로는 제품이 생산자로부터 소비자에 이를 때까지 통과하게 되는 경유노선을 말한다. 경영자는 각 제품의 유통경로 상에서 중간단계의 수를 얼마로 할 것인가, 그리고 각 단계에 있어서 판매자의 수를 얼마로 할 것인가에 대한 결정을 하게 된다.

수송방법은 수송거리나 제품의 크기와 무게, 제품손상 가능성 여부 등을 고려하여 결정하게 된다. 이때 경영자들은 항상 시일이 얼마나 걸리는지 또한 비용이 얼마나 소요되는지의 문제를 감안해서 결정을 해야 한다.

재고는 얼마로 하는 것이 적정한가도 유통상의 중요한 결정사항이다. 특히 계절별 상품이거나 유행을 따르는 상품인 경우에는 재고를 어느 수준까지 확보할 것인가 하는 문제가 대두된다. 경영자들은 각 제품별로 적정재고 수준을 합리적으로 결정하기 위해 다양한 방법을 연구할 필요가 있다.

5. 촉진전략

소비자들은 다양한 제품이 대량으로 공급되는 시장에서 자신의 욕구와 필요를 충족시키기 위한 다양한 선택기회를 갖고 있다. 즉, 특정 기업의 제품을 소비하지 않고도 다른 기업이 생산한 경쟁제품을 구매함으로써 욕구를 충족시킬 수도 있으며, 기업이 생산한 훌륭한 제품에 대해 소비자 스스로가 그런 제품의 존재나 그 제품이 제공하는 효익, 가격, 획득가능성에 대한 정보를 얻으려고 특별히 노력하지 않을 수도 있다. 더욱이 소비자들은 과거 경험이나 제한된 정보만을 바탕으로 구매결정을 내리는 경향이 있으므로 새로운 제품에 대해서는 무관심할 수 있다. 따라서 마케터는 고객들로부터 바람직한 행동을 유도하기 위해 적절한 지식과 정보를 효과적으로 제공하고 설득해야 하는데, 이러한 활동이 촉진이다.

즉, 촉진(promotion)이란 소비자로 하여금 제품을 알게 하고, 그 제품에 대한 호의적 태도를 갖게 하여 궁극적으로 제품을 구매하도록 만드는 커뮤니케이션 활동이다.

촉진활동은 기업이 고객에게 자신의 제품을 홍보하여 판매를 높이는 일련의 노력을 말한다. 촉진활동에는 광고, 판매원을 통한 인적판매, 홍보(publicity), 판매촉진 등이 있다.

🔍 **광고**　신문, 잡지, 텔레비전 등의 대중 매체를 이용하는 방법이 있고, 상업화 정보, 옥외 광고, DM 등의 방법이 있다. 고객은 많은 광고에 노출되지만 고객들의 관심을 끄는 광고는 그리 많지 않다. 따라서 기업 입장에서는 고객들의 관심을 끌 수 있는 광고를 개발하기 위해 많은 노력을 기울여야 한다.

🔍 **인적판매**　판매원이 예상고객과 직접 접촉하여 서로 대화를 나누면서 그들의 욕구나 필요를 환기시켜 구매행동을 일으키도록 하는 활동을 말한다. 인적판매는 판매원이 고객에게 직접 정보를 제공하고 설득하기 때문에 고객이 마음을 정하도록 하는 데 효과적이다.

🔍 **홍보(publicity)**　TV, 라디오, 신문, 잡지 등에 자사제품과 관련된 기사를 내보내어 소비자들의 수요를 자극하는 것을 말한다. 따라서 기업은 자사의 현황, 신제품 개발, 행사 및 사회봉사활동 등 다양한 보도자료를 제작하여 대중매체에 배포하게 되며, 이러한 촉진활동이 소비자의 욕구를 자극하여 계속적인 구매행동을 유발시키게 된다.

🔍 **판매촉진**　제품의 판매·구입을 촉진하기 위한 단기적인 유인수단을 제공하는 활동을 말한다. 예를 들면, 가격할인, 쿠폰, 무료견본, 경품 등의 경우가 이에 해당된다. 경쟁이 치열할 때는 가격할인이나 행사개최와 같은 판매촉진이 효과적이지만 너무 자주 사용하게 되면 오히려 그 브랜드에 대한 이미지와 선호도를 저하시킬 수 있으므로 유의해야 한다.

촉진전략은 제조업자 입장에서 촉진의 주 타겟을 누구로 하느냐에 따라 푸시 전략(push strategy)전략과 풀 전략(pull strategy)으로 구분할 수 있다. 푸시 전략은 유통경로상의 구성원들이 각각 다음 단계의 구성원들을 설득하는 촉진활동으로서 제조업자는 유통업자를, 유통업자는 소비자를 설득하여 최종 구매를 유발하는 방법이다. 풀 전략은 제조업자가 소비자의 수요를 직접 자극하여 소비자가 자사 브랜드를 선택하여 구매하도록 하는 방법이다. 푸시 전략의 경우에는 상대적으로 인적판매가 효과적일 수 있으며, 풀 전략의 경우에는 상대적으로 광고, PR이 효과적인 수단이 될 수 있다.

 **사례연구** **'빨래엔 피죤' 30년 아성 무너지다**

섬유유연제 시장에서 부동의 1위로 군림하던 피죤의 30년 아성이 무너졌다. 만년 2위를 달리던 LG생활건강이 올 1~2월 피죤을 제치고 처음으로 1위에 올라선 것이다. 섬유유연제란 섬유의 올을 살려 옷감을 부드럽게 하는 세탁보조제다. 국내 시장 규모는 2300억원 정도다.

시장조사전문기관 닐슨에 따르면 섬유유연제 시장점유율은 LG생활건강의 '샤프란'이 43%를 기록해 피죤(36%)을 7%포인트 차로 눌렀다.

생활용품 전문기업 피죤은 지난 1978년 국내 최초로 섬유유연제 브랜드 '피죤'을 선보이며 시장을 선도해 갔다. 특히 '빨래엔 피죤'이라는 광고 문구가 인기를 끌면서 '섬유유연제=피죤'으로 인식될 만큼 압도적인 점유율을 유지해왔다.

하지만 2007년 48%이던 피죤의 점유율이 지속적으로 떨어지면서 2011년에는 36%까지 내려앉았다. 업계에선 피죤이 자신감이 지나쳐 시장의 판도를 제대로 읽지 못하고 가격정책 수립에 실패한 것으로 분석하고 있다.

피죤은 2011년 초 원가가 오르자 판매가격도 즉각 올렸다. 반면 경쟁제품들은 가격 인상을 유보해 소비자들이 '피죤만 가격이 갑자기 비싸졌다'고 느끼게 됐다는 것이다. 대형마트 관계자는 "이미 샤프란 판매량이 피죤을 제쳤는데도, 피죤이 이를 제대로 파악하지 못하고 할인행사를 폐지해버렸다"고 전했다. 피죤은 가격 인상으로 점유율이 급감하자 부랴부랴 하나를 사면 덤을 끼워주는 '1+1행사'를 다시 실시했으나 이미 떠난 고객의 마음을 되돌리는 데 실패했다.

신제품 출시도 상대적으로 부진했다. LG생활건강·CJ·옥시 등 경쟁사들은 미국·일본 시장을 벤치마킹해 민감성 피부를 위한 제품, 다양한 향기가 나는 제품 등을 다양하게 선보였으나 피죤은 경쟁사보다 뒤늦게 농축형 제품을 선보인 것 외에는 눈에 띄는 신제품이 없었다.

온라인 쇼핑몰에선 피죤 매출이 샤프란·쉐리(옥시)에 이어 3위로 내려앉았다. 쇼핑몰 11번가 관계자는 "샤프란은 피겨 스케이팅 선수 김연아를 모델로 기용해 인지도를 높이고, 저렴한 상품을 내놓는 등 판촉 활동을 잘해 온라인몰에서도 판매 1위로 급부상했다."고 말했다.

섬유유연제 시장의 지각변동에 대해 업계에선 소비자들의 '사용습관 변화'도 주요 이유로 들고 있다. LG생활건강의 브랜드 매니저는 "2007년 조사결과 소비자들은 '편리성'을 가장 중요시한다는 걸 발견했다."며 "무거운 용기를 집까지 가지고 가는 것도 불편하고, 세탁기에 붓다가 무거워 쏟아버리는 경우도 많았다는 소비자들이 상당했다."고 말했다.

LG생활건강은 이런 점들을 감안, 무거운 용기 대신 티슈 형태의 섬유유연제 '샤프란 아로마 시트'를 내놓아 히트를 쳤다. 티슈처럼 한 장씩 뽑아 쓰는 제품으로 2007년 8월 출시 이후 지금까지 200억원어치가 팔렸다. 또 2009년 5배 농축, 2010년 10배 농축 제품이 연달아 나오면서 매출도 동시에 늘었다. 요즘 젊은 주부들에겐 '경량화', '공간 활용'이 이슈여서 한 손으로 들 수 있을 정도로 가벼운 제품이 인기다. 이 회사는 샴푸를 쓰듯 펌프질을 해서 정량을 사용할 수 있게 한 제품을 내놓아 호평을 받았다.

[출처: 조선닷컴, 2011. 4. 18.]

참 고 문 헌

1. 동아일보, "해법이 없다고? 시장을 둘로 쪼개라, 더 큰 시장이 열린다", 2011. 4. 9.

2. 유동근, 「통합마케팅」, 한경사, 2010.

3. 이학식, 「마케팅」, 법문사, 2010.

4. 조서환, 추성엽, 「한국형 마케팅」, 21세기북스, 2004. 8.

5. 조선닷컴, "빨래엔 피죤, 30년 아성 무너지다", 2011. 4. 18.

6. Dollinger, 「Entrepreneurship」, Prentice-Hall, Inc. 1999.

7. Globis Corp., 「MBA 경영전략 125가지」, YBM Si-sa, 2003.

8. Merrill & Sedgwick, 「The Venture Handbook」, AMACOM, 1993.

9. Theodore Levitt; The Marketing Imagination. The Free Press, New York, 1986.

Chapter 14

재무회계관리

01 재무관리의 이해

I. 재무관리의 개념

재무관리란 기업의 경영활동에 필요한 자금을 조달하고 조달된 자금을 효과적으로 운영하기 위한 일련의 재무적 활동을 말한다. 따라서 재무적 활동은 기업이 필요한 자금을 언제, 어디서, 얼마만큼 조달할 것인가 하는 조달측면과 조달된 자금을 언제, 어디서, 얼마만큼 활용할 것인가 하는 운용측면에서 살펴볼 수 있다.

재무관리의 목표는 기업의 가치 극대화이다. 따라서 재무관리는 단순한 자금의 조달과 운영에 그치는 것이 아니라 기업의 가치가 극대화될 수 있도록 재무문제와 관련된 기업경영 전반에 걸친 의사결정을 다루는 것이라고 할 수 있다.

2. 자금의 유입과 유출

기업 안으로 자금이 들어오는 것을 자금유입이라고 하고 기업 밖으로 현금이 빠져 나가는 것을 자금유출이라고 한다. 자금유입은 주식이나 사채의 발행, 차입, 제품의 판매, 자산의 처분 등을 통해 이루어진다. 자금유출은 원재료나 고정자산의 매입, 임금지급 등과 같이 영업활동을 위해 쓰이거나, 부채의 상환, 배당금의 지급 등과 같이 영업외활동을 통해 유출된다〈그림 14-1〉.

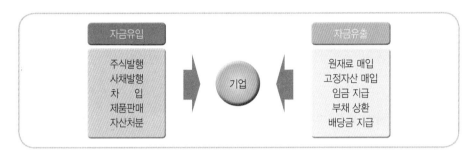

그림 :: 14-1

자금의 유입과 유출

02 자본의 조달

Ⅰ. 자본조달 활동

일반적으로 기업들은 부족한 자본을 금융시장이나 증권시장을 통해서 조달할 수 있다. 이때 자본의 수요자인 기업이 주식이나 채권을 발행해서 자본의 공급자인 투자자로부터 직접 자본을 조달하는 경우를 직접금융을 통한 자본조달이라고 한다. 직접금융의 경우 금리부담이 적고 장기자금 조달이 가능하다는 장점이 있으나, 기업의 신용, 담보력, 재무상태 등의 조건이 충족되어야 자본조달이 가능하다. 반면, 은행 등 금융기관을 통해서 간접적으로 자금을 조달하는 경우를 간접금융을 통한 자본조달이라고 한다〈그림 14-2〉.

우리나라 중소기업의 경우 간접금융에 의한 자금조달 비중이 많은 편인데, 이는 직접금융 시장이 발달되지 않아 금융기관을 통한 차입에 많이 의존하기 때문이다. 간접금융에 의한 금융기관 차입은 1년 이내의 단기차입금과 1년 이상의 장기차입금으로 나눌 수 있는데, 단기차입금의 경우 장기차입금보다 금융비용 부담이 커서 지나치게 단기차입금의 의존할 경우 경쟁력 악화의 원인이 될 수 있다.

그림 :: 14-2
자본조달의 구성

2. 직접금융을 통한 자본조달

(1) 주식발행

주식회사는 불특정다수의 일반인을 대상으로 주식을 발행하여 자본을 조달할 수 있다. 주식발행을 통한 자본조달은 자기자본을 늘리는 형태여서 재무건전성 측면에서 다른 방법을 통한 자본조달보다 유리하다. 주식발행을 통한 자본조달 방법은 일반적으로 보통주 발행과 우선주 발행으로 구분할 수 있다.

Ⓩ 보통주(common stock)　주식의 매입과 동시에 해당 기업의 주주로서 이사회의 구성, 배당금의 결정, 타 기업의 인수·합병 등에 관한 투표권을 갖는다. 또한, 주주는 주식보유를 통해서 배당금과 주식가치 상승으로 인한 자본이득을 투자에 대한 반대급부로서 얻을 수 있다.

Ⓩ 우선주(preferred stock)　보통주 소유주들보다 배당금을 지급받는 순위에서 우선권을 갖는 주식을 말하며 기업이 파산할 경우에도 보통주보다 우선해서 기업의 잔여재산에 대한 청구권을 갖는다. 반면에 우선주 소유주들은 보통주와는 달리 주주의 투표권이 없다.

(2) 회사채 발행

회사채는 기업이 거액을 자본을 장기간 사용하기 위해 일반투자자들로부터 집단적·공개적으로 자본을 빌리고 그 증거로서 발행하는 유가증권이다. 회사채 발행을 통한 자본조달은 유동성이나 편리성 측면에서 가장 일반적이며 대규모로 자본을 조달할 수 있는 수단이다. 회사채 발행에 의해 조달된 자본은 기업에서 부채로 처리된다. 회사채에는 보통 채권자들에게 지급될 확정이자 및 만기일이 표시되어 있다. 따라서 채권자들은 기업의 주요 의사결정에는 참여할 수 없고 단지 정해진 이자와 만기일에 원금만 지급받을 수 있다.

회사채는 사채의 원금상환과 이자지급의 보증 유무에 따라 보증사채, 무보증사채 및 담보부사채로 구분된다. 회사채 발행은 기업의 규모나 대외신용도면에서 일정수준 이상의 조건을 갖추어야 되기 때문에 주로 상장 또는 등록법인이 이용하며, 중소기업이나 벤처기업의 경우 신용도 때문에 이용하기가 쉽지 않다.

🔍 **보증사채** 사채의 원금상환과 이자지급을 제3자가 보증하는 회사채이다.

🔍 **무보증사채** 3자의 보증이나 물적 담보의 제공없이 순수히 발행회사의 신용으로 발행하는 회사채이다.

🔍 **담보부사채** 담보수탁회사에 담보물을 제공하고 그 담보여력 내에서 발행하는 회사채이다.

3. 간접금융을 통한 자본조달

간접금융은 금융기관이 개인 등 일반으로부터 예금, 적금 등의 형태로 자금을 조달하여 자금 실수요자인 기업 등에 공급하는 금융방식으로서 은행 차입과 비은행금융기관 차입으로 구분할 수 있다.

(1) 은행 차입

제1금융권이라고 할 수 있는 은행으로부터의 자금차입은 가장 보편적인 기업의 자본조달 방법이다. 금융기관을 통한 자금차입을 위해서는 부동산 등 담보를 제공하거나 신용을 기준으로 신용대출한도(line of credit) 범위 내에서 대출을 받게 된다. 우리나라의 기업은 주로 단기자본조달의 원천으로 은행을 활용하고 있다.

(2) 비은행금융기관 차입

비은행금융기관은 은행을 제1금융권이라고 하는 데 반해, 은행을 제외한 금융기관을 통칭하여 부르는 명칭이다. 은행법의 적용을 받지 않으면서도 일반 상업은행과 유사한 기능을 담당하고 있어 비은행금융기관이라고 부른다. 일반적으로 보험회사, 증권회사, 신용카드회사, 저축은행, 새마을금고, 신용협동조합, 리스회사, 벤처캐피털 등이 이에 속하며, 보통 은행에 비해 지급이자가 높은 편이나 차입은 상대적으로 용이하다.

4. 자금조달의 결정요인

기업이 자본조달을 할 경우 기본적으로 고려되어야 할 사항은 자본비용, 조달기간, 경영권 문제, 재무위험, 기업성장의 단계 등이다.

(1) 자본비용

자본비용이란 자금을 사용한 대가로 지불해야 하는 비용을 의미한다. 예를 들면, 금융기관으로부터 자금을 차입하는 경우에는 그에 상응하는 이자를 지불하고, 주식을 발행하여 자본을 조달하는 경우에는 그 자본을 활용하여 적절한 수익을 내어 자본을 제공한 주주에게 배당을 하여야 한다. 이처럼 자본을 조달할 경우에는 비용을 지불해야 하는데, 기업의 입장에서 어떤 방법이 자본비용을 가장 적게 들일 수 있는지 고려해야 한다.

(2) 조달기간

자본조달 방법에 따라 조달기간도 다를 수 있고, 이는 자본비용에도 영향을 미치게 된다. 이를테면, 은행으로부터 장기대출을 받거나 주식, 사채 등의 발행을 통해 자금을 조달하는 경우에는 많은 시일이 걸리기는 하지만 이자부담이 낮고 안정적으로 자금을 활용할 수 있다. 반면에 비은행금융기관 등으로부터 단기 자금을 조달할 경우에는 기간은 많이 걸리지 않지만 이자부담이 높고 상환기일이 짧아 안정적으로 자금을 활용하기에 어려움이 있다.

(3) 경영권 문제

주식이나 사채의 발행 중에서 어느 것을 선택할 것인가를 결정할 때에는 이러한 자금조달 방법이 경영권에 미치는 영향도 고려해야 한다. 예컨대, 과도하게 주식을 발행할 경우 경영권 유지에 심각한 영향을 줄 수 있다.

(4) 재무위험

자금조달에 있어서는 이에 수반되는 여러 가지 위험, 특히 재무위험을 경계해야 한다. 재무위험과 관련해서 특히 고려해야 할 핵심적인 문제는 위험과 수익의 상충관계(trade-off)이다. 즉, 유동성을 지나치게 높게 유지하면 수익성이 감소하고, 수익성을 지나치게 높게 추구하면 유동성이 감소하여 위험이 증가하게된다. 따라서 적절한 자금조달 정책을 통해 재무위험을 줄여야 한다.

(5) 기업성장의 단계

기업의 성장단계는 자본조달의 중요한 결정요인이다. 일반적으로 기업은 성장 초기에는 주식의 발행을 통하여 자본을 조달하고, 성숙단계에서는 주로 유보이익, 그리고 안정단계에서는 감가상각을 주요 조달원천으로 이용한다.

▶ 사례연구 ◀ 중소기업금융의 자금조달 패턴

중소기업의 생애주기는 크게 창업·성장·성숙·안정 및 구조조정 단계로 나눌 수 있다. 이에 따라 기업의 생애주기에 맞는 적절한 투자 방식이 요구된다. 우선 창업단계 기업들에게는 자기자본투자, 엔젤투자, 크라우드 펀딩 등 창업자와 주변인들의 투자가 가장 중요한 역할을 한다. 이를 위해 정부에서는 창업단계의 창업자들을 위해 엔젤투자지원센터(kban.or.kr)를 개설해 엔젤투자 네트워크 구축, 엔젤투자 매칭펀드 접수, 투자지원 및 사후관리 등 지원업무를 수행하고 있다. 여기에 한국벤처투자·정책금융공사 등 정책금융을 통한 매칭펀드 및 스타트업펀드 지원도 함께 이뤄지고 있다.

창업단계를 5~7년 정도 지나면, 투자된 자금을 회수할 때가 돌아온다. 그러나 창업 초기에 진행했던 연구개발(R&D) 및 시제품 개발 사업이 상용화를 거쳐 수익을 올려야 하지만, 마땅한 수입이 발생하지 않고 비용만 계속 발생하게 돼 자금난을 겪는 경우가 많다. 창업단계에서 투자된 자금이 원활하게 회수되지 않고, 이로 인해 창업 초기에 투자자가 투자 자체를 회피하는 상황으로 이를 일컬어 이른바 '죽음의 계곡(Death Valley)'라 표현한다. 창업 초기 투자된 자금은 흔히 기업공개(IPO), 인수합병(M&A), 벤처캐피탈 재투자(세컨더리 펀드) 등을 통해 회수된다. 성장사다리펀드·미래창조펀드와 같은 다양한 펀드와 코넥스시장 개설은 이같은 자금난을 극복하기 위한 방안으로 마련된 것이다. 죽음의 계곡을 거쳐 어느 정도 성장한 기업들은 벤처투자·정책금융·금융기관 대출 및 보증 등 다양한 방법의 자금 조달이 가능해지며, 완연한 성숙 단계에 이른 기업들은 간접금융뿐 아닌 회사채·기업어음 발행과 같은 채권을 발행해 자금을 조달할 수 있게 된다.

[출처: 디지털타임스, 2013. 8. 16.]

03 자본의 운용

I. 자본운용의 의의

자본운용이란 조달된 자본을 활용하여 각종 사업에 투자하거나 기업자산을 취득 및 관리하는 일련의 활동을 말한다. 자본운용에서는 위험과 수익성 두 가지 요인이 고려되어야 하는데, 위험은 투자의 결과 나타나는 수익의 불확실성, 수익성은 기대되는 수익의 크기를 의미한다.

2. 운전자본 관리

운전자본은 유동자산 전체인 총운전자본을 의미한다. 따라서 운전자본과 유동자산은 같은 의미로 볼 수 있으며, 구성요소로서 현금, 유가증권, 매출채권, 재고자산으로 분류할 수 있다. 운전자본을 시간 개념으로 구분할 경우 영구적 운전자본과 변동적 운전자본으로 나눌 수 있는데, 영구적 운전자본은 기업의 장기적 수요를 충족시킬 수 있는 최소한의 유동자산을 의미하며, 변동적 운전자본은 계절적인 요인 등 수요에 따라 변동하는 유동자산이다.

운전자본 관리는 기업재무에서 매우 중요한 역할을 하는데, 그 이유는 단기부채에 대한 지급수단이라 할 수 있는 유동성을 파악하는 데 운전자본 관리가 매우 중요하며, 매출액 증가와도 밀접하게 관련이 있기 때문이다.

(1) 현금관리

현금관리란 현금유입의 촉진, 현금유출의 통제, 적정한 현금보유액의 결정 등을 통해 현금흐름을 관리하는 것이다. 현금흐름은 투자로 인한 현금유입(cash flow)과 현금유출(cash outflow)의 차이, 즉 순현금흐름(net cash flows)를 의미한다. 기업의 현금흐름이 원활치 못하면 아무리 많은 이익을 내더라도 부도를 낼 수 있으므로 기업가치를 재는 척도로도 활용된다.

한편, 현금은 가장 유동성이 높은 자산이지만 비수익성 자산으로서 최적의 유동성을 유지할 수 있도록 적당한 수준의 현금을 보유하는 것이 중요하다. 이를 위해서 기업은 예상되는 현금의 수입과 지출, 경제상황, 정부의 금융정책, 대은행관계 등을 고려하여 적정한 현금 보유 수준을 결정해야 한다.

(2) 유가증권 관리

유가증권은 단기 투자 대상으로서 투자수익을 기대할 수 있으며, 현금 부족 시에는 처분하여 현금화할 수 있는 장점이 있다. 유가증권에는 주식, 국·공채, 기업어음, 수익증권, 사채 등이 포함된다. 유가증권의 특징은 수익성이 보장되면서 환금성이 높다는 것이다. 그러나 투자의 위험성이 있으므로 유가증권 투자시에는 위험과 수익성이 동시에 고려되어야 한다.

유가증권 투자에 따른 위험을 분산하기 위해서 한 종목의 증권만 보유하지 않고 여러 종목의 유가증권을 분산하여 소유하게 되는데, 이러한 다수 유가증권의 결합을 포트폴리오(portfolio)라고 한다.

(3) 매출채권 관리

기업은 신용판매를 통해 매출수익을 기대할 수 있으나 이로 인해 매출채권의 회수가 지연되거나 회수 불능이 되었을 경우 유동성 악화로 연결될 수 있다. 따라서 매출채권 관리를 통해서 신용정책과 수금정책을 적절히 운용해야 한다.

(4) 재고자산 관리

재고자산은 미래의 제품수요에 대비하여, 또는 원재료 공급이 불규칙하게 변동하더라도 기업의 생산과 판매활동을 안정적으로 유지하기 위해 필요하다. 그러나 재고자산을 적정수준 이상의 과다 또는 과소 보유할 경우 손실이 발생할 수 있다.

재고자산이 부족할 경우에는 제품판매 기회를 상실하거나 생산계획에 차질이 생기고, 반대로 과다하게 보유할 경우에는 재고비용 발생, 유통기한 경과에 따른 손실 등이 발생한다. 따라서 예상 매출액, 생산공정 소요시간, 완제품의 내구성, 재고 공급의 계절적 요인, 공급업자의 신용, 재고관리 비용 등을 고려하여 적정 수준의 재고를 보유할 수 있도록 관리해야 한다.

3. 자본예산

(1) 자본예산의 개념과 중요성

자본예산이란 투자대상으로부터의 현금흐름, 즉 투자의 효과가 1년 이상 장기간에 걸쳐 실현될 가능성이 있는 투자결정과 관련된 계획수립을 의미한다. 자본예산에는 토지, 건물 또는 생산시설에 대한 투자가 포함되며, 신제품개발 및 사업확장은 물론 투자의 영향이 1년 이상 장기간에 걸쳐 나타나는 광고비, 시장조사비 및 R&D 등에 대한 투자도 포함된다.

자본자산에 대한 투자결정은 일단 투자여부가 결정되면 장기간 자금이 동결되고 그에 의해서 수익과 비용이 수년에 걸쳐 나타나므로 기업에 있어서 중요한 문제로 제기된다. 자본예산은 재무관리에서도 매우 중요시되는데, 그 이유는 다음과 같다.

- 투자 효과는 장기간에 걸쳐 지속적으로 기업에 영향을 미치기 때문에 미래의 투자환경에 대한 정확한 예측을 할 필요가 있다.
- 자본예산에 소요되는 투자액은 일반적으로 매우 크다.
- 기업 환경이 갈수록 복잡하고 경쟁적이기 때문에 단순한 임기응변식 투자결정으로는 투자 risk가 매우 크다.
- 투자결정에는 자금조달이 수반되기 때문에 자금조달과 투자가 적절히 조화되어야 한다.

(2) 자본예산 편성 과정

자본예산 편성은 다음 네 단계를 거치게 된다. 이 중에서 예상 현금흐름 추정과 투자안의 타당성 평가가 가장 중요한 과정이지만, 일반적으로 자본예산 편성이라고 하면 다음 네 단계 모두를 의미한다.

❶ 투자대상 물색

투자환경을 예측하여 새로운 투자기회를 발견하기 위한 투자안을 개발하는 단계이다.

❷ 투자안의 예상 현금흐름 추정

투자안을 실행에 옮겼을 경우 예상되는 현금흐름을 미리 추정하는 단계이다.

❸ 투자안의 타당성 평가

추정된 현금흐름 자료를 기초로 투자안의 가치를 따져서 타당성을 평가하는 단계이다. 투자안의 타당성 분석은 투자안의 선택여부를 결정하는 것이기 때문에 매우 중요한데, 투자안의 타당성 분석을 위한 기법으로는 주로 순현재가치법(NPV)과 내부수익률법(IRR)이 이용된다.

❹ 투자안의 재평가

투자 후에는 정기적으로 투자안의 진행과정을 검토하고 평가하는 피드백과 통제가 필요하다.

 사례연구 **순현가법과 내부수익률법**

- 순현재가치법(NPV: Net Present Value) 투자사업으로부터 사업의 최종년도까지 얻게 되는 순편익(편익-비용)의 흐름을 현재가치로 계산하여 이를 합계한 것이다. 어떤 자산의 NPV가 0보다 크면 투자시 기업가치의 순증가가 발생하므로 투자가치가 있는 것으로 평가하며, NPV가 0보다 작으면 투자시 기업가치의 순감소가 발생하므로 투자가치가 없는 것으로 평가한다. 또한, NPV가 극대화되도록 투자함으로써 기업가치 극대화를 달성할 수 있다.

- 내부수익률법(IRR : Internal Rate of Return) 어떤 사업에 대해 사업기간 동안 현금수익 흐름을 현재가치로 환산하여 합한 값이 투자지출과 같아지도록 할인하는 이자율을 말한다. 내부수익률법은 투자 사업의 수익성을 평가하는 기본 지표로 내부수익률이 이자율보다 높으면 투자가치가 있는 것으로 평가한다.

(3) 투자의 유형

🌐 대체투자

기존의 보유자산이 수명을 다하였거나 그 효율이 떨어질 때 새로운 자산으로 대체하기 위한 투자이다.

🌐 확장투자

제품에 대한 수요증가 등으로 기존 생산설비 만으로 수요에 대처하기 어려운 경우 기존시설을 확장하는 투자이다.

🌐 제품투자

기존제품을 개량하거나 새로운 제품을 개발 및 생산하기 위한 투자이다.

🌐 전략투자

기업의 전략적인 목적을 달성하기 위한 투자로서 직접적인 이익의 증대보다는 기타의 편익을 장기간에 걸쳐 발생시키기 위한 투자이다.

04 기업의 재무구조

Ⅰ. 재무구조의 개념

재무구조란 자본조달과 운영에 의하여 구성된 자산과 부채 및 자본의 구성상태를 의미한다. 기업의 자산은 각종 유동자산과 고정자산 및 기타로 구성되어 있다. 부채도 각종 유동부채·고정부채 및 기타로 이루어져 있다. 이들 자산 및 부채와 자본에 대해서 어떠한 항목이 얼마만큼 있으며, 비율이 어떠한 상태에 있는가는 기업의 지급능력, 특히 장기적인 지급능력을 결정하는 요인이 된다. 특히 신용 상태를 알기 위하여 재무분석을 사용하려는 신용분석에서는 재무구조를 매우 중요시한다.

기업의 재무상태는 자산과 자본을 통해 알 수 있다. 자산은 조달된 자본이 어떻게 운용되었는지를 보여주며, 자본은 경영활동에 필요한 재무적 자원이 어떻게 조달되었는가를 알려준다. 자본은 그 조달 원천에 따라 자체조달이면 자기자본, 타인으로부터의 차입이면 타인자본으로 구분된다. 여기서 '자산=자본(타인자본+자기자본)'라는 등식이 성립되는데, 타인자본은 부채, 자기자본은 자본을 의미한다. 결국 '자산=부채+자본'이라고 할 수 있는데, 이를 재무상태표 등식 또는 회계의 기본등식이라고 한다.

2. 재무상태표

재무상태표(또는 대차대조표)는 일정한 시점에서 기업의 영업활동에서 사용되고 있는 자산이 어떠한 형태로 얼마만큼 있으며, 그것이 어떠한 자본으로 조달되고 있는가를 나타내는 보고서이다. 이 보고서에 의하면 각종 자산이나 부채, 자본 등이 어떻게 구성되어 있는지, 균형이 맞는지, 재정상태는 건전한지 등을 검토할 수 있다.

재무상태표는 "일반적으로 인정된 회계원칙(GAAP : Generally Accepted Accounting Principles)", 즉 기업회계기준에 의해 만들어지며, 차변의 자산총액과 대변의 부채와 자본총액이 일치하게 된다. 이러한 원리를 '대차평균의 원리'라고 한다.

재무상태표의 기본 양식은 〈표 14-1〉과 같으며, 각각의 계정과목들에 대해 살펴보면 다음과 같다.

표 14-1 :: 재무상태표

차 변			대 변		
유동자산	재고자산		부채	유동부채	
	당좌자산			비유동부채	
유동자산 소계			부채 소계		
비유동자산	유형자산		자본	자본금	
	무형자산			자본잉여금	
	투자자산			이익잉여금	
비유동자산 소계			자본 소계		
자산 총계			부채 및 자본 총계		

(1) 자 산

유동자산과 비유동자산으로 구분한다. 유동자산은 당좌자산과 재고자산으로 구분하고, 비유동자산은 유형자산, 무형자산, 투자자산 등으로 구분한다.

❶ 유동자산
1년 이내에 현금으로 전환되거나 소비될 것으로 예상되는 자산을 의미한다. 유동자산은 당좌자산과 재고자산으로 분류한다.

🔍 당좌자산　당좌자산은 1년 또는 영업주기 내에 판매과정을 거치지 않고 직접 또는 간접으로 현금화해서 사용할 수 있어 유동성이 매우 큰 자산을 말한다. 이와 같은 당좌자산의 구분은 기업의 단기지급능력을 측정하기 위하여 요청되는 구분기준으로 기업이 유동부채 상환에 충당할 화폐성 자산이 얼마나 되는가를 검토하는 데 적합한 구분 기준이다. 당

좌자산은 현금 및 현금성자산, 단기예금 등의 단기금융상품, 단기매매 증권, 유동자산으로 분류되는 매도가능증권과 만기보유증권, 단기대여 금, 매출채권, 선급비용, 이연법인세자산, 미수수익, 미수금 또는 선급금 등으로 구성된다.

🔍 **재고자산** 정상적인 영업활동 과정에서 판매를 목적으로 보유하거나 판 매할 제품의 생산을 위하여 사용되거나 소비될 자산으로서 상품, 제품, 재공품, 원재료 등이 이에 해당된다.

❷ 비유동자산

1년 이내에 현금화 또는 실현될 것으로 예상되지 않는 자산을 의미하며, 그 목적이나 기능에 따라 유형자산, 무형자산 및 투자자산 등으로 분류 한다.

🔍 **유형자산** 회사가 영업활동에 장기적으로 사용하기 위하여 보유하고 있는 유형의 자산으로서, 토지, 건물, 기계장치, 차량운반구, 공구와 비 품 등이 포함된다.

🔍 **무형자산** 기업이 장기간 영업활동에 사용할 목적으로 보유하고 있는 물리적 실체가 없는 자산을 말한다. 기업회계기준에서는 영업권, 산업 재산권, 라이센스와 프랜차이즈, 광업권, 어업권, 저작권, 임차권리금 , 개발비(제조비법, 공식, 모델, 디자인 및 시작품 등의 개발) 등을 무형자산의 종류로 들고 있 다. 대부분의 무형자산은 독점적·배타적으로 일정기간 동안 특정권리 나 효익을 향유할 수 있는 법률적·경제적 권리로서 무형자산으로 정의 되기 위한 요건은 다음과 같다

- **식별가능성** 대체로 자산의 분리가능성 여부에 의하여 판단할 수 있 는데, 무형자산이 분리가능하면 그 무형자산은 식별가능하다. 자산이 분리 가능하다는 것은 그 자산과 함께 동일한 수익창출활동에 사용 되는 다른 자산의 미래 경제적 효익을 희생하지 않고 그 자산을 임대, 매각, 교환 또는 분배할 수 있는 것을 말한다.

- **통제가능성** 무형자산의 미래 경제적 효익을 확보할 수 있고 제3자의 접근을 제한할 수 있다면 자산을 통제하고 있는 것이다. 무형자산의 미래 경제적 효익에 대한 통제는 일반적으로 법적권리로부터 나오며, 법적 권리가 없는 경우에는 통제를 입증하기 어렵다.

- **미래 경제적 효익**　무형자산의 미래 경제적 효익은 재화의 매출이나 용역수익, 원가절감 또는 자산의 사용에 따른 기타 효익의 형태로 발생한다.
- **투자자산**　기업이 장기적인 투자수익이나 타기업 지배목적 등의 부수적인 기업활동의 결과로 보유하는 자산이다. 이와 같은 장기여유 자금운용이나 다른 기업 지배목적 등의 부수적인 활동의 결과로 보유하게 되는 투자자산은 기업 본연의 영업활동을 위해 장기간 사용되는 자산인 유형자산, 무형자산과는 그 성격상 다르기 때문에 별도로 구분하여 표시한다. 투자자산에는 투자부동산, 장기투자증권, 투자주식 등이 포함된다.

(2) 부 채

부채는 유동부채와 비유동부채로 구분한다.

- **유동부채**　1년 이내에 상환되어야 하는 부채를 의미하며, 매입채무, 단기차입금, 미지급비용 등이 포함된다.
- **비유동부채**　상환기한이 1년 이상인 부채로서, 사채, 장기차입금, 장기매입채무, 퇴직급여충당금 등이 포함된다.

(3) 자 본

자본은 자본금, 자본잉여금, 이익잉여금으로 구분한다.

- **자본금**　원시 출자한 투자자본으로서 정관에서 발행주식의 액면총액으로 설정되어 있는 금액으로 보통주자본금, 우선주자본금 등이 이에 속한다.
- **자본잉여금**　자본금을 초과해서 출자한 금액으로서 주식발행초과금, 감자차익 및 기타 자본잉여금으로 구분된다. 주식발행초과금은 경영성적이 우수한 회사가 증자를 위하여 신주를 발행할 때 액면금액을 초과하여 할증발행하는 경우, 이 액면 초과 금액을 말하며, 감자차익은 회사가 경영상의 이유로 감자를 하는 경우, 감소한 자본금이 주금의 환급액 또는 결손금의 보전액을 초과한 때, 그 초과액을 말한다. 기타 자본잉여금에는 자기주식처분이익, 합병차익, 기타의 자본잉여금 등이 있다.

🔍 **이익잉여금**　영업거래에서 발생하는 이익의 유보를 말하는 것으로서, 이익적립금, 임의적립금, 당기말 미처분이익잉여금 등이 있다.

3. 손익계산서

일정 기간 동안 기업의 경영성과를 명확히 보고하기 위하여 그 회계기간에 속하는 모든 수익과 이에 대응하는 모든 비용을 기재하고 법인세 등을 차감하여 당기 순손익을 표시하는 보고서이다. 손익계산서는 매출총이익, 영업이익, 경상이익, 법인세비용차감전순이익, 당기순이익으로 구분 표시한다〈표 14-2〉.

표 14-2 :: 손익계산서

과　목	
1. 매출액	
2. 매출원가	
3. 매출총이익	1-2
4. 판매비와 관리비	
5. 영업이익	3-4
6. 영업외수익	
7. 영업외비용	
8. 경상이익	5+6-7
9. 특별이익	
10. 특별손실	
11. 법인세차감전 순이익	8+9-10
12. 법인세비용	
13. 당기순이익	11-12

(1) 매출액

상품 등의 판매 또는 용역의 제공으로 실현된 금액을 의미한다.

(2) 매출원가

매출액과 직접 대응되는 원가로서 일정기간 동안 판매된 상품이나 제품에 대하여 배분된 매입원가 또는 제조원가를 말한다.

(3) 매출총이익

매출총이익은 모든 이익의 근본적인 출발점으로서, 매출액에서 매출원가를 차감하여 산출된다.

(4) 판매비와 관리비

상품과 용역의 판매활동 또는 회사의 관리와 유지에서 발생하는 비용으로 매출원가에 속하지 않는 모든 영업비용을 포함한다. 급여, 퇴직급여, 복리후생비, 임차료, 접대비, 감가상각비, 무형자산상각비, 세금과공과, 광고선전비, 연구비, 경상개발비, 대손상각비 등이 이에 해당된다.

(5) 영업이익

기업이 목적으로 하고 있는 영업활동의 결과로서 산출된 이익으로서, 매출총이익에서 판매비와 관리비를 차감하여 계산된다.

(6) 영업외수익

매출수익을 얻기 위한 주된 영업활동 이외의 보조적 또는 부수적인 활동에서 순환적으로 발생하는 수익을 말한다. 영업외수익에는 이자수익, 배당금수익(주식배당액은 제외), 임대료, 단기투자자산처분이익, 단기투자자산평가이익, 외환차익, 외화환산이익, 지분법이익, 장기투자증권손상차손환입, 투자자산처분이익, 유형자산처분이익, 사채상환이익, 전기오류수정이익 등을 포함한다.

(7) 영업외비용

매출수익을 얻기 위한 주된 영업활동 이외의 보조적 또는 부수적인 활동에서 순환적으로 발생하는 비용으로서, 이자비용, 기타의 대손상각비, 단기투자자산처분손실, 단기투자자산평가손실, 재고자산감모손실, 외환차손, 기부금, 지분법손실, 장기투자증권손상차손, 투자자산처분손실, 유형자산처분손실, 사채상환손실, 법인세추납액 등이 포함된다.

(8) 경상이익

기업의 경상적인 최종이익을 나타내는 금액으로서, 영업이익에서 영업외수
익을 가산한 후 영업외비용을 차감하여 산출한다.

(9) 특별이익

경상이익 이외의 임시적인 이익으로서 정상적인 경영활동과는 무관한 이익
이다. 특별이익에는 고정자산 처분이익, 투자유가증권 처분이익, 상각채권추심
이익, 법인세 환수액, 대손충당금 환입액, 전기손익 수정이익 등이 있다.

(10) 특별손실

임시적인 손실로서 정상적인 경영활동과는 무관한 손실이다. 특별손실에는
고정자산 처분손실, 투자유가증권 처분손실, 재해손실, 법인세 추납액, 전기손
익수정손실 등이 있다.

(11) 법인세차감전 순이익

문자 그대로 법인세 등을 차감하기 전의 이익으로서 경상이익에서 특별이익
을 가산한 후 특별손실을 차감하여 산출한다.

(12) 법인세비용

법인세는 주식회사와 같은 법인기업의 소득에 대하여 부과하는 세금을 말한
다. 기업은 각 사업연도의 순손익을 기준으로 하여 과세소득금액을 계산하고,
이것에 소정의 세율을 곱하여 당기에 부담하여야 할 법인세액을 계산한다. 법
인세비용에는 주민세를 포함한다.

(13) 당기순이익

법인세를 차감한 후에 산출되는 이익으로서, 기업의 최종적인 경영성적을
나타낸다.

I. 경영분석의 의의

기업의 목표를 달성하기 위해서는 기업의 현재 상태가 어떠한지를 알아야 하는데, 이를 위해서는 재무상태와 경영성과를 분석하는 것이 필요하다.

넓은 의미의 경영분석은 기업 재무활동 전반에 걸친 분석으로 기업의 자금과 관련한 모든 기업활동을 평가하여 경영의사 결정에 도움을 주기 위한 분석을 의미하며, 좁은 의미의 경영분석은 기업의 현재와 과거의 재무상태나 영업실적을 파악하여 미래 경영정책을 위한 의사결정에 필요한 기초자료를 제공하는 재무활동으로서 재무제표를 대상으로 한 재무분석을 의미한다.

또한, 경영분석은 정량적인 자료를 바탕으로 분석을 하느냐 정성적인 분석을 하느냐에 따라 비율에 의한 경영분석과 질적인 경영분석으로 구분된다.

2. 경영분석의 목적

경영분석을 하는 목적은 기업재무의 유동성, 재무구조의 안정성, 기업의 수익성 등을 파악하는 데 있으나, 이러한 목적은 분석의 주체가 외부분석 주체이냐 내부분석 주체이냐에 따라 각각 다르게 해석될 수 있다. 즉, 외부분석 주체는 기업 외부의 이해관계자인 투자자, 채권자, 은행 등을 의미하는데, 은행은 기업에게 대출을 해주므로 채무지급능력이나 유동성에 관심이 많고, 투자자나 장기채권자 등은 유동성 보다는 수익성과 안정성에 관심을 갖게 된다. 또한, 내부분석 주체인 경영자는 종합적으로 경영분석을 하므로 유동성, 수익성, 안정성 모두에 관심을 가진다.

3. 비율에 의한 경영분석

비율에 의한 경영분석은 재무제표상에 나타난 수치를 비율화하고 이를 활용하여 기업의 재무상태, 경영성과의 양부를 판단하는 방법이다. 비율분석에 사용되는 비율은 많으나 이 중에서 유동성 비율, 레버리지(leverage) 비율, 활동성 비율, 수익성 비율이 가장 대표적으로 사용된다.

(1) 유동성 비율

유동성(liquidity)이란 기업이 현금을 동원하여 단기부채를 갚을 수 있는 능력으로서 이러한 유동성을 보여주는 비율이 유동성 비율이다. 즉, 유동성 비율이란 기업의 단기채무지급능력을 측정하는 비율로서 대표적으로 유동비율과 당좌비율을 들 수 있다.

🔍 **유동비율** 단기채무를 지급할 수 있는 유동자산이 유동부채에 의해 얼마나 되는가를 나타내는 비율이다.
  - 유동비율 = 유동자산/유동부채 × 100

🔍 **당좌비율** 현금화가 용이한 당좌자산에 의하여 단기채무의 지급능력을 평가하는 비율이다.
  - 당좌비율 = 당좌자산/유동부채 × 100

(2) 레버리지 비율

기업이 타인자본에 어느 정도 의존하고 있는가를 나타내는 비율로서 부채비율과 이자보상비율이 대표적이다.

🔍 **부채비율** 타인자본과 자기자본과의 관계에 의해서 자본구성의 안정성을 평가하는 비율이다.
  - 부채비율 = 타인자본/자기자본 × 100

🔍 **이자보상비율** 수입이자 및 납세전 이익이 타인자본에 대한 이자비용의 몇 배인가를 평가하여 부채에 대한 이자지급능력을 평가하는 비율
  - 이자보상비율 = 수입이자 및 납세전 이익/이자비용

(3) 활동성 비율

기업이 보유하고 있는 자산이 얼마나 효율적으로 활용되고 있는가를 나타내는 비율로서 매출액에 대한 주요 자산의 회전율로 표시된다. 대표적으로 재고

자산회전율과 매출채권회전율이 활용된다.

🔍 **재고자산회전율** 재고자산이 일정기간 동안 몇 번이나 당좌자산(현금 또는 매출채권)으로 전환되었는가를 측정하며, 재고자산회전율이 낮다는 것은 매출액에 비해 과다한 재고를 보유하고 있다는 것이고, 반대로 높다는 것은 적은 재고자산으로 생산 및 판매활동을 효율적으로 하고 있다는 것을 의미한다.

- 재고자산회전율 = 매출액/평균재고자산

🔍 **매출채권회전율** 매출채권의 현금화 속도를 측정하는 비율로서 회전율이 높을수록 매출채권 관리가 잘 이루어지고 있음을 의미한다.

- 매출채권회전율 = 매출액/매출채권잔액

(4) 수익성 비율

수익성은 기업의 여러 가지 정책과 의사결정의 종합적인 결과로 나타나는데, 대표적으로 총자본순이익율과 매출액순이익율을 들 수 있다.

🔍 **총자본순이익율** 기업의 수익성을 대표하는 비율로서 투자된 총자본이 얼마나 효율적으로 운용되었는가를 나타낸다.

- 총자본순이익율 = 순이익/총자본 × 100

🔍 **매출액순이익율** 매출액에 대한 순이익을 나타내며, 경쟁기업 또는 타기업과 비교 분석하여 양부 여부를 판단한다.

- 매출액순이익율 = 순이익/매출액 × 100

4. 질적인 경영분석

비율분석과는 달리 계량화가 어려운 자료에 대한 분석으로서, 재무제표에 나와 있지 않은 자료를 통해 기업의 성장성, 수익성, 배당 등에 영향을 미치는 여러가지 특수한 요인들에 대해 분석한다.

질적 분석의 내용으로는 기업의 특징, 그 기업이 속한 산업의 전망, 정치, 경제, 사회적 환경의 변화가 그 기업과 산업에 미치는 영향, 기업의 연구개발 능력, 금융기관과의 신용관계, 기업내 경영진이나 경영자의 능력, 소비자로부터의 인지도, 노사관계, 이해관계자와의 관계 등을 들 수 있다.

질적인 경영분석은 구체적 분석틀이나 체계가 정립되어 있지 않고 분석자의 주관이 개입될 수 있으나, 기업을 심층 분석하고 미래 의사결정에 필요한 기준을 제공해 준다는 점에서 그 중요성이 있다.

06 재무계획과 통제

I. 재무계획

미래 기업의 재무상태와 영업실적에 대해 예측하고 계획을 세우는 것으로서, 구체적으로는 기업의 목표이익의 수립 및 이를 달성하는 데 필요한 자금의 조달과 조달된 자금을 효과적으로 운용하기 위한 경영계획을 의미한다.

재무계획은 보통 이익계획과 재무예측으로 구성되는데, 이익계획은 기업의 경영정책과 관련된 기본적인 목표이익(또는 목표이익률)의 설정과 이를 달성하기 위한 기업운영에 관한 전반적인 계획의 수립을 말하며, 계획기간의 장단에 따라 장기이익계획과 단기이익계획으로 구분된다. 재무예측은 기업이 미래에 사용해야 할 이익을 예측하여 이를 기초로 필요한 자금을 추정하는 것이다.

(1) 이익계획

기업의 경영정책과 관련하여 목표이익률을 설정하는 것으로, 기업이 경영방침을 수행하기 위한 실행계획이라고 할 수 있다. 이익계획은 손익분기점 분석을 기본으로 하는데, 손익분기점이란 일정기간의 매출액과 총비용이 일치하여 이익 또는 손실이 발생하지 않는 일정의 점을 의미한다. 손익분기점 분석은 기업이 경영활동을 수행하는 과정에 발생하는 원가(cost), 매출액(sales) 또는 매출량(volume), 이익(profit)의 상호관계를 분석하기 때문에 CVP(cost-volume-profit analysis)라고도 하는데, 일정 기간의 매출액이 손익분기점을 초과할 경우에는 이익이, 미달할 경우에는 손실이 발생하므로, 기업 입장에서는 손익분기점 분석을 통해 매출액이 얼마나 되어야 목표이익이 달성되는지를 알 수 있다.

(2) 재무예측

기업이 미래에 필요한 자금을 장기적으로 추정하는 것을 재무예측이라고 한다. 즉, 재무예측은 향후 기업이 어떻게 성장하며, 그 성장에 따라 기업의 자산과 부채가 어떻게 변할 것인가를 예측하여 이를 기초로 미래에 필요한 자금을 추정하는 것이다. 재무예측을 위해서는 기업의 성장에 대한 예측이 필요한데, 기업의 성장은 매출액의 변화로써 측정할 수 있으므로 재무예측은 일반적으로 매출액 예측을 기초로 이루어진다.

2. 재무통제

재무활동이 계획대로 실행되고 있는가를 검토하여 새로운 계획의 수립과 실행에 도움을 줌으로써 경영활동의 효과를 높이는 일련의 절차를 의미한다. 재무통제에 대한 결과는 피드백되어 차기의 재무계획 수립에 반영된다. 재무통제는 일반적으로 다음과 같은 세 단계로 이루어진다〈그림 14-3〉.

그림 :: 14-3
재무통제의 절차

재무통제는 재무제표를 이용한 통제와 비율분석을 통한 통제로 구분된다.

(1) 재무제표를 통한 통제

재무제표를 통한 통제는 기준이 되는 재무제표와 비교 대상의 재무제표를 비교하여 비교 연도의 자산, 부채, 자본이나 수익, 비용의 증감을 분석하여 기업의 활동에 어느 부분을 조정할 것인가에 대한 판단기준을 도출하는 것을 의미한다. 예를 들면 당기순이익이 감소하였을 경우 당기 손익계산서와 전기 손익계산서를 비교하여 원인을 밝혀 이에 대한 대응 방안을 마련할 수 있다.

(2) 비율분석을 통한 통제

재무제표상에 나타난 여러 계정을 분기별로 비교하거나 계정간의 비율분석을 통해 해당기업의 경영성과 또는 재무성과를 파악하여 이를 통해 내부통제나 투자여부를 결정할 수 있다. 예를 들면, 유동비율이나 당좌비율을 분석하여 회사의 변제능력을 파악함으로써 파산위험도를 평가할 수 있고, 레버리지 분석을 통해 해당 기업의 부채상환 능력을 평가할 수 있다.

07 기업회계

I. 회계의 개념

회계(accounting)란 회계정보 이용자가 합리적인 의사결정을 할 수 있도록 기업실체에 관한 유용한 경제적 정보를 식별·측정·전달하는 과정이다. 과거에는 회계를 단지 거래나 사건들을 일정한 방법으로 기록하고 요약하는 기술적인 것으로 간주하였으나, 오늘날에는 회계를 회계정보 이용자들(주주나 채권자 등)이 의사결정을 하는 데 필요로 하는 정보를 생산하여 제공하는 일련의 정보시스템으로 간주하고 있다.

회계의 대상은 기업, 정부, 개인 등 다양하지만 그 중에서 가장 많은 경제적 정보를 생산하고 이를 이용하고자 하는 정보이용자가 많은 기업 회계가 주된 관심의 대상이라고 할 수 있다.

2. 재무회계와 관리회계

기업회계는 활용 목적에 따라 크게 내부보고용과 외부보고용으로 구분할 수 있는데, 내부보고 용도를 목적으로 하는 활동을 관리회계라 하며, 외부보고 용도를 목적으로 하는 활동을 재무회계라고 한다〈그림 14-4〉.

재무회계(financial accounting)는 기업의 외부 이해관계자인 주주, 투자자, 채권자 등

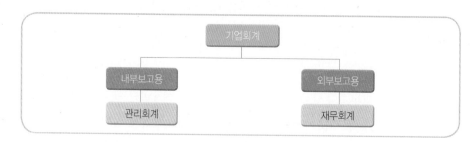

그림 :: 14-4
기업회계의 구분

에게 경제적 의사결정에 유용한 재무정보를 측정·보고하는 것을 목적으로 하는 회계인 반면, 관리회계(management accounting)는 '내부보고회계'라고도 하는데 기업의 내부 이해관계자인 경영자에게 경영관리를 위한 유용한 재무보고를 제공할 목적으로 하는 회계이다.

(1) 재무회계(financial accounting)

주주, 채권자 등과 같은 외부정보 이용자가 의사결정을 하는 데 필요한 정보를 제공하는 회계를 의미한다. 즉, 외부정보 이용자의 의사결정에 유용한 정보를 제공하기 위해 회계원칙에 따라 재무제표를 작성하여 공시하는 회계가 재무회계이다.

이 때, 외부의 다양한 정보이용자들이 공통적으로 갖고 있는 정보에 대한 욕구를 충족시킬 수 있도록 일반목적의 재무보고서를 작성하는데 이를 재무제표라고 하며, 재무제표를 작성할 때에는 일반적으로 인정된 회계원칙(GAAP: Generally Accepted Accounting Principles)에 따라 작성하게 된다.

(2) 관리회계(managerial accounting)

내부정보 이용자인 경영자가 의사결정을 하는 데 필요한 정보를 제공하는 회계를 의미한다. 여기에 사용되는 정보 중에서 가장 대표적인 정보는 원가정보인데, 관리회계는 원가정보의 산출, 즉 원가계산을 주로 다루는 원가회계와 원가정보의 활용을 다루는 협의의 관리회계로 세분된다.

관리회계의 정보이용자는 조직 내부의 경영자이므로 관리회계에 필요한 자료의 종류와 양식, 보고 빈도 등은 기업이 스스로의 판단에 의해 결정하게 된다.

앞에서 설명한 재무회계와 관리회계를 비교하면 〈표 14-3〉과 같다.

표 14-3 :: 재무회계와 관리회계 비교

	재무회계	관리회계
목 적	기업의 외부이해관계자인 투자자나 채권자 등에게 유용한정보 제공	기업의 내부이해관계인 경영자에게 유용한 정보 제공
보고수단	재무제표(재무보고)	일정한 보고양식이 없음
범 위	범위가 넓고 광범위	범위가 좁고 특정사항에 해당
정보의 성질	과거지향적	미래지향적
작성기준	회계원칙에 의한 규정 근거	일반적인 기준이 없다.

(3) 세무회계

기업의 소득에 대한 과세를 목적으로 하는 세법(법인세법 ∙ 소득세법 등)의 규정에 따라 과세소득을 계산하기 위한 회계실무를 세무회계라고 한다. 즉, 기업은 경영활동의 결과에 따라 일정한 금액의 세금을 국가나 지방자치단체에 납부하게 되는데, 세무회계는 세법에 따라 납부해야 할 납세액을 계산하는 과정을 다룬다.

납세액은 기업회계기준에 의해 작성된 재무회계 자료를 토대로 하여 기업회계기준과 세법의 차이를 조정하여 계산된다. 기업회계기준에 따라 작성되는 재무회계 자료와 세법규정에 따라 산출되는 세무회계 자료는 여러 가지 면에서 차이가 있는데, 이는 기업회계기준은 그 목적이 일반이용자를 대상으로 기업의 경영성과와 재무상태를 제공하는 데 있고, 세법은 국가의 세출예산을 위해 소요되는 세수를 안정적으로 확보하는 데 그 목적이 있기 때문이다.

납세액 계산을 위해 기업회계기준과 세법의 차이를 조정하는 것을 '세무조정'이라 하며, 이러한 업무는 주로 공인회계사나 세무사가 담당하게 된다.

(4) 회계감사

경영자는 회사의 경영성과가 가능하면 좋게 표시되게 하려는 동기가 있기 때문에 재무제표가 이용자들에게 전달되기 이전에 객관적 입장에 있는 회계전문가에 의해 검증을 받을 필요가 있다. 회계감사는 경영자에 의해 작성된 재무제표가 일반적으로 인정된 회계원칙에 따라 적정하게 작성된 것인가를 독립적인 제3자가 검증하는 것이다. 회계감사는 일정한 자격을 갖춘 공인회계사가 수행하며, 회계감사를 통해 재무제표의 신뢰성이 증대되게 된다.

회계정보의 제공과정을 살펴보면 다음과 같다〈그림 14-5〉.

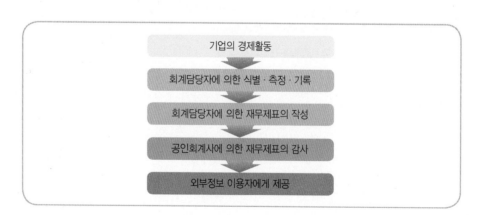

그림 :: 14-5
회계정보의 제공과정

사례연구

회계를 모르면 사장될 생각 말라

우리는 주변에서 성공한 사람들의 이야기를 귀담아 듣는다. 대부분 과거의 쓰라린 실패 경험을 토대로 그것을 극복하는 과정을 말하고 있다.

하지만 성공한 사람들은 자신만의 특징을 갖고 있는가 하면 공통된 부분도 있다. 성공한 이들이 공통적으로 가지고 있는 특징은 좌절이나 시련에 굴복하지 않고 어떤 악조건에서도 자신의 환경을 컨트롤 한다는 것, 일을 일 자체로 여기지 않고 즐길 줄 안다는 것, 그리고 인생에서 좋은 스승을 만났다는 점을 들 수 있다.

나는 내 인생에서 가장 커다란 스승에 대해 말하려고 한다. 누구의 인생에서나 아버지는 그 사람의 인생에 지대한 영향을 미치지만, 나의 경우는 좀 특별하게 당신을 스승으로의 자리에서 재정립하고 싶다.

당신은 내 인생에서 결정적인 힘이 됐다. 지금도 철칙처럼 지키고 있는 "잠자는 시간을 줄여서 책을 읽어라."라는 가르침은 나에게 시간을 생각하는 관념과 각도를 바꾸게 해주었다.

고교시절, 당신께서는 이렇게 말씀하셨다."보통 사람이 깊이 생각하고 일하는 시간을 하루 10시간으로 보면, 하루 한 시간을 덜 자고 살아간다면 남보다 10%를 더 살고 있는 것이다." "하루 1시간 덜 자는 시간을 뭔가 의미있는 시간으로 보낸다면, 특히 책을 보는 시간으로 돌린다면 인생에 있어 얼마나 큰 보탬이 될 것인지 생각해 보라."

이 말씀은 당신이 자식에게 그냥 가르치는 덕목이 아니라 몸소 실천하고 있음을 일깨워 주셨다. 요즘은 누구를 기다린다거나 아니면 운전을 할 경우 참지 못하고 짜증을 낸다거나 불평하는 사람들을 보게 된다.

물론 도시의 긴박한 흐름속에 살다보니 여유가 없어지는 것은 당연하다고 생각하지만, 냉정하게 자신을 잘 돌이켜보면 시간에 지배당하며 살아간다는 것을 알 수 있을 것이다.

당신이 제일 먼저 나에게 가르친 것은 하루에 1시간을 운영할 수 있는 능력을 주신 것이었고, 내가 내 시간을 소유하게 해주신 것이었다.

또한 당신의 독특한 개성은 나에게 강한 자립심과 추억을 만들어주었다. 당신의 사랑법은 나와 주변의 모든 상식을 깨뜨리는, 무조건적 사랑이 아닌 조건적 사랑이었다. 환경에 지배당하지 않는 자신을 다스리는 힘을 기를 수 있는 힘을 주셨고, 세상을 움직이는 진정 강한 힘이 어떤 것인가를 알려주셨다.

당시에는 당신의 파격적인 행동에 대해 참을 수 없는 일도 많았지만 그 결실은 내 삶에 중요한 밑거름으로 남아 있다.

대학 때의 일이다. 농협에서 상무(지금의 차장)로 근무하시던 당신으로부터 사무실로 오라는 연락을 받았다. 거기에는 수많은 책이 있었는데 당신이 서울 가시는 길에 사왔다며 집으로 가져 왔다. 복식부기, 세무회계, 경영학, 법전…. 나의 전공과는 거리가 먼 책이 엄청나게 많았다.

당신이 또 무슨 고급간부 시험 준비를 하나보다 생각하고 별 의미없이 지내다가 몇 일 후 "책 좀 봤느냐"고 나에게 물었다.

약간 당혹스런 질문이었다. 당신은 "아무리 기술이 좋아도 회계와 경영을 모르면 세상에서 자신의 뜻을 펼치기 어렵고 남 아래에서 기술자로밖에는 살 수 없을 것이다. 철이 들면 이해하게 될 테니 시간을 내서 이 책들로 공부해보라."고 하셨다.

그 후 바로 법전을 읽어보기 시작했고 이듬해부터는 회계학원을 다녀 복식부기를 완전한 내것으로 만들었다. 이것이 나를 일으켜 세우는 데 엄청난 힘이 될지는 당시에는 상상조차 하질 못했다.

이리하여 나의 첫 직장인 광일농산에 공무과로 입사했어도 경리책임을 맡을 수 있었고, 지금 또한 회사 경영에서 어떤 프로젝트를 추진할 때 제일 중요한 지표로 삼고 있다.

기업주는 회계를 알아야 자기 업체를 완전히 파악할 수 있다고 생각한다. 기업주가 회계를 모른다면 재무상태나 원가구성, 재정상태를 파악하고 이해하기는 매우 힘들 것으로 생각된다.

물론 직원들이 보고서를 계속적으로 올리지만 자신이 재무흐름에 대해 모르면 기업이 어떻게 가고 있는지를 모르고 앞으로의 비전과 방향을 어떻게 설정할 것인지도 모를 것이다. 오래 전부터 유럽 미국 등의 선진국에서는 임원은 기본적으로 재무제표 분석능력을 지녀야 하는 것이 당연시 되고 있다.

회계는 경리팀에서만 하는 게 절대 아니고, 또한 경영을 감각으로 하게 되면 한계가 금방드러난다. "장부는 사라지지 않는다"는 비즈니스계의 진리는 아무리 전산이 발달되고 문명이 발달해도 변하지 않을 것이다.

분개장 손익계산서 현금흐름표 제조원가 명세서를 회사의 관리자라면 기본적으로 숙지해야 하고 임원이라면 최소한 복식부기 원리에 따른 재무제표 분석능력 정도는 필수라고 생각된다.

[출처: 매일경제, "지엠피 김양평 사장의 나의 사업 이야기", 2000. 6. 27.]

... 참고문헌

1. 김기홍, 조인환, 「경영학개론」, 한올출판사, 2013.

2. 디지털타임스, "중소기업금융의 자금조달 패턴", 2013. 8. 16.

3. 매일경제, "지엠피 김양평 사장의 나의 사업이야기", 2000. 6. 27.

4. 「NEW 경제용어사전」, 미래와경영, 미래와 경영연구소, 2006.

5. 삼일회계법인, http://www.samili.com

6. 신현대, 한재홍, 이흥기, 박노현, 김효선, 배달수, 「경영학원론」, 비즈프레스, 2007.

7. 윤종훈, 송인암, 박계홍, 정지복, 「경영학원론」, 학현사, 2007.

8. 이동철, 「스마트 경영이익계획」, 씨엔피솔루션, 2014.

9. 지용희, 이윤보, 한정화, 「중소기업론」, 경문사, 2005.

10. 지호준, 「21세기 경영학」, 법문사, 2005.

11. 홍성도, 「자금조달과 투자유치」, 무역경영사, 2006.

Chapter 15

생산운영관리

01 생산운영관리의 이해

I. 생산운영관리의 개념

생산(production)이란 여러 투입요소들의 변환과정을 거쳐 제품 또는 서비스라는 경제적 가치를 산출하는 과정을 의미한다. 생산관리(production management)란 이러한 생산활동을 계획하고, 조직하며, 통제하는 경영활동을 말한다. 그러나 서비스 산업이 지속적으로 성장함에 따라 생산관리의 개념에 서비스 관리의 개념이 포함되어 최근에는 생산운영관리란 용어가 일반적으로 쓰이고 있다. 즉, 생산운영관리(production & operation management)란 제품 또는 서비스를 생산하는 데 필요한 자원을 최적의 상태로 관리하는 일, 그러한 기능을 수행하기 위한 의사결정을 의미한다.

생산운영관리 개념의 변화과정을 살펴보면 〈그림 15-1〉과 같다.

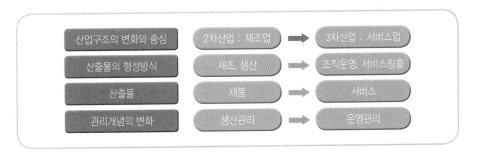

그림 :: 15-1
생산운영관리 개념의
변화 과정

2. 생산시스템

시스템이란 특정 목적을 달성하기 위하여 각기 독특한 기능을 수행하면서 상
호의존적인 관계를 가진 여러 개의 독립적인 구성인자가 유기적으로 결합된 하
나의 집합체라고 할 수 있다. 따라서 생산시스템이란 투입물(input)을 원하는 산출
물(output)로 변환시키는 기능을 수행하는 일련의 과정으로 볼 수 있다.

생산시스템의 투입물은 자재, 노동력, 자본, 에너지, 정보 등이 되고, 이러한
투입물은 공정기술(process technology)에 의해 산출물인 제품이나 서비스로 전환된다
〈그림 15-2〉. 공정기술이란 투입물을 산출물로 변환시키는 데 사용되는 특정
방법을 말하며, 기술의 변화는 투입물 간의 사용비율이나 생산되는 산출물을
변화시키기도 한다.

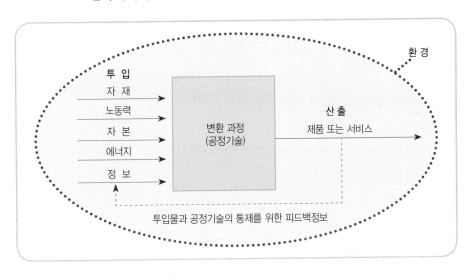

그림 :: 15-2
생산시스템

생산시스템에서 투입물과 산출물의 몇 가지 예를 살펴보면 다음 〈표 15-1〉와
같다.

표 15-1 :: 생산시스템에서 투입물과 산출물의 예

생산시스템	투입물	산출물
제조공장	장비, 설비, 노동력, 에너지, 원자재	완제품
은 행	직원, 컴퓨터 장비, 설비, 에너지	각종 금융서비스(예금, 대출 등)
병 원	의사, 간호사, 직원, 의료장비, 설비, 에너지	의료 서비스 및 완쾌된 환자
항공사	비행기, 설비, 조종사, 승무원, 정비사, 에너지	지역 간 여객 및 화물 수송
레스토랑	요리사, 웨이트레스, 식품, 장비, 설비, 에너지	식사, 고객의 즐거움 및 만족감
대 학	교수, 직원, 장비, 설비, 에너지, 지식	교육을 받은 학생, 연구실적물, 공공서비스

3. 생산운영관리의 목표

기업은 본질적으로 이윤의 극대화라는 기업의 목표를 달성하기 위하여 많은 노력을 기울인다. 이러한 기업의 목표는 소비자들이 기업에서 생산한 제품이나 서비스를 구매함으로써 달성된다. 그러므로 제품이나 서비스의 생산을 담당하는 생산부문은 기업 목표달성을 위한 필수부문이라고 할 수 있다.

기업의 성격이나 특성에 따라 생산운영관리의 목표에 차이점이 있지만, 일반적으로 원가, 품질, 시간, 유연성의 네 가지가 가장 중요하다. 각각에 대해 살펴본다.

(1) 원가절감

원가는 흔히 제품을 만들거나 서비스를 제공하는 데 들어간 비용으로서 기본적으로 제품이나 서비스의 생산시설에 투입되는 투자비용과 이 시설을 운영하는 데 필요한 운영비용을 모두 포함한다. 따라서 기업 입장에서는 생산원가를 절감하기 위해서 구입한 기계와 설비를 가능한 한 오래 사용하고 유지하려고 노력하게 된다. 또한, 효과적인 생산활동을 하기 위해 재고량을 줄이고, 생산과정에서 발생할 수 있는 불량이나 산업폐기물의 감소 등을 통해서 비용을 줄여야 한다.

(2) 품질향상

기업들의 생산능력 향상으로 제품이나 서비스의 공급이 증대되고, 소비자들의 생활수준이 향상됨에 따라 기업들 간에 제품이나 서비스의 품질을 통한 경쟁이 심화되고 있다. 이는 단순히 값이 싸다든지, 양이 많다든지 하는 것이 더 이상 소비자들의 구매에 많은 영향을 미치지 않는다는 것을 의미한다. 오늘날 대부분의 기업들은 품질향상을 생산부문의 가장 중요한 목표로 설정하고 끊임없는 연구개발을 통해서 자사의 제품이나 서비스의 품질을 향상시키려고 노력하고 있다. 따라서 기업의 생산부문에서는 처음 제품을 만들 때부터 설계와 디자인을 고급화하고 생산과정을 자동화함으로써 품질수준을 높일 수 있도록 노력해야 한다.

(3) 시간단축

생산부문의 중요한 목표 중의 하나는 제품이나 서비스의 생산시간을 단축하는 것이다. 제품이나 서비스의 공급에 걸리는 시간을 단축하기 위해서는 생산공정을 자동화하고 단순화해서 낭비되는 시간을 줄여야 한다. 기업들이 신제품을 시장에 경쟁사보다 조금이라도 빨리 출시하거나 신속한 서비스를 제공하는 것은 경쟁력 향상의 필수 요소이다.

(4) 유연성

시장에서 소비자들이 요구하는 사항에 대하여 어떠한 경우에도 만족할 수 있도록 생산부문에서 탄력있게 준비할 수 있어야 한다는 것을 의미한다. 예를 들어, 어떤 제품이 소비자들에게 인기가 좋아서 생산량을 늘려야 할 때는 생산라인이 확장될 수 있어야 한다. 반대로 어떤 제품의 판매량이 갑자기 떨어져서 생산량을 줄이고 새로운 신제품을 만들어야 할 경우에는 빠르게 생산라인을 변경할 수 있어야 한다. 이렇게 시장과 소비자의 요구사항이 제때에 반영될 수 있는 기업의 생산부문은 제품생산 활동의 유연성을 높인다.

4. 생산운영관리의 기능

(1) 생산공정 및 설계

생산공정에 대한 기능은 제품이나 서비스를 생산하는 데 사용되는 물리적 공정이나 설비에 대한 의사결정을 의미한다. 기업에서 최적의 생산공정을 설계할 경우 최소의 비용으로 양질의 제품을 생산할 수가 있다. 생산공정 및 설계는 공장의 위치선정, 생산공정의 선택, 공장 내부 시설의 배치, 공구 디자인 등을 대상으로 한다.

(2) 생산능력 계획

생산능력 계획은 적정량의 생산능력을 적시·적소에 제공함을 목적으로 한다. 장기적으로 생산설비의 규모와 용량을 결정하고, 단기적으로는 생산인력의 적정수준을 결정한다. 또한, 인력, 장비, 설비의 일정계획을 수립하여 특정 과업이나 직무에 할당하는 기능을 담당한다.

(3) 재고관리

재고는 공급업자와 납품업체가 공급한 원자재, 부품 및 반제품과 생산이 완료되어 사용과 판매를 위해 보관하고 있는 완제품 등이 모두 포함된다. 재고량이 많은 경우에는 이 제품들을 저장하기 위한 저장비용과 관리비용이 추가로 들어가기 때문에 필요한 만큼 이상의 재고를 가지고 있을 경우에는 많은 비용을 지불하게 되어 기업에 손실을 가져오게 된다. 그러나 경기가 좋아서 제품이 잘 팔리게 되면 재고까지 떨어져서 고객이 원하는 만큼의 제품을 제 때 팔 수가 없게 되어 이익이 줄어들기도 한다. 따라서 기업에서는 재고가 너무 많아도 비용이 많이 들어가게 되고 재고가 너무 적어도 실현가능한 이익이 줄어들기 때문에 적정한 재고량을 항상 유지하는 것이 매우 중요하다. 그러므로 재고관리에서는 원자재 구매에서부터 재공품, 완제품 재고에 이르기까지 무엇을, 언제, 얼마만큼 주문하고 확보해야 할 것인가를 결정하게 된다.

(4) 작업인력 관리

작업을 표준화하고 작업자를 지도 및 훈련시켜서 생산의 양과 품질을 향상시키려는 활동을 의미한다. 작업자의 작업내용을 미세동작으로 분해하여 개선점을 찾는 동작연구, 각 작업의 표준시간을 설정하여 표준작업량을 산출하는 시간연구 등이 주요 내용이다.

(5) 품질관리

　품질은 제품이나 서비스가 고객의 욕구를 만족시키는 능력으로서, 과거 공급자 위주의 품질개념이 고객중심의 전사적 품질개념으로 변화하였다. 전사적 품질관리를 위해서는 조직 전체의 지원이 요구되며, 품질에 관한 의사결정이 생산의 모든 단계에서 제품에 반영되도록 품질표준이 설정되고, 교육훈련과 제품 및 서비스에 대한 검사가 이루어져야 한다.

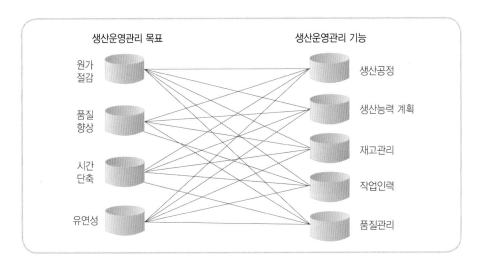

그림 :: 15-3
생산운영관리의 목표와
기능과의 관계

02 생산관리의 기법

I. JIT

　JIT(Just In Time: 적시공급생산시스템)란 적정한 부품을 적시, 적소에 제공함으로써 생산활동에 있어서 모든 낭비의 근원을 제고하고자 하는 생산시스템을 의미한다. JIT는 제2차 대전 후 도산의 늪에서 벗어나지 못하던 일본의 도요타 자동차가 세계 제일의 자동차회사인 미국의 GM 타도를 목표로 창안한 기법이다. 이 방식은 유한한 자원을 절약하자는 사상에서부터 출발하였으며, 따라서 철저한 현장 중심의 개선과 낭비제거를 추구한다.

JIT에서는 제품의 가치에 기여하지 않는 모든 것을 낭비로 보고 낭비의 근원을 모두 제거하여 지속적인 원가절감, 무결점, 무재고, 제품 다양성을 목표로 완벽을 추구하며, 이를 통해 대폭적인 리드타임 단축, 납기준수, 재고감소, 생산성 향상, 불량감소 등의 목적을 달성할 수 있다.

2. CIM

CIM(Computer Integrated Manufacturing: 컴퓨터통합생산시스템)은 컴퓨터를 이용하여 기술개발·설계·생산·판매에 이르기까지 하나의 통합된 체제를 구축하는 것으로서, 컴퓨터를 이용하여 제품 및 공정의 설계, 기계의 제어, 자재의 취급 및 생산공정의 통제가 이루어진다. CIM은 필요한 제품을 필요한 시기에 필요한 양만큼 생산하는 것이 가능하게 해준다. 따라서 고객의 다양한 주문사양과 옵션은 자동으로 입력되어 규격이 명시되고, 최적의 구성으로 설계되며, 자재설명서와 조립도면이 작성되고, 공구와 공정이 계획되어 자동생산으로 인도된다. CIM은 동시병행 설계의 개념을 바탕으로 프로세스를 정립, 상품의 개발 리드 타임을 단축하고 원류관리도 효율적으로 함으로써 품질 개선에도 크게 기여한다.

3. MRP

MRP(Material Requirement Planning:자재소요계획)는 제품(특히 조립제품)을 생산함에 있어서 부품(자재)이 투입될 시점과 투입되는 양을 관리하기 위한 시스템이다. 즉, 컴퓨터를 이용하여 최종제품의 생산계획에 맞추어 그에 필요한 부품이나 자재의 소요량 흐름을 종합적으로 관리하는 생산관리 시스템을 의미한다.

MRP를 수행하기 위한 입력자료는 주요일정계획(MPS: Master Production Schedule), 자재명세서(BOM: Bill of Material), 재고현황(Inventory Records) 등이 준비되어야 한다.

🔎 주요일정계획(MPS: Master Production Schedule)   생산되어야 할 최종제품의 생산계획으로 생산시기와 생산량을 나타낸다.

🔎 자재명세서(BOM: Bill of Material)   모든 원자재, 부품, 구성품, 부분품에 대한 단계별 소요량을 표시한다.

🌐 재고현황(Inventory Records)　　모든 품목들에 대한 조달기간, 재고량, 기 주문량 등의 정보를 제공한다.

4. ERP

ERP(Enterprise Resource Planning: 전사적 자원관리)는 인사·재무·생산 등 기업의 전 부문에 걸쳐 독립적으로 운영되던 각종 관리시스템의 경영자원을 하나의 통합 시스템으로 재구축함으로써 생산성을 극대화하려는 경영혁신기법의 하나이다.

1980년대 초의 자재소요계획(MRP)과 1980년대 후반의 MRP Ⅱ의 개념과 기능이 크게 향상된 것으로서, ERP라는 용어는 정보기술 컨설팅회사인 가트너 그룹(Gartner Group)이 처음 사용하였으며, 제조업무시스템을 기본으로 재무회계와 판매, 물류시스템을 통합한 것으로 가상기업을 지향하는 시스템이다.

대표적인 ERP 소프트웨어 업체로는 미국의 Oracle, 독일의 SAP 등을 들 수 있다.

5. SCM

SCM(Supply Chain Management: 공급망관리)은 '공급사슬관리' 또는 '유통 총공급망관리'라고도 하는데, 자재의 조달에서 제조, 판매, 고객까지의 물류 및 정보의 흐름을 종합관리하고 전체적인 관점에서 생산과 공급을 최적화하는 경영전략시스템이다. 기업들은 SCM을 통해 경영의 세계화, 시장의 역동화, 고객 필요성의 다양화 등에 대응함으로써 기업의 경쟁력을 강화할 수 있고, 모든 거래 당사자들의 연관된 사업범위 내 가상 조직처럼 정보를 공유할 수 있게 된다.

성공적인 SCM을 구축하기 위해서는 업종이나 업태에 맞는 공급망 구조를 새롭게 디자인하여 구조 자체를 변화시키는 접근 방법이 필요하다. SCM 구축을 위해서는 정보의 공유가 필수적인데 인터넷의 활용, 전자문서교환(EDI), 전자자금이체(EFT), 바코드시스템, ASN(사전선적통보)와 같은 정보기술과 유통업계에서 도입하고 있던 QR(Quick Response), ECR(Efficient Consumer Response)의 접목이 필요하다.

 **그린 SCM이 지속가능 기업의 경쟁력**

일반적으로 SCM(Supply Chain Management)이란 원재료 추출에서 생산, 유통, 소비, 폐기에 이르는 전 과정에서 재화, 정보, 현금의 흐름을 통합적으로 관리하는 것을 뜻한다. 불필요한 재고가 누적되거나, 제 때 납기를 맞추지 못해 제품을 팔지 못하는 경우를 최소화하기 위함이다. 1990년대 들어서면서 비용절감 및 시장 접근성 제고를 위해 생산 공장 및 협력 업체들이 전세계 각지로 흩어지고, 이들을 연결하는 물류가 복잡하게 얽히게 되면서, SCM은 이들을 체계적으로 관리하는 데 중점을 두기 시작했다.

하지만 최근 환경 규제가 강화되고, 소비자들의 의식수준이 높아지면서 SCM 관점에서도 환경적 요소를 고려한 그린 SCM이 부상하고 있다. 전체 공급망을 설계하고 운영하는 데 가격, 품질, 민첩성, 유연성뿐만 아니라 온실가스 감축, 물 사용 절감, 폐기물 최소화, 유해물질 제거 등도 중시하기 시작한 것이다.

일례로, Sony의 가정용 비디오 게임기 플레이스테이션 130만대가 네덜란드 세관에서 발이 묶인 일이 있었다. 대만의 협력업체가 공급한 전선에서 기준치 이상의 카드뮴이 검출되었기 때문이다. 카드뮴은 배터리 및 전선에서 사용되던 물질이었으나, 네덜란드에서는 제품 폐기 과정에서 사람과 환경에게 유해한 영향을 미칠 수 있다는 판단하에 사용이 제한되었다. 이로 인해 Sony는 크리스마스 특수로 준비했던 1억 6,000만 달러 가량의 물량을 제 때 시장에 내놓지 못했으며, 부품을 교체하고 다시 포장하는 데에도 추가적으로 비용을 치러야 했다.

또한 바비인형으로 유명한 Mattel은 판매한 제품을 리콜한 바 있다. 장난감에 칠해진 페인트에서 기준치 이상의 납이 검출되었기 때문이다. 중국 정부의 추적 결과, 원인은 납이 포함되지 않았다는 가짜 인증서를 발급한 염료업체였던 것으로 밝혀졌다. 납이 포함된 염료가 페인트사로 공급되고, 이것이 다시 Mattel과 오랜 계약관계를 맺어온 Lee Der Industrial Company로 공급되었던 것이다. 이로 인해 Mattel은 약 100만 개의 제품을 리콜하고, 미국 소비자안전위원회(Consumer Product Safety Commission)로부터 230만 달러의 벌금을 선고받았다. 또한 Mattel이 신속한 리콜과 투명한 커뮤니케이션으로 사태에 대응하는 동안, 유럽 완구업체들은 '메이드 인 유럽'을 강조하며 새로운 마케팅 전략을 펼치는 등 경쟁 기업들의 대응도 적극적으로 전개된 바 있다.

장기적으로 그린 SCM은 비용을 절감하거나, 제품 차별화를 가능케 하는 요소가 될 것이다. 특히 환경 규제에 수동적으로 대응하기보다 환경에 이로운 지속가능 성장을 모색하는 기업에게 그린 SCM은 새로운 경쟁우위를 창출할 수 있는 기회가 될 전망이다. 에너지 소모량이 적고, 유해물질을 포함하지 않은 친환경 제품을 남들보다 먼저 출시하려면 부품, 소재 등 다양한 영역에서 기술역량이 뒷받침되어야 하기 때문이다. 또한 유기농 의류, 천연 향수 등 원재료 자체를 자연친화적인 것으로 바꾸려면, 원재료를 안정적으로 공급할 수 있는 탄탄한 공급망 구축이 관건이다.

[출처: LG경제연구원, "그린 SCM이 지속가능 기업의 경쟁력", LGERI리포트, 2011. 8.]

품질경영의 발전 단계

l. 품질경영의 의의

품질관리는 초창기에는 주로 생산과정 단계에서 불량률을 줄이기 위한 노력으로 시작되었다. 그러나 시간이 지나면서 품질을 고객만족이나 경쟁력 강화라는 기업의 목표달성을 위한 전략적 툴로서 인식하는 분위기가 고조되면서 품질은 경영의 여러 부문과 연계되어 관리되는 방식으로 발전하게 되고 품질경영이란 용어가 사용되었다.

품질경영의 역사적 발전 단계는 다양한 연구자들에 의해 설명되고 있으나 화이겐바움(Feigenbaum)과 가빈(Garvin)의 연구가 가장 많은 관심을 받고 있으며, 이 두 학자의 역사적 구분 단계를 살펴보면 다음 〈표 15-2〉와 같다.

표 15-2 :: 품질경영의 변천과정 비교

Feigenbaum의 구분	Garvin의 구분
• 작업자에 의한 품질관리시대 (operator quality control)	• 비공식 검사시대 (informal inspection)
• 직장에 의한 품질관리시대 (foremen quality control)	
• 검사에 의한 품질관리시대 (inspection quality control)	• 공식 검사시대 (formal inspection)
• 통계적 품질관리시대 (SQC ; statistical quality control)	• 통계적 품질관리시대 (SQC ; statistical quality control)
• 종합적 품질관리시대 (TQC ; total quality control)	• 품질보증시대 (quality assurance)
• 종합적 품질경영시대 (TQM ; total quality management)	• 전략적 품질경영시대 (strategic quality management)

2. 품질경영의 발전 단계

가빈(Garvin)은 품질경영의 발전 과정을 검사 위주의 품질시대, 통계적 품질관리의 시대, 품질보증 시대, 전략적 품질경영시대 등으로 설명하고 있다. 각각의 단계에 대해 살펴본다.

(1) 검사 위주의 품질시대

검사 위주의 품질시대는 다시 비공식 검사시대와 공식 검사시대로 구분된다. 비공식 검사는 19세기말 20세기 초에 제조 현장의 소수 작업자들에 의해 자신의 작업 내용을 자신이 관리하던 시대였으며, 이후 1900년대 초반에 이르러서 현대화된 생산체제를 갖추기 시작하면서 조직이 분화되고 작업책임자 또는 감독자에 의한 품질관리 형태로 발전되었다.

한편, 세계 1차 대전을 전후하여 생산시스템이 더욱 복잡해지면서, 많은 작업자들의 작업결과를 검사원들이 확인하는 형태의 검사 중심의 품질관리가 1920년에서 1930년대에 걸쳐 이루어졌다.

(2) 통계적 품질관리 시대

세계 제2차 대전을 겪으면서 군수산업을 중심으로 통계적 방법을 활용한 품질관리 기법이 급속하게 발전하고 보급되었다. 통계적 품질관리 기법으로는 슈하트(Shewhart)의 관리도법과 닷지와 로믹(dodge & Romig)의 샘플링검사이론이 대표적이다.

🔍 **관리도**　슈하트(Shewhart)는 지구상의 모든 것들은 운동을 하며, 제품의 품질 또한 일정기간 측정해서 시간 그래프 상에 나타내어 보면 일정 정도 변동이 나타난다고 주장하였다. 그는 이러한 변동에 대한 규칙성을 찾아내어 단순한 통계방법을 적용함으로써 객관적인 판단을 내릴 수 있는 관리도를 고안하였다.

🔍 **샘플링 검사**　양품과 불량품을 구분하기 위해 전수검사를 하는 것은 많은 시간과 비용이 소요된다. 이 경우 생산로트 중 일부만 검사하고, 이를 근거로 전체로트를 받아들일 것인가 말 것인가를 결정하는 것이 하나의 대안이 될 수 있다. 그러나 이 경우에는 검사에 사용된 시료의 품질이 로트 전체의 품질을 완전히 반영하는 것이 아니므로, 품질이 좋은 로트가 기각되거나 반대로 품질이 나쁜 로트가 합격되는 일이 가끔 발생하게 된다. 닷지와 로믹(dodge & Romig)은 이러한 문제를 생산자위험과 소비자위험이라고 지칭하고, 이를 체계적으로 고려한 샘플링 검사방식을 설계하였다.

(3) 품질보증 시대

제조부문에 초점을 맞춘 통계적 품질관리가 경영전반으로 확대되면서 품질보증 시대를 맞게 되었다. 이 시기에도 문제의 사전예방이 일차적인 관심사였지만, 품질관리의 도구가 통계학의 영역을 넘어서게 되었다. 품질보증 시대의 탄생에는 다음과 같은 4가지 요소(품질비용, TQC, 신뢰성공학, ZD)가 중요한 역할을 하였다.

🔍 **품질비용**   일정한 수준의 품질을 성취하는 데 소요되는 비용을 가피비용(avoidable cost)과 불가피비용(unavoidable cost)으로 구분할 수 있는데, 가피비용이란 불량에 관계된 폐기원자재, 재작업이나 수리에 들어가는 공수, 고객불만 처리 비용 및 불만족한 고객으로부터 초래되는 재무적 손실을 말하며, 불가피비용이란 예방에 관계된 비용, 즉 검사, 샘플링, 분류 및 기타 품질관리 활동에 관계된 비용을 말한다. 예컨대, 예방에 소요되는 품질향상비용과 실패비용을 비교하여 품질향상에 얼마나 많은 액수를 투자해야 하는지 예측해 볼 수 있다.

🌐 **TQC(전사적 품질관리)**   TQC란 마케팅, 기술, 생산 및 서비스가 가장 경제적으로 소비자를 충분히 만족시킬 수 있도록 품질개발, 품질유지 및 품질향상에 관한 조직 내 여러 그룹의 노력을 통합하는 효과적 시스템이다. 따라서 TQC에서의 품질시스템은 제조부문뿐만 아니라, 신제품개발, 납품업자 선정, 고객서비스 등을 포괄한다.

🌐 **신뢰성공학**   신뢰성을 "규정된 조건하에서 의도하는 기간동안 규정된 기능을 수행할 확률"이라고 엄밀히 정의하고, 확률론을 활용하여 시간경과에 따른 장비 신뢰도를 예측할 수 있는 방법론과 설계단계에서 고장률을 낮추기 위한 기법들이 연구되었다.

🌐 **무결점(ZD)**   무결점(Zero Defect)운동이라 불리는 ZD프로그램은 1962년에 마틴(Martin)사에서 시행되었다. ZD프로그램의 요지는 작업자들에게 처음부터 올바르게 작업을 수행하도록 주지시키는 것이다. 경영진은 교육과 특별행사 및 결과의 피드백 등을 통하여 작업자들이 이러한 원칙에 점차 익숙해지도록 한다. ZD프로그램은 구체적인 문제해결기법보다는 사고방식, 동기부여, 작업자의 인식 등에 비중을 둔다.

(4) 전략적 품질경영 시대

품질관리가 검사 중심에서 품질에 관련된 여러 부문의 효과적인 기능적 연결을 중시하는 품질보증으로 발전하였음에도 불구하고 1960년대까지는 품질이란 주로 결함으로 인한 손실이나 기업이미지의 손상을 방지하기 위해 관리하는 것으로 생각되어 왔다. 품질에 대한 이러한 소극적이고도 방어적인 입장에서 벗어나 품질의 전략적 측면이 고려되기 시작한 것은 1970년대와 1980년대의 일이다.

즉, 이 시기에 이르러 품질에 대한 소극적인 자세를 벗어나서 품질을 고객만족이나 경쟁력 강화라는 기업의 목표달성을 위한 전략적 툴로서 인식하는 분위기가 고조되면서 품질은 경영의 여러 부문과 연계되어 관리되는 방식으로 발전되었다. 전략적 품질경영 시대에는 시장과 고객의 요구에 초점을 맞추며, 품질책임은 최고경영자와 조직원 모두의 책임이라고 간주한다.

품질시스템의 발전 단계를 표로 정리해 보면 다음과 같다〈표 15-3〉.

표 15-3 :: 품질경영의 발전 단계

구분특성	검 사	통계적 품질관리	품질보증	전략적 품질경영
일차적 관심	검 출	통 제	조 정	전략적 영향
품질견해	해결되어야 할 과제	해결되어야 할 과제	해결되어야 할 과제이나, 선행노력 필요	경쟁기회
강조점	제품의 균일성	적은 검사와 품질균일성	품질불양을 예방하기 위해 설계로부터 마케팅까지 전부문의 기능적 연계	시장과 고객의 요구
방 법	측정과 계측	통계적 도구와 기법	프로그램과 시스템	전략적 계획, 목표설정 및 조직기동
품질전문가의 역할	검사, 분류, 계수 및 등급판정	고장탐색 및 통계적 방법의 활용	품질측정, 품질계획 및 프로그램 설계	목표설정, 교육훈련, 타 부문 지원 및 프로그램 설계
접근방향	품질검사	품질통제	품질구축	품질경영

ISO9000과 6시그마

1. ISO9000

품질경영이 전 세계적으로 확산 보급됨에 따라 각국 나름대로 품질에 관한 규격을 만들어 이를 적용하였다. 이에 서로 다른 내용에서 오는 결함과 통상장애를 제거할 필요가 생겨 1976년 국제표준화기구(ISO: International Standards Organization)는 품질경영보증시스템의 표준화를 활동범위로 하는 기술위원회인 TC176을 구성하게 되었는데 이것이 ISO9000 시리즈의 시발점이 되었다.

ISO9000은 국제표준화기구(ISO)가 마련한 제품의 품질체계 기준으로 단순히 제품의 품질규격 합격 여부만을 확인하는 일반 품질인증과는 달리 해당제품이나 서비스 설계에서부터 생산시설, 시험 검사 등 전반에 걸쳐 규격준수 여부를 확인해 인증하는 제도이다.

ISO9000 인증은 이 기준을 바탕으로 자사 체질에 맞는 품질시스템을 수립하여 제3자 인증기관으로부터 자사 품질시스템의 적합성 및 실행상태를 평가 받아, 고객에게 신뢰할 수 있는 제품과 서비스를 공급하는 체제(System)를 갖추어 운영하고 있다는 것을 보증하는 것으로 품질경영시스템(Quality Management System) 인증이라고도 한다.

2. 6시그마

그리스 문자인 시그마(σ)는 공정 또는 절차의 산포를 나타내는 통계학적 용어로 표준편차를 의미한다. 여기서 6시그마 수준은 10억개 당 2개의 불량품이 나오는 0.002PPM에 해당된다. 6시그마 운동은 제품설계 제조 및 서비스의 품질 산포를 최소화해 규격 상한과 하한이 품질 중심으로부터 6시그마 거리에 있도록 하겠다는 것으로서, 이를 위해 제조뿐만 아니라 제품개발과 영업 등 기업활동의 모든 요소를 작업 공정별로 계량화하고 품질에 결정적인 영향을 미치는 요소의 오차범위를 6시그마 내에 묶어두는 것이다.

6시그마는 과거의 품질경영과는 큰 차이가 있는데, 과거 품질경영이 대량생산 시대에 부합하는 공장 중심의 운동이었다면 6시그마는 정보화 사회에 걸맞는 21세기형 전방위 경영혁신 운동이다. 품질경영과 6시그마 경영을 비교해 보면 다음 〈표 15-4〉와 같다.

표 15-4 :: 품질경영과 6시그마 비교

구 분	품질 경영	6 시그마 경영
측정지표	%(불량률)	시그마(σ)
목 표	제조공정 만족	고객 만족
목표설정방법	추상적, 정성적	구체적, 정량적
품질수준	현상의 품질	경영의 질
추진방법	Bottom-up	Top-down
문제의식	겉으로 드러난 문제 중시	드러난 문제 외에 잠재적 문제까지 포함
성공요인	감각과 경험	감각과 경험, 객관적 데이터 분석 중시
개혁대상	문제점이 발견된 곳	모든 Process
적용범위	부분 최적화(제조공정)	전체 최적화(전사적 업무프로세스)
기본수법	PDCA	MAIC
평가방법	노력을 중요시	가시화된 이익으로 평가
추진자	제조현장 담당자 중심	사내전문가 중심
교 육	자발적 참여중시	체계적이고 의무적

➤ 사례연구 ◀ **품질향상으로 불황을 극복한 이스트만 케미칼사**

미국의 볼드리지상을 수상한 바 있는 이스트만 케미칼사는 전 세계 7000여 고객들에게 400종이 넘는 화학약품, 섬유, 플라스틱 등을 생산해 판매하는 대기업이다. 이 회사의 생산품은 음료수병, 코팅, 바닥재, 유리 세척제, 아스피린, 컴퓨터 디스켓 등 수백가지에 이르는 제품에 사용되고 있다.

이스트만사의 공식적인 품질향상 과정은 주요 상품에 대한 시장 지분을 잃었던 1970년대 말부터 시작되었다. 당시에 그들은 사업하는 새로운 방식을 찾기 시작했다. 1982년에 이르러 이스트만사는 고객중심사고를 시발점으로 하여 품질에 의한 가치 창출과 공정 개선을 서서히 시도하기 시작했다.

이 과정을 수행하는 동안, 자체 평가기준으로 볼드리지 심사기준을 채택하고 볼드리지 품질상 수상자와 품질관리 전문가들로부터 조언을 구했다.

이스트만사에서는 혁신을 장려하고 새로운 제품에 대한 아이디어를 기업 사업 계획에 반영할 수 있는 구조적인 방법을 채택하고 있다.

즉, 이 회사는 혁신과정을 통해 판매, 연구, 엔지니어링, 제조 등 다양한 분야의 근로자들로 이루어진 팀이 하나의 제품 아이디어를 상품화해 시장에 내놓는 일까지 책임지게 한다.

주요 납품업자를 팀에 참여시키는 이스트만사 품질우선 프로그램은 구입하는 자재와 장비 그리고 서비스 품질을 향상시키는 데 그 목적이 있다. 초기에 텍사스에서 5개 팀으로 시작된 이 프로그램은 현재 40개의 팀으로 발전했다. 품질 우선 프로그램은 '퍼체이싱 매거진(Purchasing Magazine)'지에 미국 내 가장 많이 채택되는 10대 납품업자 관리방법 중 하나로 선정되기도 했다.

　　이러한 노력의 결과 신제품 개발시간은 1990년 이후 50% 단축됐으며, 지난 5년 간 개발된 신제품 판매가 전체 매출 22%를 차지하는 성과를 올리게 돼 매출액 기준으로 미국에서 10번째로 큰 기업으로 평가됐으며, 전세계적으로는 34위에 랭크돼 있다.

[출처: 매경이코노미, "품질한국 불황 탈출 열쇠", 2004. 3. 25.]

참고문헌

1. 김대식, 「네이버지식백과」
2. 김연성, 박상찬, 박영택, 박희준, 서영호, 유한주, 이동규, 「글로벌품질경영」, 박영사, 2009.
3. 매경이코노미, "품질한국 불황 탈출 열쇠", 2004. 3. 25.
4. 윤종훈, 송인암, 박계홍, 정지복, 「경영학원론」, 학현사, 2007.
5. Feigenbaum, A.V., Total Quality Management, 3rd Ed., McGraw-Hill Inc, 1991.
6. Garvin, D.A., Managing Quality, The Free Press, 1988.
7. LG경제연구원, "그린 SCM이 지속가능 기업의 경쟁력", LGERI리포트, 2011.8

Chapter 16

경영정보관리

01 기업경영과 경영정보시스템

I. 경영정보시스템(MIS)의 개념

정보시스템이란 조직의 의사결정 및 통제를 지원하기 위해 정보를 수집·저장 및 검색, 처리하여 필요한 시기에 적절한 형태로 의사결정권자에게 제공함으로써 조직의 목표를 보다 효율적·효과적으로 달성할 수 있도록 지원하는 조직화된 사용자-기계시스템으로 정의할 수 있다. 특히, 기업은 정보시스템의 여러 활동 중에서도 주로 경영활동에 중점을 두기 때문에 특별히 이런 목적의 정보시스템을 경영정보시스템(Management Information System : MIS)이라고 한다. 즉, 경영정보시스템은 기업의 경영관리에 필요한 정보를 신속히 수집하고 종합적, 조직적으로 가공, 축적, 제공하여 기업의 생산성과 수익성 향상을 목적으로 구축된 다양한 정보시스템과 그 네트워크를 총칭한다.

경영정보시스템은 광의의 개념과 협의의 개념으로 구분할 수 있다. 광의의 개념에서는 크게 설계지향적(design-oriented) 정의와 이용지향적(use-oriented) 정의로 나눌 수 있는데, '설계지향적' 개념은 경영정보시스템의 구조나 설계 특성을 강조하는 반면, '이용지향적' 개념은 경영정보시스템의 활용적 측면을 강조한다.

반면, 협의의 개념에서는 경영정보시스템을 조직 전체의 정보시스템을 구성하는 하나의 하위시스템 또는 시스템 유형으로 인식한다. 따라서 협의의 관점에서 본다면 경영정보시스템은 "조직의 기본업무 또는 거래가 제대로 수행되고 있는지의 여부를 감시·통제하기 위해 필요한 각종 자료를 일정기간별(일별, 주별, 월별 등)로 요약하여 경영관리자에게 제공하는 정보시스템"이라고 정의한다.

2. 경영정보시스템(MIS)의 특징

(1) 포괄적 의사결정 지원

경영정보시스템은 경영관리 과정(계획, 조직, 지휘, 통제) 전반에 걸친 활동 및 의사결정을 포괄적으로 지원한다.

(2) 통합적 컴퓨터정보시스템

경영정보시스템은 다양한 자료 출처원에서 자료를 '통합(integrated)'한다는 의미로서, 전사적 데이터베이스(enterprise-wide data base)라는 뜻을 내포하고 있다. 경영정보시스템은 여러 하위시스템으로 구성되어 있으므로 이들 간의 일관성이나 호환성이 결여되어 있으면 적절한 시기에 적절한 형태로 구성원들에게 정보를 제공하는 것이 어렵게 된다. 그렇기 때문에 정보경영시스템은 통합이 요구된다.

(3) 적시·적기 필요한 정보 제공

데이터베이스에 저장된 자료는 적시·적기에 검색 및 조회가 됨으로써 의사결정의 효과 극대화에 기여할 수 있다. 적시·적기란 의사결정권자가 해당 정보를 필요로 할 때 원하는 정보를 제공하는 것을 의미하며, 이러한 적기·적시성은 컴퓨터와 인터넷 기반의 온라인(online) 또는 실시간(real-time) 정보제공이 전제되어야 한다.

(4) 조직목표의 효율적·효과적 달성 지원

경영정보시스템은 개별 부서에 정보를 적시·적기에 공급함으로써 해당 부서활동의 목적이 효율적·효과적으로 달성될 수 있도록 지원하며, 이러한 지원을 통해 조직전체의 목표달성에 이바지한다. 이를 위해서는 경영정보시스템의 목표와 조직 전체의 목표가 일치해야 한다.

(5) 인간-기계 시스템

경영정보시스템은 인간과 기계가 상호 보완적으로 결합되어 업무를 보다 효과적으로 수행해 나가는 시스템이다. 최근에는 컴퓨터를 포함한 정보통신 기술의 급격한 발달, 인공지능의 현실화 등으로 인해 여러 분야에서 인간의 능력을 대신하고 있다.

02 경영정보시스템의 기능과 유형

I. 경영활동과 경영정보시스템

경영계층은 일반적으로 최고경영층, 중간관리층, 하위관리층으로 구분되는데, 각 계층에 따라 경영활동의 범위가 달라진다. 보통 최고경영층은 전략적 계획, 중간관리층은 전술적 통제, 하위관리층은 작업통제 부문을 담당하게 된다. 이러한 각 부문에서의 경영정보시스템은 정도의 차이는 있지만 기업의 모든 계층에서 필요하다고 하겠다〈그림 16-1〉.

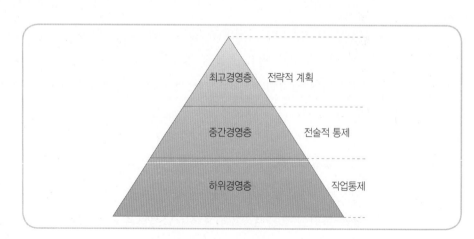

그림 :: 16-1
경영계층과
경영활동 범위

작업통제는 기업의 하위경영층에서 담당하는 부문인데 주로 기업에서 매일 매일 발생되는 각종 자료를 일상적으로 처리한다. 이러한 처리 방법은 매우 단순하면서도 반복적이어서 가장 쉽게 전산화가 이루어질 수 있다.

전술적 통제는 기업의 중간경영층에서 담당하는 부문인데, 여기에서 처리되는 자료는 작업통제 부문보다는 좀 더 추상적이지만 어느 정도 구체화되어야 한다. 이 부문에서의 전산화는 실무수준에서 이루어져야 하기 때문에 어느 한 분야에 대한 자세한 요약보고서가 주종을 이룬다.

전략적 계획은 최고경영층이 의사결정을 행하는 부문으로서 필요한 정보의 특성이 매우 통합적인 것이 특징이다. 이 부문에서의 의사결정은 불확실성이 강하여 해답(solution)을 제시하기가 쉽지 않다. 따라서 전략계획부문을 위한 경영정보시스템은 의사결정권자에게 여러 대안을 제시하여야 하며, 사용자가 어느 한 대안을 선택할 수 있도록 관련정보를 도표 또는 대화시스템으로 제시하여야 한다.

한편, 경영정보시스템은 상위계층으로 갈수록 더욱 복잡하면서도 다양한 문제해결 능력이 요구되며, 하위층으로 갈수록 반복적이고 일상적인 업무처리 기능이 필요하다. 각 계층에 따른 정보의 특성을 살펴보면 아래 〈표 16-1〉과 같다.

표 16-1 :: 정보특성과 경영계층

정보특성	하위경영층	중간경영층	최고경영층
제공시기	예정되어 있음	◀------------▶	예정되어 있지 않음
출 처	조직 내부	◀------------▶	조직 내/외부
통합수준	세부적(detailed)	◀------------▶	통합적(integrated)
제공빈도	매우 빈번	◀------------▶	필요시 가끔
제공형태	구체적, 세밀함	◀------------▶	요약, 간결
대상시간	과거정보	◀------------▶	미래정보
제공주기	일정함	◀------------▶	일정치 않음
정보범위	좁은 범위	◀------------▶	넓은 범위

2. 경영정보시스템의 유형

경영정보시스템은 거래처리시스템, 정보보고시스템, 의사결정지원시스템, 전문가시스템, 중역정보시스템 등으로 구분되며, 이러한 시스템들은 경영층에 따라 사용 용도가 결정된다〈그림 16-2〉.

거래처리시스템은 가장 기본적인 시스템으로서 일상적인 거래업무를 처리하며, 주로 하위경영층에서 사용된다. 정보보고시스템은 하위경영층의 업무를 통제하고 최고경영층의 의사결정에 도움을 주는 시스템으로서 주로 중간경영층의 경영관리업무를 지원한다. 의사결정시스템은 의사결정단계의 각 단계를 효과적으로 지원함으로써 의사결정권자의 다양한 의사결정에 필요한 정보를 제공한다. 또한, 전문가시스템은 전문가의 역할을 대신하거나 전문가의 의사결정 보조수단으로서의 역할을 한다. 중역정보시스템은 최고경영층에게 필요한 전략적 의사결정에 필요한 정보를 제공해주는 시스템이다.

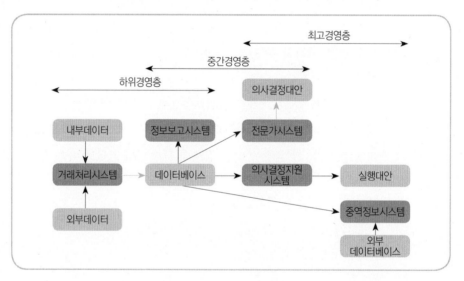

그림 :: 16-2
경영층과 경영정보시스템의
구성개념

경영정보시스템은 경영자들의 효과적인 의사결정을 위해서 필요한 정보와 지원을 제공한다. 일반적으로 기업의 구조는 피라미드형이므로 경영정보시스템도 기업의 구조에 따라 피라미드 형태를 띠고 있다〈그림 16-3〉. 즉, 가장 하위경영층을 위한 거래처리시스템(Transaction Processing System: TPS)이 있고, 그 상위에 정보보고시스템(Information Reporting System: IRS), 의사결정시스템(Decision Support System: DSS), 전문가시스템(Expert System : ES), 그리고 중역정보시스템(Executive Information System: EIS) 등이 있다. 각각의 시스템들에 대해 살펴보면 다음과 같다.

그림 :: 16-3
경영정보시스템의 유형

(1) 거래처리시스템(Transaction Processing System: TPS)

기업의 일상적이고 반복적인 거래업무를 처리하는 가장 기본이 되는 시스템으로서, 컴퓨터를 이용하여 제품의 판매 및 구매, 예금 입출금, 급여계산, 항공예약, 물품선적 등과 같은 기본적인 업무를 능률적으로 신속히 처리하고 그 결과를 데이터베이스에 저장한다.

거래처리시스템은 주문처리나 회계업무, 재무보고 등 일상적·반복적 업무를 자동화한 시스템으로서 수작업에 따른 인력과 시간낭비를 줄이고 의사결정에 필요한 기본적인 데이터를 축적해주는 역할을 한다.

한편, 사용자는 데이터베이스 관리시스템(Data-Base Management System: DBMS)을 통하여 저장된 정보를 조회 또는 사용할 수 있다.

데이터베이스를 갱신(update)하는 방법에는 두 가지가 있는데, 하나는 배치처리와 다른 하나는 실시간처리이다. 배치처리(batch processing)는 데이터를 일정기간 모아 두었다가 한꺼번에 처리하여 데이터베이스를 갱신하는 방법이고, 실시간처리(real-time processing)는 데이터가 발생할 때마다 갱신하는 방식을 말한다. 배치처리는 급여계산과 같이 정기적 또는 간헐적 업무처리에 적당하며, 실시간처리는 항공예약이나 생산실적관리, 재고수준관리 등 시시각각으로 변하는 정보를 파악할 때 필요하다. 실시간처리는 배치처리보다 비용이 많이 들기 때문에 둘 중 하나를 선택할 때는 비용 대 효과를 비교해 보아야 한다.

(2) 정보보고시스템(Information Reporting System: IRS)

하위경영층의 업무를 통제하고 최고경영층의 의사결정에 도움을 주는 중간

경영층의 경영관리업무를 지원하는 시스템이다.

정보보고시스템은 거래처리시스템에서 생성된 정보를 종합하고 요약하여 정기적인 보고서를 작성하는 일에 사용된다. 또한, 기업의 현재 성과나 자료 데이터베이스에 대한 정보를 온라인으로 접근할 수 있도록 해 준다.

정보보고시스템은 중간경영층을 위한 관리정보 제공과 다양한 정보보고서의 산출로 요약할 수 있다. 따라서 정보보고시스템을 좁은 의미의 경영정보시스템이라고도 한다.

(3) 의사결정시스템(Decision Support System: DSS)

실제 상황을 컴퓨터 프로그램으로 모형화(modeling)한 후 이를 사용하여 의사결정 문제의 해답을 얻을 수 있는 시스템이다. 의사결정시스템이 제공하는 분석기능에는 'what-if' 분석과 'goal-seeking' 분석이 있다. 'what-if' 분석은 조건을 다양하게 변화시킬 경우에 목표값이 어떻게 변화하는지를 확인하고자 할 때 유용한 분석기법이며, 'goal-seeking' 분석은 달성하고자 하는 목표를 이루기 위해 어떠한 조건을 충족시켜야 하는지를 알고자 할 때 유용하다.

의사결정시스템은 이처럼 다양한 분석기능을 의사결정권자에게 제공함으로써 다양한 대안 검토와 조건검색을 할 수 있도록 지원한다. 예를 들면, 냉장고 제조업체의 마케팅 책임자는 의사결정시스템의 분석기능을 활용하여 과거의 판매실적과 잠재고객의 인구통계학적 데이터를 입력하여 모델별 판매량을 예측할 수 있다.

(4) 전문가시스템(Expert System : ES)

전문가가 하는 일을 대행해주는 시스템으로서 전문가의 역할을 완전히 대신해주기도 하고 전문가의 의사결정 보조수단으로 사용되기도 한다. 전문가시스템은 구축에 많은 비용이 들고 고도의 전문기술이 필요하지만 다양한 응용 영역이 개발되면서 최근 많이 사용되고 있다.

예를 들면, 항공회사는 노선 및 취항 일정에 따라 주기적으로 승무원 배정계획을 수립하여야 하는데, 이를 위해서는 복잡한 수리계획 모형과 이를 운용하기 위한 전문가가 필요하다. 이 때 인공지능(artificial intelligence)을 이용하여 컴퓨터가 스스로 학습하고 추론하여 해답을 찾아주는 시스템을 구축하면 수시로 필요한 문제점을 해결할 수 있어 전문가의 상시 고용이 불필요하게 된다.

(5) 중역정보시스템(Executive Information System: EIS)

최고경영층에게 전략적 의사결정에 필요한 정보를 제공하는 시스템으로서 중역이 경영목적을 달성하는 데 필요한 주요 정보를 정확하고 신속하게 조회하고, 이를 기초로 다양한 분석기능을 지원한다. 예를 들면, 최고경영자에게 차년도 경영목표 수립을 위해 필요한 자사와 경쟁사의 재무현황 비교자료, 경제동향, 산업동향, 기술동향 자료 등을 제공해준다.

급변하는 경영환경과 정보의 홍수 속에 살고 있는 현대 기업의 경영자에게 유용한 정보를 추출하여 적시 · 적기에 제공해주는 일은 갈수록 중요해지고 있다. 중역정보시스템은 이러한 중역들의 정보에 대한 요구사항이 체계적으로 수용된 정보시스템이라고 할 수 있다. 따라서 중역정보시스템은 다음과 같은 기능을 기본적으로 갖추어야 한다.

- 🔍 기업 내 · 외부의 데이터베이스와 원활하게 연결되어야 한다.
- 🔍 사용자 편의위주로 인터페이스가 설계되어야 한다. 이를 위해 그래픽 사용자 인터페이스(Graphic User Interface: GUI)로 설계되며, 그래픽 출력이 사용된다.
- 🔍 다양한 모형분석 기능이 요구된다.

 사례연구 **빅데이터의 시대가 온다**

미국에서는 크리스마스 연휴 뒤끝마다 치르는 홍역이 있다. 바로 울혈성심부전증으로 입원하는 노인들이 급증하는 현상이다. 연중 그럭저럭 건강을 유지해오던 노인들이 명절 중에 염분이 많은 음식을 과식하면서 심장과 폐 기능에 결정적 무리가 가기 때문이다.

그런데 2000년대 들어 이 문제에 도전장을 내민 곳이 있었다. 그곳은 보건당국이나 전문 의료기관이 아니라, 엉뚱하게도 마이크로소프트의 연구소였다. 이곳에서는 발상을 바꿔 기존 심부전 병력을 가진 노인을 대상으로 재발 위험을 예측하고, 고위험 잠재환자들을 건강관리 프로그램에 등록시켜 명절 때나 폭염기, 환절기 등에 집중 관리해 발병을 막는 시스템을 구축하기로 한다.

여기서 가장 핵심은 고위험 잠재환자를 정확히 판별해내는 예측시스템이다. 의학과 컴퓨터과학 양쪽에서 학위를 받은 마이크로소프트의 연구원들은 30만명 분의 전산화된 병원기록에서 수백 가지 요인 데이터를 수집하고, 이들 사이의 연관관계 및 영향모형, 인공지능 알고리즘을 이용한 분석모형을 만들어냈다. 그 결과 성공리에 환자별 울혈성심부전증 재발위험 평가모형을 구축해냈다.

병원에서는 기존의 진단 결과와 병력을 토대로 환자가 외부 충격에 얼마나 취약한지 그 위험도를 계산하고, 재발 위험이 높은 환자의 경우 별도의 퇴원후 건강관리 프로그램에 등록하도록 유도한다. 그리고 이 프로그램을 통해 명절 때 폭식을 삼가라거나 폭염 때 야외활동을 자제하라는 등의 주의사항을 주기적으로 교육하고, 명절 직전이나 폭염 예보가 있을 경우 경고 전화나 문자서비스를 발송한다.

이러한 시스템 개발을 가능하게 만든 이면에는 다름 아닌 빅데이터가 있었다. 마이크로소프트 연구원들은 의학지식도 물론 갖추고 있었지만 철저하게 데이터 중심으로 예측 모형을 파헤쳐 들어갔다. 이들은 병원의 전산화된 기록에서 환자 30만 명의 수백가지 요인 데이터를 수집하여 이들 데이터 간 광범위한 연관 관계와 영향 모형을 추축하고, 인공지능 알고리즘을 이용하 정확도를 향상시키는 분석 기법을 적용해 예측 모형을 개발하는 데 성공했다.

[출처: 함유근, 채승병, 「빅데이터, 경영을 바꾸다」, 삼성경제연구소, 2012]

03 경영기능별 정보시스템

기업에서 경영의 각 기능을 지원하기 위한 정보시스템의 유형으로는 크게 생산정보시스템, 마케팅정보시스템, 재무정보시스템, 회계정보시스템, 인적자원정보시스템 등을 들 수 있다. 이들 시스템의 역할과 기능을 살펴본다.

I. 생산정보시스템(Manufacturing Information System)

생산기능을 지원하는 것으로 재화나 서비스를 생산하기 위한 생산기획, 작업관리, 공정의 운영과 통제, 그리고 생산실적 관리 등과 관련된 활동을 지원하는 정보시스템이다. 생산정보시스템은 〈그림 16-4〉와 같이 현장의 작업을 운영하고 통제하는 현장시스템, 생산현장에서 일어난 생산활동들의 내역을 분석하고 평가하는 관리시스템, 그리고 생산활동의 전반적인 계획을 수립하는 계획시스템으로 구성된다.

이러한 생산정보시스템의 대표적인 예로는 제품설계를 위한 CAD(Computer Aided Design)시스템, 생산공정관리를 위한 CAPP(Computer Aided Processing Planning), 원자재 관리를 위한 MRP(Material Requirements Planning), 작업장의 공정제어, 설비의 통제 및 제어 등을 통해 제조활동을 지원하는 CAM(Computer Aided Manufacturing), 그리고 제품의 설계로부터 작업현장의 통제, 생산기획과 관리, 그리고 최종 소비자에게 전달되기까지의 모든 활동을 정보시스템을 통합하여 일관성 있고 효율적인 생산기능을 수행하게 하는 CIM(Computer Integrated Manufacturing) 등이 있다.

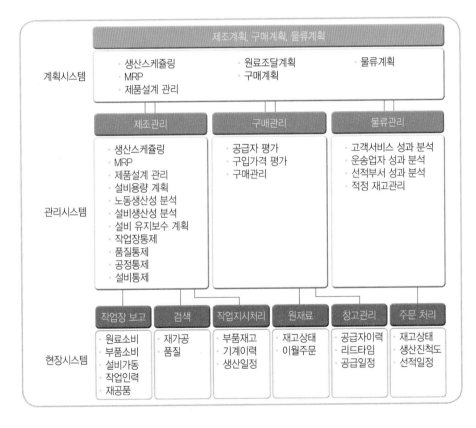

그림 :: 16-4
생산정보시스템의 구성

2. 마케팅정보시스템(Marketing Information System)

마케팅의 기획, 관리, 거래 데이터 등을 처리하며, 마케팅과 관련된 의사결정에 필요한 다양한 정보를 제공한다. 좀 더 구체적으로 살펴보면, 마케팅의 4P(제품, 가격, 유통, 촉진)와 관련된 의사결정과 계획수립업무를 지원하는 계획시스템, 마케팅의 성과들을 분석하고 관리하는 관리시스템, 그리고 주문처리로부터 A/S에 이르는 마케팅활동을 구성하는 각종 거래들을 처리하는 거래처리시스템으로 구성된다〈그림 16-5〉.

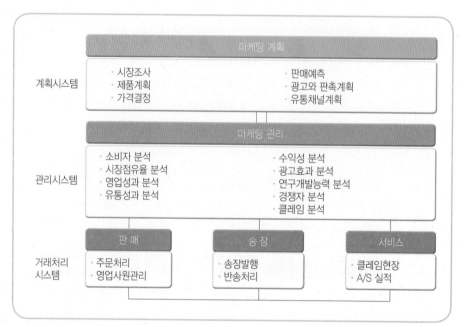

그림 :: 16-5
마케팅정보시스템의 구성

마케팅정보시스템의 하위시스템으로서는 주문처리시스템, 판매관리시스템, 판매예측시스템, 마케팅 데이터베이스, 판매·생산 연계시스템, 광고효과분석시스템 등이 있다.

(1) 주문처리시스템

고객의 주문내역이 입력되면 주문에 따른 문서작성, 송장발급, 판매분석, 재고통제 등의 주문과 관련된 데이터를 처리한다.

(2) 판매관리시스템

판매계획의 수립, 영업실적의 평가, 마케팅 경영전략 지원 등에 필요한 정보를 제공한다. 판매관리시스템의 정보 산출물은 매출실적보고서, 매출분석보고서 등으로서, 주로 국가별, 제품별, 지역별, 영업사원별, 고객별 영업실적을 평가하고 분석하는 보고서의 형태로 만들어진다.

(3) 판매예측시스템

시장조사 데이터, 매출실적, 판매촉진계획 등을 토대로 통계적 예측모델을 이용하여 향후 예상되는 각 국가별, 제품별, 기간별, 지역별 판매량을 추정하여 마케팅 전략에 활용한다.

(4) 마케팅 데이터베이스

마케팅 기능을 효과적으로 수행하기 위해서는 제품, 고객, 경쟁사 등과 같은 시장정보가 필요하다. 이러한 정보는 데이터베이스에 저장되어 마케팅정보시스템에 원천 데이터로 제공되며, 시장현황에 대한 조사보고서로 제시된다.

(5) 판매·생산 연계시스템

마케팅활동의 전략적 수행을 위해서는 판매기능과 생산기능을 연계시킬 필요가 있다. 판매·생산 연계시스템에서는 판매기능과 생산기능을 정보시스템으로 연결하여 고객의 요구를 제품설계나 제조과정에 적극 반영할 수 있으며, 주문에 대한 예상되는 납기와 주문 제품의 공정 진척도를 고객에게 알려주어 고객서비스에서의 경쟁우위 확보가 가능하다.

(6) 광고효과 분석시스템

마케팅에서는 광고와 판촉활동이 중요한데, 이는 광고와 판촉활동이 시장에서의 성공 여부에 직접적인 영향을 주기 때문이다. 마케팅 관리자들은 제한된 자원을 가지고 가장 효과적인 광고 및 판촉활동을 할 수 있는 정보가 필요한데, 광고효과 분석시스템은 시장정보와 판촉모델을 이용하여 매체나 판촉방법을 선택하고 제한된 재무자원을 할당하며 그 결과를 통제하고 평가한다.

3. 재무정보시스템(Financial Information System)

자금조달, 재무자원의 운용 및 평가 등에 관한 정보를 제공하고 이와 관련된 업무와 의사결정을 지원한다. 재무정보시스템은 계획시스템, 관리시스템, 거래처리시스템으로 구성된다〈그림 16-6〉.

재무정보시스템의 주요기능은 현금과 유가증권의 관리, 자본 예산 수립, 그리고 재무계획 등이다. 한편, 재무정보시스템은 회계정보시스템과 연계되어 운용된다.

재무정보시스템의 하위시스템으로서는 현금·유가증권관리시스템, 자본예산수립시스템, 재무계획시스템 등을 들 수 있다.

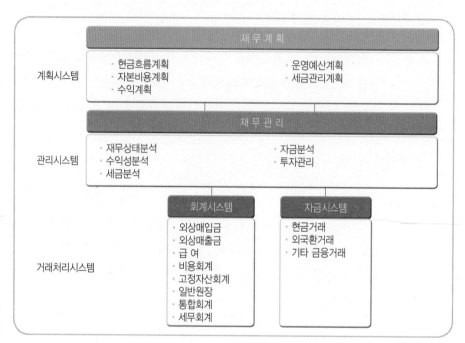

그림 :: 16–6
재무정보시스템의 구성

(1) 현금·유가증권관리시스템

현금·유가증권관리시스템은 기업 내의 모든 현금 수입과 지출에 관한 정보를 수집한다. 이러한 정보는 기업의 여유자금을 보다 신속히 예금하거나 투자함으로써 예금이나 투자기금에 의한 수입을 증가시킬 수 있도록 해 준다. 또한, 최적 현금보유량을 결정하고 현금부족이나 현금과잉에 대처하기 위한 재무전략이나 투자전략의 대안들을 평가하고 최적의 대안을 결정하기 위한 정보를 제공한다.

(2) 자본예산수립시스템

자본예산의 수립을 위해서는 자본지출의 수익성과 재무효과에 대한 평가를 바탕으로 예상되는 현금흐름의 현재가치분석, 위험의 확률분석 등과 같은 계량적인 모델과 경영관리자의 경험 및 지식이 요구된다. 자본예산시스템은 간단히 계산기의 역할을 수행하는 스프레드시트와 복잡한 계량모델들을 포함하고 있는 의사결정지원시스템, 그리고 재무계획과 관련된 전문가의 지식을 컴퓨터화한 전문가시스템 등을 활용한다.

(3) 재무계획시스템

조직의 현재 재무성과와 기대되는 재무성과의 평가, 기업의 자금조달 여부의 결정, 자금조달의 대안 평가 및 분석업무를 지원하는 시스템이다. 최적의 재무계획을 수립하기 위해서는 경제상황, 기업운영상황, 자금조달 방법, 이자율, 주식과 사채의 가격, 원자재 가격 등과 같은 각종 경영·경제 정보가 제공되어야 한다. 이러한 데이터를 이용하여 의사결정에 필요한 정보를 얻기 위해서는 계량적 모델을 포함하는 의사결정지원시스템이 요구된다.

4. 회계정보시스템(Accounting Information System)

기업경영의 가장 기본이 되는 정보시스템으로, 기업의 재무와 관련된 자료를 수집, 기록, 정리하여 경영자 및 외부의 이용자가 의사결정을 하는 데 유용한 회계정보를 제공한다. 그러므로 회계정보시스템은 여러 시스템 중에서 가장 먼저 기업경영에 도입된 정보시스템이다〈그림 16-7〉.

이러한 회계정보시스템은 취득원가에 근거하여 자금의 흐름을 기록·보고하며, 재무상태표와 손익계산서와 같은 중요한 재무보고서를 만드는 토대가 된다. 또한 과거와 현재의 자금운용 실태와 사업실적들을 토대로 추정재무제표를 작성한다.

회계정보시스템은 독자적인 거래처리를 바탕으로 데이터를 처리하기 보다는 생산, 마케팅, 인사, 재무와 같은 경영활동을 '금전'의 개념으로 집약하여 처리하는 시스템이므로 조직의 다른 정보시스템과 직접적인 관계가 있다. 예를 들면, 회계정보시스템의 일부 기능은 판매처리와 구매처리 등의 업무와 상호관계를 맺고 있다. 회계정보시스템은 판매처리시스템, 현금영수·지출처리시스템, 일반원장처리시스템 등으로 구성되며, 하위 시스템으로서는 외상매출금시스템, 외상매입금시스템, 급여처리시스템, 총계정원장시스템 등이 있다.

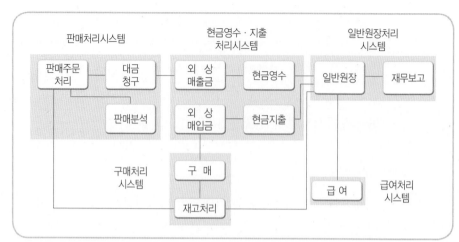

그림 :: 16-7
회계정보시스템의 구성

(1) 외상매출금시스템

제품판매와 대금수령에 관한 데이터에 근거하여 고객이 갚아야 할 금액을 기록한다. 외상매출금시스템은 고객별 외상매출금 현황과 신용관리보고서와 같은 관리용 보고서를 통해 고객의 거래 현황에 대한 정확하고 신속한 정보를 제공함으로써 신속한 대금지급을 유도한다. 이러한 활동은 대손으로 인한 손실을 최소화하고 외상매출의 건전화에 기여한다.

(2) 외상매입금시스템

공급자로부터의 물품구입과 대금지급에 관한 데이터를 기록한다. 따라서 외상매입금시스템은 결제되지 않은 송장의 지불을 준비하고, 이에 따른 자금관리보고서를 만들어 조직의 현금운영에 대한 정보를 알 수 있게 해준다. 외상매입금시스템은 신속하고 정확한 대금지불을 가능하게 하므로 공급자와의 신용관계를 개선하고, 이러한 좋은 관계는 기업의 경쟁력 강화에 도움을 준다.

(3) 급여처리시스템

종업원의 근무기록을 토대로 급여계산 및 급여입금과 같은 업무를 처리하는 거래처리시스템이다. 또한, 급여처리시스템을 통해 노동비용과 노동생산성과 같은 경쟁력지표를 계산할 수 있는데, 이는 기업의 경쟁력제고에 도움을 준다.

(4) 총계정원장시스템

외상매출금, 외상매입금, 급여, 기타 다른 회계정보시스템으로부터 받은 데이
터를 통합하여 총계정원장 시산표, 손익계산서, 재무상태표, 수익비용보고서 등
을 작성하는 데 활용된다.

5. 인사정보시스템

급여내역이나 인사기록을 저장·관리할 목적으로 활용되며, 최근에는 단순
한 인사기록 이외에 직원의 모집, 선발, 고용, 직무배치, 평가, 종업원복지, 교육
과 개발, 건강과 안전 등과 같은 종합적인 인력관리를 지원하는 시스템으로 발
전되었다〈그림 16-8〉.

인사정보시스템은 매우 중요한 역할을 하는데, 그 이유는 첫째, 급격한 경영
환경의 변화에 능동적으로 대처하기 위해서는 우수한 인력의 확보와 유지가 필
수적이며 이를 위해서는 인적자원에 대한 정확하고 풍부한 정보가 필요하기 때
문이다. 둘째, 기업의 성장과 환경변화에 따라 조직은 구조적인 팽창과 변화, 그
리고 업무의 복잡화에 대처해야 하는데 이를 위해서는 인력과 조직에 대한 정
확한 정보가 필수적이다.

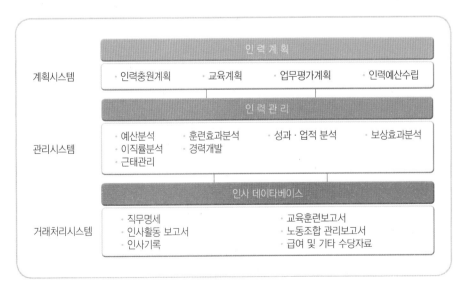

그림 :: 16-8
인사정보시스템의 구성

21세기는 정보(데이터)경쟁의 시대다

세계 구석구석에 흩어져 있는 각종 정보를 끌어모아 경영에 효율적으로 활용하는 기업만 살아남는다. 유통사업은 특히 그렇다.

미국의 유통전문회사 월마트. 1962년 미국 아칸사스주의 한 상점에서 출발해 지금은 2천9백개의 매장에서 60만명의 종업원이 한해 1천억달러를 벌어들이는 미국 최대의 규모의 유통업체로 성장했다.

이 회사의 성공비결은 미국 전역에 흩어져 있는 매장마다 주요 고객층의 수요를 신속히 파악해 매출을 극대화한 것으로 유명하다.

월마트가 내세우고 있는 비장의 무기는 데이터 웨어하우징(DW)이라는 최신 컴퓨터 경영기법.

DW란 데이터를 가공처리해 필요한 정보를 언제라도 볼 수 있게 하는 정보기술로서 기업내 흩어져 있는 방대한 양의 데이터에 손쉽게 접근, 종업원 누구나 이를 활용할 수 있게 해준다.

월마트의 DW는 각종 기업정보를 최종 사용자가 쉽게 활용함으로써 신속한 의사결정을 유도하도록 하는 개념에서 출발한다. 겉으로는 아무 관계가 없어 보이는 데이터라도 그 안에 숨어 있는 상관관계를 찾아 기업 경영 활동에 활용할 수 있도록 하기 위한 새로운 데이터 기법인 것이다.

예를 들면, 비오는 날에는 빨간 립스틱보다 자주빛 립스틱이 더 많이 팔리고 중년여성들보다는 20대 여성들이 더 많이 찾는 경향이 있다고 하자. 이럴 경우 백화점은 장마철이 오기 전에 자주빛 립스틱, 특히 중년여성보다 지갑에 돈이 적은 20대 대상의 저가 립스틱을 진열해 놓으면 매출이 늘어나게 마련이다.

또 정장을 입은 사람과 입지 않은 사람 중 누가 더 많이 아이스크림을 찾을 것인가 하는 문제에 대한 답을 구하는 데도 데이터 웨어하우징을 활용한다. 즉, 정장과 아이스크림처럼 상관관계가 별로 없는 듯 보이는 자료들 사이에서 어떤 상관관계를 찾아내준다는 것이다.

이런 정보는 평소 고객의 구매행태에 대한 정보를 입력해 둬야 얻을 수 있다. 어느 연령대의 고객이 어떤 날, 어떤 제품을 구입하는지에 대한 각종 고객정보를 데이터베이스에 축적해야 전체적인 '경향'을 도출할 수 있다.

데이터베이스는 자세하면 자세할수록 매출증대에 도움을 준다. 세세한 정보란 새로 옷을 산 고객이 립스틱도 하나 더 산다든지 식료품 구매가 많은 날 양말, 속옷 등 의류소품 소비도 늘어난다는 등의 연관소비나 구매과정에 대한 정보를 뜻한다.

월마트의 DW시스템은 낮 시간 동안 매장의 카드계산대를 거쳐 지나간 상품과 신용카드 정보를 밤새 분류해 항목대로 뽑아놓는 작업을 한다. 월마트가 자랑하는 것은 그동안 매장의 계산대를 거쳐 지나간 상품판매 고객정보를 모은 7.5테라 7.5조 바이트 규모의 데이터베이스다. 처음엔 상품의 구입과 판매시점에 관한 정보뿐이었지만 지금은 재고량 수요예측 예상수익 등 다양한 정보를 담고 있다.

이렇게 뽑아 올린 정보를 이용해 경영층은 신속한 정책결정을 할 수 있다. 마케팅이나 고객관리 서비스부서에서는 이를 이용해 매출 확대와 함께 서비스 질 향상이라는 효과를 거두고 있다. 고객이 원하는 상품을 제 때 공급해줌으로써 재고부담을 줄이고 매출은 늘리는 것이 유통에선 가장 중요한 포인트다.

월마트의 랜디 모트 부사장은 "DW구축으로 고객중심의 마케팅이 가능해졌다."며 "재고량 감소에 따른 영업손실 방지, 신규 영업기회 포착, 정보 산출 비용절감 등의 효과를 거두고 있다."고 말했다.

DW는 비단 백화점, 도매업체 등 유통업체에서만 활용할 수 있는 것이 아니다. 제조업체에서도 활용할 수 있다. 유통업체에게는 고객들의 구매행태에 대한 정보를 바탕으로 상품재고를 적절하게 관리해주는 '매출관리 소프트웨어'이고 제조업체에게는 매출에 따른 원료나 제조량 등을 관리하는 '제조관리 소프트웨어'이다.

DW는 쓰레기처럼 쌓여있는 데이터 더미에서 금을 캐는 것에 비유된다. 이 경향은 주변환경과 주 고객층이 누구냐에 따라 결과가 다르다. 때문에 단순히 다른 곳의 경향을 그대로 따라하면 실패하기 쉽다.

미국 최대 규모의 백화점인 시어즈 역시 매장별로 매일 발생하는 매출정보를 백화점의 컴퓨터시스템에 입력해 놓으면 밤사이 컴퓨터가 정보의 상관관계를 해독해 다음날 어떤 제품을 구입하고 어떤 위치에 배치해 놓을 것인지 알려준다. 이 회사는 94년 DW를 처음 도입한지 1년만에 수익률이 20% 증가하는 효험을 봤다.

DW는 지금까지 유통업체나 제조업체들이 여론조사전문기관에 구매경향에 대한 조사를 의뢰해 오던 것과는 달리 각 업체가 '업체만의 여론조사결과'를 갖게 해준다. DW를 통한 경향분석은 실제 구매결과를 바탕으로 작성된 것이기 때문에 여론조사보다 현실성 있는 결과를 얻을 수 있다. 정보통신관련 전문리서치업체인 IDC에 따르면 DW를 도입한 회사들은 2, 3년만에 투자액의 400% 이상을 회수하는 것으로 되어 있다.

[출처: 동아일보, 1998. 6. 16.]

참고문헌

1. 김영규, 「경영학원론」, 박영사, 2006.
2. 노승종, 오세경, 이승창 역, 「경영학의 이해」, McDanial, Gitman 저, 한경사, 2009.
3. 동아일보, "21세기는 정보(데이터)경쟁의 시대다", 1998. 6. 16.
4. 이건창, 「현대경영의 이해」, 무역경영사, 2003.
5. 윤종훈, 송인암, 박계홍, 정지복, 「경영학원론」, 학현사, 2007.
6. 함유근, 채승병, 「빅데이터, 경영을 바꾸다」, 삼성경제연구소, 2012.
7. 홍일유, 「디지철 기업을 위한 경영정보시스템」, 법문사, 2006.
8. Girman, Lawrence J., and McDanial, Carl, 「The Future of Business: The Essentials」, Thomson, 2005.
9. http://mistutor.dothome.co.kr

찾아보기

ㅊ

ㅋ

ㅌ

기타

A

저자 소개

윤 남 수

- 세종사이버대학교 경영학과 교수
- 세종대학교 경영학박사
- 한국유통과학회/한국프랜차이즈경영학회/한국외식산업학회 부회장
- KDI공공투자사업 자문위원
- 신용보증기금 자금운용성과평가 위원장
- 경영지도사, 품질경영진단사, 신용분석사, 선물거래중개사(AP), 전자상거래관리사
- 전)중앙대학교 창업대학원/세종대학교/상지대학교 겸임교수
- 전)신용보증기금 종합기획부/경제조사부/경영지도부 근무

■ 저서
- 벤처비즈니스의 이해와 창업(백산출판사, 2008. 7)
- 벤처기업 창업경영실무(백산출판사, 2006. 1)

■ 최근 논문
- 국내 유통 소매업의 CSR 및 윤리경영 실천에 대한 소비자 집단의 인식차이 분석, 경영교육연구, 29(5). 2014.10.
- The Distribution Industry's Social Responsibility and Ethics Management: Effects on Corporate Trust and Loyalty, Journal of Distribution Science, 12(7), 2014. 7.
- 영국 고객들의 음식점 선택속성과 고객만족 및 재방문의도 간의 관계에 관한 연구: 에스닉푸드 레스토랑과 한식당 방문고객 비교, 관광연구저널, 27(1), 2013. 3.
- 사이버대학과 일반대학 학습자 간의 창업동기, 기업가정신 및 창업의지 비교 연구, 대한경영학회지, 26(3), 2013.3.
- 잠재적창업자의 창업동기 요인이 기업가정신 및 창업의도에 미치는 영향: 기업가정신의 매개효과, 산업경제연구, 25(2), 2012. 4.
- 컨조인트 분석을 이용한 프랜차이즈 커피전문점 소비자 선택 속성 및 시장세분화, 상품학연구, 2012. 4.

경영학 이론과 실제

2015년 1월 20일 초판 1쇄 발행
2022년 1월 20일 초판 3쇄 발행

지은이	윤 남 수
펴낸이	임 순 재

펴낸곳	(주) 한올출판사
등 록	제11-403호
주 소	서울시 마포구 모래내로 83 (성산동, 한올빌딩 3층)
전 화	(02)376-4298(대표)
팩 스	(02)302-8073
홈페이지	www.hanol.co.kr
e-메일	hanol@hanol.co.kr

값 22,000원　　ISBN 979-11-5685-046-5